U0620838

主　编◎李　松
主　审◎任继超
副主编◎王缙苓　刘　珂　张全勇

初中生学习文言文的必备工具书

常用字词学习手册

古代汉语

初中卷

120	常用字词
362	次常用字词
18	文言虚词
217	常见双音节词
46	通假字

适用年级 **7~9年级**

四川大学出版社
SICHUAN UNIVERSITY PRESS

图书在版编目（CIP）数据

古代汉语常用字词学习手册．初中卷 / 李松主编
．— 成都：四川大学出版社，2023.10
ISBN 978-7-5690-6420-9

Ⅰ．①古… Ⅱ．①李… Ⅲ．①文言文－初中－教学参
考资料 Ⅳ．① G634.303

中国国家版本馆 CIP 数据核字（2023）第 202423 号

书　　名：古代汉语常用字词学习手册・初中卷
　　　　　Gudai Hanyu Changyong Zici Xuexi Shouce・Chuzhongjuan
主　　编：李　松

选题策划：张宏辉　　唐　飞
责任编辑：孙明丽
责任校对：孙滨蓉
装帧设计：墨创文化
责任印制：王　炜

出版发行：四川大学出版社有限责任公司
　　　　　地址：成都市一环路南一段 24 号（610065）
　　　　　电话：（028）85408311（发行部）、85400276（总编室）
　　　　　电子邮箱：scupress@vip.163.com
　　　　　网址：https://press.scu.edu.cn
印前制作：四川汇合明聚教育科技有限公司
印刷装订：四川省平轩印务有限公司

成品尺寸：210 mm×297 mm
印　　张：15.75
字　　数：499 千字

版　　次：2023 年 11 月 第 1 版
印　　次：2023 年 11 月 第 1 次印刷
印　　数：1—3030 册
定　　价：65.00 元

扫码获取数字资源

四川大学出版社
微信公众号

前言

《义务教育语文课程标准》(2022 年版)在"课程内容"设计上一个最大的创新就是将"中华优秀传统文化""革命文化""社会主义先进文化"确定为语文学科的"主题与载体形式"。其中"中华优秀传统文化"最直接的呈现形式就是古代诗文。基于此,中国古代优秀诗文是中小学语文学习的一个很重要的组成部分。

在这样的背景下,中小学的语文教材增加了古诗文的比例,更加强调对中华优秀传统文化的学习。培养学生读懂古代诗文的能力是义务教育阶段语文教学的一个重要目标。

《义务教育语文课程标准》(2022 年版)对古代诗文阅读的基本要求是:"诵读古代诗词,阅读浅易文言文,能借助注释和工具书理解基本内容。注重积累、感悟和运用,提高自己的欣赏品味。背诵古代诗文 80 篇(段)"。积累、感悟和运用是提高古代诗文阅读能力和欣赏品味的基本方法与途径,其中文言词语的积累是提高文言文阅读能力的核心与基础,只有积累了足够量的文言词汇,才能读懂课程标准所要求的浅易文言文,理解其基本内容。

基于这样的认识,由四川省特级教师李松担纲策划,成都市天府七中在四川省特级教师、正高级教师任继超的带领下,举语文组全组之力,历时近两年时间为初中学生量身定制了这本《古代汉语常用字词学习手册》(初中卷)。

本书具有以下特点:

一、所选的文言字词具有权威性和代表性。

全书选取了120 个常用字词、362 个次常用字词、18 个常用文言虚词、217 个常见双音节词、46 个通假字,这些字词源于现行统编本初中语文教材,同时结合对近十年全国各地千余套中考语文文言文试题的统计分析而确定。

二、编写体例具有创意。

120 个常用字的编写体例包括了"说文解字""常见义项""博古通今""按图索骥"四个子栏目,这些栏目不仅辨析源流,积累义项,而且拓展延伸,归纳方法。这一创意体现了文言词语的学习与积累,不仅是对古代语言的学习,更是一种对中华优秀传统文化的传承和积淀。

三、义项选择的针对性和例句的典范性。

所有文言字词的义项和例句都来源于统编初中语文教材注释、练习,以及近十年全国各地的中考文言文试题的考查点,体现了对新课标、新教材、新考试的观照,可以说这是一本非常适合初中学生使用的文言文学习的工具书。

四、内容的丰富性和全面性。

附录部分包括了双音节词、常用通假字、文言特殊句式、词类活用现象四个部分,每部分均做了详细而系统的讲解。

五、内容的准确性和规范性。

编者主要参考了商务印书馆出版的《古汉语字典》《古汉语常用字字典》《现代汉语词典》和古文献学家李学勤教授的《字源》。为了让本书更有实用价值,我们还听取并采用了一线教师在教学中的宝贵意见,希望能给读者学习和研究带来帮助。

本书由李松老师担任主编,任继超老师担任主审,王缙苓、刘珂、张全勇老师担任副主编,赵诚惠、金晓雪、侯文、曹百敏、邹兴晨、党彦鹏、唐林、陈慧、郑珂、陈冠宇、崔景呈、李怡、冯丹妮、康艳、屈铠岑、廖梦铮、任格老师等参与编写。感谢所有老师的辛勤付出!

鉴于古代汉语的繁杂性和编写者水平的局限性,书中难免会有一些不足和疏漏之处,恳请广大师生批评指正,以利修订。

《古代汉语常用字词学习手册》(初中卷)编写组

2023 年 10 月

目录 Contents

初中文言文常用字词

初中文言文次常用字词

初中文言文虚词

附录

初中文言文常用字词

安(ān)

说文解字

（金文）　　（篆体）　　（楷体）

会意字。古时男人外出狩猎作战劳累而危险；女人在家相对安全、安静；男人也安心。

金文、篆体均是"女"在"宀"中的形象。"宀"是房屋的外形轮廓，表示屋室。

其中的"女"字踞而交臂，温文尔雅、文静贤淑。

本义：安静，安宁，安全。

常见义项

① [名]安定；安全；安稳。

例：《富贵不能淫》："一怒而诸侯惧，～居而天下熄。"

② [动]安身。

例：《曹刿论战》："衣食所～，弗敢专也，必以分人。"

③ [名]安逸，安乐。

例1：《论语·学而》："君子食无求饱，居无求～。"

例2：《生于忧患，死于安乐》："然后知生于忧患而死于～乐也。"

④ [动]安抚，安顿，抚慰。

例：《资治通鉴》："若备与彼协心，上下齐同，则宜抚～。"

⑤ [代]表示疑问。谁；什么，怎么；哪儿，哪里。

例1：《左传·僖公十四年》："皮之不存，毛将～傅？"

例2：《木兰诗》："双兔傍地走，～能辨我是雄雌？"

例3：《卖油翁》："尔～敢轻吾射！"

例4：《庄子与惠子游于濠梁之上》："子非鱼，～知鱼之乐？"

例5：《马说》："～求其能千里也？"

博古通今

▶▶链接成语

① 安居乐业：安定地居住着，愉快地工作。形容人民生活安乐幸福。安：使安定。

② 安步当车：用慢步行走当作坐车。安：舒缓。

▶▶链接古诗词

凭君传语报平安。

——[唐]岑参《逢入京使》

风雨不动安如山。

——[唐]杜甫《茅屋为秋风所破歌》

安得广厦千万间，大庇天下寒士俱欢颜！

——[唐]杜甫《茅屋为秋风所破歌》

按图索骥

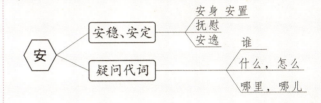

被(bèi)

说文解字

（金文）　　（篆体）　　（楷体）

形声字。《说文解字》："被，寝衣也。从衣，皮声。"篆体字形像件衣服，表示被服和床上用品。

本义：被子。

常见义项

① [动]盖，遮覆。

例：《聊斋志异·促织》："如～冰雪。"

② [动]蒙受，遭受。

例：《战国策·燕策》："秦王复击轲，～八创。"

③ [动](pī)同"披"，穿着。

例1：《周亚夫军细柳》："军士吏～甲。"

例2：《送东阳马生序》："同舍生皆～绮绣。"

④ [介]表示被动，叫，让。

例1：《广州军务记》："幸借天降大雨，房屋未～火烧。"

例2：《琵琶行并序》："妆成每～秋娘妒。"

例3：《永遇乐·京口北固亭怀古》："风流总～，雨打风吹去。"

古代汉语常用字词学习手册[初中卷]

博古通今

▶▶链接古诗词

美人如游龙，被服金鸳鸯。

——[唐]贯休《古意九首》(其三)

一朝被谗言，二桃杀三士。

——[两汉]佚名《梁甫吟》

按图索骥

被 —— 覆盖 —— 施加、蒙受 / 同"披"
　　　表被动

本(běn)

说文解字

(金文)　　(篆体)　　(楷体)

指事字。金文的字形像树根的部分加"·"，作为指示字义的符号，指明这是根部所在。后来引申为"草木的茎、干""事物的基础或主体"等义。

本义:树根。

常见义项

① [名]根源，本源。

例:《庄子与惠子游于濠梁之上》:"请循其~。"

② [名]事物的根基或主体。

例:《论语·学而》:"君子务~。"

③ [副]原来，本来。

例1:《愚公移山》:"~在冀州之南，河阳之北。"

例2:《出师表》:"臣~布衣，躬耕于南阳。"

④ [形] 原来的，本来的。

例:《鱼我所欲也》:"此之谓失其~心。"

⑤ [名]底本，版本。

例:《活板》:"自冯瀛王始印五经，已后典籍皆为板~。"

⑥ [量] 用于书籍簿册。

例:《活板》:"若止印三二~，未为简易。"

博古通今

▶▶链接成语

① 本末倒置:指把主要的和次要的、重要的和不重要的位置弄颠倒了。本:树根。末:树梢。置:放置。

② 本小利微:本钱少，利润薄。微:薄。

▶▶链接古诗词

少无适俗韵，性本爱丘山。

——[魏晋]陶渊明《归园田居》(其一)

本自同根生，相煎何太急?

——[三国·魏]曹植《七步诗》

明月本无心，行人自回首。

——[唐]白居易《宿蓝溪对月》

我生本无乡，心安是归处。

——[唐]白居易《初出城留别》

按图索骥

本 —— 树根 —— 根源、本源 / 原来，本来
　　　　　 根本的，主要的 / 原来的，本来的
　　　　　 名词，底本、版本
　　　　　 量词，书籍的册、部

比(bǐ)

说文解字

(金文)　　(篆体)　　(楷体)

会意字。金文的字形像两个人一前一后并靠着的样子。

本义:相邻并"靠得近"。

常见义项

① [动]并列，并排。

例:《战国策·燕策》:"~诸侯之列，给贡职如郡县。"

② [动]靠近。

例:《核舟记》:"其两膝相~者。"

③ [动]比较;考校，核对。

例:《楚辞·涉江》:"与天地分~寿，与日月分齐光。"

④ [动]及，等到。

例:《陈涉世家》:"~至陈，车六七百乘。"

⑤ [动]勾结;偏袒。

例:《论语·为政》:"君子周而不~，小人~而不周。"

⑥ [副]连续，频频。

例:《超然台记》:"始至之日，岁~不登。"(登:庄稼成熟。)

博古通今

▶▶链接**成语**

① 比比皆是:形容非常多。比比:一个挨一个,引申为到处,处处。

② 比肩而立:肩靠着肩地站立。比喻距离很近。比肩:肩并着肩。

▶▶链接**古诗词**

海内存知己,天涯若比邻。

—— [唐]王勃《送杜少府之任蜀州》

身不得,男儿列,心却比,男儿烈。

—— [清]秋瑾《满江红》(小住京华)

按图索骥

比 → 并列,并排 → 靠近
比较;考核,校对
及,等到
勾结;偏袒
连续,频频

鄙(bǐ)

说文解字

(金文) (篆体) (楷体)

形声字。从邑,啚声。上面的方形表示人们的聚居地;下面表示仓廪。词义多与园名、地名等行政区域有关。

本义:周代基层行政区划,五百产为鄙。

常见义项

① [名]边疆,边远的地方。

例:《左传·庄公二十八年》:"群公子皆~。"

② [形]庸俗,浅陋。

例1:《曹刿论战》:"肉食者~,未能远谋。"

例2:《出师表》:"先帝不以臣卑~。"

③ 谦词,谦称自己。

例:《东京赋》:"~夫寡识。"

④ [动]看不起,轻视。

例:《左传·宣公十四年》:"过我而不假道,~我也。"

博古通今

▶▶链接**成语**

卑鄙无耻:形容品质恶劣,不知廉耻。鄙:恶劣。

▶▶链接**古诗词**

殷红鄙桃艳,淡白笑梨花。

—— [北宋]孙何《杏》

江墅幽居好,何妨鄙事添。

—— [北宋]穆脩《和毛秀才江墅幽居好十首》(其八)

按图索骥

鄙 → 边邑,边境 → 边疆,边远的地方
庸俗,浅陋
谦词,谦称自己
看不起,轻视

毕(bì)

说文解字

(金文) (篆体) (楷体)

象形字。原是一种捕捉禽兽的带长柄的网。字上部的"田"表示捕禽兽的地方。

本义:古代用以掩捕野禽的长柄网。

常见义项

① [动] 完毕,结束。

例1:《活板》:"此印者才~,则第二板已具。"

例2:《送东阳马生序》:"录~,走送之,不敢稍逾约。"

② [动]用尽,竭尽。

例:《愚公移山》:"吾与汝~力平险。"

③ [副]全部,都。

例:《口技》:"忽然抚尺一下,群响~绝。"

博古通今

▶▶链接**成语**

① 毕恭毕敬:形容十分恭敬有礼貌。毕:竭尽。恭:恭敬,谦逊有礼。

② 原形毕露:本来面目完全暴露。原形:原来的形状,本相。毕:完全。

▶▶链接古诗词

干戈将揖让，毕竟何者是。

——[唐]王维《偶然作六首》（其二）

平生有微尚，欢笑自此毕。

——[唐]李白《登峨眉山》

按图索骥

兵（bīng）

说文解字

（金文）　（篆体）　（楷体）

会意字。《说文解字》："兵，械也。"金文的上部是"斤"字，就是一把斧状的武器；下部是两只握武器的手。

本义：兵器。

常见义项

① [名]兵器，武器。

例1：《周亚夫军细柳》："军士吏被甲，锐~刃。"

例2：《出师表》："今南方已定，~甲已足。"

例3：《得道多助，失道寡助》："威天下不以~革之利。"

② [名] 士卒，军队。

例1：《木兰诗》："可汗大点~。"

例2：《陈涉世家》："上使外将~。"

③ [名]军事，战争；兵法。

例：《孙子兵法·计篇》："~者，国之大事也。"

④ [动]用兵器伤害人，刺杀。

例：《史记·伯夷列传》："左右欲~之。"

博古通今

▶▶链接成语

① 兵不血刃：兵器的刃上没沾上血。指不经交战就取得胜利。兵：武器。刃：刀剑等的锋利部分。

② 兵不厌诈：用兵打仗不排斥用欺诈的方法。也泛指用巧妙手段欺骗人。厌：厌恶。诈：欺诈。

▶▶链接古诗词

兵戈与关塞，此日意无穷。

——[唐]杜甫《九日登梓州城》

五十弦翻塞外声，沙场秋点兵。

——[宋]辛弃疾《破阵子·
为陈同甫赋壮词以寄之》

按图索骥

病（bìng）

说文解字

（金文）　（篆体）　（楷体）

形声字。从疒，丙声。《说文解字》："病，疾加也。"篆体的部首像床腿的部分，后来加"丙"旁以表声。古代称轻病为"疾"，重病为"病"。

本义：指重病。

常见义项

① [名]重病。

例：《韩非子·孤愤》："与死人同~者，不可生也。"

② [动]生病。

例：《桃花源记》："未果，寻~终。"

③ [名]缺点，毛病，瑕疵。

例：《原毁》："不如舜，不如周公，吾之~也。"

④ [形]困难，不利。

例：《史记·商君列传》："利则东收齐，~则西侵秦。"

⑤ [形]枯萎。

例：《酬乐天扬州初逢席上见赠》："沉舟侧畔千帆过，~树前头万木春。"

⑥ [动]担心，忧虑。

例：《论语·卫灵公》："君子~无能焉。"

⑦ [动]苦，困乏。

例：《捕蛇者说》："向吾不为斯役，则久已~矣。"

博古通今

▶▶链接**成语**

① 病入膏肓:形容病情严重到无法医治的程度。也比喻情况严重到了无法挽救的地步。膏肓:我国古代医学将心尖脂肪叫膏,将心脏与隔膜之间叫肓,认为是药力达不到的地方。

② 同病相怜:比喻有同样遭遇而互相同情怜惜。病:病痛。怜:同情,怜悯。

▶▶链接**古诗词**

万里悲秋常作客,百年多病独登台。

——[唐]杜甫《登高》

垂死病中惊坐起,暗风吹雨入寒窗。

——[唐]元稹《闻乐天授江州司马》

按图索骥

说文解字

(甲骨文)　(篆体)　(楷体)

会意字。最早字形见于甲骨文。甲骨文从"日""月""艸"会意。上下都是草字形,而在草丛中有"日"和"月"字,日月同现于草木之中,朝日已出而残月未落。表示"朝暮"之"朝"(zhāo)。

本义:早晨。

常见义项

朝¹ cháo

① [动] 朝见。

例1:《送东阳马生序》:"余~京师,生以乡人子谒余。"

例2:《邹忌讽齐王纳谏》:"燕、赵、韩、魏闻之,皆~于齐。"

② [名] 朝见的地方,朝廷。

例1:《邹忌讽齐王纳谏》:"于是入~见威王。"

例2:《邹忌讽齐王纳谏》:"~廷之臣莫不畏王。"

例3:《邹忌讽齐王纳谏》:"此所谓战胜于~廷。"

例4:《邹忌讽齐王纳谏》:"能谤讥于市~,闻寡人之耳者,受下赏。"

③ [名] 王朝,朝代。

例:《江南春》:"南~四百八十寺,多少楼台烟雨中。"

朝² zhāo

[名] 早晨。

例1:《三峡》:"有时~发白帝,暮到江陵。"

例2:《岳阳楼记》:"~晖夕阴,气象万千。"

例3:《醉翁亭记》:"晦明变化者,山间之~暮也。"

例4:《醉翁亭记》:"~而往,暮而归。"

例5:《邹忌讽齐王纳谏》:"~服衣冠。"

博古通今

▶▶链接**成语**

① 朝思暮想:早晨也想,晚上也想。形容思念心切,时刻都在想着。

② 热火朝天:形容群众性运动或工作达到热烈高涨的境界,就像炽热的烈火朝天熊熊燃烧一般。

③ 朝气蓬勃:形容充满了生气和活力的样子。

④ 朝三暮四:比喻变化多端,捉摸不定,反复无常。贬义词。

⑤ 改朝换代:推翻旧王朝,建立新王朝。泛指政权更替。

▶▶链接**古诗词**

青青园中葵,朝露待日晞。

——[汉]佚名《长歌行》

朝辞白帝彩云间,千里江陵一日还。

——[唐]李白《早发白帝城》

渭城朝雨浥轻尘,客舍青青柳色新。

——[唐]王维《送元二使安西》

一封朝奏九重天,夕贬潮州路八千。

——[唐]韩愈《左迁至蓝关示侄孙湘》

自古逢秋悲寂寥,我言秋日胜春朝。

——[唐]刘禹锡《秋词》(其一)

折戟沉沙铁未销,自将磨洗认前朝。

——[唐]杜牧《赤壁》

古代汉语常用字词学习手册[初中卷]

按图索骥

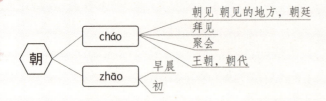

朝 ──┬── cháo ──┬── 朝见 朝见的地方，朝廷
    │   ├── 拜见
    │   └── 聚会
    └── zhāo ──┬── 王朝，朝代
               ├── 早晨
               └── 初

乘（chéng；shèng）

说文解字

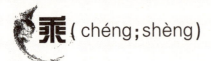

（甲骨文）　　（篆体）　　（楷体）

会意字。像人在树(木)上。本义如[清]朱骏声《说文通训定声》"自上而加曰乘"。从大(人)从木，表示人踩在树上之意。

本义：登、升。

常见义项

乘¹ chéng

① [动]登，升。

例：《吕氏春秋·贵直》："一鼓而士毕~之。"

② [动]乘坐，骑坐。

例1：《三峡》："虽~奔御风，不以疾也。"

例2：《曹刿论战》："公与之~，战于长勺。"

③ [介]趁着，顺应。

例1：《游山西村》："从今若许闲~月，拄杖无时夜叩门。"

例2：《行香子》："偶然~兴，步过东冈。"

④ [动]凭持，依仗。

例：《过秦论》："因利~便。"

⑤ [动]计算。

例：《周礼·天官·宰夫》："~其财用之出入。"

⑥ [名]一种计算方法。即算术中的乘法。

例：《书吴道子画后》："各相~除，得自然之数，不差毫末。"

乘² shèng

① [名]车，兵车。包括一车四马。

例：《左传·襄公二十六年》："简兵蒐~，秣马蓐食。"

② [量]用以计算车、马、舟等。

例：《陈涉世家》："车六七百~。"

博古通今

▶▶链接**成语**

① **乘风破浪**：顺势乘长风，踏破万里浪。形容办事一帆风顺，发展迅猛，也比喻志趣远大，勇往直前。乘：驾驭。

② **乘人之危**：趁人有危难时加以要挟、迫害。乘：顺着，趁着。

▶▶链接**古诗词**

李白乘舟将欲行，忽闻岸上踏歌声。

———— [唐]李白《赠汪伦》

不知乘月几人归，落月摇情满江树。

———— [唐]张若虚《春江花月夜》

闲来垂钓碧溪上，忽复乘舟梦日边。

———— [唐]李白《行路难》(其一)

昔人已乘黄鹤去，此地空余黄鹤楼。

———— [唐]崔颢《黄鹤楼》

我欲乘风归去，又恐琼楼玉宇，高处不胜寒。

———— [宋]苏轼《水调歌头》

乘风好去，长空万里，直下看山河。

———— [宋]辛弃疾《太常引·建康中秋夜为吕叔潜赋》

按图索骥

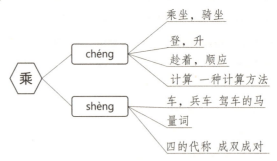

乘 ──┬── chéng ──┬── 乘坐，骑坐
    │   ├── 登，升
    │   ├── 趁着，顺应
    │   └── 计算 一种计算方法
    └── shèng ──┬── 车，兵车 驾车的马
                ├── 量词
                └── 四的代称 成双成对

持（chí）

说文解字

（金文）　　（篆体）　　（楷体）

形声字。金文写作寺,从寸(手)、从之,表示掌握。篆体和楷体从手(扌)、从寺(持的本字),表示用手拿住。《说文》曰:"持,握也。从手,寺声。"

本义:握住,拿着。

常见义项

① [动]拿着,握住。

例1:《狼》:"弛担~刀。"

例2:《活板》:"~就火炀之。"

例3:《周亚夫军细柳》:"于是上乃使使~节诏将军。"

例4:《周亚夫军细柳》:"将军亚夫~兵揖曰。"

例5:《送东阳马生序》:"媵人~汤沃灌。"

② [动]拉。持满,拉满弓弦。

例:《周亚夫军细柳》:"彀弓弩,~满。"

③ [动]主张。

例:《汉书·霍光传》:"群臣议所立,咸~广陵王。"

④ [动]制约,挟制。

例:《荀子·正名》:"以正道而辨奸,犹引绳以~曲直。"

⑤ [动]扶持。

例:《论语·季氏》:"危而不~,颠而不扶,则将焉用彼相矣?"

⑥ [动]支持,支撑。

例:《庄子·渔父》:"左手据膝,右手~颐以听。"

博古通今

▶▶链接成语

① 持之以恒:有恒心地坚持到底。持:保持。

② 持之有故:指所持的见解有根有据。持:持有。故:根据。

▶▶链接古诗词

为君持酒劝斜阳,且向花间留晚照。

—— [宋]宋祁《玉楼春·春景》

客散酒醒深夜后,更持红烛赏残花。

—— [唐]李商隐《花下醉》

持节云中,何日遣冯唐?

—— [宋]苏轼《江城子·密州出猎》

舂谷持作饭,采葵持作羹。

—— [汉]佚名《十五从军征》

按图索骥

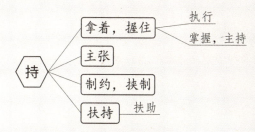

持
- 拿着,握住 —— 执行 / 掌握,主持
- 主张
- 制约,挟制
- 扶持 —— 扶助

辞(cí)

说文解字

(金文)　(篆体)　(繁体楷书)　(楷体)

会意字。从𠭥,从辛。"𠭥"是"乱"的本字,有"治理"的意思;"辛"代表刑法,合起来表示"以法律理纷乱",也就是"诉讼"的意思。篆体和楷体指从商、从辛(罪),表示辨析刑狱讼辞。简体字从舌(言语)、从辛,表示治罪过程中的供词。

本义:诉讼。

常见义项

① [动]推辞,推托,不接受,辞谢。

例1:《孙权劝学》:"蒙~以军中多务。"

例2:《宋史·岳飞传》:"每~官,必曰:'将士效力,飞何功之有?'"

② [名]言辞,文辞。

例:《送东阳马生序》:"未尝稍降~色""~甚畅达"。

③ [动]告别,辞别。

例1:《木兰诗》:"旦~爷娘去。"

例2:《木兰诗》:"旦~黄河去。"

例3:《桃花源记》:"停数日,~去。"

④ [名]讼词,口供。

例:《周礼·秋官·乡土》:"听其狱讼,察其~。"

⑤ [名]古代的一种文体。

例:《史记·司马相如列传》:"会景帝不好~赋。"

博古通今

▶▶链接成语

辞不达意:所用的言词无法确切表达心意。也作"词不达意""辞不意逮"。辞:言辞。

古代汉语常用字词学习手册「初中卷」

▶▶链接**古诗词**

朝辞白帝彩云间,千里江陵一日还。

——[唐]李白《早发白帝城》

故人西辞黄鹤楼,烟花三月下扬州。

——[唐]李白《黄鹤楼送孟浩然之广陵》

最是人间留不住,朱颜辞镜花辞树。

——[清]王国维《蝶恋花》

得成比目何辞死,愿作鸳鸯不羡仙。

——[唐]卢照邻《长安古意》

按图索骥

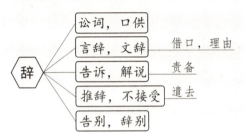

本义:跟随,跟从。

从 (cóng;zòng)

说文解字

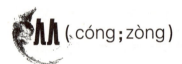

（金文） （篆体） （繁体楷书） （楷体）

会意字。金文字形像一人在后面跟随前人之形。由于和行动有关,商代时又追加"辵"旁以增显其意。后来字形添上了"彳""止",表示行动。在古籍中也通"纵"。

本义:跟随,跟从。

常见义项

从¹ cóng

① [动]跟从、跟随,追寻。

例1:《狼》:"一狼得骨止,一狼仍~。"

例2:《醉翁亭记》:"太守归而宾客~也。"

例3:《送东阳马生序》:"当余之~师也。"

例4:《曹刿论战》:"战则请~。"

例5:《与朱元思书》:"~流飘荡,任意东西。"

例6:《小石潭记》:"隶而~者。"

例7:《周亚夫军细柳》:"壁门士吏谓~属车骑曰……"

② [动]从事,参与。将某类事情当作职业般去做;办事、处理事务。

例1:《三国志·蜀志》:"汝与丞相~事,事之如父。"

例2:《论语·微子》:"已而已而,今之~政者殆而。"

③ [动]顺从,听从,遵从。

例1:《论语》:"七十而~心所欲。"

例2:《论语》:"择其善者而~之。"

例3:《陈涉世家》:"乃诈称公子扶苏、项燕,~民欲也。"

④ [介]自,由,向。

例1:《桃花源记》:"便舍船,~口入""问所~来"。

例2:《小石潭记》:"~小丘西行百二十步。"

例3:《送东阳马生序》:"无~致书以观。"

例4:《送东阳马生序》:"~乡之先达执经叩问。"

例5:《邹忌讽齐王纳谏》:"客~外来,与坐谈。"

⑤ [动]往。

例:《渡荆门送别》:"渡远荆门外,来~楚国游。"

⑥ [名]堂房亲属。

例:《活板》:"其印为余群~所得。"

⑦ [形]从容。舒缓悠闲的样子。

例:《庄子与惠子游于濠梁之上》:"鲦鱼出游~容。"

从² zòng

① [名]南北方向。

例:《诗经·齐风·南山》:"衡~其亩。"

② [动]放纵,纵容。

例:《汉书·晁错传》:"其行罚也,非以忿怒妄诛而~暴心也。"

博古通今

▶▶链接**成语**

① **从长计议**:暂缓决断,再作商酌;把时间放长些,多加考虑和商量。从:由,自。

② **从善如流**:形容能迅速而顺畅地接受别人的正确意见。也作"从谏如流"。从:依顺。

③ **从心所欲**:可以随其心意地为所欲为。从:依顺。

▶▶链接**古诗词**

溯洄从之,道阻且长。

——《诗经·秦风·蒹葭》

请从吏夜归。

——[唐]杜甫《石壕吏》

十五从军征。

——[汉]佚名《十五从军征》

小舟从此逝,江海寄余生。

——[宋]苏轼《临江仙·夜饮东坡醒复醉》

雄关漫道真如铁,而今迈步从头越。

——毛泽东《忆秦娥·娄山关》

露从今夜白,月是故乡明。

——[唐]杜甫《月夜忆舍弟》

按图索骥

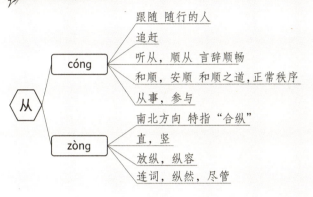

从
- cóng
  - 跟随 随行的人
  - 追赶
  - 听从,顺从 言辞顺畅
  - 和顺,安顺 和顺之道,正常秩序
  - 从事,参与
- zòng
  - 南北方向 特指"合纵"
  - 直,竖
  - 放纵,纵容
  - 连词,纵然,尽管

达 (dá;tà)

说文解字

(中晚期甲骨文)	(金文)	(篆体)

達	达
(繁体楷书)	(楷体)

形声字。中晚期甲骨文左边是"行"的省文"彳",表示路口或行走;右边是一正面人形,表示一人在大道行走。《说文解字》:"从羊,大声"。金文在"大"下加"羊",写作"㚇";篆体将金文的"彳"和"止"(趾)合成"辶",即后人俗称的"走之"。繁体楷书写作"達"或"达"。

本义:道路通畅。

常见义项

达¹ dá

① [动]通。

例:《孟子·公孙丑上》:"若火之始然,泉之始~。"

② [形]通畅,顺畅。

例:《送东阳马生序》:"辞甚畅~。"

③ [动]通晓事理。

例:《问说》:"理明矣,而或不~于事。"

④ [动]至,达到。

例1:《愚公移山》:"~于汉阴。"

例2:《次北固山下》:"乡书何处~?归雁洛阳边。"

⑤ [动]得志,显贵。

例:《出师表》:"不求闻~于诸侯。"

达² tà

[形]挑达(tāo tà),独自徘徊的样子。

例:《诗经·子衿》:"挑兮~兮,在城阙兮。"

博古通今

▶▶链接成语

① 通宵达旦:整整一夜,从天黑到天亮。达:到。通宵:通夜,整夜。旦:天亮。

② 知书达礼:有文化,懂礼貌。形容有教养。知、达:懂得。

▶▶链接古诗词

文章憎命达,魑魅喜人过。

——[唐]杜甫《天末怀李白》

吾观自古贤达人,功成不退皆殒身。

——[唐]李白《行路难》(其三)

按图索骥

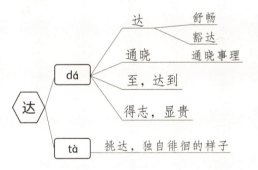

达
- dá
  - 舒畅 豁达
  - 通晓 通晓事理
  - 至,达到
  - 得志,显贵
- tà
  - 挑达,独自徘徊的样子

当 (dāng;dàng)

说文解字

(金文)	(篆体)	(繁体楷书)	(楷体)

形声字。从田,尚声。《说文解字》:"当,田相值也。"表示两田价值相称。简化字作"当",是从"當"的草书楷化而来的。后引申为两两相对、相称。

本义:田相值。

古代汉语常用字词学习手册「初中卷」

常见义项

当¹ dāng

① [动]适应,与之相称。

例:《荀子·儒效》:"言必~理,势必~务。"

② [动]抵挡,挡住。

例:《孟子·梁惠王下》:"彼恶敢~我哉!"

③ [介]在(某处,某时)。

例1:《送东阳马生序》:"~余之从师也。"

例2:《陈涉世家》:"~此时,诸郡县苦秦吏者。"

例3:《闲情偶寄·芙蕖》:"群葩~令时。"

例4:《出师表》:"咨臣以~世之事。"

例5:《卖油翁》:"~世无双。"

例6:《山坡羊·骊山怀古》:"~时奢侈今何处?"

④ [副]应该,应当。

例1:《陈涉世家》:"不~立,~立者乃公子扶苏。"

例2:《陈涉世家》:"失期~斩。"

例3:《出师表》:"~奖率三军。"

例4:《孙权劝学》:"但~涉猎。"

例5:《杞人忧天》:"日月星宿,不~坠耶?"

⑤ [副]终当,终要。

例:《望岳》:"会~凌绝顶,一览众山小。"

⑥ [副]将要,即将。

例:《出师表》:"今~远离。"

⑦ [介]面对,向,对着。

例1:《满江红》:"俗子胸襟谁识我?英雄末路~磨折。"

例2:《木兰诗》:"木兰~户织。"

例3:《木兰诗》:"~户理红妆。"

例4:《木兰诗》:"~窗理云鬓。"

当² dàng

① [动]当作。

例:《梅岭三章》:"后死诸君多努力,捷报飞来~纸钱。"

② [动]适合,恰当。

例:《荀子·修身》:"故非我而~者,吾师也。"

博古通今

▶▶链接成语

① 当局者迷,旁观者清:比喻当事人往往因为对利害得失考虑得太多,认识不全面,反而不及旁观者看得清楚。当:在(某处、某时)。

② 当之无愧:担得起某种荣誉,无须感到惭愧。当:充任,担任。

③ 锐不可当:锋利无比,无法阻挡,形容勇往直前的气势无法抵挡。当:抵挡。

④ 当仁不让:原指以仁为任,无所谦让。后指遇到应该做的事就积极主动去做,不退让。当:相称,相配。

▶▶链接古诗词

何当共剪西窗烛,却话巴山夜雨时。

—— [唐]李商隐《夜雨寄北》

此情可待成追忆,只是当时已惘然。

—— [唐]李商隐《锦瑟》

及时当勉励,岁月不待人。

—— [晋]陶渊明《杂诗》

对酒当歌,人生几何。

—— [魏]曹操《短歌行》

生子当如孙仲谋。

—— [宋]辛弃疾《南乡子·登京口北固亭有怀》

按图索骥

与之相称
抵挡,挡住
面对,向,对着
当 — dāng — 在某处,某时
应该,应当
将要,即将
dàng — 当作
适合,恰当

道 (dào;dǎo)

说文解字

(金文)　　　(篆体)　　　(楷体)

会意兼形声字。从辵,从首,首亦声,金文从字形看表示供行走的道路。《说文解字》:"道,所行道也。"由道路之意可以引申为动词,表示取道、经过。还可引申出抽象意义的方法、技艺、规律、学说、道义等意义。后世多写作"导",字的外边是"行",意为"道路";中间为"首",意为"领头"。

本义:供行走的道路。

常见义项

道¹ dào

① [名]路,道路。

例1:《小石潭记》:"伐竹取~。"

例2:《鱼我所欲也》:"行~之人弗受。"

例3:《陈涉世家》:"会天大雨,~不通。"

②[动]取道,行。

例1:《战国策·齐策》:"小国~此,则不祠而福矣。"

例2:《胜游记》:"~经于剡。"

③[动]说,讲述,谈论。

例1:《穿井得一人》:"国人~之。"

例2:《桃花源记》:"不足为外人~也。"

例3:《送东阳马生序》:"余故~为学之难以告之。"

④[名]道义,正道。治国的正道,即仁政。

例1:《得道多助,失道寡助》:"得~者多助,失~者寡助。"

例2:《陈涉世家》:"伐无~,诛暴秦。"

⑤[名]方法,途径。

例1:《马说》:"策之不以其~。"

例2:《出师表》:"以咨诹善~。"

例3:《问说》:"学问之~。"

⑥[名]准则,行为规范。

例1:《富贵不能淫》:"妾妇之~也。"

例2:《富贵不能淫》:"独行其~。"

例3:《大道之行也》:"大~之行也。"

⑦[名]学说、主张。

例:《送东阳马生序》:"益慕圣贤之~。"

⑧[名]道家所说的万物之源。

例:《老子·四十二章》:"~生一,一生二,二生三,三生万物。"

道² dǎo

①[动]引导。

例:《论语·为政》:"~之以德,齐之以礼。"

②[动]疏通。

例:《尚书·禹贡》:"九河既~。"

博古通今

▶▶链接成语

① 道不拾遗:路上没有人把别人丢失的东西拾走。形容社会风气好。道:道路。遗:失物。

② 道听途说:路上听来的、路上传播的话。泛指没有根据的传闻。道、途:路。

③ 志同道合:指人与人之间,彼此志向、志趣相同,理想、信念契合。道:主张,思想。

④ 道高一尺,魔高一丈:比喻取得一定成就后遇到的障碍会更大。也比喻正义终将战胜邪恶。道:正气。魔:邪气。

▶▶链接古诗词

东边日出西边雨,道是无晴却有晴。

—— [唐]刘禹锡《竹枝词二首》(其一)

一道残阳铺水中,半江瑟瑟半江红。

—— [唐]白居易《暮江吟》

青青河畔草,绵绵思远道。

—— [汉]佚名《饮马长城窟行》

时人不识凌云木,直待凌云始道高。

—— [唐]杜荀鹤《小松》

古道西风瘦马。

—— [元]马致远《天净沙·秋思》

溯洄从之,道阻且长。

—— [先秦]《诗经·蒹葭》

道逢乡里人。

—— [两汉]佚名《十五从军征》

按图索骥

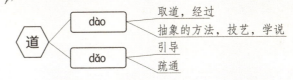

道 ─ dào ─ 取道,经过 / 抽象的方法,技艺,学说
　　 └ dǎo ─ 引导 / 疏通

得(dé)

说文解字

(篆体)　　(隶书)　　(楷体)

形声字。从彳,导声。篆体字形右上部分是(贝),表财货,右下部分是(手),左边是(彳),表示行有所得。手里拿着财货,自然是有所得。

本义:得到,获得。

常见义项

①[动]得到,获得。

例1:《狼》:"一狼~骨止。"

例2:《穿井得一人》:"吾穿井~一人。"

例3:《穿井得一人》:"~一人之使,非~一人于井中也。"

例4:《醉翁亭记》:"山水之乐,~之心而寓之酒也。"

例5:《鱼我所欲也》:"二者不可~兼,舍鱼而取熊掌者也。"

例6:《鱼我所欲也》:"故不为苟~也。"

例7:《鱼我所欲也》:"则凡可以~生者何不用也?"

古代汉语常用字词学习手册 初中卷

例8：《送东阳马生序》："未有问而不告，求而不~者也。"

例9：《陈涉世家》："~鱼腹中书。"

例10：《出师表》："必能使行阵和睦，优劣~所。"

② [助动]能，能够。

例1：《富贵不能淫》："是焉~为大丈夫乎？"

例2：《周亚夫军细柳》："天子先驱至，不~入。"

例3：《周亚夫军细柳》："军中不~驱驰。"

例4：《周亚夫军细柳》："至于亚夫，可~而犯邪！"

例5：《湖心亭看雪》："湖中焉~更有此人！"

例6：《送东阳马生序》："余因~遍观群书。"

③ [动]找到。

例1：《桃花源记》："既出，~其船。"

例2：《桃花源记》："遂迷，不复~路。"

④ [动]看到。

例：《桃花源记》："林尽水源，便~一山。"

⑤ [动]实现，完成。

例1：《马说》："且欲与常马等不可~，安求其能千里也？"

例2：《富贵不能淫》："~志，与民由之；不~志，独行其道。"

⑥ [动]同"德"，感恩，感激。

例：《鱼我所欲也》："所识穷乏者~我与？"

博古通今

▶▶链接成语

① 得不偿失：所得的利益抵偿不了所受的损失。

得：得到，获得。

② 得饶人处且饶人：指做事不要做绝，须留有余地。

得：能，能够。

▶▶链接古诗词

养怡之福，可得永年。

　　　　——[东汉]曹操《龟虽寿》

求之不得，寤寐思服。

　　　　——《诗经·关雎》

唇焦口燥呼不得，归来倚杖自叹息。

　　　　——[唐]杜甫《茅屋为秋风所破歌》

一车炭，千余斤，宫使驱将惜不得。

　　　　——[唐]白居易《卖炭翁》

了却君王天下事，赢得生前身后名。可怜白发生！

　　　　——[宋]辛弃疾《破阵子·为陈同甫赋壮词以寄之》

按图索骥

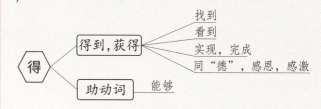

度 (dù；duó)

说文解字

（篆体）　（隶书）　（楷体）

形声字。形：从又(手)，古代多用手、臂等来测量长度。声：庶(shù)省声，庶有众多义，表示度的标准为大家认同。

本义：计量长短的标准。

常见义项

度¹ dù

① [名]计算长短的器具或单位。

例：《韩非子》："吾忘持~。"

② [名]气度，胸襟。

例：《战国策·燕策》："群臣惊愕，卒起不意，尽失其~。"

③ [名]制度，法度。

例1：《左传·昭公四年》："~不可改。"

例2：《三国志·诸葛亮传》："谡违亮节~，举动失宜，大为郃所破。"

④ [动]考虑，打算。

例：《指南录·后序》："以小舟涉鲸波，出无可奈何，而死固付之~外矣！"

⑤ [动]渡过，越过。

例：《木兰诗》："万里赴戎机，关山~若飞。"

⑥ [量]次，回。

例：《江南逢李龟年》："岐王宅里寻常见，崔九堂前几~闻。"

度² duó

[动]估计，推测。

例：《陈涉世家》："~已失期。"

博古通今

▶▶链接**成语**

① 度日如年:过一天像过一年那样长。形容日子很不好过。度:度过。

② 明修栈道,暗度陈仓:故意明修栈道,迷惑对方,暗中绕道奔袭陈仓,取得胜利。度:越过。

③ 置之度外:放在考虑之外,指不把生死、利害等放在心上。度:考虑。

▶▶链接**古诗词**

但使龙城飞将在,不教胡马度阴山。

——[唐]王昌龄《出塞》

众里寻他千百度。蓦然回首,那人却在,灯火阑珊处。

——[宋]辛弃疾《青玉案》

按图索骥

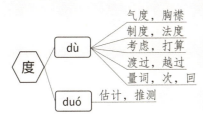

对(duì)

说文解字

(篆体)　(隶书)　(楷体)

会意字。一只手拿着点燃的蜡烛,下面有烛座,表示"向着"的意思。

本义:应答。

常见义项

① [动]两者相对,面对。

例1:《陈太丘与友期行》:"~子骂父,则是无礼。"

例2:《湖心亭看雪》:"有两人铺毡~坐。"

② [动]应答,回答。

例1:《穿井得一人》:"宋君令人问之于丁氏,丁氏~曰。"

例2:《唐雎不辱使命》:"唐雎~曰。"

例3:《曹刿论战》:"~曰:'夫战,勇气也。'"

③ [动]相当,匹配。

例:《吕氏春秋·审时》:"本大而茎叶格~。"

④ [动]核对,比照着检查。

例:《梦溪笔谈》:"以两司奏状~勘,以防虚伪。"

博古通今

▶▶链接**成语**

① 对牛弹琴:讥笑听话的人不懂对方说的是什么。对:两者相对,面对。

② 门当户对:旧时指男女双方的社会地位和经济情况相当,结亲很适合。对:相当,匹配。

▶▶链接**古诗词**

当窗理云鬓,对镜帖花黄。

——[南北朝]佚名《木兰诗》

南村群童欺我老无力,忍能对面为盗贼。

——[唐]杜甫《茅屋为秋风所破歌》

按图索骥

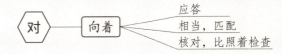

发(fā;fà)

说文解字

(篆体)　(隶书)　(楷体)

形声字。从弓,癹声。一个人一边迅速跑,一边把标枪投了出去。《说文解字》:"发,射发也。"

本义:发射。

常见义项

发¹ fā

① [动]把箭射出去。

例:《卖油翁》:"见其~矢十中八九,但微颔之。"

② [动]出发。

例:《三峡》:"有时朝~白帝,暮到江陵。"

③ [动]征发,征调。

例:《陈涉世家》:"~闾左適戍渔阳。"

④ [动]兴起,任用。

例:《生于忧患,死于安乐》:"舜~于畎亩之中。"

⑤ [动]显示,显露。

例:《生于忧患,死于安乐》:"征于色,~于声,而后喻。"

古代汉语常用字词学习手册「初中卷」

⑥[动]抒发,发作。

例:《唐雎不辱使命》:"怀怒未~,休祲降于天。"

⑦[动]开放。

例:《醉翁亭记》:"野芳~而幽香。"

发² fà

[名]头发。

例:《桃花源记》:"黄~垂髫,并怡然自乐。"

博古通今

▶▶链接成语

① 百发百中:射击技术高明,办事有把握。发:放箭。

② 牵一发而动全身:比喻动极小的部分就会影响全局。发:头发。

③ 厚积薄发:多多积蓄,慢慢放出。形容只有准备充分才能办好事情。发:显示,显露。

▶▶链接古诗词

羌管悠悠霜满地,人不寐,将军白发征夫泪。

—— [宋]范仲淹《渔家傲·秋思》

老夫聊发少年狂,左牵黄,右擎苍。

—— [宋]苏轼《江城子·密州出猎》

把酒问姮娥:被白发,欺人奈何?

—— [宋]辛弃疾《太常引·建康中秋夜为吕叔潜赋》

夜发清溪向三峡,思君不见下渝州。

—— [唐]李白《峨眉山月歌》

庭中有奇树,绿叶发华滋。

—— 《庭中有奇树》

按图索骥

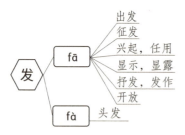

反(fǎn)

说文解字

(甲骨文)　(篆体)　(楷体)

会意字。从又,从厂(hǎn)。"厂(hǎn)"表示石头山壁,"又"表示手,全字表示手在攀爬山崖。后来假借为"相反""反叛"等意思。又引申为"返回",同"返"。

本义:以手攀崖。

常见义项

①[动]同"返",返回。

例1:《与朱元思书》:"经纶世务者,窥谷忘~。"

例2:《愚公移山》:"寒暑易节,始一~焉。"

②[动]反思,反省。

例:《虽有嘉肴》:"知不足,然后能自~也。"

③[动]翻转。

例:《诗经·周南·关雎》:"求之不得,寤寐思服。悠哉悠哉,辗转~侧。"

博古通今

▶▶链接成语

辗转反侧:躺在床上翻来覆去地不能入睡,形容心中有事。反:翻转。

▶▶链接古诗词

不愤不启,不悱不发,举一隅不以三隅反,则不复也。

—— 《论语·述而》

浮云蔽白日,游子不顾反。

—— 《古诗十九首·行行重行行》

行路难,不在水,不在山,只在人情反覆间。

—— [唐]白居易《太行路》

按图索骥

方(fāng)

说文解字

(甲骨文)　(篆体)　(楷体)

象形字。《说文·方部》:"方,并船也,象两舟总头形。"甲骨文常见方字,皆用为方向、方园之意,后还用为方圆。

本义:并行的两船。

常见义项

① [形]并,并排。

例:《庄子·山木》:"~舟而济于河。"

② [形]等同,相当。

例:《后汉书·耿弇传》:"昔韩信破历下以开基,今将军攻祝阿以发迹,此皆齐之西界,功足相~。"

③ [量]古代计量面积用语。后面加上表示长度的数字或数量词,表示纵横若干长度。

例1:《愚公移山》:"太行、王屋二山,~七百里,高万仞。"

例2:《邹忌讽齐王纳谏》:"今齐地~千里,百二十城。"

④ [名]地方,区域。

例:《出师表》:"今南~已定,兵甲已足。"

⑤ [名]边,一面。

例1:《诗经·秦风·蒹葭》:"所谓伊人,在水一~。"

例2:《梁甫行》:"八~各异气,千里殊风雨。"

⑥ [副]方才,刚刚。

例:《无题》:"春蚕到死丝~尽,蜡炬成灰泪始干。"

⑦ [副]将,将要。

例:《狼》:"~欲行,转视积薪后。"

博古通今

▶▶链接成语

① 方兴未艾:事物正在兴起、发展,一时不会终止。方:正当。艾:停止。

② 血气方刚:(年轻人)精力正旺盛,冲劲儿大。方:正当。

③ 如梦方醒:好像刚从梦中醒过来,形容刚刚从糊涂、错误的境地中觉醒过来。方:方才,刚刚。

▶▶链接古诗词

黑发不知勤学早,白首方悔读书迟。

——[唐]颜真卿《劝学》

水光潋滟晴方好,山色空蒙雨亦奇。

——[宋]苏轼《饮湖上初晴后雨》(其二)

臣心一片磁针石,不指南方不肯休。

——[宋]文天祥《扬子江》

按图索骥

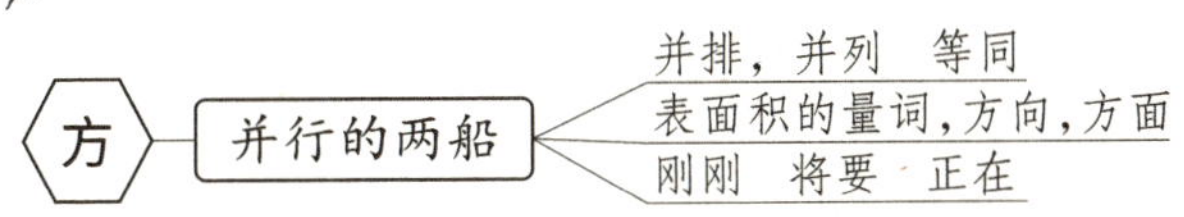

负(fù)

说文解字

(篆体)　(繁体楷书)　(楷体)

会意字。从人,从贝(钱财)。

本义:背(bēi)。

常见义项

① [动]用背载物。

例1:《愚公移山》:"帝感其诚,命夸娥氏二子~二山。"

例2:《醉翁亭记》:"至于~者歌于途,行者休于树。"

例3:《送东阳马生序》:"当余之从师也,~箧曳屣行深山巨谷中。"

② [动]承载,承担。

例:《庄子·逍遥游》:"且夫水之积也不厚,则其~大舟也无力。"

③ [动]依恃,凭仗。

例:《与朱元思书》:"~势竞上,互相轩邈。"

④ [动]背弃,违背。

例:《史记·高祖本纪》:"~约,更立沛公为汉王。"

⑤ [动]败。与"胜"相对。

例:《韩非子·喻老》:"两者战于胸中,未知胜~。"

博古通今

▶▶链接成语

① 负隅顽抗:(坏人)凭借险要的地势等条件顽固抵抗。负:依靠。隅:山势弯曲险阻的地方。

② 如释重负:像放下重担子一样,形容解除精神压力后心情轻松愉快。重负:重担子。释:放下。

▶▶链接古诗词

男儿不展风云志,空负天生八尺躯。

——[明]冯梦龙《警世通言》

不负佳山水,还开酒一樽。

——[唐]钱珝《江行无题》

按图索骥

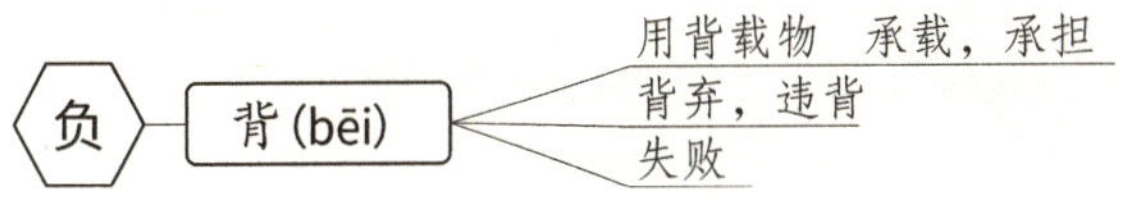

复(fù)

说文解字

复 復 復 复

(甲骨文) (篆体) (繁体楷书) (楷体)

形声字。从彳，复声，或从辵。下面的意符"夂"，是甲骨文"止"字的变形，表示与脚或行走有关。上面是声符"畐"(fú)的省略形式。后来繁化，加义符"彳"(chì)，表示行走。

本义：返回，回来。

常见义项

① [动]返回，还。

例：《左传·宣公二年》："宣子未出山而~。"

② [动]恢复。

例1：《陈涉世家》："将军身被坚执锐，伐无道，诛暴秦，~立楚国之社稷，功宜为王。"

例2：《出师表》："攘除奸凶，兴~汉室，还于旧都。"

例3：《出师表》："愿陛下托臣以讨贼兴~之效。"

③ [动]重复。

例1：《活板》："以备一板内有重~者。"

例2：《游山西村》："山重水~疑无路，柳暗花明又一村。"

④ [动]回答，答复。

例：《送东阳马生序》："色愈恭，礼愈至，不敢出一言以~。"

⑤ [副]再，又。

例1：《诫子书》："遂成枯落，多不接世，悲守穷庐，将~何及？"

例2：《狼》："~投之，后狼止而前狼又至。"

例3：《孙权劝学》："卿今者才略，非~吴下阿蒙！"

例4：《答谢中书书》："自康乐以来，未~有能与其奇者。"

例5：《桃花源记》："渔人甚异之，~前行，欲穷其林。"

例6：《桃花源记》："~行数十步，豁然开朗。"

例7：《桃花源记》："率妻子邑人来此绝境，不~出焉。"

例8：《桃花源记》："余人各~延至其家，皆出酒食。"

例9：《桃花源记》："遂迷，不~得路。"

例10：《邹忌讽齐王纳谏》："忌不自信，而~问其妾曰：'吾孰与徐公美？'"

博古通今

▶▶链接成语

① 周而复始：一次又一次地循环。复：再，又。

② 克己复礼：克制自己，使自己的言论、行为都符合礼制。复：恢复。克：约束自己。礼：本指西周奴隶制的礼法，泛指古代社会的法则、礼仪。

③ 年复一年：一年又一年。比喻日子久，时间长。也形容光阴白白地过去。复：再，又。

▶▶链接古诗词

唧唧复唧唧，木兰当户织。

——[南北朝]佚名《木兰诗》

独坐幽篁里，弹琴复长啸。

——[唐]王维《竹里馆》

风萧萧兮易水寒，壮士一去兮不复还。

——[先秦]佚名《渡易水歌》

天生我材必有用，千金散尽还复来。

——[唐]李白《将进酒》

按图索骥

复 → 返回，回来 → 返回，还 恢复 / 重复 / 回答，答复 / 再，又

更(gēng；gèng)

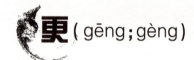

说文解字

更

(甲骨文) (篆体) (楷体)

形声字。从攴(pū)，丙声。"更"(甲骨文)的上部是"丙"，声旁表音；下部从攴(pū)，形旁作手持器具之象，表义。整字的意思是用鞭子教训人，使之改正。

本义：更改。

常见义项

更¹ gēng

① [动]改，改变。

例：《管子·形势》："天不变其常，地不易其则，春秋冬夏不~其节，古今一也。"

② [动]更换，替代。

例：《庄子·养生主》："良庖岁~刀，割也。"

③ [动]交替，轮换。

例：《活板》："~互用之，瞬息可就。"

④ [名]古代夜间的计时单位,一夜分为五更,每更约为两小时。

例1:《湖心亭看雪》:"是日~定矣,余拏一小舟,拥毳衣炉火,独往湖心亭看雪。"

例2:《临江仙·夜登小阁,忆洛中旧游》:"古今多少事,渔唱起三~。"

更² gèng

① [副]又,另。

例:《孙权劝学》:"士别三日,即~刮目相待。"

② [副]再,还。

例1:《湖心亭看雪》:"见余大喜曰:'湖中焉得~有此人!'"

例2:《湖心亭看雪》:"莫说相公痴,~有痴似相公者。"

例3:《己亥杂诗》(其五):"落红不是无情物,化作春泥~护花。"

例4:《卜算子·咏梅》:"已是黄昏独自愁,~着风和雨。"

③ [副]更加。

例1:《贾生》:"宣室求贤访逐臣,贾生才调~无伦。"

例2:《春望》:"白头搔~短,浑欲不胜簪。"

例3:《太常引·建康中秋夜为吕叔潜赋》:"斫去桂婆娑,人道是,清光~多。"

博古通今

▶▶链接**成语**

① 改弦更张:琴声不和谐,换了琴弦,重新安上,比喻改革制度或变更做法。更:改换。张:给乐器上弦。

② 更仆难数:花费了更换几拨侍者的时间,还是数不完,形容人或事物很多。更:改换。

▶▶链接**古诗词**

蝉噪林逾静,鸟鸣山更幽。

———[南北朝]王籍《入若耶溪》

三更灯火五更鸡,正是男儿读书时。

———[唐]颜真卿《劝学》

近乡情更怯,不敢问来人。

———[唐]宋之问《渡汉江》

按图索骥

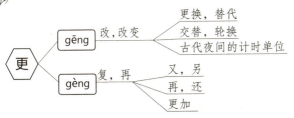

更 — gēng — 改,改变 — 更换,替代 / 交替,轮换 / 古代夜间的计时单位
更 — gèng — 复,再 — 又,另 / 再,还 / 更加

故(gù)

说文解字

故(金文)　故(篆体)　故(楷体)

形声字。从攴(pū),古声。形旁作手持器具之象,古为故的源头,表示旧事、陈迹得以流传必有原因。

本义:原因,原故。

常见义项

① [名]缘故,原因。

例1:《曹刿论战》:"既克,公问其~。"

例2:《陈涉世家》:"扶苏以数谏~,上使外将兵。"

② [形]旧,旧的事物。

例:《论语·为政》:"温~而知新,可以为师矣。"

③ [形]从前,原来的。

例:《狼》:"骨已尽矣,而两狼之并驱如~。"

④ [副]故意。

例:《陈涉世家》:"将尉醉,广~数言欲亡。"

⑤ [连]所以,因此。

例1:《三峡》:"~渔者歌曰:'巴东三峡巫峡长,猿鸣三声泪沾裳。'"

例2:《孟子·得道多助,失道寡助》:"~曰:域民不以封疆之界。"

例3:《孟子·生于忧患,死于安乐》:"~天将降大任于是人也,必先苦其心志。"

例4:《礼记·大道之行也》:"~人不独亲其亲,不独子其子。"

例5:《礼记·大道之行也》:"是~谋闭而不兴,盗窃乱贼而不作。"

例6:《马说》:"~虽有名马,祇辱于奴隶人之手。"

例7:《醉翁亭记》:"太守与客来饮于此,饮少辄醉,而年又最高,~自号曰醉翁也。"

例8:《唐雎不辱使命》:"以君为长者,~不错意也。"

例9:《送东阳马生序》:"~余虽愚,卒获有所闻。"

例10:《送东阳马生序》:"余~道为学之难以告之。"

例11:《曹刿论战》:"彼竭我盈,~克之。"

例12:《曹刿论战》:"吾视其辙乱,望其旗靡,~逐之。"

古代汉语常用字词学习手册[初中卷]

例13:《出师表》:"先帝知臣谨慎,~临崩寄臣以大事也。"

例14:《出师表》:"~五月渡泸,深入不毛。"

博古通今

▶▶链接成语

① 故弄玄虚:故意玩弄使人迷惑的花招儿。故:故意。

② 故态复萌:旧日的习气或老毛病重新出现。故:从前,原来的。

③ 明知故犯:明明知道不对,却故意违犯。故:有心,存心故意。

④ 人情世故:为人处世的道理。故:旧事,成例。

▶▶链接古诗词

微君之故,胡为乎中露?

——《诗经·邶风·式微》

羁鸟恋旧林,池鱼思故渊。

——[东晋]陶渊明《归园田居》(其一)

遥怜故园菊,应傍战场开。

——[唐]岑参《行军九日思长安故园》

劝君更尽一杯酒,西出阳关无故人。

——[唐]王维《送元二使安西》

浮云游子意,落日故人情。

——[唐]李白《送友人》

白雪却嫌春色晚,故穿庭树作飞花。

——[唐]韩愈《春雪》

行人莫问当年事,故国东来渭水流。

——[唐]许浑《咸阳城东楼》

只恐夜深花睡去,故烧高烛照红妆。

——[宋]苏轼《海棠》

零落成泥碾作尘,只有香如故。

——[宋]陆游《卜算子·咏梅》

按图索骥

形声字。《说文解字》:"顾,还视也。从页,雇声。"表示与头有关,像突出了头部的人形,可理解为回头看。雇本是一种候鸟,春耕时提醒农民耕种。

本义:回头看。

常见义项

① [动] 回头看。

例:《陈太丘与友期行》:"元方入门不~。"

② [动] 看。

例:《狼》:"~野有麦场。"

③ [动] 探望,拜访。

例:《出师表》:"三~臣于草庐之中。"

④ [动] 关心,照顾。

例:《诗经·魏风·硕鼠》:"三岁贯女,莫我肯~。"

博古通今

▶▶链接成语

① 顾影自怜:看着自己的影子,自己怜惜自己。原形容孤独失意的情状。现多形容自我欣赏。顾:回头看。

② 自顾不暇:照顾自己都来不及(哪里还能顾到别人)。顾:照顾。

▶▶链接古诗词

相顾无相识,长歌怀采薇。

——[唐]王绩《野望》

停杯投箸不能食,拔剑四顾心茫然。

——[唐]李白《行路难》(其一)

小轩窗,正梳妆。相顾无言,惟有泪千行。

——[宋]苏轼《江城子·乙卯正月二十日夜记梦》

骊山四顾,阿房一炬,当时奢侈今何处?

——[元]张养浩《山坡羊·骊山怀古》

按图索骥

说文解字

(金文) (篆体) (繁体楷书) (楷体)

说文解字

(金文) (篆体) (楷体)

形声字。形:从口。其形像四面围合状,城郭就是四周围合的。声:从古,故读音为 gù。古表示时间长久必坚固。

本义:坚固。

常见义项

① [形]坚固,特指地形险要和城郭坚固。

例:《过秦论》:"秦孝公据崤函之~。"

② [动]坚持。

例:《史记·齐世家》:"管仲~谏,不听。"

③ [形]顽固,固执。

例:《愚公移山》:"汝心之~,~不可彻。"

④ [动]巩固,使坚固。

例:《得道多助,失道寡助》:"~国不以山溪之险。"

⑤ [副]必,一定。

例:《周亚夫军细柳》:"其将~可袭而虏也。"

⑥ [副]本来。

例1:《陈涉世家》:"~以怪之矣。"

例2:《陈涉世家》:"戍死者~十六七。"

⑦ [连]同"故"。

例:《封建论》:"吾~曰:'非圣人之意也,势也。'"

博古通今

▶▶链接成语

① 固若金汤:金属造的城,滚水形成的护城河。形容工事无比坚固。固:坚固。

② 固执己见:顽固地坚持自己的意见,不肯改变。固:固执。

▶▶链接古诗词

爱染日已薄,禅寂日已固。

　　　　——[唐]王维《偶然作六首》(其三)

刑天舞干戚,猛志固常在。

　　　　——[东晋]陶渊明《读山海经》(其十)

尘事固已矣,秉意终不迁。

　　　　——[唐]张九龄《题画山水障》

按图索骥

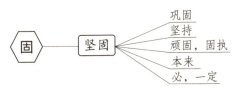

 # 观(guān)

说文解字

| (金文) | (篆体) | (楷体) |

形声字。《说文解字》:"观,谛视也。从见,雚声。"形:从见,表示用眼睛看。声:古时常写作"雚",从萑(guàn),大眼睛的猫头鹰。一般地看叫视,仔细地看叫观。

本义:仔细看。

常见义项

① [动]仔细看。

例1:《送东阳马生序》:"无从致书以~。"

例2:《送东阳马生序》:"余因得遍~群书。"

② [动]看,观看。

例1:《爱莲说》:"可远~而不可亵玩焉。"

例2:《核舟记》:"启窗而~。"

例3:《邹忌讽齐王纳谏》:"由此~之,王之蔽甚矣。"

③ [动]观察。

例:《荀子·议兵》:"~敌之变动。"

④ [动]观赏。

例:《岳阳楼记》:"予~夫巴陵胜状。"

⑤ [名]值得观赏的景物和景象。

例:《岳阳楼记》:"此则岳阳楼之大~也。"

⑥ [动]给人看,显示。

例:《吕氏春秋·博志》:"此其所以~后世已。"

博古通今

▶▶链接成语

① 察言观色:留意观察别人的话语和神情,多指揣摩别人的心意。观:观察。

② 等量齐观:指对有差别的事物同等看待。观:对待。

▶▶链接古诗词

来归相怨怒,但坐观罗敷。

　　　　——[汉]佚名《陌上桑》

东临碣石,以观沧海。

　　　　——[东汉]曹操《观沧海》

坐观垂钓者,徒有羡鱼情。

　　　　——[唐]孟浩然《望洞庭湖赠张丞相》

按图索骥

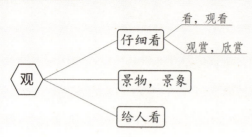

观 ┬ 仔细看 ┬ 看，观看
    │   └ 观赏，欣赏
    ├ 景物，景象
    └ 给人看

 归（guī）

说文解字

（甲骨文）（篆体）（繁体楷书）（楷体）

形声字。形：从帚。由女子出嫁引申为依归、往，进一步可引申为归宿。声：从𠂤（guī）。归宿。

本义：女子出嫁。

常见义项

① [动]女子出嫁。

例：《大道之行也》："女有~。"

② [动]返回。

例1：《狼》："一屠晚~。"

例2：《送东阳马生序》："其将~见其亲也。"

③ [动]归附，归属。

例1：《岳阳楼记》："吾谁与~?"

例2：《孟子·公孙丑上》："天下~殷久矣。"

④ [动]合并，或集中于一类，或集中于一地。

例：《醉翁亭记》："云~而岩穴暝。"

⑤ [名]归趋，归宿。

例：《周易·系辞下》："天下同~而殊涂。"

博古通今

▶▶链接成语

① 归根结底：归结到根本上。归：归结。

② 放虎归山：把老虎放回山去，比喻把坏人放回老巢，留下祸根。归：返回。

▶▶链接古诗词

开荒田野际，守拙归园田。

—— [晋]陶渊明《归园田居》(其一)

征蓬出汉塞，归雁入胡天。

—— [唐]王维《使至塞上》

荷笠带斜阳，青山独归远。

—— [唐]刘长卿《送灵澈上人》

浊酒一杯家万里，燕然未勒归无计。

—— [宋]范仲淹《渔家傲·秋思》

按图索骥

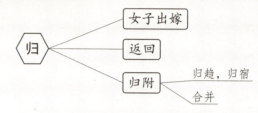

归 ┬ 女子出嫁
    ├ 返回
    └ 归附 ┬ 归趋，归宿
            └ 合并

 过（guò）

说文解字

（金文）（篆体）（楷体）

形声字。形：金文的下部从"止"，表示字义和人脚有关。篆体的左边变成了"辵"，表示与行进相关。

本义：经过。

常见义项

① [动]走过，经过。

例：《孙权劝学》："及鲁肃~寻阳。"

② [动]过，过去。

例：《陈太丘与友期行》："~中不至，太丘舍去。"

③ [动]胜过，超越。

例：《送东阳马生序》："况才之~于余者乎?"

④ [副]过分，太甚。

例：《小石潭记》："以其境~清。"

⑤ [名]错误，过失。

例1：《送东阳马生序》："岂他人之~哉?"

例2：《邹忌讽齐王纳谏》："面刺寡人之~者。"

⑥ [动]犯错误。

例：《生于忧患·死于安乐》："人恒~，然后能改。"

⑦ [动]访，探望。

例：《史记·田叔列传》："会贤大夫少府赵禹来~卫将军。"

⑧ [量]表示行为次数。

例：《世说新语·纰漏》："时道此，非复一~。"

博古通今

▶▶链接成语

① 过犹不及：事情做得过头，就跟做得不够，都是不合适的。过：超越，过头。

② 过目不忘：看过一遍就能记住。形容记忆力特别强。

▶▶链接古诗词

过江千尺浪，入竹万竿斜。

—— [唐]李峤《风》

单车欲问边，属国过居延。

—— [唐]王维《使至塞上》

沉舟侧畔千帆过，病树前头万木春。

—— [唐]刘禹锡《酬乐天扬州初逢席上见赠》

雁过也，正伤心，却是旧时相识。

—— [宋]李清照《声声慢·寻寻觅觅》

按图索骥

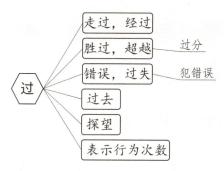

走过，经过
胜过，超越 —— 过分
过 —— 错误，过失 —— 犯错误
过去
探望
表示行为次数

还(hái；huán；xuán)

说文解字

（金文） （篆体） （楷体）

形声字。形：从辵(chuó)，表示与行走有关。声：睘(huán)声。

本义：返回。

常见义项

还¹ hái

① [副]仍旧，依然。

例：《泛江》："乱离~奏乐，飘泊且听歌。"

② [副]更，再。

例：《荀子·王霸》："如是则舜、禹~至，王业~起。"

③ [连]还是，表示选择。

例：《重九后二日同徐克章登万花川谷月下传觞》："老夫大笑问客道，月是一团~两团？"

还² huán

① [动]返回。

例1：《桃花源记》："具答之。便要~家，设酒杀鸡作食。"

例2：《出师表》："兴复汉室，~于旧都。"

② [动]交还；归还。

例：《送东阳马生序》："手自笔录，计日以~。"

③ [动]偿还。

例：《岁晏行》："割慈忍爱~租庸。"

④ [动]后退。

例：《仪礼·乡饮酒礼》："主人速宾，宾拜辱；主人答拜，~宾拜辱。"

⑤ [动]回头。

例：《汉书·项籍传》："羽~叱之。"

⑥ [动]环绕。

例：《战国策·燕策》："秦坊~柱走。"

还³ xuán

[形]轻快敏捷的样子。

例：《诗经·齐风·还》："子之~兮，遭我乎猞之间兮。"

博古通今

▶▶链接成语

① 返老还童：扭转衰老，恢复青春。形容老年人恢复了青春的健康或精神。还：返回。

② 解铃还须系铃人：比喻谁惹出来的麻烦，还得由谁去解决。还：仍然。

▶▶链接古诗词

愿驰千里足，送儿还故乡。

—— [南北朝]佚名《木兰诗》

山气日夕佳，飞鸟相与还。

—— [东晋]陶渊明《饮酒》(其五)

而今识尽愁滋味，欲说还休。欲说还休，却道"天凉好个秋"！

—— [宋]辛弃疾《丑奴儿·书博山道中壁》

古代汉语常用字词学习手册[初中卷]

按图索骥

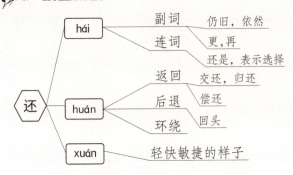

hái	副词	仍旧，依然
	连词	更，再
		还是，表示选择
huán	返回	交还，归还
	后退	偿还
	环绕	回头
xuán		轻快敏捷的样子

号（háo；hào）

说文解字

號	號	号
（篆体）	（繁体楷书）	（楷体）

会意字。从号，丂声。《说文解字》："号，痛声。""号"为"號"的简化字，表示如虎哮般大声喊叫。

本义：大声呼叫。

常见义项

号¹ háo

① [动]大声喊叫。

例：《童区寄传》："因大~，一虚皆惊。"

② [动]动物长鸣，大风怒吼。

例：《岳阳楼记》："阴风怒~。"

③ [动]大声哭。

例：《北上行》："悲~绝中肠。"

号² hào

① [动]宣称，称。

例：《史记·高祖本纪》："沛公兵十万，~二十万。"

② [动]号令，命令。

例：《陈涉世家》："~令召三老。"

③ [动]称号。

例：《陈涉世家》："~为张楚。"

④ [名]别号，指人名字以外的称号。

例：《五柳先生传》："宅边有五柳树，因以为~焉。"

博古通今

▶▶链接**成语**

① **号啕大哭**：放声大哭。号：大声哭。

② **砥砺名号**：自修品节，以保令名。号：称号。

▶▶链接**古诗词**

孤鸿号外野，翔鸟鸣北林。

——[魏晋]阮籍《咏怀八十二首》(其一)

八月秋高风怒号，卷我屋上三重茅。

——[唐]杜甫《茅屋为秋风所破歌》

五叠六叠势益高，一落千丈声怒号。

——[清]袁枚《到石梁观瀑布》

按图索骥

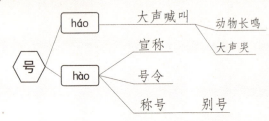

háo	大声喊叫	动物长鸣
		大声哭
hào	宣称	
	号令	
	称号	别号

好（hǎo；hào）

说文解字

𡥘	𡢌	好
（甲骨文）	（金文）	（楷体）

会意字。甲骨文"妇好"，人名，是商代"诸妇"中最重要的一位，她可以征集军队，征伐方国，引申为美、善。

本义：女子。

常见义项

好¹ hǎo

① [形]容貌美。

例：《与朱元思书》："~鸟相鸣，嘤嘤成韵。"

② [形]好，善。

例：《诗经·关雎》："窈窕淑女，君子~逑。"

③ [形]友好。

例：《草庐对》："外结~孙权。"

好² hào

[动]喜欢，喜爱。

例：《论语》："知之者不如~之者。"

博古通今

▶▶链接**成语**

① **好高骛远**：比喻不切实际地追求过高过远的目标。好：喜欢。骛：追求。

② **好为人师**:喜欢当别人的老师。形容不谦虚,自以为是,爱摆老资格。好:喜欢。

▶▶链接**古诗词**

江南好,风景旧曾谙。

——[唐]白居易《忆江南·江南好》

好雨知时节,当春乃发生。

——[唐]杜甫《春夜喜雨》

知汝远来应有意,好收吾骨瘴江边。

——[唐]韩愈《左迁至蓝关示侄孙湘》

中岁颇好道,晚家南山陲。

——[唐]王维《终南别业》

不要人夸颜色好,只留清气满乾坤。

——[元]王冕《墨梅》

按图索骥

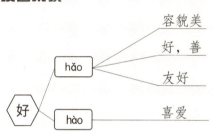

何 (hé;hè)

说文解字

（甲骨文）　（篆体）　（楷体）

形声字。像人用肩担物之形,为担荷之"荷"的本字。假作疑问代词"何"用字,使用频率高,遂借"荷"表示本义,以"何"专表假借义。

本义:古同"荷",担。

常见义项

何¹ hé

① [疑问代词]什么。

例1:《世说新语·咏雪》:"公欣然曰:'白雪纷纷~所似?'"

例2:《木兰诗》:"问女~所思,问女~所忆。"

例3:《陋室铭》:"~陋之有?"

例4:《爱莲说》:"莲之爱,同予者~人?"

例5:《曹刿论战》:"肉食者谋之,又~间焉?"

例6:《陈涉世家》:"若为佣耕,~富贵也?"

例7:《鱼我所欲也》:"万钟于我~加焉!"

② [疑问代词]怎么,为什么。

例1:《诫子书》:"悲守穷庐,将复~及!"

例2:《孙权劝学》:"大兄~见事之晚乎!"

例3:《鱼我所欲也》:"则凡可以得生者~不用也?"

例4:《唐雎不辱使命》:"先生坐!~至于此!"

例5:《邹忌讽齐王纳谏》:"君美甚,徐公~能及君也?"

例6:《岳阳楼记》:"渔歌互答,此乐~极!"

③ [副]多么。

例1:《石壕吏》:"吏呼一~怒!妇啼一~苦!"

例2:《观沧海》:"水~澹澹,山岛竦峙。"

何² hè

[动]背,扛。

例:《诗经·小雅·无羊》:"~蓑~笠。"这个意义后来写作"荷"。

博古通今

▶▶链接**成语**

① **何足挂齿**:形容不值得一提。足:值得。挂齿:谈到,提起。

② **何乐不为**:为什么不乐意做呢?表示很乐意做。

▶▶链接**古诗词**

柴门何萧条,狐兔翔我宇。

——[东汉]曹植《梁甫行》

乡书何处达?归雁洛阳边。

——[唐]王湾《次北固山下》

寂寂江山摇落处,怜君何事到天涯!

——[唐]刘长卿《长沙过贾谊宅》

此夜曲中闻折柳,何人不起故园情。

——[唐]李白《春夜洛城闻笛》

岱宗夫如何?齐鲁青未了。

——[唐]杜甫《望岳》

不知何处吹芦管,一夜征人尽望乡。

——[唐]李益《夜上受降城闻笛》

何当共剪西窗烛,却话巴山夜雨时。

——[唐]李商隐《夜雨寄北》

莫听穿林打叶声,何妨吟啸且徐行。

——[宋]苏轼《定风波·莫听穿林打叶声》

起舞弄清影,何似在人间。

——[宋]苏轼《水调歌头·明月几时有》

古代汉语常用字词学习手册[初中卷]

恨 (hèn)

说文解字

（篆体）　　（楷体）

形声字。形：从心，表示与内心有关。声：从艮（gèn）。"艮"有回头瞪眼的意思，也表示人的情绪不满。

本义：怀恨在心，怨恨。

常见义项

① 不满。

例：《荀子·尧问》："位尊者君~之。"

② 怨恨，仇恨。

例：《泊秦淮》："商女不知亡国~。"

③ 遗憾，后悔。

例1：《陈涉世家》："怅~久之。"

例2：《出师表》："未尝不叹息痛~于桓、灵也。"

博古通今

▶▶链接成语

① 抱恨终天：旧指因父母去世而一辈子感到悲痛。现指因做错某事而后悔一辈子。恨：悔恨。终天：终身。

② 恨之入骨：形容痛恨到极点。恨：痛恨。

▶▶链接古诗词

思悠悠，恨悠悠，恨到归时方始休。

——[唐]白居易《长相思·汴水流》

艰难苦恨繁霜鬓，潦倒新停浊酒杯。

——[唐]杜甫《登高》

商女不知亡国恨，隔江犹唱后庭花。

——[唐]杜牧《泊秦淮》

纤云弄巧，飞星传恨，银汉迢迢暗度。

——[宋]秦观《鹊桥仙·纤云弄巧》

按图索骥

恨 —— 不满 —— 怨恨，仇恨
　　 遗憾，后悔

 患 (huàn)

说文解字

閻　　串　　患

（金文）　（篆体）　（楷体）

形声字。《说文解字》："患，忧也。"形：从心，表意，表示心中忧虑。"串"为穿过之意，表示心中为忧虑所穿。声：串表声。

本义：忧虑。

常见义项

① [动]忧虑，担忧。

例：《送东阳马生序》："又~无硕师名人与游。"

② [名]祸，祸患，灾难。

例1：《鱼我所欲也》："所恶有甚于死者，故~有所不辟也。"

例2：《生于忧患，死于安乐》："然后知生于忧~而死于安乐也。"

③ [动]生病，疾病。

例：《后汉书·华佗传》："广陵太守陈登忽~匈中烦懑。"

④ [名]毛病，弊病。

例：《汉书·高帝纪下》："~在人主不交故也，士奚由进！"

博古通今

▶▶链接成语

① 患得患失：担心得不到，得到了又担心失掉。形容对个人得失看得很重。患：忧虑。

② 患难与共：在不利处境中，共同承担危险或困难。指彼此关系密切，利害一致。患：祸害。

▶▶链接古诗词

自古以为患，诗人厌薄伐。

——[唐]杜甫《留花门》

气全自可忘忧患，心动安能敌死生。

——[宋]陆游《村舍》

按图索骥

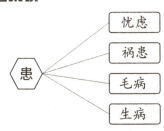

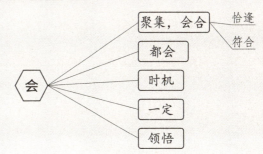

（金文） **（篆体）** **（楷体）**

会意字。形:会是"脍"的本字,上像器盖,下像器皿装有物品,中间装着的就是"脍"。

本义:积聚禾谷。

常见义项

① [动]聚集,会合。

例1:《岳阳楼记》:"迁客骚人,多~于此,览物之情,得无异乎?"

例2:《陈涉世家》:"号令召三老、豪杰与皆来~计事。"

② [动]恰巧,恰逢。

例:《陈涉世家》:"~天大雨,道不通。"

③ [动]符合,投合。

例:《管子·法禁》:"上明陈其制,则下皆~其度矣。"

④ [名]都会。

例:《九成宫颂序》:"名都广~,间阎万室。"

⑤ [名]时机,机会。

例:《后汉书·袁绍传》:"而以婴儿病失其~,惜哉!"

⑥ [动]一定,应当。

例:《行路难》(其一):"长风破浪~有时,直挂云帆济沧海。"

⑦ [动]理解,领悟。

例:《听琴》:"闻弹一夜中,~尽天地情。"

博古通今

▶▶链接成语

① 心领神会:指对方没有明说,心里已经领会。领、会:领悟,理解。

② 不期而会:未经约定而意外地遇见或自动聚集。会:聚集。

▶▶链接古诗词

会当凌绝顶,一览众山小。

—— [唐]杜甫《望岳》

长风破浪会有时,直挂云帆济沧海。

—— [唐]李白《行路难》(其一)

会挽雕弓如满月,西北望,射天狼。

—— [宋]苏轼《江城子·密州出猎》

按图索骥

聚集,会合 —— 恰逢 符合
都会
会 —— 时机
一定
领悟

（金文） **（篆体）** **（楷体）**

会意字。金文字形从口(人口),从一(疆域),从戈(以戈守之)。表示以戈卫国。

本义:邦国,封国。

常见义项

① [副]有时。

例1:《三峡》:"~王命急宣,有时朝发白帝,暮到江陵。"

例2:《马说》:"马之千里者,一食~尽粟一石。"

例3:《送东阳马生序》:"~遇其叱咄,色愈恭,礼愈至。"

② [副]或者,也许。

例:《岳阳楼记》:"予尝求古仁人之心,~异二者之为,何哉?"

③ [代]有人。

例:《陈涉世家》:"~以为死,~以为亡。"

④ [副]又。

例:《诗经·小雅·宾之初筵》:"既立之监,~佐之史。"

⑤ [动]同"惑",迷惑。

例:《战国策·魏策三》:"今大王与秦伐韩而益近秦,臣甚~之。"

博古通今

▶▶链接成语

智者千虑,或有一失:指聪明人对问题深思熟虑,也难免出现差错。或:或许。

▶▶链接古诗词

所守或匪亲,化为狼与豺。

—— [唐]李白《蜀道难》

或为出师表,鬼神泣壮烈。

—— [宋]文天祥《正气歌》

按图索骥

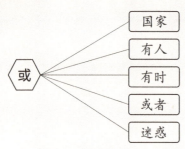

```
        国家
      有人
或  —— 有时
      或者
        迷惑
```

说文解字

（甲骨文）　（篆体）　（楷体）

象形字。独体字结构。字形像矮小的桌案。

本义:古人坐而凭几,席地而坐时供坐者依凭。

常见义项

几¹ jī

① [名]矮而小的桌子,用以陈放东西或倚靠休息。

例:《孟子·公孙丑下》:"隐~而卧。"

② [动]接近,将近。

例:《论积贮疏》:"汉之为汉,~四十年矣。"

③ [副]表示非常接近,相当于"几乎""差不多"。

例:《捕蛇者说》:"~死者数矣。"

④ [形]隐微,不明显。

例:《周易·系辞上》:"~事不密则害成。"

⑤ [名]事务。

例:《尚书·皋陶谟》:"一日二日万~。"

几² jǐ

[数]表数量,概数。

例:《北冥有鱼》:"鲲之大,不知其~千里也。"

博古通今

▶▶链接成语

① 寥寥无几:形容数量很少,没有几个。几:表示数量。

② 几不欲生:几乎都不想活了。几:几乎。

③ 审几度势:形容省察事机,揣度形势。几:事务。

④ 窗明几净:形容房间干净明亮。几:小桌子。

▶▶链接古诗词

岐王宅里寻常见,崔九堂前几度闻。

—— [唐]杜甫《江南逢李龟年》

几处早莺争暖树,谁家新燕啄春泥。

—— [唐]白居易《钱塘湖春行》

去年天气旧亭台。夕阳西下几时回?

—— [宋]晏殊《浣溪沙》

明月几时有?把酒问青天。

—— [宋]苏轼《水调歌头》

小园几许,收尽春光。

—— [宋]秦观《行香子·树绕村庄》

按图索骥

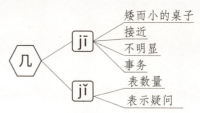

```
        矮而小的桌子
      jī  接近
          不明显
几          事务
      jǐ  表数量
          表示疑问
```

说文解字

（金文）　（篆体）　（楷体）

会意字。从人,从手。《说文解字》:"及,逮也。"表示会追上前人,以手逮之。

本义:追赶。

常见义项

① [动]追上,赶上。

例:《诫子书》:"悲守穷庐,将复何~!"

② [动]到,至。

例:《桃花源记》:"~郡下,诣太守,说如此。"

③ [介]介引时间。趁着,等到……的时候。

例1:《湖心亭看雪》:"~下船,舟子喃喃曰……"

例2:《穿井得一人》:"~其家穿井。"

例3:《孙权劝学》:"~鲁肃过寻阳。"

例4:《左传·僖公二十二年》:"彼众我寡,~其未济也,请击之。"

例5:《宋史·岳飞传》:"当~其未定击之。"

④ [动]如,比得上。

例1:《邹忌讽齐王纳谏》:"君美甚,徐公何能~君也?"

例2:《师说》:"郯子之徒,其贤不~孔子。"

例3:《李氏山房藏书记》:"非后世君子所~。"

例4:《李氏山房藏书记》:"日夜诵读,惟恐不~。"

⑤ [连]与,和,表并列。

例1:《周亚夫军细柳》:"上自劳军。至霸上~棘门军。"

例2:《出师表》:"若有作奸犯科~为忠善者。"

博古通今

▶▶ 链接成语

① **望尘莫及**:望得见走在前面的人带起的尘土却不能追上,比喻远远地落在后面。及:追上,赶上。

② **风马牛不相及**:本指两地相隔很远,即使马牛发情追逐,也不会相遇。后比喻事物之间毫不相干。及:到达,碰头。风:公母牲畜互相追逐引诱。

③ **爱屋及乌**:意为爱那个人而连带地爱护停留在他屋上的乌鸦。比喻爱一个人连带喜爱与他相关的人或事物。及:连词,和,跟。

④ **触手可及**:近在手边,一伸手就可以接触到。及:达到。

⑤ **鞭长莫及**:马鞭子虽长,也打不到马肚子。比喻相隔太远,力量达不到。及:够得上。

▶▶ 链接古诗词

及时当勉励,岁月不待人。

　　　　——[东晋]陶渊明《杂诗·人生无根蒂》

桃花潭水深千尺,不及汪伦送我情。

　　　　——[唐]李白《赠汪伦》

蚕丛及鱼凫,开国何茫然!

　　　　——[唐]李白《蜀道难》

素衣莫起风尘叹,犹及清明可到家。

　　　　——[宋]陆游《临安春雨初霁》

按图索骥

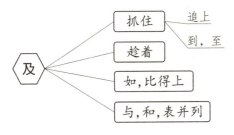

及 —— 抓住 —— 追上 / 到,至
　　趁着
　　如,比得上
　　与,和,表并列

即 (jí)

说文解字

（金文）　（篆体）　（楷体）

会意字。左边是一个盛食物的器皿,右边是一个跪坐的人,面向食物。

本义:就食。

常见义项

① [副]就,就是。

例1:《送东阳马生序》:"余幼时~嗜学。"

例2:《咏雪》:"~公大兄无奕女。"

② [副]立即。

例:《桃花源记》:"太守~遣人随其往。"

③ [连]则。

例1:《孙权劝学》:"士别三日,~更刮目相待。"

例2:《陈涉世家》:"且壮士不死~已,死~举大名耳。"

④ [动]走近,接近。

例:《诗经·卫风·氓》:"匪来贸丝,来~我谋。"

⑤ [动]追逐,寻求。

例:《左传·昭公二十一年》:"华氏北,复~之。"

⑥ [动]登上。

例:《史记·高祖本纪》:"甲午,乃~皇帝位汜水之阳。"

博古通今

▶▶ 链接成语

① **俯拾即是**:低下头来捡取,到处都是。形容为数众多,很容易得到。即:就。

② **可望而不可即**:望得见却不能接近。即:接近。

▶▶ 链接古诗词

浩荡离愁白日斜,吟鞭东指即天涯。

　　　　——[清]龚自珍《己亥杂诗》(其五)

北风卷地白草折,胡天八月即飞雪。

　　　　——[唐]岑参《白雪歌送武判官归京》

古代汉语常用字词学习手册[初中卷]

按图索骥

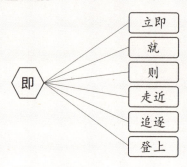

即 —— 立即 / 就 / 则 / 走近 / 追逐 / 登上

间 (jiàn；jiān)

说文解字

間（篆体）　間（繁体楷书）　间（楷体）

会意字。会门有间隙,从门内可以看到月光之意。
本义:缝隙。

常见义项

间¹ jiàn

① [名]夹缝,间隙,空隙。

例:《史记·管晏列传》:"其御之妻从门~而窥其夫。"

② [动]间隔。

例:《桃花源记》:"不复出焉,遂与外人~隔。"

③ [副]间或,断断续续地。

例:《邹忌讽齐王纳谏》:"数月之后,时时而~进。"

④ [动]疏远,离间。

例:《史记·廉颇蔺相如列传》:"赵王信秦之~。"

⑤ [副]秘密地,悄悄地。

例:《陈涉世家》:"又~令吴广之次所旁丛祠中。"

⑥ [动]参与。

例:《曹刿论战》:"肉食者谋之,又何~焉?"

间² jiān

① [名]中间,期间。

例1:《醉翁亭记》:"醉翁之意不在酒,在乎山水之~也。"

例2:《马说》:"祇辱于奴隶人之手,骈死于槽枥之~。"

例3:《生于忧患,死于安乐》:"傅说举于版筑之~。"

例4:《三峡》:"其~千二百里,虽乘奔御风,不以疾也。"

例5:《送东阳马生序》:"余则缊袍敝衣处其~,略无慕艳意。"

② [量]房屋的最小单位。

例:《茅屋为秋风所破歌》:"安得广厦千万~。"

博古通今

▶▶链接成语

① 亲密无间:形容关系非常亲密,没有一点隔阂。

② 挑拨离间:搬弄是非,引起争端,使互相猜忌而不和睦。

③ 间不容发:中间容不下一根头发。形容事物之间的距离极小;形容时间紧迫,形势危急。

▶▶链接古诗词

安得广厦千万间,大庇天下寒士俱欢颜!

—— [唐]杜甫《茅屋为秋风所破歌》

此曲只应天上有,人间能得几回闻。

—— [唐]杜甫《赠花卿》

起舞弄清影,何似在人间。

—— [宋]苏轼《水调歌头·明月几时有》

出师一表真名世,千载谁堪伯仲间。

—— [宋]陆游《书愤》

伤心秦汉经行处,宫阙万间都做了土。

—— [元]张养浩《山坡羊·潼关怀古》

按图索骥

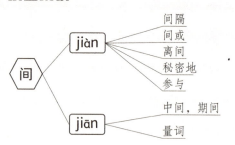

间 —— jiàn —— 间隔 / 间或 / 离间 / 秘密地 / 参与

间 —— jiān —— 中间,期间 / 量词

见 (jiàn；xiàn)

说文解字

見（甲骨文）　見（金文）　見（篆体）　見（繁体楷书）　见（楷体）

象形字。《说文解字》:"见,视也。从儿,从目。"甲骨文的见字,下部像一个跪坐的人,上部用一只特别强调的横放的大眼("目")来表示平视前方。

本义:看见。

 **常见义项**

见¹ jiàn

① [动] 看见，看到。

例1：《木兰诗》："昨夜~军帖。"

例2：《卖油翁》："~其发矢十中八九，但微颔之。"

例3：《三峡》："自非亭午夜分，不~曦月。"

例4：《答谢中书书》："高峰入云，清流~底。"

例5：《小石潭记》："伐竹取道，下~小潭。"

② [动] 了解，知道。

例1：《孙权劝学》："但当涉猎，~往事耳。"

例2：《孙权劝学》："大兄何~事之晚乎！"

③ [动] 进见，拜见。

例1：《木兰诗》："归来~天子。"

例2：《周亚夫军细柳》："介胄之士不拜，请以军礼~。"

例3：《邹忌讽齐王纳谏》："于是入朝~威王。"

④ [名] 看法，见解。

例：《晋书·王浑传》："敢陈愚~。"

⑤ [被] 表示被动，相当于"被"。

例1：《史记·廉颇蔺相如列传》："诚恐~欺。"

例2：《容斋随笔·诸葛公》："下有以~信于人。"

见² xiàn

① [动] 显现，出现，表现。

例：《马说》："食不饱，力不足，才美不外~。"

② [动] 介绍，推荐，引见。

例：《墨子·公输》："胡不~我于王？"

③ [形] 现有的，现成的。

例：《史记》："军无~粮。"

博古通今

▶▶链接成语

① 见利忘义：见到有利可图就不顾道义。

② 立竿见影：在阳光下把竿子竖起来，立刻就看到影子。比喻立刻见到功效。

③ 捉襟见肘：拉一拉衣襟，就露出臂肘。形容衣服破烂。比喻顾此失彼，穷于应付。

▶▶链接古诗词

夜发清溪向三峡，思君不见下渝州。

———— [唐]李白《峨眉山月歌》

飞来山上千寻塔，闻说鸡鸣见日升。

———— [宋]王安石《登飞来峰》

采菊东篱下，悠然见南山。

———— [东晋]陶渊明《饮酒》(其五)

呜呼！何时眼前突兀见此屋，吾庐独破受冻死亦足！

———— [唐]杜甫《茅屋为秋风所破歌》

谁见幽人独往来，缥缈孤鸿影。

———— [宋]苏轼《卜算子·黄州定慧院寓居作》

相见时难别亦难，东风无力百花残。

———— [唐]李商隐《无题》

山回路转不见君，雪上空留马行处。

———— [唐]岑参《白雪歌送武判官归京》

按图索骥

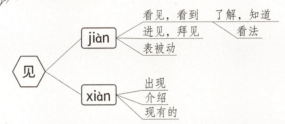

将 (jiāng；jiàng)

说文解字

（甲骨文）（篆体）（繁体楷书）（楷体）

会意兼形声字。"将"由"爿""月""寸"组成："爿"是剖成一半的竹木片，代表古代用于调兵遣将的兵符；"月"为肉，为身体，代指人；"寸"的甲骨文是手的象形，表示与手有关。

本义：手持兵符、发号施令、带兵打仗之人。

常见义项

将¹ jiāng

① [动] 扶，持。

例：《木兰诗》："爷娘闻女来，出郭相扶~。"

② [副] 就要，将要。

例：《生于忧患，死于安乐》："故天~降大任于是人也。"

③ [助] 用在动词之后，无实义。

例：《卖炭翁》："宫使驱~惜不得。"

④ [连] 和，与，同。

例：《月下独酌》："暂伴月~影。"

将² jiàng

① [动] 带兵，率领。

例：《陈涉世家》："上使外~兵。"

② [名]带兵的人,将领。

例:《陈涉世家》:"王侯~相宁有种乎!"

博古通今

▶▶链接成语

① 将信将疑:有些相信,又有些怀疑。将:且,又。

② 将计就计:利用对方的计策,又向对方施计。

▶▶链接古诗词

欲渡黄河冰塞川,将登太行雪满山。

　　　　　——[唐]李白《行路难》(其一)

孤云将野鹤,岂向人间住。

　　　　　——[唐]刘长卿《送方外上人》

休对故人思故国,且将新火试新茶

　　　　　——[宋]苏轼《望江南·超然台作》

按图索骥

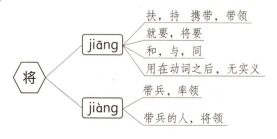

进(jìn)

说文解字

(甲骨文)　(篆体)　(繁体楷书)　(楷体)

会意兼形声。甲骨文上边是"佳"(读 zhuī,鸟形);下边是"止(趾)",表示脚。鸟脚只能前进不能后退,故用以表示前进。

本义:前进,与"退"相对。

常见义项

① [动]前进。

例:《史记·魏公子列传》:"~兵击秦军。"

② [动]任官,出仕。

例:《岳阳楼记》:"是~亦忧,退亦忧。"

③ [动]进谏,进献,献上。

例1:《邹忌讽齐王纳谏》:"群臣~谏,门庭若市。"

例2:《出师表》:"至于斟酌损益,~尽忠言。"

④ [动]超过。

例:《庄子》:"臣之所好者,道也,~乎技矣。"

⑤ [动]晋升。

例:《明史·马文升传》:"~右都御史,总督漕运。"

⑥ [动]推荐。

例:《史记·孙子吴起列传》:"于是忌~孙子于威王。"

博古通今

▶▶链接成语

① 进退维谷:前进或后退都陷于困难的境地,形容处于十分不利的局势。

② 得寸进尺:得了一寸,还想再进一尺。比喻贪心不足。

▶▶链接古诗词

梨花自寒食,进节只愁余。

　　　　　——[宋]杨万里《寒食上冢》

露重飞难进,风多响易沉。

　　　　　——[唐]骆宾王《在狱咏蝉》

按图索骥

尽(jìn)

说文解字

(甲骨文)　(篆体)　(繁体楷书)　(楷体)

会意字。甲骨文从皿,下部是一个有底座和把手的器皿,上面是一只手拿着一把小刷子在进行刷洗,表示器皿中的东西已经全部空了。

本义:器皿中空。

常见义项

① [动]完,没有了。

例:《狼》:"一屠晚归,担中肉~。"

② [动]喝完,吃完,竭尽,全部用出。

例:《马说》:"马之千里者,一食或~粟一石。"

③[动]达到尽头,终止,结束。

例:《桃花源记》:"林~水源,便得一山。"

④[动]死。

例:《史记·扁鹊仓公列传》:"故曰五日~,~即死矣。"

⑤[副]全部,都。

例:《出师表》:"至于斟酌损益,进~忠言。"

⑥[副]极,最,用在形容词前面。

例:《论语·八佾》:"子为韶~美矣,又~善矣。"

博古通今

►►链接成语

① 山穷水尽:山和水都到了尽头,比喻无路可走,陷入绝境。

② 筋疲力尽:形容非常疲劳,没有一点力气。

►►链接古诗词

不知何处吹芦管,一夜征人尽望乡。
                    ——[唐]李益《夜上受降城闻笛》

杨花落尽子规啼,闻道龙标过五溪。
                    ——[唐]李白《闻王昌龄左迁龙标遥有此寄》

山随平野尽,江入大荒流。
                    ——[唐]李白《渡荆门送别》

春蚕到死丝方尽,蜡炬成灰泪始干。
                    ——[唐]李商隐《无题》

兴尽晚回舟,误入藕花深处。
                    ——[宋]李清照《如梦令·常记溪亭日暮》

按图索骥

尽 → 器皿中空 → 完,没有了　死
　　　　　　　竭尽,全部用出　全部,都
　　　　　　　达到尽头,终止,结束
　　　　　　　极,最

就 (jiù)

说文解字

(甲骨文)　(篆体)　(楷体)

会意字。甲骨文中突出"京"的形体,像高丘上筑建的亭屋;篆体中定型为"京"和"尤"的组合,"尤"的古字像手上长有赘疣,与平常的不一样,意为特别的(或"多出")。古时遇水灾就要迁居极高

的山丘高地。

本义:到地势高的地方居住。

常见义项

①[动]靠近,接近,趋向。

例1:《活板》:"满铁范为一板,持~火炀之。"

例2:《劝学》:"金~砺则利。"

②[动](开始)从事。

例:《孙权劝学》:"蒙乃始~学。"

③[动]完成,达到。

例1:《活板》:"更互用之,瞬息可~。"

例2:《伤仲永》:"自是指物作诗立~。"

④[动]就职,赴任。

例:《陶潜传》:"州召主簿不~。"

⑤[动]登上,踏上。

例:《史记·刺客列传》:"于是荆轲遂~车而去。"

博古通今

►►链接成语

① 避重就轻:指回避重的责任,只拣轻的来承担,也指回避主要的问题,只谈无关紧要的方面。就:靠近,趋向。

② 功成名就:功业建立了,名声也有了。就:完成。

③ 行将就木:寿命已经不长,快要进棺材了。就:靠近,接近。

④ 一蹴而就:踏一步就成功。比喻事情轻而易举,一下子就能完成。蹴:踏。就:成功。

►►链接古诗词

桑野就耕父,荷锄随牧童。
                    ——[唐]孟浩然《田家元日》

醉后失天地,兀然就孤枕。
                    ——[唐]李白《月下独酌》(其三)

且就洞庭赊月色,将船买酒白云边。
                    ——[唐]李白《游洞庭湖五首》(其二)

屈原古壮士,就死意甚烈。
                    ——[宋]苏轼《屈原塔》

背灯和月就花阴,已是十年踪迹十年心。
                    ——[清]纳兰性德《虞美人·银床淅沥青梧老》

按图索骥

就 → 到地势高的地方居住 → 靠近,走近,趋向
　　　　　　　　　　　　(开始)从事
　　　　　　　　　　　　完成,达到
　　　　　　　　　　　　就职,赴任
　　　　　　　　　　　　登上,踏上

居(jū)

说文解字

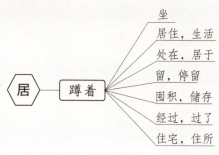

（金文）　　（篆体）　　（楷体）

象形字。金文从尸（坐着的人），从几（矮小的桌子），表示靠着桌子休息。篆体从尸从古，表示自古传下来的一种坐法。席地而坐，随意伸开两腿。

本义：蹲着。

常见义项

① [动]坐。

例：《西门豹治邺》："令女~其上。"

② [动]居住，生活。

例1：《愚公移山》："北山愚公者，年且九十，面山而~。"

例2：《富贵不能淫》："~天下之广居。"

③ [动]处在，居于。

例1：《岳阳楼记》："~庙堂之高则忧其民，处江湖之远则忧其君。"

例2：《核舟记》："佛印~右，鲁直~左。"

例3：《核舟记》："~右者椎髻仰面，……~左者右手执蒲葵扇。"

④ [动]留，停留。

例：《小石潭记》："以其境过清，不可久~。"

⑤ [动]囤积，储存。

例：《促织》："市中游侠儿得佳者笼养之，昂其直，~为奇货。"

⑥ [介]经过，过了。用在"无何""有顷""久之"等表时间的词前面，表示相隔一段时间。

例：《周亚夫军细柳》："~无何，上至，又不得入。"

⑦ [名]住宅，住所。

例：《富贵不能淫》："居天下之广~。"

博古通今

▶▶链接成语

① 居高临下：立足高处，俯向下边。形容不可阻挡的形势。也形容处于有利的地位。

② 居安思危：虽然处在平安的环境里，也想到有出现危险的可能。指随时有应付意外事件的思想准备。居：处于。

▶▶链接古诗词

居高声自远，非是藉秋风。

——[唐]虞世南《蝉》

欲济无舟楫，端居耻圣明。

——[唐]孟浩然《望洞庭湖赠张丞相》

绝代有佳人，幽居在空谷。

——[唐]杜甫《佳人》

按图索骥

居 —— 蹲着 —— 坐 / 居住，生活 / 处在，居于 / 留，停留 / 囤积，储存 / 经过，过了 / 住宅，住所

举(jǔ)

说文解字

（篆体）　　（繁体楷书）　　（楷体）

形声字。"举"字始见于金文。从犬，舉声，义为举荐。本作舉，是舉的本字，简化为举。后引申出拿着、执持、举荐等，与手、脚的动作有关，又引申出带领、发动、演奏等。

本义：双手向上托物，向上伸。

常见义项

① [动]举起，托起。

例：《鸿门宴》："范增数目项王，~所佩玉玦以示之者三。"

② [动]发动，兴起。

例：《陈涉世家》："今亡亦死，~大计亦死。"

③ [动]成就，建树。

例：《陈涉世家》："且壮士不死即已，死即~大名耳。"

④ [动]推荐，推举。

例：《出师表》："先帝称之曰能，是以众议~宠为督。"

⑤ [动]选拔，任用。

例：《生于忧患，死于安乐》："傅说~于版筑之间，胶鬲~于鱼盐之中。"

⑥[动]列举,提出。

例:《论语》:"~一隅不以三隅反,则不复也。"

⑦[动]攻克,占领。

例:《过秦论》:"西~巴、蜀,东割膏腴之地,北收要害之郡。"

⑧[形]全,皆。

例:《鸿门宴》:"杀人如不能~,刑人如恐不胜。"

⑨[名]动作,行为。

例:《史记·项羽本纪》:"国家安危,在此一~。"

⑩[动]高飞。

例:《渔家傲》:"九万里风鹏正~。"

博古通今

▶▶链接成语

①举案齐眉:送上饭菜时,把托盘举得同眉毛一样高。比喻夫妻相敬相爱。举:举起,托起。

②举步维艰:指行走困难,行动不方便。比喻行动困难重重,工作很难开展,或生活艰难。举步:抬脚,迈步。维:语气词,无实义。

▶▶链接古诗词

举头忽见衡阳雁,千声万字情何限。

—— [唐]李白《菩萨蛮》

举杯邀明月,对影成三人。

—— [唐]李白《月下独酌》(其一)

举眼风光长寂寞,满朝官职独蹉跎。

—— [唐]白居易《醉赠刘二十八使君》

按图索骥

俱(jù)

说文解字

（金文）（篆体）（楷体）

形声字。从人（亻），从具（都、皆），具（jù）兼表声,表示人都在一起。

本义:共同。

常见义项

①[副]全,都。

例1:《答谢中书书》:"青林翠竹,四时~备。"

例2:《湖心亭看雪》:"湖中人鸟声~绝。"

②[副]一起,在一起。

例:《史记·廉颇蔺相如列传》:"与璧~碎。"

博古通今

▶▶链接成语

①面面俱到:各方面都照顾到。俱:都。

②声泪俱下:一边诉说一边哭泣。形容极其悲恸。俱:一起。

▶▶链接古诗词

安得广厦千万间,大庇天下寒士俱欢颜!

—— [唐]杜甫《茅屋为秋风所破歌》

野径云俱黑,江船火独明。

—— [唐]杜甫《春夜喜雨》

按图索骥

具(jù)

说文解字

（甲骨文）（篆体）（楷体）

会意字。甲骨文的上部是古"鼎"字,鼎是古代用以烹煮和盛贮肉类的器具;下部是人的双手,表示两手举鼎供设酒食之意。

本义:准备饭食或酒席。

常见义项

①[动]准备。

例1:《过故人庄》:"故人~鸡黍,邀我至田家。"

例2:《活板》:"此印者才毕,则第二板已~。"

②[动]具备,配备。

例:《核舟记》:"罔不因势象形,各~情态。"

③[副]详细。

例1:《桃花源记》:"~答之。便要还家。"

古代汉语常用字词学习手册 初中卷

例2:《桃花源记》:"此人一一为~言所闻,皆叹惋。"

④[副]同"俱",全,皆。

例:《岳阳楼记》:"政通人和,百废~兴。"

⑤[名]器具,用具。

例:《定风波》:"三月七日,沙湖道中遇雨,雨具先去,同行皆狼狈,余独不觉。"

⑥[名]酒食,宴席。

例:《史记》:"今有贵客,为~召之。"

博古通今

▶▶链接成语

① 独具匠心:在技巧和艺术构思上有创造性。

② 独具慧眼:能看到别人看不到的东西,形容眼光敏锐,见解高超;能作出精细的判断(如在质量方面)。慧:聪慧,敏锐。

▶▶链接古诗词

今日良宴会,欢乐难具陈。

——[两汉]佚名《古诗十九首·今日良宴会》

举手指飞鸿,此情难具论。

——[唐]李白《送裴十八图南归嵩山二首》

行李溪头,有钓车茶具,曲几团蒲。

——[宋]辛弃疾《汉宫春·行李溪头》

按图索骥

绝(jué)

说文解字

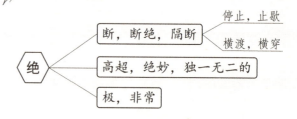

（篆体）　（繁体楷书）　（楷体）

会意字。左部像一束丝（"糸"），右部是"刀"，整个字表示用刀将丝隔断。《说文解字》:"绝,断丝也。"

本义:断绝。

常见义项

①[动]断,断绝,隔断。

例:《三峡》:"至于夏水襄陵,沿溯阻~。"

②[副]极,非常。

例:《三峡》:"~巘多生怪柏,悬泉瀑布,飞漱其间,清荣峻茂,良多趣味。"

③[形]高超,绝妙,独一无二的。

例:"《与朱元思书》:奇山异水,天下独~。"

④[动]横渡,横穿。

例:《劝学》:"非能水也,而~江河。"

⑤[动]停止,止歇。

例:《与朱元思书》:"蝉则千转不穷,猿则百叫无~。"

博古通今

▶▶链接成语

① 空前绝后:以前没有过,以后也不会再有。形容超绝古今,独一无二。绝:断。

② 绝无仅有:只有这样一个,再没有别的。形容极其稀少。绝:独一无二的。

③ 络绎不绝:形容行人、车马、船只等来往频繁,连续不断。绝:停止。

▶▶链接古诗词

千山鸟飞绝,万径人踪灭。

——[唐]柳宗元《江雪》

会当凌绝顶,一览众小。

——[唐]杜甫《望岳》

床头屋漏无干处,雨脚如麻未断绝。

——[唐]杜甫《茅屋为秋风所破歌》

按图索骥

类(lèi)

说文解字

（篆体）　（繁体楷书）　（楷体）

形声字。从犬,頪声。从犬,表示种类相似,以犬为甚;从頪,頪有相似义,頪(lèi)兼表声。简体字从米、从大,表示米是粮食的大类。

本义:种类。

常见义项

① [名]种类。

例:《活板》:"先设一铁板,其上以松脂、蜡和纸灰之
~冒之。"

② [动]类推。

例:《墨子·公输》:"义不杀少而杀众,不可谓知~。"

③ [动]类似,像。

例:《核舟记》:"佛印绝~弥勒。"

④ [副]大抵,大致。

例:《汉书·贾谊传》:"夫移风易俗,使天下回心而
乡道,~非俗吏之所能为也。"

⑤ [名]条例。

例:《荀子·君道》:"故法不能独立,~不能自行,得
其人则存,失其人则亡。"

⑥ [名]榜样,标准。

例:《九章·怀沙》:"明告君子,吾将以为~分。"

博古通今

▶▶链接成语

① 分门别类:根据事物的特点、性质将其分成各种
门类。类:类别。

② 以此类推:根据这一事物的道理,去推出与此类
似的其他事物的道理。类:类似。

③ 出类拔萃:比喻超过聚在一起的同类人或物,多
用于形容才德超出众人的人。

④ 触类旁通:掌握了某一事物的知识或规律,进而
推知同类事物的知识或规律。

▶▶链接古诗词

颜色类相似,手爪不相如。

　　——[两汉]佚名《古诗十九首·上山采蘼芜》

人生处万类,知识最为贤。

　　——[唐]韩愈《谢自然诗》

为同松柏类,得列嘉树中。

　　——[唐]白居易《有木诗八首》

按图索骥

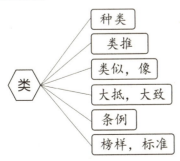

类 —— 种类 / 类推 / 类似,像 / 大抵,大致 / 条例 / 榜样,标准

临(lín)

说文解字

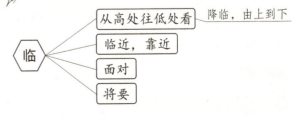

（篆体）　　（繁体楷书）　　（楷体）

会意字。一个人睁大眼睛,俯看地上的几件物品。
本义:从上向下俯视。

常见义项

① [动]从高处往低处看,居高面下。

例:《醉翁亭记》:"有亭翼然~于泉上者。"

② [动]临近,靠近。

例:《醉翁亭记》:"~溪而渔,溪深而鱼肥。"

③ [动]面对。

例1:《出师表》:"~表涕零,不知所言。"

例2:《马说》:"执策而~之,曰:'天下无马!'"

④ [副]将要。

例:《出师表》:"故~崩寄臣以大事也。"

博古通今

▶▶链接成语

① 居高临下:立足高处,俯向下边。形容不可阻挡
的形势。也形容处于有利的地位。临:从上向下看,
在高处朝向低处。

② 临危不惧:面对危难,一点也不害怕。临:碰到,
面对。

③ 身临其境:亲自到了那个地方。临:到。境:地方。

▶▶链接古诗词

东临碣石,以观沧海。

　　——[东汉]曹操《观沧海》

半卷红旗临易水,霜重鼓寒声不起。

　　——[唐]李贺《雁门太守行》

江山留胜迹,我辈复登临。

　　——[唐]孟浩然《与诸子登岘山》

按图索骥

临 —— 从高处往低处看 （降临,由上到下）/ 临近,靠近 / 面对 / 将要

古代汉语常用字词学习手册「初中卷」

名(míng)

说文解字

乙
（金文）　口
（篆体）　名
（楷体）

会意字。"名"字由"夕""口"构成。"夕"是晚上，"口"是嘴巴。晚上看不清远处的人，就靠呼叫名字来辨明。

本义：兼有名、动两用，名词指人的名字，动词指自己称呼自己的名字。

常见义项

① [名]名字，名称。

例：《北冥有鱼》："北冥有鱼，其~为鲲。"

② [名]名义，名分。

例：《陈涉世家》："且壮士不死即已，死即举大~耳，王侯将相宁有种乎!"

③ [名]名声，名望。

例：《史记·西门豹传》："西门豹为邺令，~闻天下。"

④ [形]有名的，著名的。

例1：《陋室铭》："山不在高，有仙则~。"

例2：《马说》："故虽有~马，祇辱于奴隶人之手。"

⑤ [动]命名。

例：《醉翁亭记》："~之者谁？太守自谓也。"

博古通今

▶▶链接成语

① 名落孙山：比喻应考不中或选拔时未被录取。名：人或事物的称谓。

② 不可名状：不能够用言语形容。也说不可言状、莫可名状。名：说出。

③ 名不副实：名声或名义和实际不相符。指空有虚名。名：名誉，名分。副：相称，符合。

④ 名垂青史：把姓名事迹记载在历史书籍上。形容功业巨大，永垂不朽。名：名称，名字。青史：古代在竹简上记事，因称史书。

⑤ 名不虚传：传出的名声不是虚假的。指实在很好，不是空有虚名。名：名誉，名分。虚：假。

▶▶链接古诗词

军书十二卷，卷卷有爷名。

—— [南北朝]佚名《木兰诗》

三十功名尘与土，八千里路云和月。

—— [宋]岳飞《满江红·写怀》

了却君王天下事，赢得生前身后名。

—— [宋]辛弃疾《破阵子·
为陈同甫赋壮词以寄之》

按图索骥

难(nán；nàn；nǎn)

说文解字

難
（篆体）　難
（繁体楷书）　难
（楷体）

形声字。从隹，堇(jǐn)声。形旁隹为禽鸟之象，表示难的本义与鸟相关。经常假借作不容易、困难。

本义：鸟。

常见义项

难¹ nán

① [形]困难，与"易"相对。

例：《送东阳马生序》："余故道为学之~以告之。"

② [副]难以。

例：《曹刿论战》："夫大国，~测也。"

难² nàn

① [名]灾难，患难。

例：《出师表》："受任于败军之际，奉命于危~之间。"

② [动]反驳，质问对方。

例：《论衡·问孔》："追~孔子，何伤于义？"

③ [名]敌，怨仇。

例：《战国策·秦策一》："以与周武为~。"

难³ nǎn

[动]同"戁"，畏惧。

例：《荀子·君道》："故君子恭而不~，敬而不巩。"

博古通今

▶▶链接成语

① 艰难险阻:指在前进的道路上遇到的艰险挫折。难:不容易,做起来费事。

② 患难与共:在不利处境中,共同承担困难或危险。难:灾祸,困苦。

▶▶链接古诗词

将军角弓不得控,都护铁衣冷难着。

——[唐]岑参《白雪歌送武判官归京》

相见时难别亦难,东风无力百花残。

——[唐]李商隐《无题》

行路难,行路难,多歧路,今安在?

——[唐]李白《行路难》(其一)

按图索骥

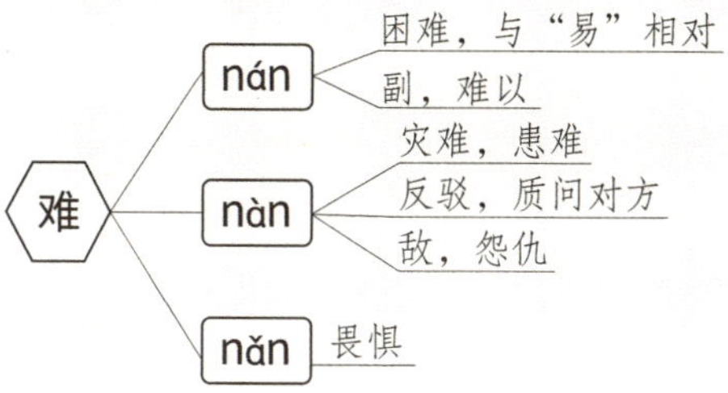
难
nán
困难,与“易”相对
副,难以
nàn
灾难,患难
反驳,质问对方
敌,怨仇
nǎn
畏惧

奇(qí;jī)

说文解字

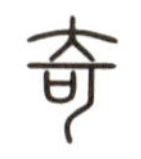

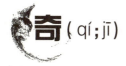

奇

(篆体)　(楷体)

形声字。《说文解字》:“奇,异也。”形:篆体从大(表示人),从可(表示以棍支撑),会拄棍用一只脚站立的瘸子之意。在古文献中,还通假为“寄”,表寄托。

本义:独特,殊异。

常见义项

奇[1] qí

① [形]罕见的,奇异的,不同寻常的。

例1:《答谢中书书》:“未复有能与其~者。”

例2:《与朱元思书》:“~山异水,天下独绝。”

例3:《核舟记》:“明有~巧人曰王叔远。”

② [形]生僻的。

例:《活板》:“有~字素无备者。”

奇[2] jī

[名]零数,余数。

例:《核舟记》:“舟首尾长约八分有~。”

博古通今

▶▶链接成语

① 奇珍异宝:指奇异罕见的珍宝。奇:稀奇。异:特殊。

② 出奇制胜:用奇兵或奇计制服对方,取得胜利。后比喻用别人意想不到的手法取胜。

③ 囤积居奇:指大量储存商品,等待时机高价出售以牟取暴利。

▶▶链接古诗词

庭中有奇树,绿叶发华滋。

——[汉]《古诗十九首·庭中有奇树》

水光潋滟晴方好,山色空蒙雨亦奇。

——[宋]苏轼《饮湖上初晴后雨》

按图索骥

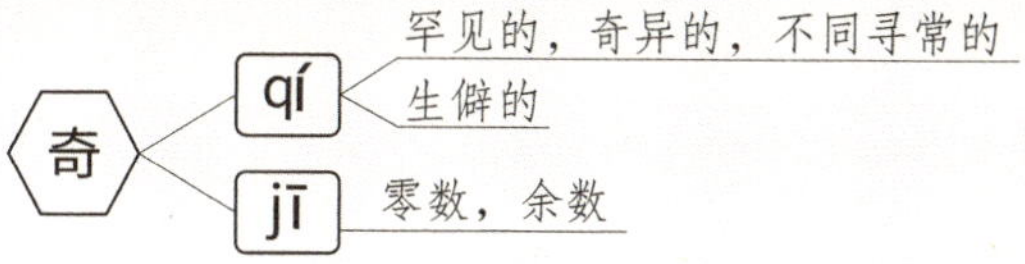
奇
qí
罕见的,奇异的,不同寻常的
生僻的
jī
零数,余数

强(qiáng;qiǎng)

说文解字

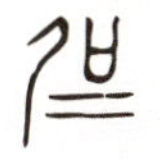

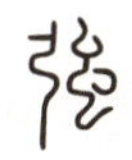

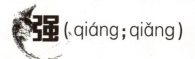

强

(金文)　(篆体)　(楷体)

形声字。从虫,弘声。形:右下方像一条虫的形状,左边和右上方组成一个“弘”字,“弘”有大的意思,这里是说这种米虫数量众多。后多为强大之意,与“弱”相对。

本义:米中小黑虫。

常见义项

强[1] qiáng

① [形]强大,强盛;坚强,坚定。

例1:《盐铁论·非鞅》:“秦任商君,国以富~。”

例2:《墨子·修身》:“志不~者智不达。”

② [名]有余,略多。

例:《木兰诗》:“赏赐百千~。”

强² qiǎng

① [动]竭力,尽力。

例1:《虽有嘉肴》:"知困,然后能自~也。"

例2:《湖心亭看雪》:"余~饮三大白而别。"

② [动]勉强。

例:《史记·留侯世家》:"留侯病,自~起。"

博古通今

▶▶链接成语

① 年富力强:年纪轻,精力旺盛。年富:未来的年岁多,指年纪轻。力:精力。

② 强词夺理:本来没有理,硬说成有理。强:勉强。夺:强求,争夺。

▶▶链接古诗词

强欲登高去,无人送酒来。

——[唐]岑参《行军九日思长安故园》

爱上层楼,为赋新词强说愁。

——[宋]辛弃疾《丑奴儿·书博山道中壁》

苦将侬强派作蛾眉,殊未屑!

——[清]秋瑾《满江红·小住京华》

按图索骥

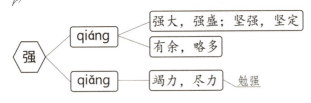

例2:《庄子与惠子游于濠梁之上》:"~循其本。"

例3:《唐雎不辱使命》:"今吾以十倍之地,~广于君。"

例4:《曹刿论战》:"公将战,曹刿~见。"

例5:《曹刿论战》:"可以一战。战则~从。"

② [动]询问。

例1:《送东阳马生序》:"俯身倾耳以~。"

例2:《送东阳马生序》:"俟其欣悦,则又~焉。"

③ [动]谒见,拜见。

例:《汉书·张汤传》:"其造~诸公,不避寒暑。"

④ [动]邀请。

例:《汉书·孝宣许皇后传》:"乃置酒~之。"

博古通今

▶▶链接成语

① 负荆请罪:背着荆条向对方请罪。表示向人认错赔罪。负:背着。荆:荆条。

② 非请莫入:没有被邀请,请不要进入。

▶▶链接古诗词

老妪力虽衰,请从吏夜归。

——[唐]杜甫《石壕吏》

请君试问东流水,别意与之谁短长。

——[唐]李白《金陵酒肆留别》

与君歌一曲,请君为我侧耳听。

——[唐]李白《将进酒》

按图索骥

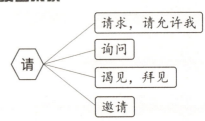

请(qǐng)

说文解字

（金文）（篆体）（繁体楷书）（楷体）

形声字。《说文解字》:"请,谒也。从言,青声"。汉律春季朝见叫做"朝",秋天朝见叫做"请",后引申为拜谒长者的通称。

本义:拜谒(指下级对上级,晚辈对长辈拜见)。

常见义项

① [动]请求,请允许我。

例1:《周亚夫军细柳》:"介胄之士不拜,~以军礼见。"

穷(qióng)

说文解字

（金文）（篆体）（楷体）

形声字。从穴,躳声。形:"躬"是弯身如弓,既是对他人的恭敬状,也是穷苦人的身形;"躬"身在"穴"中的形状,生动地描绘出穷困的生活环境。声:声符"躳"常作"躬",读qióng。

本义:极,完结。

常见义项

① [动]穷尽,完结。

例1:《与朱元思书》:"蝉则千转不~,猿则百叫无绝。"

例2:《桃花源记》:"渔人甚异之,复前行,欲~其林。"

例3:《醉翁亭记》:"四时之景不同,而乐亦无~也。"

② [形]极。

例:《送东阳马生序》:"~冬烈风,大雪深数尺。"

③ [形]贫苦,生活困难。

例1:《诫子书》:"悲守~庐,将复何及?"

例2:《鱼我所欲也》:"为宫室之美、妻妾之奉、所识~乏者得我与?"

④ [形]荒远,偏僻。

例:《战国策·赵策二》:"~乡多异,曲学多辨。"

⑤ [形]不得志,不显贵,与"达"相对。

例:《孟子·尽心上》:"~则独善其身,达则兼善天下。"

博古通今

▶▶链接成语

① 穷途末路:形容到了无路可走的地步。穷途:处境困窘。

② 穷奢极侈:指极端奢侈,尽情享受,荒淫腐化。穷:极,尽。奢:奢侈。

③ 穷乡僻壤:指贫穷落后、荒远偏僻的地方。

④ 山穷水尽:原本是指山和水都到了尽头,根本无路可走了。比喻走投无路的困境。

▶▶链接古诗词

绿竹临诗酒,婵娟思不穷。

—— [唐]贾岛《题郑常侍厅前竹》

弭盖出故关,穷秋首边路。

—— [唐]李益《将赴朔方早发汉武泉》

州县才难适,云山道欲穷。

—— [唐]高适《封丘作》

按图索骥

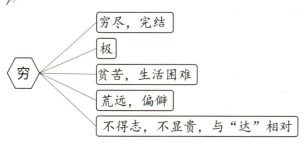

穷 —— 穷尽,完结
— 极
— 贫苦,生活困难
— 荒远,偏僻
— 不得志,不显贵,与"达"相对

去 (qù)

说文解字

太 (金文)　　去 (篆体)　　去 (楷体)

会意字。《说文解字》:"去,人相违也。"形:走出门口、洞口的形状,会意离家而去。"凵"也是陷阱形,又可会意人从陷阱中逃离而去。

本义:离开。

常见义项

① [动]离开。

例1:《陈太丘与友期行》:"过中不至,太丘舍~,~后乃至。"

例2:《狼》:"少时,一狼径~。"

例3:《卖油翁》:"有卖油翁释担而立,睨之久而不~。"

例4:《得道多助,失道寡助》:"委而~之,是地利不如人和也。"

例5:《周亚夫军细柳》:"成礼而~。"

例6:《桃花源记》:"停数日,辞~。"

例7:《岳阳楼记》:"则有~国怀乡,忧谗畏讥。"

例8:《醉翁亭记》:"树林阴翳,鸣声上下,游人~而禽鸟乐也。"

② [动]消逝,逝去。

例:《诫子书》:"年与时驰,意与日~。"

③ [名]距离。

例1:《韩非子·五蠹》:"~门十里以为界。"

例2:《列子·汤问》:"我以日始出时~人近,而日中时远也。"

④ [动]除掉。

例1:《让县自明本志令》:"除残~秽。"

例2:《太常引·建康中秋夜为吕叔潜赋》:"斫~桂婆娑,人道是,清光更多。"

⑤ [动]赴,前往。

例:《与史郎中饮听黄鹤楼上吹笛》:"一为迁客~长沙,西望长安不见家。"

⑥ [形]过去的。

例:《浣溪沙·一曲新词酒一杯》:"一曲新词酒一杯,~年天气旧亭台。"

古代汉语常用字词学习手册「初中卷」

⑦ 表示行为趋向。

例:《渔家傲·天接云涛连晓雾》:"风休住,蓬舟吹取三山~!"

博古通今

▶▶链接成语

① 扬长而去:丢下别人不管,大模大样地离去。扬长:大模大样的样子。

② 去伪存真:除掉虚假的,留下真实的。

③ 翻来覆去:形容一次又一次。也形容来回翻动身体。

④ 来龙去脉:一件事情的前因后果。

▶▶链接古诗词

轮台东门送君去,去时雪满天山路。
　　　　　　── [唐]岑参《白雪歌送武判官归京》

昔人已乘黄鹤去,此地空余黄鹤楼。
　　　　　　── [唐]崔颢《黄鹤楼》

挥手自兹去,萧萧班马鸣。
　　　　　　── [唐]李白《送友人》

塞下秋来风景异,衡阳雁去无留意。
　　　　　　── [宋]范仲淹《渔家傲·秋思》

无可奈何花落去,似曾相识燕归来。
　　　　　　── [宋]晏殊《浣溪沙·一曲新词酒一杯》

回首向来萧瑟处,归去,也无风雨也无晴。
　　　　　　── [宋]苏轼《定风波·莫听穿林打叶声》

按图索骥

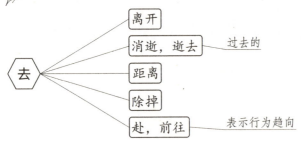

任 (rèn)

说文解字

(金文)　　(篆体)　　(楷体)

形声字。形:从人,像人背负着工具。声:音从壬,读音为rèn。后引申为担任、承担、担子等。

本义:抱。

常见义项

① [名]负荷,担子,职责。

例1:《生于忧患,死于安乐》:"故天将降大~于是人也。"

例2:《出师表》:"后值倾覆,受~于败军之际,奉命于危难之间。"

例3:《出师表》:"至于斟酌损益,进尽忠言,则攸之、祎、允之~也。"

② [动]听凭。

例:《与朱元思书》:"从流飘荡,~意东西。"

③ [动]担负,担任。

例:《孟子·万章上》:"其自~以天下之重如此。"

博古通今

▶▶链接成语

① 任重道远:责任重大,路途遥远。比喻责任重大,要经历长期的奋斗才能完成。

② 任劳任怨:做事经得起劳苦和旁人的埋怨。

③ 放任自流:指任凭事态自然地发展,不加过问或约束。放任:听其自然,不加过问。自流:自然地发展。

▶▶链接古诗词

无意苦争春,一任群芳妒。
　　　　　　── [宋]陆游《卜算子·咏梅》

竹杖芒鞋轻胜马,谁怕?一蓑烟雨任平生。
　　　　　　── [宋]苏轼《定风波·莫听穿林打叶声》

千磨万击还坚劲,任尔东西南北风。
　　　　　　── [清]郑板桥《竹石》

按图索骥

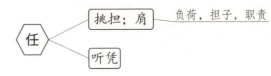

日 (rì)

说文解字

(金文)　　(篆体)　　(楷体)

象形字。轮廓像太阳的圆形,金文或篆体中一横或一点表示太阳的光。后引申为时间、日子等,也用于比喻君主。

本义:太阳。

常见义项

① [名]每天。

例1:《论语》:"吾～三省吾身:为人谋而不忠乎?"

例2:《送东阳马生序》:"寓逆旅,主人～再食。"

例3:《送东阳马生序》:"～侍坐备顾问。"

例4:《送东阳马生序》:"县官～有廪稍之供。"

② [名]白天。

例1:《陈太丘与友期行》:"君与家君期～中。"

例2:《咏雪》:"谢太傅寒雪～内集。"

③ [名]时间,岁月。

例1:《诫子书》:"年与时驰,意与～去。"

例2:《出师表》:"试用于昔～,先帝称之曰能。"

④ [名]天,一昼夜。

例1:《杞人忧天》:"若屈伸呼吸,终～在天中行止。"

例2:《孙权劝学》:"士别三～,即更刮目相待。"

例3:《桃花源记》:"停数～,辞去。"

例4:《湖心亭看雪》:"大雪三～,湖中人鸟声俱绝。"

例5:《邹忌讽齐王纳谏》:"旦～,客从外来。"

例6:《出师表》:"汉室之隆,可计～而待也。"

例7:《湖心亭看雪》:"是～更定矣。"

⑤ [名]太阳。

例1:《杞人忧天》:"～月星宿,不当坠耶?"

例2:《三峡》:"重岩叠嶂,隐天蔽～。"

例3:《答谢中书书》:"夕～欲颓,沉鳞竞跃。"

例4:《与朱元思书》:"疏条交映,有时见～。"

例5:《小石潭记》:"～光下澈,影布石上。"

例6:《岳阳楼记》:"～星隐曜,山岳潜形。"

例7:《醉翁亭记》:"若夫～出而林霏开,云归而岩穴暝。"

例8:《唐雎不辱使命》:"聂政之刺韩傀也,白虹贯～。"

⑥ [名]时节。

例:《核舟记》:"天启壬戌秋～。"

⑦ 日期。

例:《送东阳马生序》:"手自笔录,计～以还。"

⑧ [量]用于计算天数。

例1:《记承天寺夜游》:"元丰六年十月十二～夜。"

例2:《岳阳楼记》:"时六年九月十五～。"

博古通今

▶▶ 链接 成语

① 日理万机:每天处理大量要务,形容政务繁忙。日:每天,一天天。

② 日薄西山:太阳快要落山了。比喻衰老的人或腐朽的事物临近死亡。日:太阳。

③ 日月如梭:太阳和月亮像穿梭似的来去,形容时光过得很快。日:太阳。

▶▶ 链接 古诗词

大漠孤烟直,长河落日圆。

——[唐]王维《使至塞上》

两岸青山相对出,孤帆一片日边来。

——[唐]李白《望天门山》

春风得意马蹄疾,一日看尽长安花。

——[唐]孟郊《登科后》

海日生残夜,江春入旧年。

——[唐]王湾《次北固山下》

黑云压城城欲摧,甲光向日金鳞开。

——[唐]李贺《雁门太守行》

自古逢秋悲寂寥,我言秋日胜春朝。

——[唐]刘禹锡《秋词》(其一)

浩荡离愁白日斜,吟鞭东指即天涯。

——[清]龚自珍《已亥杂诗》(其五)

我报路长嗟日暮,学诗谩有惊人句。

——[宋]李清照《渔家傲》

按图索骥

如(rú)

说文解字

(金文)　　(篆体)　　(楷体)

会意字。《说文解字》:"如,从随也。"一边是"口",表示主人的命令;另一边是"女",表示被迫服从的女子。

本义:顺从。

常见义项

① [动]及,比得上。

例1:《论语》:"知之者不~好之者,好之者不~乐之者。"

例2:《得道多助,失道寡助》:"天时不~地利,地利不~人和。"

例3:《邹忌讽齐王纳谏》:"明日徐公来,孰视之,自以为不~。"

例4:《邹忌讽齐王纳谏》:"臣诚知不~徐公美。"

② [动]像,同……一样。

例1:《狼》:"而两狼之并驱~故。"

例2:《记承天寺夜游》:"庭下~积水空明,水中藻、荇交横。"

例3:《记承天寺夜游》:"但少闲人~吾两人者耳。"

例4:《河中石兽》:"~是再啮。"

例5:《桃花源记》:"男女衣着,悉~外人。"

例6:《桃花源记》:"及郡下,诣太守,说~此。"

例7:《小石潭记》:"~鸣珮环,心乐之。"

例8:《核舟记》:"右手指卷,~有所语。"

③ [动]遵从,依照。

例:《河中石兽》:"~其言,果得于数里外。"

④ [连]奈,怎么。

例:《愚公移山》:"~太行、王屋何?"

⑤ [连]假若,假设。

例:《鱼我所欲也》:"~使人之所欲莫甚于生,则凡可以得生者何不用也?"

博古通今

▶▶链接成语

① 如出一辙:(车子)像从同一个车辙出来。形容事情非常相像。如:像,同……一样。

② 如雷贯耳:像雷声穿过耳朵一样,形容人的名声很大。如:像,同……一样。

③ 如法炮制:依照成法炮制药剂,比喻依照现成的方法办事。如:遵从,依照。

▶▶链接古诗词

回乐烽前沙似雪,受降城外月如霜。

—— [唐]李益《夜上受降城闻笛》

岱宗夫如何? 齐鲁青未了。

—— [唐]杜甫《望岳》

床头屋漏无干处,雨脚如麻未断绝。

—— [唐]杜甫《茅屋为秋风所破歌》

峰峦如聚,波涛如怒,山河表里潼关路。

—— [元]张养浩《山坡羊·潼关怀古》

喇叭,唢呐,曲儿小腔儿大。官船来往乱如麻,全仗你抬声价。

—— [明]王磐《朝天子·咏喇叭》

按图索骥

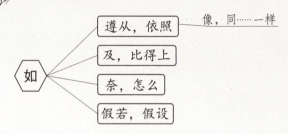

几 (rù)

说文解字

（金文）　　　（篆体）　　　（楷体）

象形字。像一把箭簇或刀锋等尖锐的利器,它能射入或嵌入别的物体中。

本义:由外入内。

常见义项

① [动]进入。

例1:《陈太丘与友期行》:"元方~门不顾。"

例2:《狼》:"意将隧~以攻其后也。"

例3:《卖油翁》:"自钱孔~,而钱不湿。"

例4:《答谢中书书》:"高峰~云,清流见底。"

例5:《记承天寺夜游》:"月色~户,欣然起行。"

例6:《愚公移山》:"惩山北之塞,出~之迂也。"

例7:《周亚夫军细柳》:"吾欲~劳军。"

例8:《桃花源记》:"便舍船,从口~。"

例9:《出师表》:"故五月渡泸,深~不毛。"

例10:《陈涉世家》:"乃~据陈。"

② [动]进入朝廷。

例:《曹刿论战》:"乃~见。"

③ [动]映入。

例:《陋室铭》:"苔痕上阶绿,草色~帘青。"

④ [动]侵入。

例:《周亚夫军细柳》:"文帝之后六年,匈奴大~边。"

⑤ [名]在国内。

例:《生于忧患,死于安乐》:"~则无法家拂士。"

⑥ [动]收入,收进。

例:《史记·孟尝君传》:"岁余不~,贷钱者多不能与其息,客奉将不给。"

博古通今

►► 链接成语

① 入木三分:原形容书法的笔力极为强劲。也可以形容见解、议论、分析、刻画很深刻。入:进入,透入。

② 入乡随俗:到了一个地方,就遵从那里的风俗习惯。入:进入,来到。

③ 入不敷出:收入不够开支,指经济拮据。入:收入。

►► 链接古诗词

散入珠帘湿罗幕,狐裘不暖锦衾薄。

——[唐]岑参《白雪歌送武判官归京》

峨眉山月半轮秋,影入平羌江水流。

——[唐]李白《峨眉山月歌》

夜阑卧听风吹雨,铁马冰河入梦来。

——[宋]陆游《十一月四日风雨大作》(其二)

政入万山围子里,一山放出一山拦。

——[宋]杨万里《过松源晨炊漆公店》(其五)

按图索骥

入 — 由外入内 — 进入 / 映入 / 侵入 / 进入朝廷 / 收入,收进 / 在国内

若(ruò)

说文解字

(金文)　　(篆体)　　(楷体)

象形字。像一个女人跪举双手,理顺头发的样子。

本义:顺从。

常见义项

① [动]及,比得上。

例1:《咏雪》:"未~柳絮因风起。"

例2:《孙权劝学》:"卿言多务,孰~孤?"

例3:《送东阳马生序》:"以中有足乐者,不知口体之奉不~人也。"

例4:《送东阳马生序》:"则心不~余之专也。"

例5:《邹忌讽齐王纳谏》:"徐公不~君之美也。"

例6:《愚公移山》:"汝心之固,固不可彻,曾不~孀妻弱子。"

② [代]你,你的。

例1:《杞人忧天》:"~躇步跐蹈,终日在地上行止。"

例2:《陈涉世家》:"~为佣耕,何富贵也?"

③ [动]如,像。

例1:《穿井得一人》:"求闻之~此。"

例2:《木兰诗》:"万里赴戎机,关山度~飞。"

例3:《周亚夫军细柳》:"曩者霸上、棘门军,~儿戏耳。"

例4:《桃花源记》:"山有小口,仿佛~有光。"

例5:《与朱元思书》:"急湍甚箭,猛浪~奔。"

例6:《小石潭记》:"潭中鱼可百许头,皆~空游无所依。"

例7:《核舟记》:"~啸呼状。"

例8:《核舟记》:"~听茶声然。"

例9:《核舟记》:"细~蚊足,钩画了了。"

例10:《北冥有鱼》:"其翼~垂天之云。"

例11:《北冥有鱼》:"其视下也,亦~是则已矣。"

例12:《唐雎不辱使命》:"否,非~是也。"

例13:《送东阳马生序》:"烨然~神人。"

例14:《送东阳马生序》:"盖余之勤且艰~此。"

例15:《送东阳马生序》:"不必~余之手录。"

例16:《邹忌讽齐王纳谏》:"群臣进谏,门庭~市。"

④ [连]如果,假如。

例1:《活板》:"~止印三二本,未为简易。"

例2:《唐雎不辱使命》:"~士必怒,伏尸二人,流血五步,天下缟素。"

例3:《出师表》:"~有作奸犯科及为忠善者。"

例4:《出师表》:"~无兴德之言,则责攸之、祎、允等之慢。"

古代汉语常用字词学习手册[初中卷]

⑤［助］用于句首,无实义。

例1:《岳阳楼记》:"~夫淫雨霏霏,连月不开。"

例2:《岳阳楼记》:"至~春和景明,波澜不惊。"

例3:《醉翁亭记》:"~夫日出而林霏开,云归而岩穴暝。"

博古通今

▶▶链接成语

① 若即若离:好像接近,又好像离开。形容跟人的关系不很紧密。若:如,像。

② 若无其事:好像没有那么回事似的。形容不动声色或漠不关心。若:如,像。

③ 若有所思:好像在思考着什么。若:好像。

④ 安之若素:安然相处,和往常一样,不觉得有什么不合适。

▶▶链接古诗词

日月之行,若出其中;星汉灿烂,若出其里。

—— [东汉]曹操《观沧海》

万里赴戎机,关山度若飞。

—— [南北朝]佚名《木兰诗》

海内存知己,天涯若比邻。

—— [唐]王勃《送杜少府之任蜀州》

从今若许闲乘月,拄杖无时夜叩门。

—— [宋]陆游《游山西村》

身向云山那畔行,北风吹断马嘶声,深秋远塞若为情!

—— [清]纳兰性德《浣溪沙·身向云山那畔行》

按图索骥

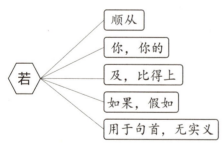

若 — 顺从 / 你,你的 / 及,比得上 / 如果,假如 / 用于句首,无实义

善 (shàn)

说文解字

（金文）　（篆体）　（楷体）

会意字。像羊头部的下面画了一双眼睛。

羊的眼神在动物中温顺、平和,可理解为善良、美好、吉祥等。

本义:吉祥。

常见义项

① ［形］好的,善良的。

例1:《论语》:"择其~者而从之,其不~者而改之。"

例2:《出师表》:"以咨诹~道,察纳雅言。"

例3:《周亚夫军细柳》:"称~者久之。"

例4:《邹忌讽齐王纳谏》:"王曰:'~。'"

例5:《唐雎不辱使命》:"大王加惠,以大易小,甚~。"

② ［名］好处,优点。

例:《虽有嘉肴》:"虽有至道,弗学,不知其~也。"

③ ［动］擅长。

例1:《卖油翁》:"陈康肃公~射,当世无双,公亦以此自矜。"

例2:《送东阳马生序》:"自谓少时用心于学甚劳,是可谓~学者矣。"

④ ［名］善事。

例:《出师表》:"若有作奸犯科及为忠~者,宜付有司论其刑赏。"

博古通今

▶▶链接成语

① 慈眉善目:慈爱、善良的样子。善:善良的。

② 从善如流:指接受别人正确的意见,像水向下流一样,迅速而自然。善:好处,优点。

③ 多谋善断:指富有智谋,又善于决断。善:擅长。

▶▶链接古诗词

亦余心之所善兮,虽九死其犹未悔。

—— [先秦]屈原《离骚》

曲罢曾教善才服,妆成每被秋娘妒。

—— [唐]白居易《琵琶行并序》

今人咏古书,善恶宜自分。

—— [唐]孟郊《秋怀十五首》

未达善一身,得志行所为。

—— [唐]杜甫《咏怀二首》

按图索骥

善 — 好的,善良的（好处,优点 / 善事 / 表示应诺、赞许、应答）/ 擅长

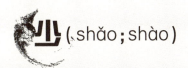

少（shǎo；shào）

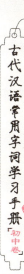

说文解字

少 山 少

（金文）　（篆体）　（楷体）

象形字。最初的"少"字为四个小点，与"小"经常通用。后引申为缺少、不多等。

本义：数量不多。

常见义项

少¹ shǎo

①［形］数量少，不多。

例1：《狼》："～时，一狼径去。"

例2：《醉翁亭记》："饮～辄醉，而年又最高。"

②［动］缺少。

例：《记承天寺夜游》："但～闲人如吾两人者耳。"

少² shào

①［形］年纪轻。

例1：《送东阳马生序》："自谓～时用心于学甚劳，是可谓善学者矣。"

例2：《陈涉世家》："陈涉～时，尝与人佣耕。"

例3：《后汉书·张衡传》："衡～善属文，游于三辅，因入京师。"

②［形］次序在后的。

例：《陈涉世家》："吾闻二世～子也，不当立。"

博古通今

▶▶链接**成语**

少¹

① **少见多怪**：由于见识少，遇见平常的事物也觉得奇怪。少：数量少，不多。少见：见识少。

② **积少成多**：一点一滴地积累起来，就会由少变多。多用于知识、学问、财富等方面。少：数量少，不多。

少²

少不更事：指人年纪轻，经历的事不多，缺少经验。少：年轻人。

▶▶链接**古诗词**

自经丧乱少睡眠，长夜沾湿何由彻！

——［唐］杜甫《茅屋为秋风所破歌》

少年不识愁滋味，爱上层楼。

——［宋］辛弃疾《丑奴儿·书博山道中壁》

老夫聊发少年狂，左牵黄，右擘苍。

——［宋］苏轼《江城子·密州出猎》

古今多少事，都付笑谈中。

——［明］杨慎《临江仙·滚滚长江东逝水》

按图索骥

少 ── shǎo ── 数量少，不多 / 缺少

少 ── shào ── 年纪轻 / 次序在后的

汤（shāng；tāng）

说文解字

汤 湯 湯 汤

（金文）　（篆体）　（繁体楷书）　（楷体）

会意兼形声字。从水，从易会意，易声。形：从氵，表示与水有关。声：从易，易本是阳的初文，这里是说水在太阳的炙烤下变成热水，即汤。

本义：温泉。

常见义项

汤¹ shāng

［形］水势浩大的样子。

例：《岳阳楼记》："衔远山，吞长江，浩浩～～。"

汤² tāng

①［名］热水。

例：《送东阳马生序》："媵人持～沃灌。"

②［名］菜汤，菜羹（后起意义）。

例：《水浒传》："柴进亲自举杯，把了三巡，坐下叫道：'且将～来吃。'"

博古通今

▶▶链接**成语**

① **沸沸汤汤**：水奔腾汹涌的样子。汤：水流大而急。

② **赴汤蹈火**：比喻不避艰险，奋不顾身。汤：热水，开水。

▶▶链接**古诗词**

寒夜客来茶当酒，竹炉汤沸火初红。

——［宋］杜耒《寒夜》

古代汉语常用字词学习手册（初中卷）

三日入厨下,洗手作羹汤。

—— [唐]王建《新嫁娘词》

按图索骥

汤 —— shāng —— 水势浩大的样子
—— 温泉 热水
—— tāng —— 菜汤,菜羹

舍 (shě;shì;shè)

说文解字

(金文) (篆体) (楷体)

象形字。像两面坡的屋顶,中间的"干"表示顶柱和横梁,下部的"口"是墙基。

本义:屋舍。

常见义项

舍¹ shě

①[动]舍弃。

例1:《陈太丘与友期行》:"过中不至,太丘~去,去后乃至。"

例2:《桃花源记》:"便~船,从口入。"

例3:《鱼我所欲也》:"二者不可得兼,~生而取义者也。"

②[动]休息,停留。

例:《论语》:"逝者如斯夫,不~昼夜。"

舍² shì

[动]同"释",解除、消除。

例:《杞人忧天》:"其人~然大喜,晓之者亦~然大喜。"

舍³ shè

①[名]房舍。

例:《桃花源记》:"土地平旷,屋~俨然。"

②[名]客舍。

例1:《送东阳马生序》:"至~,四支僵劲不能动。"

例2:《送东阳马生序》:"同~生皆被绮绣,戴朱缨宝饰之帽。"

博古通今

▶▶链接成语

① 舍本逐末:指舍弃事物的根本、主要的部分,而去追求细枝末节,轻重倒置。舍:舍弃。

② 舍生取义:为了正义而牺牲生命。舍:舍弃。

▶▶链接古诗词

渭城朝雨浥轻尘,客舍青青柳色新。

—— [唐]王维《送元二使安西》

秋丛绕舍似陶家,遍绕篱边日渐斜。

—— [唐]元稹《菊花》

舍南舍北皆春水,但见群鸥日日来。

—— [唐]杜甫《客至》

按图索骥

舍 —— shě —— 舍弃,休息,停留
—— shì —— 解除,消除
—— shè —— 房屋,客舍

胜 (shèng)

说文解字

(金文) (篆体) (繁体楷书) (楷体)

形声字。从力,朕声。其金文上部是"乘",下部是"力",表示力量能承受、禁受;也表示修船使不漏水,任务完成没有漏洞。

本义:胜任,禁得起。

常见义项

①[形]优美的,美丽的(风景)。

例:《岳阳楼记》:"予观夫巴陵~状,在洞庭一湖。"

②[动]胜利,制服,战胜。

例1:《醉翁亭记》:"射者中,弈者~。"

例2:《得道多助,失道寡助》:"环而攻之而不~。"

例3:《邹忌讽齐王纳谏》:"此所谓战~于朝廷。"

例4:《陈涉世家》:"弗~,守丞死,乃入据陈。"

③[动]超过,胜过。

例:《饮冰室合集·文集》:"少年~于欧洲则国~于欧洲。"

④ [动](旧读 shēng)能承担,能承受。

例1:《水调歌头》:"我欲乘风归去,又恐琼楼玉宇,高处不~寒。"

例2:《出师表》:"臣不~受恩感激。"

⑤ [副]尽,完全。

例:《三国志·诸葛亮传》:"跨州连郡者不可~数。"

博古通今

▶▶链接成语

① 邪不胜正:指邪气压不倒正气。胜:胜利,取胜。

② 名胜古迹:指风景优美和有古代遗迹的著名地方。

③ 喜不自胜:指欢喜得不能控制自己。形容非常高兴。胜:能够承担或承受。

④ 出奇制胜:用对方意料不到的方法取得胜利。

⑤ 不可胜举:形容数量、种类极多。

▶▶链接古诗词

自古逢秋悲寂寥,我言秋日胜春朝。

——[唐]刘禹锡《秋词》(其一)

白头搔更短,浑欲不胜簪。

——[唐]杜甫《春望》

白云一片去悠悠,青枫浦上不胜愁。

——[唐]张若虚《春江花月夜》

金风玉露一相逢,便胜却人间无数。

——[宋]秦观《鹊桥仙·纤云弄巧》

我欲乘风归去,又恐琼楼玉宇,高处不胜寒。

——[宋]苏轼《水调歌头·明月几时有》

竹杖芒鞋轻胜马,谁怕?一蓑烟雨任平生。

——[宋]苏轼《定风波·莫听穿林打叶声》

按图索骥

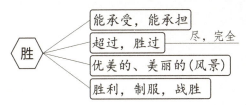

会意字。金文字形由"宀"(房屋)"田"(田地)和"贝"(财富)构成,意为"富裕"。篆体以后"田、贝"演变为"贯"。

本义:富裕。

常见义项

① [形]真实,诚实。

例:《出师表》:"此皆良~"。

② [副]实在,其实。

例:《答谢中书书》:"~是欲界之仙都。"

③ [名]实际,实际内容;事实,事迹。

例:《国语·晋语四》:"华而不~,耻也。"

④ [形]充满,充实。

例:《孟子·梁惠王下》:"而君之仓廪~,府库充。"

⑤ [名]果实,种子。

例:《诗经·周南·桃夭》:"桃之夭夭,有蕡其~。"

⑥ [动]坚实,坚强。

例:《孙子·虚实》:"兵之形,避~而击虚。"

博古通今

▶▶链接成语

① 实至名归:有了实际的成绩或水平,就会得到应有的声誉。

② 春华秋实:春天开花,秋天结果。比喻人的文采和德行。现也比喻学习有成果。

▶▶链接古诗词

红取风霜实,青看雨露柯。

——[唐]杜甫《江头四咏·栀子》

甘瓜生场圃,一蒂实连中。

——[唐]张籍《董公诗》

按图索骥

说文解字

(金文)　(篆体)　(楷体)

说文解字

(甲骨文)　(金文)　(篆体)　(楷体)

会意字。从皂，亻(shí)声。甲骨文上边是一张嘴张口就食的样子，下边表示食器中盛满了饭，两点象征香气。

本义：动词，张口吃饭。

常见义项

食¹ shí

① [动]吃。

例1：《杞人忧天》："废寝~者。"

例2：《马说》："~不饱，力不足，才美不外见。"

例3：《虽有嘉肴》："虽有嘉肴，弗~，不知其旨也。"

例4：《曹刿论战》："肉~者鄙，未能远谋。"

例5：《陈涉世家》："卒买鱼烹~。"

② [名]食物，特指粮食。

例1：《桃花源记》："设酒杀鸡作~。"

例2：《曹刿论战》："衣~所安，弗敢专也。"

例3：《论语》："一箪~，一瓢饮，在陋巷。"

例4：《论语》："饭疏~，饮水，曲肱而枕之。"

例5：《桃花源记》："余人各复延至其家，皆出酒~。"

食² sì

[动]同"饲"，喂养，饲养；供养，给……吃。

例1：《马说》："~之不能尽其材。"

例2：《马说》："~马者不知其能千里而~也。"

例3：《送东阳马生序》："主人日再~。"

博古通今

▶▶链接成语

① 食古不化：学习古代文化知识不善于理解和应用，跟吃了东西不消化一样。

② 丰衣足食：穿的吃的都很丰富充足。形容生活富裕。足：足够。

▶▶链接古诗词

呦呦鹿鸣，食野之苹。

——[东汉]曹操《短歌行》

卖炭得钱何所营？身上衣裳口中食。

——[唐]白居易《卖炭翁》

妇姑荷箪食，童稚携壶浆。

——[唐]白居易《观刈麦》

停杯投箸不能食，拔剑四顾心茫然。

——[唐]李白《行路难》(其一)

春城无处不飞花，寒食东风御柳斜。

——[唐]韩翃《寒食》

按图索骥

使(shǐ)

说文解字

ザ (甲骨文)　**ザ** (篆体)　**使** (楷体)

形声字。从人，吏声。甲骨文，手持有旌旗的意思。篆体又加"人"，人手持旌旗出访。

本义：出使。

常见义项

① [动]命令，派遣。

例1：《陈涉世家》："上~外将兵。"

例2：《周亚夫军细柳》："于是上乃~使持节诏将军。"

例3：《周亚夫军细柳》："天子为动，改容式车。~人称谢。"

例4：《唐雎不辱使命》："秦王~人谓安陵君曰。"

例5：《唐雎不辱使命》："安陵君因~唐雎使于秦。"

② [动]致使，让。

例1：《大道之行也》："~老有所终，壮有所用，幼有所长。"

例2：《出师表》："~内外异法也。"

例3：《出师表》："~行阵和睦，优劣得所。"

③ [动]支配，使用。

例：《穿井得一人》："得一人之~。"

④ [动]出使。

例：《唐雎不辱使命》："安陵君因使唐雎~于秦。"

⑤ [连]假使，假如。

例1：《鱼我所欲也》："如~人之所欲莫甚于生。"

例2：《鱼我所欲也》："~人之所恶莫甚于死者。"

⑥ [名]使者。

例1：《周亚夫军细柳》："于是上乃使~持节诏将军。"

例2：《卖炭翁》："黄衣~者白衫儿。"

例3：《卖炭翁》："一车炭，千余斤，宫~驱将惜不得。"

博古通今

▶▶链接成语

① 看风使舵：看风向转动舵柄。比喻看势头或看别人的眼色行事。

② 鬼使神差：好像暗中有鬼神支配着一样。比喻事出意外或行动不由自主。使、差：派遣，指使。

③ 颐指气使：形容有权势的人指挥别人的傲慢态度。

▶▶链接古诗词

但使龙城飞将在,不教胡马度阴山。
　　　　　　　——[唐]王昌龄《出塞》(其一)

势利使人争,嗣还自相戕。
　　　　　　　——[东汉]曹操《蒿里行》

日暮乡关何处是?烟波江上使人愁。
　　　　　　　——[唐]崔颢《黄鹤楼》

人生得意须尽欢,莫使金樽空对月。
　　　　　　　——[唐]李白《将进酒》

折花逢驿使,寄与陇头人。
　　　　　　　——[南北朝]陆凯《赠范晔诗》

按图索骥

说文解字

籀　　遹　　適　　适
(篆体)　(隶书)　(繁体楷书)　(楷体)

形声字。篆体从辵(chuò),表示行走;昏声。
本义:疾。

常见义项

适¹ shì

①[动]到……去。

例1:《诗经·魏风·硕鼠》:"逝将去女,~彼乐土。"

例2:《石钟山记》:"余自齐安舟行~临汝。"

②[动]出嫁。

例1:《寡妇赋序》:"少丧父母,~人而所天又殒。"

例2:《孔雀东南飞》:"始~还家门。"

③[动]适合,适宜。

例:《论衡·自然》:"政之~也,君臣相忘于治,鱼相忘于水。"

④[动]满足。

例:《汉书·贾山传》:"秦王贪狼暴虐,残贼天下,穷困万民,以~其欲也。"

⑤[副]恰巧,正巧。

例1:《战国策·赵策三》:"此时鲁仲连~游赵,会秦围赵。"

例2:《雁荡山》:"从上观之~与地平。"

例3:《报任安书》:"今虽欲自雕琢,曼辞以自饰,无益,于俗不信,~足取辱耳。"

适² dí

同"嫡",正妻所生长子,正妻。

例:《左传·文公十八年》:"仲为不道,杀~立庶。"

博古通今

▶▶链接成语

① 适逢其会:恰巧碰上那个机会或时机。

② 削足适履:因为鞋小脚大,就把脚削去一块来凑和鞋的大小。比喻不合理的牵就凑合或不顾具体条件,生搬硬套。

③ 安适如常:安静而舒适,像往常一样。指经过某种变动后,恢复了正常,使人感到舒适。

▶▶链接古诗词

向晚意不适,驱车登古原。
　　　　　　　——[唐]李商隐《登乐游原》

少无适俗韵,性本爱丘山。
　　　　　　　——[东晋]陶渊明《归园田居》

处分适兄意,那得自任专。
　　　　　　　——[两汉]佚名《孔雀东南飞》

适得府君书,明日来迎汝。
　　　　　　　——[两汉]佚名《孔雀东南飞》

按图索骥

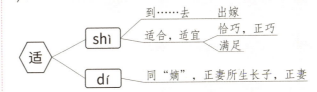

是(shì)

说文解字

是　是　是
(金文)　(篆体)　(楷体)

会意字。《说文解字》:"是,直也。从日、正。"金文字形的上部似是日晷之类跟太阳有关的事物;下部原是"止"(后演变为"正"),表示循着正确的方向走。

本义:正,不偏移。

常见义项

① [形]正确。

例:《史记·夏本纪》:"天下皆以舜之诛为~。"

② [动]认为正确。

例:《荀子·修身》:"~我而当者,吾友也。"

③ [判断词]表解释说明。

例1:《陋室铭》:"斯~陋室。"

例2:《桃花源记》:"问今~何世,乃不知有汉,无论魏晋。"

例3:《陈太丘与友期行》:"日中不至,则~无信;对子骂父,则~无礼。"

例4:《答谢中书书》:"实~欲界之仙都。"

④ [代]指示代词,这,这种,这样。

例1:《鱼我所欲也》:"非独贤者有~心也。"

例2:《富贵不能淫》:"~焉得为大丈夫乎?"

例3:《北冥有鱼》:"~鸟也,海运则将徙于南冥。"

例4:《大道之行也》:"~谓大同。"

例5:《湖心亭看雪》:"~日更定矣。"

例6:《鱼我所欲也》:"由~则生而有不用也。"

例7:《送东阳马生序》:"~可谓善学者矣。"

例8:《出师表》:"咨臣以当世之事,由~感激。"

例9:《生于忧患,死于安乐》:"故天将降大任于~人也。"

例10:《马说》:"~马也,虽有千里之能,食不饱,力不足,才美不外见。"

例11:《岳阳楼记》:"~进亦忧,退亦忧。"

博古通今

▶▶链接成语

① 是非曲直:正确与错误,有理与无理。

② 是古非今:肯定古代的,否定当今的。

▶▶链接古诗词

不知木兰是女郎。

—— [南北朝]佚名《木兰诗》

实迷途其未远,觉今是而昨非。

—— [东晋]陶渊明《归去来兮辞》

日暮乡关何处是?烟波江上使人愁。

—— [唐]崔颢《黄鹤楼》

露从今夜白,月是故乡明。

—— [唐]杜甫《月夜忆舍弟》

翩翩两骑来是谁,黄衣使者白衫儿。

—— [唐]白居易《卖炭翁》

不知天上宫阙,今夕是何年。

—— [宋]苏轼《水调歌头》

此去经年,应是良辰好景虚设。

—— [宋]柳永《雨霖铃·寒蝉凄切》

落红不是无情物,化作春泥更护花。

—— [清]龚自珍《己亥杂诗》(其五)

按图索骥

市(shì)

说文解字

(甲骨文)　(金文)　(篆体)　(楷体)

形声字。甲骨文从"冂",表示划定的范围,从"之"表示前往的脚步,前往市场的意思。金文表示前往,"宀"有招徕的意思,也表读音。

本义:市场。

常见义项

① [名]市场,集市。

例1:《邹忌讽齐王纳谏》:"能谤讥于~朝。"

例2:《木兰诗》:"东~买骏马。"

例3:《山市》:"见山上人烟~肆。"

② [动]交易,做买卖。

例1:《木兰诗》:"愿为~鞍马,从此替爷征。"

例2:《左传·僖公三十三年》:"郑商人弦高将~于周。"

③ [动]换取。

例:《战国策·齐策三》:"君何不留楚太子,以~其下东国。"

④[名]官名。即司市,掌管市场的官吏。

例:《礼记·王制》:"命~纳贾。"

⑤[名]集镇,城镇。

例:《马上》:"荒陂噭噭已度雁,小~喔喔初鸣鸡。"

博古通今

▶▶链接成语

① 门庭若市:门口和庭院像集市一样,热闹非凡。形容往来的人很多。门庭:门口和庭院。若:如,好像。

② 千金市骨:用重价购买千里马的骨头,比喻诚心而迫切地招揽人才。市:购买。

▶▶链接古诗词

忽过新丰市,还归细柳营。

—— [唐]王维《观猎》

荆轲饮燕市,酒酣气益震。

—— [魏晋]左思《咏史八首》

朝闻奏对入朝堂,暮见喧呼来酒市。

—— [唐]韦庄《秦妇吟》

愿为市鞍马,从此替爷征。

—— [南北朝]佚名《木兰诗》

东市买骏马,西市买鞍鞯,南市买辔头,北市买长鞭。

—— [南北朝]佚名《木兰诗》

牛困人饥日已高,市南门外泥中歇。

—— [唐]白居易《卖炭翁》

按图索骥

书(shū)

说文解字

（金文）（篆体）（繁体楷书）（楷体）

形声字。形:从聿(笔),用手执笔。《说文解字》:"书,箸也。"意思是写字在竹帛上。声:从者(古音近"诸")。

本义:书写,记载。

常见义项

①[名]书信。

例1:《诫子~》/《答谢中书~》/《与朱元思~》。

例2:《送东阳马生序》:"撰长~以为贽。"

例3:《陈涉世家》:"得鱼腹中~。"

②[名]书籍。

例1:《孙权劝学》:"孤常读~。"

例2:《送东阳马生序》:"无从致~以观。"

例3:《活板》:"板印~籍。"

③[名]文书。

例1:《木兰诗》:"军~十二卷。"

例2:《邹忌讽齐王纳谏》:"上~谏寡人者。"

④[动]书写,记载。

例:《陈涉世家》:"乃丹~帛曰。"

博古通今

▶▶链接成语

① 鱼书雁帛:泛指书信。书:书信。

② 博览群书:广泛地阅读各种书籍。也作"博览群籍"。书:书籍。览:观看,阅读。

③ 罄竹难书:把竹子用完了都写不完,形容罪行多得写不尽。书:书写。

④ 著书立说:从事著述,创立学说。书:成本的著作。著:写作。立:建立。说:言论,主张。

▶▶链接古诗词

乡书何处达?归雁洛阳边。

—— [唐]王湾《次北固山下》

烽火连三月,家书抵万金。

—— [唐]杜甫《春望》

手把文书口称敕,回车叱牛牵向北。

—— [唐]白居易《卖炭翁》

粗缯大布裹生涯,腹有诗书气自华。

—— [宋]苏轼《和董传留别》

读书不觉已春深,一寸光阴一寸金。

—— [唐]王贞白《白鹿洞二首》(其一)

云中谁寄锦书来,雁字回时,月满西楼。

—— [宋]李清照《一剪梅·红藕香残玉簟秋》

按图索骥

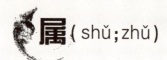

属 (shǔ;zhǔ)

说文解字

屬   屬   属

（篆体）   （繁体楷书）   （楷体）

形声字。从尾,蜀声。"尾"与身体相连。《说文解字》:"属,连也。"

本义:连接。

常见义项

属¹ shǔ

① [名]类。

例1:《桃花源记》:"桑竹之~。"

例2:《曹刿论战》:"忠之~也。"

② [名]官属,部属。

例1:《周亚夫军细柳》:"壁门士吏谓从~车骑曰。"

例2:《陈涉世家》:"召令徒~。"

属² zhǔ

① [动]连接。

例:《三峡》:"~引凄异。"

② [动]类似。

例:《核舟记》:"神情与苏、黄不~。"

③ [动]同"嘱",嘱托,嘱咐。

例:《岳阳楼记》:"~予作文以记之。"

④ [动]缀辑,撰著。

例:《陶潜传》:"博学,善~文。"

博古通今

▶▶链接成语

① 属辞比事:原指连缀文辞,排比事实,记载历史。后泛称作文纪事。属:连缀

② 貂狗相属:指真伪或优劣混杂在一起。属:类别。

▶▶链接古诗词

单车欲问边,属国过居延。

—— [唐]王维《使至塞上》

十三学得琵琶成,名属教坊第一部。

—— [唐]白居易《琵琶行并序》

按图索骥

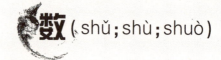

数 (shǔ;shù;shuò)

说文解字

數   數   数

（篆体）   （繁体楷书）   （楷体）

形声字。形:从支(pū),表示敲拨手指计数。声:娄声,古初以娄表数。

本义:点数,计算。

常见义项

数¹ shǔ

[动]计算。

例:《核舟记》:"珠可历历~也。"

数² shù

① [名]几,几个(表示不确定的数目)。

例1:《狼》:"又~刀毙之。"

例2:《河中石兽》:"果得于~里外。"

例3:《桃花源记》:"夹岸~百步。"

例4:《送东阳马生序》:"大雪深~尺。"

例5:《邹忌讽齐王纳谏》:"~月之后。"

② [名]天数,命运。

例:《六国论》:"则胜负之~,存亡之理,当与秦相较,或未易量。"

数³ shuò

[副]屡次,多次。

例1:《陈涉世家》:"扶苏以~谏故。"

例2:《陈涉世家》:"~有功。"

博古通今

▶▶链接成语

① 数不胜数:数也数不过来,形容数量很多。数:计算。

② 数罪并罚:对于犯有两个以上罪的犯人,对其所犯各罪分别量刑定罪后,按一定的原则合并执行。数:几,几个。

③ 数见不鲜:本指对于常来之客,就不宰杀禽兽招待。后指常常见到,并不新奇。数:屡次。

▶▶链接古诗词

墙角数枝梅,凌寒独自开。

—— [宋]王安石《梅花》

悲笳数声动,壮士惨不骄。

—— [唐]杜甫《后出塞五首》

按图索骥

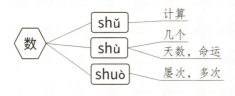

说 (shuō;shuì;yuè)

说文解字

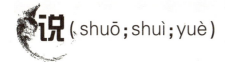

(篆体)　　(繁体楷书)　　(楷体)

会意兼形声字,从言,从兑,兑声。从言(讠),表示用语言表意;从兑,"兑"同"悦",表示说者尽兴,听者心服。

本义:用话来表达意思,讲述。

常见义项

说¹ shuō

① [名]文体的一种。

例:《爱莲说》/《马说》。

② [动]陈述,解说。

例1:《桃花源记》:"诣太守,~如此。"

例2:《湖心亭看雪》:"莫~相公痴。"

③ [动]评议,谈论。

例:《西江月·夜行黄沙道中》:"稻花香里~丰年,听取蛙声一片。"

④ [动]告知,告诉。

例:《国语·吴语》:"夫差将死,使人~于子胥。"

⑤ [名]学说,观点,言论。

例:《石钟山记》:"然是~也,余尤疑之。"

说² shuì

[动]说服,劝说。

例:《史记·项羽本纪》:"鲰生~我曰:'距关,毋内诸侯,秦地可尽王也。'"

说³ yuè

[形]同"悦",愉快。

例1:《论语》:"学而时习之,不亦~乎?"

例2:《唐雎不辱使命》:"秦王不~。"

博古通今

▶▶链接成语

① 说一不二:形容说话算数;形容专横,独断专行。说:说话。

② 自圆其说:使自己的论断或谎话没有破绽。说:言论,主张。

③ 说长道短:谈论别人的是非曲直。长:优点。短:缺点。

▶▶链接古诗词

飞来山上千寻塔,闻说鸡鸣见日升。

—— [唐]王安石《登飞来峰》

少年不识愁滋味,爱上层楼。爱上层楼,为赋新词强说愁。

—— [宋]辛弃疾《丑奴儿·书博山道中壁》

惶恐滩头说惶恐,零丁洋里叹零丁。

—— [宋]文天祥《过零丁洋》

见说东园好,能消北客愁。

—— [宋]苏轼《南歌子·见说东园好》

人人尽说江南好,游人只合江南老。

—— [唐]韦庄《菩萨蛮·人人尽说江南好》

诸将说封侯,短笛长歌独倚楼。

—— [宋]黄庭坚《南乡子·诸将说封侯》

按图索骥

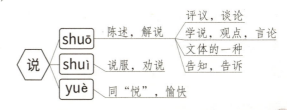

古代汉语常用字词学习手册「初中卷」

素(sù)

说文解字

篆 篆 素

（金文） （篆体） （楷体）

会意字。上部是"垂"，像花朵下垂的样子（也有说像织布机），下部是"糸"，像绞成一束的丝，金文字形中两侧还各有一只手，合起来像是双手执白缯。在篆体中双手被略去，上部更像丝物下垂的样子；经隶变后，楷书写成"素"。

本义：本色的生帛。

常见义项

① ［形］不加装饰的。

例：《陋室铭》："可以调~琴。"

② ［形］白色的。

例：《三峡》："则~湍绿潭。"

③ ［名］没有染色的绢，白色的绢。

例：《唐雎不辱使命》："天下缟~。"

④ ［副］向来，平素。

例：《陈涉世家》："吴广~爱人。"

博古通今

▶▶链接成语

① 银装素裹：比喻户外的雪景素洁美丽。素：白色。

② 素不相识：向来不认识、不熟悉。素：素来，向来。

▶▶链接古诗词

迢迢牵牛星，皎皎河汉女。纤纤擢素手，札札弄机杼。

—— 佚名《古诗十九首·迢迢牵牛星》

素衣莫起风尘叹，犹及清明可到家。

—— ［宋］陆游《临安春雨初霁》

按图索骥

素 —— 没有染色的绢 —— 不加装饰的 白色的

副词，向来，平素

徒(tú)

说文解字

辻 辻 徒

（甲骨文） （篆体） （楷体）

形声字。形：从辵（chuò），指人光着脚走路。声：从土，人的双脚在道路上行走，双人旁表道路的意思。

本义：步行。

常见义项

① ［动］裸露。

例：《唐雎不辱使命》："布衣之怒，亦免冠~跣。"

② ［副］只，仅仅。

例：《唐雎不辱使命》："~以有先生也。"

③ ［名］徒党，同一类的人，同一派别的人。

例：《陈涉世家》："召令~属。"

④ ［形］白白地，徒然。

例：《郑板桥家书》："~耗光阴。"

博古通今

▶▶链接成语

① 家徒四壁：家里只有四面墙壁。形容家境贫寒，穷得一无所有。也作"家徒壁立"。徒：只，仅仅。

② 徒劳而获：没有通过劳动就有所获得，也就是通常所说的不劳而获。徒：空。

▶▶链接古诗词

少壮不努力，老大徒伤悲。

—— 《乐府诗集·长歌行》

坐观垂钓者，徒有羡鱼情。

—— ［唐］孟浩然《望洞庭湖赠张丞相》

四面歌残终破楚，八年风味徒思浙。

—— ［清］秋瑾《满江红·小住京华》

按图索骥

徒 —— 步行 —— 裸露 只，仅仅 徒党，同一类的人 白白地，徒然

亡 (wú;wáng)

说文解字

（甲骨文）　　　（篆体）　　　（楷体）

指事字。甲骨文"亡"字从刀,刀刃施短竖表示刀刃锋芒。后假借为逃亡,多引申为灭亡、丧失等。

本义:锋芒。

常见义项

亡¹ wú

[副]无,没有。

例1:《杞人忧天》:"身~所寄。"

例2:《杞人忧天》:"~处~气。"

例3:《愚公移山》:"河曲智叟~以应。"

亡² wáng

① [动]灭亡。

例1:《生于忧患,死于安乐》:"国恒~。"

例2:《唐雎不辱使命》:"且秦灭韩~魏。"

例3:《出师表》:"此诚危急存~之秋也。"

② [动]逃跑,逃亡。

例1:《陈涉世家》:"今~亦死。"

例2:《陈涉世家》:"或以为死,或以为~。"

例3:《陈涉世家》:"广故数言欲~。"

③ [动]失去,丢失(丧失)。

例:《战国策·楚策四》:"~羊而补牢,未为迟也。"

博古通今

▶▶链接**成语**

① **国破家亡**:指国家被分割,家园被毁坏。亡:灭亡。

② **亡羊补牢**:羊逃跑了再去修补羊圈,还不算晚。比喻出了问题以后想办法补救,可以防止继续受损失。亡:逃亡,丢失。

③ **唇亡齿寒**:嘴唇没有了,牙齿就会感到寒冷。比喻关系密切,利害相关。

▶▶链接**古诗词**

商女不知亡国恨,隔江犹唱后庭花。

　　　　　——［唐］杜牧《泊秦淮》

千古兴亡多少事? 悠悠。不尽长江滚滚流。

　　　　　——［宋］辛弃疾《南乡子·登京口北固亭有怀》

兴,百姓苦;亡,百姓苦。

　　　　　——［元］张养浩《山坡羊·潼关怀古》

按图索骥

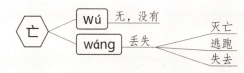

谓 (wèi)

说文解字

（篆体）　　　（繁体楷书）　　　（楷体）

形声字。从言,胃声。胃是消化食物的器官,表示人说话之前要经过思考。

本义:告诉。

常见义项

① 对某人说。

例1:《孙权劝学》:"初,权~吕蒙曰。"

例2:《周亚夫军细柳》:"壁门士吏~从属车骑曰。"

例3:《唐雎不辱使命》:"秦王使人~安陵君曰。"

② [动]叫作,称作。

例1:《富贵不能淫》:"此之~大丈夫。"

例2:《大道之行也》:"是~大同。"

例3:《醉翁亭记》:"太守自~也。"

③ [动]认为,以为。

例:《爱莲说》:"予~菊,花之隐逸者也。"

④ [动]为,是。

例:《醉翁亭记》:"太守~谁?"

⑤ [动]说。

例:《虽有嘉肴》:"其此之~乎!"

古代汉语常用字词学习手册「初中卷」

链接成语

① 莫知所谓：不知道怎么办才好。

② 谓予不信：如果以为我说的话不真实。

链接古诗词

所谓伊人，在水一方。

——《诗经·蒹葭》

醉而不出，是谓伐德。

——《诗经·小雅·宾之初筵》

按图索骥

闻（wén）

说文解字

聞 聞 闻

（甲骨文）（繁体楷书）（楷体）

　　形声字。从耳，门声。跪坐的人在扯耳谛听，特别突出耳朵的形状，表示听到声音之意。

　　本义：听见。

常见义项

① [动]听到，听说。

例1：《穿井得一人》："有~而传之者。"

例2：《木兰诗》："不~机杼声，唯闻女叹息。"

例3：《桃花源记》："阡陌交通，鸡犬相~。"

例4：《桃花源记》："村中~有此人，咸来问讯。"

例5：《爱莲说》："菊之爱，陶后鲜有~。"

例6：《愚公移山》："操蛇之神~之，惧其不已也，告之于帝。"

例7：《周亚夫军细柳》："军中~将军令，不闻天子之诏。"

② [动]闻名，著称。

例：《出师表》："不求~达于诸侯。"

③ [动]传播，传布。

例：《诗经·小雅·鹤鸣》："鹤鸣于九皋，声~于野。"

④ [名]见识，见闻。

例：《穿井得一人》："求~之若此。"

博古通今

链接成语

① 闻风丧胆：听到风声，就吓得丧失了勇气。形容对某种力量非常恐惧。闻：听到。丧胆：吓破了胆。

② 博闻强识：形容知识丰富，记忆力强。闻：见闻。

③ 举世闻名：全世界都知道。形容非常著名。

链接古诗词

此夜曲中闻折柳，何人不起故园情。

——[唐]李白《春夜洛城闻笛》

怀旧空吟闻笛赋，到乡翻似烂柯人。

——[唐]刘禹锡《酬乐天扬州初逢席上见赠》

杨花落尽子规啼，闻道龙标过五溪。

——[唐]李白《闻王昌龄左迁龙标遥有此寄》

岐王宅里寻常见，崔九堂前几度闻。

——[唐]杜甫《江南逢李龟年》

飞来山上千寻塔，闻说鸡鸣见日升。

——[宋]王安石《登飞来峰》

仿佛梦魂归帝所，闻天语，殷勤问我归何处。

——[宋]李清照《渔家傲·天接云涛连晓雾》

按图索骥

向（xiàng）

说文解字

（甲骨文）（篆体）（楷体）

　　象形字。甲骨文中上部是房屋，两边是墙壁，中间表示窗户，意为在房屋墙壁上开的窗户。

　　本义：朝北的窗户。

常见义项

① [动]方向，趋向。

例：《浣溪沙》："身~云山那畔行。"

② [动] 朝着，面对。

例：《狼》："眈眈相~。"

③ [形] 往昔，从前。

例1：《桃花源记》："寻~所志。"

例2：《桃花源记》："既出，得其船，便扶~路。"

④ [副] 临近，将近。

例：《茅屋为秋风所破歌》："秋天漠漠~昏黑。"

博古通今

▶▶链接成语

① 人心向背：指人民大众的拥护和反对。向：归向，指拥护。背：背离，指反对。

② 向隅而泣：形容没人理睬，非常孤立。向：对着。隅：墙角。

▶▶链接古诗词

出门东向看，泪落沾我衣。

——[汉]佚名《十五从军征》

夜发清溪向三峡，思君不见下渝州。

——[唐]李白《峨眉山月歌》

俄顷风定云墨色，秋天漠漠向昏黑。

——[唐]杜甫《茅屋为秋风所破歌》

手把文书口称敕，回车叱牛牵向北。

——[唐]白居易《卖炭翁》

不应有恨，何事长向别时圆？

——[宋]苏轼《水调歌头》

回首向来萧瑟处，归去，也无风雨也无晴。

——[宋]苏轼《定风波·莫听穿林打叶声》

按图索骥

向 —— 朝北的窗户 —— 方向，趋向 / 朝着，面对 / 往昔，从前

相（xiāng；xiàng）

说文解字

（甲骨文）　　（篆体）　　（楷体）

会意字。甲骨文从目从木，会相看、观看意。本义：观看。

常见义项

相¹ xiāng

① [名] 质地。

例：《诗经·大雅·棫朴》："追琢其章，金玉其~。"

② [副] 互相。

例1：《桃花源记》："阡陌交通，鸡犬~闻。"

例2：《活板》："兼与药~粘，不可取。"

例3：《记承天寺夜游》："怀民亦未寝，~与步于中庭。"

例4：《与朱元思书》："负势竞上，互~轩邈。"

例5：《与朱元思书》："好鸟~鸣，嘤嘤成韵。"

例6：《虽有嘉肴》："教学~长也。"

例7：《陈涉世家》："苟富贵，无~忘。"

③ [副] 表示动作偏指一方。

例1：《愚公移山》："杂然~许。"

例2：《木兰诗》："爷娘闻女来，出郭~扶将。"

例3：《狼》："狼不敢前，眈眈~向。"

例4：《孙权劝学》："士别三日，即更刮目~待。"

例5：《北冥有鱼》："野马也，尘埃也，生物之以息~吹也。"

相² xiàng

① [动] 仔细看，审察。

例：《诗经·小雅·四月》："~彼泉水，载清载浊。"

② [名] 容貌。

例：《荀子·非相》："长短、大小、善恶形~，非吉凶也。"

③ [动] 辅助，帮助。

例：《左传·昭公元年》："乐桓子~赵文子。"

④ [名] 宰相，丞相。

例：《陈涉世家》："王侯将~宁有种乎！"

博古通今

▶▶链接成语

① 相时而动：观察时机，针对具体情况采取行动。

② 相夫教子：辅助丈夫，教育孩子。

③ 相形见绌：和同类的事物相比较，显出不足。形：比较。绌：不足。

④ 相得益彰：相互帮助、互相补充，更能显出各自的好处。

►►链接古诗词

此中一分手,相顾怜无声。

—— [唐]卢照邻《送二兄入蜀》

深林人不知,明月来相照。

—— [唐]王维《竹里馆》

相见时难别亦难,东风无力百花残。

—— [唐]李商隐《无题》

料峭春风吹酒醒,微冷,山头斜照却相迎。

—— [宋]苏轼《定风波·莫听穿林打叶声》

相望六千里,天地隔江山。

—— [宋]黄庭坚《谪居黔南十首》(其一)

按图索骥

谢(xiè)

说文解字

（篆体）　　（繁体楷书）　　（楷体）

形声字。从言,射声。《说文解字》:"谢,辞去也。"在篆体中,"谢"字演变为一个形声字,左边为"言",表示字义;右边为"射",表示字音。

本义:辞去,拒绝。

常见义项

①[动]认错,道歉,谢罪。

例:《唐雎不辱使命》:"长跪而~之曰。"

②[动]辞别,告辞。

例:《汉书·鳎通传》:"妇晨去,过所善诸母,语以事而~之。"

③[动]向人致意,表示问候。

例:《周亚夫军细柳》:"使人称~。"

④[动]感谢,酬谢。

例:《汉书·张汤传》:"安世尝有所荐,其人来~。"

⑤[动]辞去官职,推辞;拒绝。

例:《后汉书·鲁恭传》:"郡数以礼请,~不肯应。"

⑥[动]告诫,劝告。

例:《孔雀东南飞》:"多~后世人,戒之慎勿忘。"

博古通今

►►链接成语

①负荆谢罪:背着荆条向对方请罪。表示向人认错赔罪。谢:认错,道歉。

②闭门谢客:关闭家门,谢绝客人来访。谢:拒绝。

►►链接古诗词

柳垂江上影,梅谢雪中枝。

—— [宋]晏几道《临江仙·身外闲愁空满》

昨日临川谢病还,求田问舍独相关。

—— [唐]戴叔伦《题招隐寺》

按图索骥

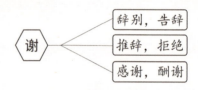

信(xìn)

说文解字

（篆体）　　　　（楷体）

会意字。《说文》:"信,诚也。从人,从言,会意。"

本义:真心诚意。

常见义项

①[名]诚信。

例1:《陈太丘与友期行》:"日中不至,则是无~。"

例2:《论语》:"与朋友交而不~乎?"

例3:《大道之行也》:"选贤与能,讲~修睦。"

②[名]实情。

例:《曹刿论战》:"牺牲玉帛,弗敢加也,必以~。"

③[名]信用。

例:《曹刿论战》:"小~未孚。"

④ [动]相信,信任。

例1:《邹忌讽齐王纳谏》:"忌不自~,而复问其妾曰。"

例2:《出师表》:"愿陛下亲之~之。"

博古通今

▶▶链接成语

① 信及豚鱼:对猪、鱼都能讲信用。指极守信用。信:信用,诚信。

② 信而好古:相信并爱好古代的文化。信:相信,信仰。

▶▶链接古诗词

若教眼底无离恨,不信人间有白头。

——[宋]辛弃疾《鹧鸪天·晚日寒鸦一片愁》

青鸟不传云外信,丁香空结雨中愁。

——[南唐]李璟《摊破浣溪沙·手卷真珠上玉钩》

按图索骥

说文解字

（甲骨文）　（篆体）　（繁体楷书）　（楷体）

会意字。甲骨文中,兴字像四角各有一手,共同抬起一个大盘的形状。

本义:举起。

常见义项

① [动]起,起来;兴起,产生。

例1:《核舟记》:"清风徐来,水波不~。"

例2:《大道之行也》:"是故谋闭而不~。"

② [动]创办,建立,兴办。

例1:《岳阳楼记》:"百废具~。"

例2:《陈涉世家》:"大楚~,陈胜王。"

③ [动]发扬,倡导。

例:《出师表》:"若无~德之言,则责攸之、祎、允等之慢。"

④ [名]兴盛,昌盛。

例1:《出师表》:"亲贤臣,远小人,此先汉所以~隆也。"

例2:《管子·牧民》:"政之所~,在顺民心。"

博古通今

▶▶链接成语

① 夙兴夜寐:早起晚睡。形容勤奋辛劳。兴:起。

② 百废待兴:许多被废置的事等待兴办。兴:创办,建立。

▶▶链接古诗词

倚东风,豪兴徜徉。

——[宋]秦观《行香子·树绕村庄》

偶然乘兴,步过东冈。

——[宋]秦观《行香子·树绕村庄》

兴尽晚回舟,误入藕花深处。

——[宋]李清照《如梦令·常记溪亭日暮》

千古兴亡多少事?悠悠。不尽长江滚滚流。

——[宋]辛弃疾《南乡子·登京口北固亭有怀》

兴,百姓苦;亡,百姓苦。

——[元]张养浩《山坡羊·潼关怀古》

按图索骥

（甲骨文）　　（金文）　　（楷体）

象形字。甲骨文字形很明显是一个十字路口。

本义:道路。

常见义项

行¹ xíng

① [动]行走。

例1:《论语》:"三人~,必有我师焉。"

例2:《狼》:"途中两狼,缀~甚远。"

例3:《杞人忧天》:"若屈伸呼吸,终日在天中~止,奈何忧崩坠乎?"

例4:《记承天寺夜游》:"月色入户,欣然起~。"

例5:《富贵不能淫》:"居天下之广居,立天下之正位,~天下之大道。"

例6:《周亚夫军细柳》:"于是天子乃按辔徐~。"

② 行进。

例:《桃花源记》:"缘溪~,忘路之远近。"

③ [动]前往,出行。

例:《陈太丘与友期行》:"陈太丘与友期~。"

④ 通行。

例:《岳阳楼记》:"商旅不~,樯倾楫摧。"

⑤ [名]行为,行动。

例:《生于忧患,死于安乐》:"~拂乱其所为。"

⑥ (旧读 xìng)德行,品行。

例1:《诫子书》:"夫君子之~,静以修身,俭以养德。"

例2:《出师表》:"将军向宠,性~淑均,晓畅军事。"

⑦ 做,实施。

例:《大道之行也》:"大道之~也,天下为公。"

⑧ 运行。

例:《观沧海》:"日月之~,若出其中。"

行² háng

① 行列。

例:《出师表》:"必能使~阵和睦,优劣得所。"

② 特指军队编制单位。二十五人为一行。

例:《陈涉世家》:"皆次当~。"

博古通今

▶▶链接成语

① 行不由径:走路不抄小道。比喻为人端方严谨,办事遵循正道。行:走。

② 行之有效:实行起来有成效。指某种方法或措施已经实行过,证明很有效用。行:做,办,实施。

▶▶链接古诗词

同行十二年,不知木兰是女郎。

—— [南北朝]佚名《木兰诗》

客路青山外,行舟绿水前。

—— [唐]王湾《次北固山下》

晨起动征铎,客行悲故乡。

—— [唐]温庭筠《商山早行》

行人莫问当年事,故国东来渭水流。

—— [唐]许浑《咸阳城东楼》

仍怜故乡水,万里送行舟。

—— [唐]李白《渡荆门送别》

戍鼓断人行,边秋一雁声。

—— [唐]杜甫《月夜忆舍弟》

最爱湖东行不足,绿杨阴里白沙堤。

—— [唐]白居易《钱塘湖春行》

山回路转不见君,雪上空留马行处。

—— [唐]岑参《白雪歌送武判官归京》

按图索骥

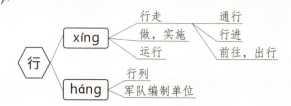

行 — xíng — 行走 — 通行
行 — xíng — 做,实施 — 行进
行 — xíng — 运行 — 前往,出行
行 — háng — 行列
行 — háng — 军队编制单位

修(xiū)

说文解字

修(篆体) 修(繁体楷书) 修(楷体)

形声字。从彡(shān)(纹饰),攸(yōu)声。形旁"彡"像毛发装饰的图案,其词义一般与毛发、色彩、绘饰有关。

本义:修饰。

常见义项

① [动]修建。

例:《岳阳楼记》:"乃重~岳阳楼。"

② [动]修养,修行。

例1:《诫子书》:"静以~身,俭以养德。"

例2:《大道之行也》:"选贤与能,讲信~睦。"

③ [形]长,高。

例1:《核舟记》:"盖简桃核~狭者为之。"

例2:《邹忌讽齐王纳谏》:"邹忌~八尺有余。"

博古通今

▶▶链接**成语**

① **修身齐家**:加强自身修养,治理好家政。修:修养,修行。

② **修身养性**:修养身心,涵养性情。修:修养,修行。

▶▶链接**古诗词**

纷吾既有此内美分,又重之以修能。

—— [先秦]屈原《离骚》

路漫漫其修远分,吾将上下而求索。

—— [先秦]屈原《离骚》

按图索骥

修 —— 修饰 —— 修建 / 修养,修行 / 长,高

许(xǔ;hǔ)

说文解字

惛(金文)　訏(篆体)　许(楷体)

形声字。从言,午声。《说文解字》:"许,听也。"金文字形中,左边是"午",表示声旁;右边是"言",表示形旁,代表与说话有关。

本义:听从,允许。

常见义项

许¹ xǔ

① [副]表示约数。

例1:《小石潭记》:"潭中鱼可百~头。"

例2:《核舟记》:"高可二黍~。"

② [动]答应,允许。

例1:《唐雎不辱使命》:"安陵君其~寡人!"

例2:《出师表》:"遂~先帝以驱驰。"

③ [动]赞同,称许。

例:《愚公移山》:"杂然相~。"

④ [动]许配,允嫁。

例:《史记·高帝纪上》:"沛令善公,求之不与,何自妄~与刘季?"

⑤ [动]期望。

例:《孟子·公孙丑上》:"夫子当路于齐,管仲、晏子之功可复~乎?"

⑥ [名]处所。

例:《五柳先生传》:"先生不知何~人也。"

许² hǔ

[拟声词]许许。

例:《诗经·小雅·伐木》:"伐木~~,酾酒有薁。"

博古通今

▶▶链接**成语**

① **以身许国**:将自身的一切都献给国家。

② **封官许愿**:为了使别人替自己卖力而答应给予名利地位。

▶▶链接**古诗词**

掌上香罗六寸弓,拥容胡旋一盘中,目成心许两匆匆。

—— [宋]贺铸《换追风》

许大乾坤吟未了,挥鞭回首出陵阳。

—— [唐]杜荀鹤《自江西归九华》

按图索骥

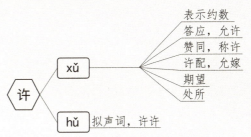

许 —— xǔ —— 表示约数 / 答应,允许 / 赞同,称许 / 许配,允嫁 / 期望 / 处所

许 —— hǔ —— 拟声词,许许

寻(xún)

说文解字

(甲骨文)　(金文)　(篆体)　寻(楷体)

会意字。从彐,从寸,从彡(长发),从工,从口,表示寻是人张开两手臂的长度。

本义:古代的长度单位,八尺或七尺为一寻。

常见义项

① [名]长度单位,八尺或七尺为一寻。

例:《孟子·滕文公下》:"枉尺而直~,宜若可为也。"

古代汉语常用字词学习手册 初中卷

② [副]随即,不久。

例:《桃花源记》:"~病终。"

③ [动]寻找,寻觅。

例1:《河中石兽》:"~十余里无迹。"

例2:《记承天寺夜游》:"遂至承天寺~张怀民。"

例3:《桃花源记》:"~向所志。"

④ [形]长。

例:《淮南子·齐俗》:"深溪峭岸,峻木~枝,猿狖之所乐也。"

⑤ [介]沿着,顺着。

例:《钴鉧潭西小丘记》:"得西山后八日,~山口西北道二百步,又得钴鉧潭。"

博古通今

▶▶链接成语

① 寻死觅活:闹着要死要活。多指用自杀来吓唬人。

② 寻源探本:寻找、探索事物的本源。

③ 寻踪觅迹:寻找人或事物的踪迹、下落。

④ 寻章摘句:多指读书、写作侧重推敲词句,不深究义理。

▶▶链接古诗词

众里寻他千百度。蓦然回首,那人却在,灯火阑珊处。

—— [宋]辛弃疾《青玉案·元夕》

山寺月中寻桂子,郡亭枕上看潮头。

—— [唐]白居易《忆江南》

按图索骥

寻 → 古代的长度单位 → 寻找,寻觅 / 随即,不久 / 长 / 沿着,顺着

遗 (yí ; wèi)

说文解字

（金文） （篆体） （楷体）

会意兼形声字。从辵,从贵,贵声。《说文解

字》:"遗,亡也。"金文字形右边上方为一双手,中间一竖表示遗落的东西,左下方是一个表示"动"的符号,意思是手中的东西会落下去。

本义:遗失。

常见义项

遗¹ yí

① [动]丢失,遗失。

例:《吕氏春秋·贵公》:"荆人有~弓者,而不肯索。"

② [动]遗留,剩下。

例1:《愚公移山》:"邻人京城氏之孀妻有~男。"

例2:《出师表》:"以光先帝~德。"

例3:《出师表》:"深追先帝~诏。"

③ [动]遗漏。

例:《七启》:"举不~才,进各异方。"

④ [动]抛弃。

例:《喜雨亭记》:"今天不~斯民,始旱而赐之以雨。"

⑤ [动]招致。

例:《老子》:"富贵而骄,自~其咎。"

遗² wèi

[动]给予,赠送。

例1:《送东阳马生序》:"父母岁有裘葛之~。"

例2:《出师表》:"是以先帝简拔以~陛下。"

博古通今

▶▶链接成语

① 路不拾遗:路上有失物,无人拾取。

② 不遗余力:毫无保留地使出一切力量。

▶▶链接古诗词

遗庙丹青落,空山草木长。

—— [唐]杜甫《武侯庙》

江流石不转,遗恨失吞吴。

—— [唐]杜甫《八阵图》

复有贫妇人,抱子在其旁,右手秉遗穗,左臂悬敝筐。

—— [唐]白居易《观刈麦》

按图索骥

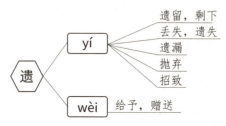

遗 → yí → 遗留,剩下 / 丢失,遗失 / 遗漏 / 抛弃 / 招致
遗 → wèi → 给予,赠送

宜 (yí)

说文解字

(甲骨文)　　(篆体)　　(楷体)

象形字。甲骨文字形如古代祭祀时盛放牛羊等祭品的礼器。《说文解字》:"宜,所安也。"

本义:菜肴。

常见义项

① [动]应当。

例1:《爱莲说》:"牡丹之爱,~乎众矣。"

例2:《送东阳马生序》:"凡所~有之书。"

例3:《陈涉世家》:"为天下唱,~多应者。"

例4:《陈涉世家》:"复立楚国之社稷,功~为王。"

例5:《出师表》:"诚~开张圣听。"

例6:《出师表》:"~付有司论其刑赏。"

例7:《出师表》:"陟罚臧否,不~异同。"

例8:《出师表》:"陛下亦~自谋。"

② [形]合适。

例:《诗经·郑风·缁衣》:"缁衣之~兮,敝予又改为兮。"

③ [名]事务,事情。

例:《晋书·刘颂传》:"广陈封建,深中机~。"

④ [副]似乎,大概。

例:《左传·成公六年》:"视流而行速,不安其位,~不能久。"

博古通今

▶▶链接**成语**

① **因地制宜**:根据不同地区的具体情况制定适宜的措施。宜:合适。

② **不合时宜**:不适合时代优势的需要。宜:事务,事情。

③ **便宜行事**:指可斟酌情势,不拘规制条文,不须请示,自行处理。宜:合适。

▶▶链接**古诗词**

千年万岁不凋落,还将桃李更相宜。

——[唐]贺知章《望人家桃李花》

清影不宜昏,聊将茶代酒。

——[唐]白居易《宿蓝溪对月》

按图索骥

宜 —— 菜肴 —— 应当 / 合适 / 事务,事情 / 似乎,大概

已 (yǐ)

说文解字

(甲骨文)　　(篆体)　　(楷体)

象形字。最初是由"巳"分化而来,甲骨文和金文中的"已"都像倒置的"巳",形似头朝下的胎儿。

本义:停止。

常见义项

① [动]停止。

例1:《愚公移山》:"操蛇之神闻之,惧其不~也,告之于帝。"

例2:《鱼我所欲也》:"是亦不可以~乎。"

② [副]已经。

例1:《庄子·逍遥游》:"天下既~治也。"

例2:《陈太丘与友期行》:"待君久不至,~去。"

例3:《庄子与惠子游于濠梁之上》:"既~知吾知之而问我。"

例4:《饮酒》(其五):"欲辨~忘言。"

例5:《狼》:"骨~尽矣,而两狼之并驱如故。"

例6:《陈涉世家》:"度~失期,失期当斩。"

③ [助] 句末语气词。

例:《北冥有鱼》:"亦若是则~矣。"

④ [动] 完成。

例:《东京赋》:"千品万官,~事而踆。"

古代汉语常用字词学习手册[初中卷]

⑤ [助] 同"以"，表示时间、方位等的界限。

例：《论衡·累害》："公侯~下，玉石杂糅。"

博古通今

▶▶链接 成语

① 木已成舟：比喻事情已成定局，无法改变。已：已经。

② 情不自己：感情激动得不能控制，强调完全被某种感情所支配。已：停止。

③ 死而后已：死了以后才罢手。形容为完成一种责任而奋斗终生。已：停止。

▶▶链接 古诗词

烈士暮年，壮心不已。

——[东汉]曹操《龟虽寿》

此中有真意，欲辨已忘言。

——[东晋]陶渊明《饮酒》(其五)

牛困人饥日已高，市南门外泥中歇。

——[唐]白居易《卖炭翁》

已是黄昏独自愁，更着风和雨。

——[宋]陆游《卜算子·咏梅》

已知泉路近，欲别故乡难。

——[明]夏完淳《别云间》

读书不觉已春深，一寸光阴一寸金。

——[唐]王贞白《白鹿洞二首》(其一)

荷尽已无擎雨盖，菊残犹有傲霜枝。

——[宋]苏轼《赠刘景文》

风住尘香花已尽，日晚倦梳头。

——[宋]李清照《武陵春·春晚》

按图索骥

```
        ┌─ 已经
        ├─ 句末语气词
已 ─ 停止 ┤
        ├─ 完成
        └─ 同"以"
```

异(yì)

说文解字

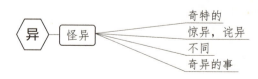

(甲骨文)　(金文)　(篆体)　(楷体)

象形字。甲骨文的字形，身子是人形，头颅是鬼形，两手张开，非常奇特。

本义：怪异。

常见义项

① [形] 怪异。

例：《三峡》："属引凄~。"

② [形] 奇特的。

例：《与朱元思书》："奇山~水。"

③ [形] 惊异，诧异。

例：《桃花源记》："渔人甚~之。"

④ [形] 不同。

例1：《岳阳楼记》："览物之情，得无~乎？"

例2：《岳阳楼记》："或~二者之为。"

例3：《出师表》："陟罚臧否，不宜~同。"

例4：《出师表》："使内外~法也。"

⑤ [名] 奇异的事。

例：《公羊传·成公五年》："梁山崩，何以书？记~也。"

博古通今

▶▶链接 成语

① 异曲同工：不同的曲调演得同样好。

② 异想天开：形容想法离奇，不切实际。

③ 异口同声：形容很多人说同样的话。

▶▶链接 古诗词

独在异乡为异客，每逢佳节倍思亲。

——[唐]王维《九月九日忆山东兄弟》

民好恶其不同兮，惟此党人其独异！

——[先秦]屈原《离骚》

塞下秋来风景异，衡阳雁去无留意。

——[宋]范仲淹《渔家傲·秋思》

按图索骥

```
        ┌─ 奇特的
        ├─ 惊异，诧异
异 ─ 怪异 ┤
        ├─ 不同
        └─ 奇异的事
```

古代汉语常用字词学习手册（初中卷）

易(yì)

说文解字

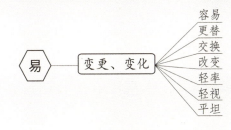

(甲骨文)　(金文)　(篆体)　(楷体)

会意字。甲骨文像双手持器(有手柄)向另一器(无手柄)倾注液体之形。

本义:变更,变化。

常见义项

① [动]更替。

例:《愚公移山》:"寒暑~节,始一反焉。"

② [动]交换。

例1:《唐雎不辱使命》:"寡人欲以五百里之地~安陵。"

例2:《唐雎不辱使命》:"大王加惠,以大~小,甚善;虽然,受地于先王,愿终守之,弗敢~!"

③ [动]改变。

例:《孙子·九地》:"~其事,革其谋,使人无识。"

④ [形]容易。

例1:《活板》:"若止印三二本,未为简~。"

例2:《老子》:"故有无相生,难~相成。"

⑤ [形]轻率。

例:《史记·魏其武安侯列传》:"魏其者,沾沾自喜耳,多~。"

⑥ [动]轻视。

例:《韩非子·六反》:"今轻刑罚,民必~之。"

⑦ [形]平坦。

例:《战国策·秦策二》:"地形险~尽知之。"

博古通今

▶▶链接成语

① 移风易俗:改变旧的风俗习惯。易:改变。

② 易如反掌:像翻一下手掌那样容易。比喻事情非常容易做。易:容易。

▶▶链接古诗词

易识浮生理,难教一物违。

——[唐]杜甫《秋野五首》(其二)

书当快意读易尽,客有可人期不来。

——[宋]陈师道《绝句·书当快意读易尽》

按图索骥

易 — 变更、变化 — 容易／更替／交换／改变／轻率／轻视／平坦

意(yì)

说文解字

贇　意

(篆体)　　(楷体)

会意字。形:从心,表示与心境相关。音:音声,表示读音。字由"心""音"两部分构成。

本义:心志,心意。

常见义项

① [名]心意,意图。

例1:《狼》:"~将隧入以攻其后也。"

例2:《陈涉世家》:"卜者知其指~。"

例3:《唐雎不辱使命》:"以君为长者,故不错~也。"

例4:《书洪范传后》:"虽听以耳,而其受以~。"

例5:《惜抱轩诗文集》:"为歌诗自发其~。"

② [名]意思。

例1:《马说》:"鸣之而不能通其~。"

例2:《送东阳马生序》:"略无慕艳~。"

例3:《渔家傲·秋思》:"塞下秋来风景异,衡阳雁去无留~。"

③ [名]意趣。

例1:《醉翁亭记》:"醉翁之~不在酒。"

古代汉语常用字词学习手册「初中卷」

例2:《饮酒》(其五):"此中有真~,欲辨已忘言。"

例3:《墨池记》:"出沧海,以娱其~于山水之间。"

④ [名]意志。

例:《诫子书》:"年与时驰,~与日去。"

⑤ [名]神情,态度。

例:《狼》:"~暇甚。"

⑥ [名]打算。

例1:《左迁至蓝关示侄孙湘》:"知汝远来应有~,好收吾骨瘴江边。"

例2:《梅岭三章》:"断头今日~如何?"

⑦ [动]怀疑。

例:《列子·说符》:"人有亡斧者,~其邻之子。"

⑧ [动]意料。

例:《史记·项羽本纪》:"然不自~能先入关破秦。"

⑨ [副]任意,随意。

例1:《与朱元思书》:"任~东西。"

例2:《超然台记》:"时相与登览,放~肆志焉。"

⑩ [名]情景,景象。

例:《玉楼春》:"绿杨烟外晓寒轻,红杏枝头春~闹。"

博古通今

►► 链接成语

① 意气风发:形容精神振奋,气概昂扬。意:神情,态度。

② 意在言外:言辞的真正用意是暗含着的,没有明白说出。意:意思,意图。

③ 出其不意:趁对方没有意料到就采取行动。意:料想。

►► 链接古诗词

此中有真意,欲辨已忘言。

—— [东晋]陶渊明《饮酒》(其五)

报君黄金台上意,提携玉龙为君死。

—— [唐]李贺《雁门太守行》

与君离别意,同是宦游人。

—— [唐]王勃《送杜少府之任蜀州》

浮云游子意,落日故人情。

—— [唐]李白《送友人》

无意苦争春,一任群芳妒。

—— [宋]陆游《卜算子·咏梅》

知汝远来应有意,好收吾骨瘴江边。

—— [唐]韩愈《左迁至蓝关示侄孙湘》

塞下秋来风景异,衡阳雁去无留意。

—— [宋]范仲淹《渔家傲·秋思》

望西都,意踟蹰。

—— [元]张养浩《山坡羊·潼关怀古》

按图索骥

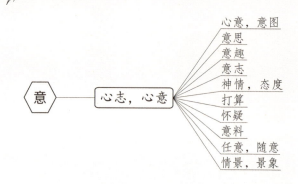

心意,意图
意思
意趣
意志
神情,态度
打算
怀疑
意料
任意,随意
情景,景象

意 —— 心志,心意

说文解字

(甲骨文)　　(篆体)　　(楷体)

会意字。篆体从水、从皿,水满溢出,后加"水"作"溢"。

本义:水高出了器皿,满溢出来。

常见义项

① [名]益处,好处。

例1:《孙权劝学》:"孤常读书,自以为大有所~。"

例2:《出师表》:"至于斟酌损~,进尽忠言,则攸之、祎、允之任也。"

② [副]更加。

例1:《爱莲说》:"香远~清,亭亭净植。"

例2:《送东阳马生序》:"既加冠,~慕圣贤之道。"

③ [动]增多,增加。

例:《孟子》:"所以动心忍性,曾~其所不能。"

④ [动]水漫出来。后作"溢"。

例:《吕氏春秋·察今》:"澭水暴~。"

⑤ [动]助,帮助。

例:《出师表》:"必能裨补阙漏,有所广~。"

⑥ [形]富足,富饶。

例:《吕氏春秋·贵当》:"如此者,其家必日~。"

博古通今

▶▶链接成语

① 多多益善:越多越好。益:更加。

② 精益求精:(学术、技术、作品、产品等)好了还求更好。益:更加。

③ 延年益寿:增加岁数,延长寿命。

④ 老当益壮:年纪虽老而志气更旺盛,干劲更足。益:更加。当:应该。壮:雄壮。

▶▶链接古诗词

将骄益愁思,身贵不足论。

—— [唐]杜甫《后出塞五首》

日夕凉风至,闻蝉但益悲。

—— [唐]孟浩然《秦中感秋寄远上人》

益者益其精,可名为有益。

—— [唐]寒山《诗三百》

按图索骥

益 — 水满溢出 — 益处,好处／更加／增多,增加／助,帮助／富足,富饶／水漫出来

阴(yīn)

说文解字

陰(篆体) 陰(繁体楷书) 阴(楷体)

形声字。形:从阜(fù),土山之意。音:会(yīn)声。

本义:山的北面,水的南面。

常见义项

① [名]山的北面,水的南面,与"阳"相对。

例1:《愚公移山》:"指通豫南,达于汉~,可乎?"

例2:《愚公移山》:"自此,冀之南,汉之~,无陇断焉。"

② [名]阴天,没有阳光。

例:《岳阳楼记》:"朝晖夕~,气象万千。"

③ [形]阴冷。

例:《岳阳楼记》:"~风怒号,浊浪排空。"

④ [名]阴影,树阴(后作"荫")。

例1:《醉翁亭记》:"野芳发而幽香,佳木秀而繁~。"

例2:《醉翁亭记》:"树林~翳,鸣声上下,游人去而禽鸟乐也。"

⑤ [副]暗中。

例:《韩非子·十过》:"知伯因~约韩、魏将以伐赵。"

⑥ [名]时间。

例:《吴越春秋·勾践入臣外传》:"夫君子争寸~而弃珠玉。"

⑦ [形]阴险。

例:《史记·游侠列传》:"少时~贼。"

博古通今

▶▶链接成语

① 阴云密布:浓厚的云层或空气中大量的烟尘遮蔽天日。比喻形势险恶。阴:阴天,没有阳光。

② 阳奉阴违:指玩弄两面派手法,表面上遵从,暗地里违背。阴:暗中。

③ 寸阴是惜:日影移动一寸的时间也应当爱惜。表示时间极其宝贵。阴:时间。

▶▶链接古诗词

造化钟神秀,阴阳割昏晓。

—— [唐]杜甫《望岳》

最爱湖东行不足,绿杨阴里白沙堤。

—— [唐]白居易《钱塘湖春行》

人有悲欢离合,月有阴晴圆缺,此事古难全。

——[宋]苏轼《水调歌头·明月几时有》

 **按图索骥**

阴 — 阴暗 ┬ 山的北面,水的南面,与"阳"相对
            ├ 阴天
            ├ 阴冷
            ├ 阴影,树阴(后作"荫")
            ├ 暗中
            ├ 时间
            └ 阴险

引(yǐn)

说文解字

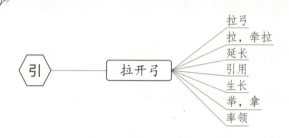

(甲骨文)   (篆体)   (楷体)

指事字。《说文解字》:"引,开弓也。"从弓,示张弓之义,即字形为一弓,向外拉。

本义:拉开弓。

常见义项

① [动]拉,牵拉。

例:《陈太丘与友期行》:"友人惭,下车~之。"

② [动]延长。

例:《三峡》:"属~凄异,空谷传响,哀转久绝。"

③ [动]引用。

例:《出师表》:"不宜妄自菲薄,~喻失义。"

④ [动]拉弓。

例:《孟子·尽心上》:"君子~而不发,跃如也。"

⑤ [动]生长。

例:《世说新语·赏誉》:"于时清露晨流,新桐初~。"

⑥ [动]举,拿。

例:《战国策·齐策二》:"一人蛇先成,~酒且饮。"

⑦ [动]率领。

例:《韩非子·初见秦》:"而谋臣不为,~军而退。"

 **博古通今**

▶▶链接**成语**

① 引经据典:引用经典中的语句或故事。引:引用。

② 引而不发:射箭时拉开弓却不把箭放出去,比喻善于引导或控制,也比喻做好准备,待机行动。引:拉弓。

▶▶链接**古诗词**

晴空一鹤排云上,便引诗情到碧霄。

——[唐]刘禹锡《秋词》(其一)

江山如此多娇,引无数英雄竞折腰。

——毛泽东《沁园春·雪》

按图索骥

引 — 拉开弓 ┬ 拉弓
              ├ 拉,牵拉
              ├ 延长
              ├ 引用
              ├ 生长
              ├ 举,拿
              └ 率领

余(yú)

说文解字

(甲骨文)   (篆体)   (楷体)

象形字。甲骨文字形像以木柱支撑屋顶之房舍,为原始地上住宅,与"舍"字同义。从甲骨卜词开始借为第一人称代词。

本义:我。

常见义项

① [代词]我。

例1:《核舟记》:"尝贻~核舟一。"

例2:《送东阳马生序》:"盖~之勤且艰若此。"

例3:《湖心亭看雪》:"~强饮三大白而别。"

② [形]剩余,多余。

例:《观刈麦》:"吏禄三百石,岁晏有~粮。"

③[数]整数后表示不定的零数。

例:《卖炭翁》:"一车炭,千~斤。"

④[动]遗留,留存。

例:《题破山寺后禅院》:"万籁此都寂,但~钟磬音。"

博古通今

▶▶链接成语

① 不遗余力:指把所有的力量都使出来,一点也不保留。余:剩下。

② 绰绰有余:形容人力、财物等很宽裕,用不完。余:剩一下。

③ 茶余饭后:茶饭后的一段空闲时间。

▶▶链接古诗词

江晚正愁余,山深闻鹧鸪。

　　——[宋]辛弃疾《菩萨蛮·书江西造口壁》

雨具先去,同行皆狼狈,余独不觉。

　　——[宋]苏轼《定风波·莫听穿林打叶声》

户庭无尘杂,虚室有余闲。

　　——[东晋]陶渊明《归园田居》(其一)

昔人已乘黄鹤去,此地空余黄鹤楼。

　　——[唐]崔颢《黄鹤楼》

按图索骥

余 → 我 → 剩余,多余 / 整数后表示不定的零数 / 遗留,留存

语 (yǔ;yù)

说文解字

语(金文)　语(篆体)　语(楷体)

形声字。《说文解字》:"语,论也。从言,吾声。""言"表意,汉字简化时将"言"简化为"讠"。"吾"表声,吾即我,表示叙说是向人表达自己。本义:谈论。

常见义项

语¹ yǔ

①[动]与人谈论,泛指说话、议论、辩论。

例1:《核舟记》:"鲁直左手执卷末,右手指卷,如有所~。"

例2:《陈涉世家》:"旦日,卒中往往~。"

例3:《论语·乡党》:"食不~,寝不言。"

②[名]说的话,语言。

例1:《逢入京使》:"凭君传~报平安。"

例2:《渔家傲》:"闻天~,殷勤问我归何处。"

③[名]谚语,成语。

例:《穀梁传·僖公二年》:"~曰,唇亡则齿寒。"

④[名]诗、文或谈话中所指的字、词、句。

例:《江上值水如海势聊短述》:"~不惊人死不休。"

语² yù

①[动]告诉。

例:《桃花源记》:"此中人~曰:'不足为外人道也。'"

②[动]告诫。

例:《国语·鲁语下》:"主亦有以~肥也。"

博古通今

▶▶链接成语

① 窃窃私语:泛指说话、议论、辩论。指两人在一起小声说话。

② 语重心长:言辞诚恳,情意深长。

③ 语无伦次:形容话讲得很乱,没有条理。

▶▶链接古诗词

盈盈一水间,脉脉不得语。

　　——[两汉]佚名《迢迢牵牛星》

七月七日长生殿,夜半无人私语时。

　　——[唐]白居易《长恨歌》

蛾儿雪柳黄金缕,笑语盈盈暗香去。

　　——[宋]辛弃疾《青玉案·元夕》

物是人非事事休,欲语泪先流。

　　——[宋]李清照《武陵春·春晚》

执手相看泪眼,竟无语凝噎。

　　——[宋]柳永《雨霖铃·寒蝉凄切》

按图索骥

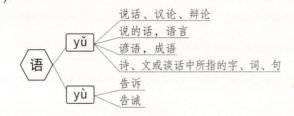

语 → yǔ → 说话、议论、辩论
说的话，语言
谚语，成语
诗、文或谈话中所指的字、词、句

语 → yù → 告诉
告诫

远(yuǎn)

说文解字

（甲骨文）（金文）（篆体）（楷体）

形声字。形：从辵(chuò)，有行走的意思。声：袁表声。简体字右边为"元"，有开始的意思，这里是说从开始到终点要走很远的距离。

本义：遥远，距离长。

常见义项

① [形]遥远，指空间距离大，与"近"相对，可引申为僻远。

例1：《桃花源记》："忘路之~近。"

例2：《爱莲说》："可~观而不可亵玩焉。"

例3：《岳阳楼记》："处江湖之~则忧其君。"

例4：《爱莲说》："香~益清。"

② [动]避开，疏远。

例：《出师表》："亲贤臣，~小人，此先汉所以兴隆也。"

③ [副]差别程度大。

例：《邹忌讽齐王纳谏》："窥镜而自视，又弗如~甚。"

④ [名]远大的目标。

例：《诫子书》："非淡泊无以明志，非宁静无以致~。"

⑤ [形]深远。

例：《曹刿论战》："肉食者鄙，未能~谋。"

博古通今

▶▶▶ 链接成语

① 源远流长：源头远，水流长。也形容事物根源深远，历史悠久。

② 远见卓识：远大的目光，卓越的见识。

▶▶ 链接古诗词

远芳侵古道，晴翠接荒城。

——[唐]白居易《赋得古原草送别》

问君何能尔？心远地自偏。

——[东晋]陶渊明《饮酒》(其五)

渡远荆门外，来从楚国游。

——[唐]李白《渡荆门送别》

北风吹断马嘶声，深秋远塞若为情！

——[清]纳兰性德《浣溪沙·身向云山那畔行》

按图索骥

远 → 遥远，距离长 → 遥远，僻远
避开，疏远
差别程度大
远大的目标
深远

知(zhī；zhì)

说文解字

（金文）（篆体）（楷体）

会意字。从矢(箭)、从口，对熟知的事物像箭似的脱口而出，表示懂得、知道，矢(shǐ)兼表声。

本义：知道。

常见义项

知¹ zhī

① [动]知道，懂得。

例1：《论语》："五十而~天命。"

例2：《论语》："温故而~新。"

例3：《论语》："~之者不如好之者。"

例4：《生于忧患，死于安乐》："然后~生于忧患而死于安乐也。"

例5：《小石潭记》："不可~其源。"

例6:《北冥有鱼》:"鲲之大,不~其几千里也。"

例7:《庄子与惠子游于濠梁之上》:"子非鱼,安~鱼之乐?"

例8:《虽有嘉肴》:"虽有嘉肴,弗食,不~其旨也。"

例9:《马说》:"食马者不~其能千里而食也。"

例10:《醉翁亭记》:"然而禽鸟~山林之乐,而不~人之乐。"

例11:《送东阳马生序》:"不~口体之奉不若人也。"

② [动]了解,赏识。

例1:《论语》:"人不~而不愠。"

例2:《送东阳马生序》:"岂~余者也。"

③ [名]知识。

例:《庄子·养生主》:"吾生也有涯,而~也无涯。"

④ [动]主持,掌管。

例:《左传·襄公二十六年》:"子产其将~政矣。"

知² zhì

[形]同"智",聪明,智慧。

例:《商君书·更法》:"~者见于未萌。"(萌:萌芽)

博古通今

▶▶链接成语

① 知遇之恩:指受到赏识、重用的恩德。

② 知足常乐:知道满足,心里就常快乐。

③ 知易行难:理解容易做起来难。

▶▶链接古诗词

草树知春不久归,百般红紫斗芳菲。

——[唐]韩愈《晚春》

不知天上宫阙,今夕是何年。

——[宋]苏轼《水调歌头·明月几时有》

当路谁相假,知音世所稀。

——[唐]孟浩然《留别王侍御维》

知君京口去,借问几时回。

——[唐]岑参《送樊侍御使丹阳便觐》

知子尘喧久,暂可散烦缨。

——[唐]韦应物《西涧即事示卢陟》

按图索骥

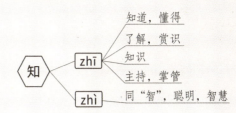

说文解字

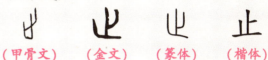

(甲骨文)　(金文)　(篆体)　(楷体)

象形字。"趾"的本字。《汉书》:甲骨文的字形像一只脚,但是脚指已简化为三个,不再是图画,而是成为文字符号了。

本义:足。

常见义项

① [名]脚。后作"趾"。

例:《汉书·刑法志》:"当斩左~者,笞五百。"

② [动]行动,活动。

例1:《杞人忧天》:"终日在天中行~。"

例2:《梁甫行》:"妻子象禽兽,行~依林阻。"

③ [动]停止,停留。

例1:《狼》:"一狼得骨~,一狼仍从。"

例2:《世说新语》:"汝何男子,而敢独~?"

例3:《喜雨亭记》:"丁卯大雨,三日乃~。"

④ [动]居住,栖息。

例1:《诗经·秦风·黄鸟》:"交交黄鸟,~于桑。"

例2:《史记·越王勾践世家》:"间行以去,~于陶。"

⑤ [动]禁止,阻止。

例:《愚公移山》:"河曲智叟笑而~之曰。"

⑥ [副]仅,只。

例1:《狼》:"~剩有骨。"

例2:《狼》:"身已半入,~露尻尾。"

例3:《狼》:"~增笑耳。"

例4:《活板》:"若~印三二本。"

例5:《元史·张养浩传》:"~宿公署,夜则祷于天。"

博古通今

▶▶链接成语

① **叹为观止**：指赞美所见到的事物好到了极点。叹：赞赏。观止：看到这里就够了。

② **望梅止渴**：比喻用空想或假象等来安慰自己。

③ **言谈举止**：指人的谈吐和行动。举止：举动，行动。言谈：说话。

④ **适可而止**：到了适当的地方就停止。比喻不过分，有分寸。止：停住不动。适：恰好。

▶▶链接古诗词

采薇采薇，薇亦作止。

—— [先秦]佚名《诗经·小雅·采薇》

流丸止于瓯臾，流言止于知者。

—— [先秦]《荀子·大略》

妻子象禽兽，行止依林阻。

—— [汉魏]曹植《梁甫行》

止足安生理，悠闲乐性场。

—— [唐]白居易《斋居偶作》

始我来京师，止携一束书。

—— [唐]韩愈《示儿》

望门投止思张俭，忍死须臾待杜根。

—— [清]谭嗣同《狱中题壁》

按图索骥

止 — 足 — 行动，活动 / 停止，停留 / 居住，栖息 / 禁止，阻止 / 仅，只

志 (zhì)

说文解字

（金文）　（篆体）　（楷体）

形声字。从心，之声。声旁原是"之"，隶书之后讹变为"士"或"土"，古籍多用"志向"义。

本义：意念，心意。

常见义项

① [名]心意。

例1：《尚书·舜典》："诗言~。"

例2：《观沧海》："幸甚至哉，歌以咏~。"

② [动]对……有志。

例：《论语》："吾十有五而~于学。"

③ [名]志向。

例1：《论语》："匹夫不可夺~也。"

例2：《诫子书》："非淡泊无以明~。"

例3：《陈涉世家》："燕雀安知鸿鹄之~哉！"

④ [名]标志，标记。

例：《桃花源记》："寻向所~。"

⑤ [动]做标志，做记号。

例：《桃花源记》："处处~之。"

⑥ [动]记述，记载。

例：《北冥有鱼》："《齐谐》者，~怪者也。"

博古通今

▶▶链接成语

① **众志成城**：众人同心协力，力量有如坚固的城墙。比喻团结一致，就能形成强大的力量。城：城墙。

② **志同道合**：思想、志向相投合。

▶▶链接古诗词

幸甚至哉，歌以咏志。

—— [东汉]曹操《龟虽寿》

老骥伏枥，志在千里。

—— [东汉]曹操《龟虽寿》

壮志饥餐胡虏肉，笑谈渴饮匈奴血。

—— [宋]岳飞《满江红·写怀》

饿死真吾志，梦中行采薇。

—— [宋]文天祥《南安军》

按图索骥

志 — 意念，心意 — 对……有志 / 志向 / 标志，标记 / 做标记，做记号 / 记述，记载

致(zhì)

说文解字

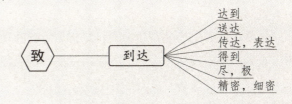

（金骨文）　（篆体）　（楷体）

　　会意兼形声字。从攵,从至,至声。《说文解字》:"致,送诣也。"从攵,其金文形体像脚,表示行走;从至,像箭到达地面,表示到达。

　　本义:到达。

常见义项

① [动]达到。

例:《诫子书》:"非宁静无以~远。"

② [动]送达。

例:《庭中有奇树》:"馨香盈怀袖,路远莫~之。"

③ [动]传达,表达。

例:《汉书·朱博传》:"遣史存问~意。"

④ [动]得到。

例:《送东阳马生序》:"家贫,无从~书以观。"

⑤ [副]尽,极。

例:《荀子·仲尼》:"非~隆高也。"

⑥ [形]精密,细密。

例:《汉书·严延年传》:"案其狱,皆文~不可得反。"

博古通今

▶▶链接成语

① 专心致志:把心思全放在上面。形容一心一意,精神集中。致:尽,极。志:心志。

② 格物致知:推究事物原理而获得知识。格:推究。致:获得。

▶▶链接古诗词

馨香盈怀袖,路远莫致之。

　　　　—— [汉]佚名《庭中有奇树》

君听鸿雁响,恐致稻粱难。

　　　　—— [唐]杜甫《重简王明府》

还闻肤寸阴,能致弥天泽。

　　　　—— [唐]刘禹锡《望衡山》

按图索骥

致 —— 到达 —— 达到 / 送达 / 传达,表达 / 得到 / 尽,极 / 精密,细密

至(zhì)

说文解字

（金文）　（篆体）　（楷体）

　　象形字。金文字形像远处射来的箭落到地面或某一目标。后引申为到达了极点,完全达到,又引申为极、最,用作副词;以至于,用作连词。

　　本义:到达。

常见义项

① [动]到,到达。

例1:《陈太丘与友期行》:"过中不~,太丘舍去。"

例2:《狼》:复投之,后狼止而前狼又~。"

② [副]极,最。

例:《荀子·正论》:"罪~重而刑~轻。"

③ [形]最好的。

例:《虽有嘉肴》:"虽有~道,弗学,不知其善也。"

④ [名]极点。

例:《得道多助,失道寡助》:"寡助之~,亲戚畔之。"

⑤ [动]达到极点。

例:《观沧海》:"幸甚~哉,歌以咏志。"

⑥ [连]至于。

例1:《墨子·非攻上》:"~攘人犬豕鸡豚者,其不义又甚入人园圃窃桃李。"

例2:《三峡》:"~于夏水襄陵,沿溯阻绝。"

例3:《周亚夫军细柳》:"~于亚夫,可得而犯邪!"

例4:《岳阳楼记》:"~若春和景明,波澜不惊。"

⑦ [形]周到。

例:《送东阳马生序》:"色愈恭,礼愈~。"

博古通今

▶▶链接**成语**

① 人迹罕至：人的足迹很少到达，指荒凉偏僻的地方。至：到。

② 如获至宝：好像得到极珍贵的宝物，形容对所得到的东西非常珍视喜爱。至：极，最。

③ 关怀备至：关心得非常周到。至：周到。

▶▶链接**古诗词**

旦辞黄河去，暮至黑山头。

——[南北朝]佚名《木兰诗》

幸甚至哉，歌以咏志。

——[汉]曹操《龟虽寿》

只见草萧疏，水萦纡。至今遗恨迷烟树。

——[元]张养浩《山坡羊·骊山怀古》

按图索骥

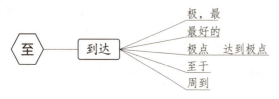

说文解字

（篆体）　　　　（楷体）

形声字。从水，台声。《说文解字》："治，水。"后假借义为治水，引申为统治、政治等。

本义：水名。

常见义项

① [动]修养。

例：《诫子书》："险躁则不能~性。"

② [动]研究。

例：《孙权劝学》："孤岂欲卿~经为博士邪！"

③ [动]治理，管理。

例：《论积贮疏》："民不足而可~者，自古及今，未之尝闻。"

④ [形]治理得好，安定太平，与"乱"相对。

例：《史记·秦本纪》："于是法大用，秦人~。"

⑤ [动]经营。

例：《史记·越王勾践世家》："父子~产，居无几何，致产数十万。"

⑥ [动]惩处，惩办。

例1：《史记·蒙恬列传》："高有大罪，秦王令蒙毅法~之。"

例2：《出师表》："不效，则~臣之罪，以告先帝之灵。"

⑦ [动]医治。

例：《扁鹊见蔡桓公》："君有疾在腠理，不~将恐深。"

⑧ [动]对付，抵御。

例：《赤壁之战》："同心一意，共~曹操。"

⑨ [动]营造，修筑。

例1：《汉书·高帝纪下》："又~秦中。"

例2：《训俭示康》："~居第于封丘门内。"

⑩ [动]整顿，训练，备办。

例1：《周礼·大宗伯》："~其大礼。"

例2：《资治通鉴》："今~水军八十万众，方与将军会猎于吴。"

博古通今

▶▶链接**成语**

① 齐家治国：整治家政和治理国家。治：治理。

② 治病救人：医治疾病，救护人的生命。也比喻善意地针对某人的缺点和错误进行批评，帮助他改正。治：医治。

③ 治国安邦：治理国家，使之太平、安定。

④ 励精图治：振奋精神，想办法治理好国家。

▶▶链接**古诗词**

吾闻聪明主，治国用轻刑。

——[唐]杜甫《奉酬薛十二丈判官见赠》

万病皆可治，唯无治老药。

——[唐]白居易《叹老三首》(其一)

按图索骥

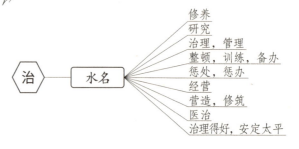

子（zǐ）

说文解字

（甲骨文）	（金文）	（篆体）	（楷体）

象形字，最早见于甲骨文。后引申为儿女、人、臣民、十二地支的第一位、结果实等含义。

本义：婴儿。

常见义项

① [名]孩子，兼指儿子和女儿。

例1：《咏雪》：“兄～胡儿曰：‘撒盐空中差可拟。’”

例2：《陈太丘与友期行》：“对～骂父，则是无礼。”

例3：《愚公移山》：“曾不若孀妻弱～。”

例4：《愚公移山》：“虽我之死，有～存焉。～又生孙，孙又生～。”

例5：《桃花源记》：“率妻～邑人来此绝境。”

② [名]古代对男子的尊称，如孔子、孟子，也可以用于尊称对方，您。

例1：《论语》：“～曰：‘学而时习之。’”

例2：《富贵不能淫》：“～未学礼乎？”

例3：《庄子与惠子游于濠梁之上》：“～非鱼，安知鱼之乐？”

③ [名]加在姓氏或数词后面作为对人的尊称。

例：《唐雎不辱使命》：“此三～者，皆布衣之士也。”

④ [名]人的通称。

例1：《核舟记》：“楫左右舟～各一人。”

例2：《湖心亭看雪》：“一童～烧酒炉正沸。”

例3：《送东阳马生序》：“门人弟～填其室，未尝稍降辞色。”

⑤ [动]以……为子。

例：《大道之行也》：“不独～其子。”

⑥ [助]构成词的后缀，加在名词后。

例：《湖心亭看雪》：“湖上影～，惟长堤一痕。”

⑦ [名]后辈。

例：《送东阳马生序》：“余朝京师，生以乡人～谒余。”

⑧ [名]地支的第一位，十二时辰之一。

例：《五灯会元》：“曰：‘如何是十二时？’师曰：‘子丑寅卯。’”

博古通今

▶▶链接成语

① 封妻荫子：君主时代功臣的妻子得到封号，子孙世袭官职。

② 孺子可教：指年轻人有出息，可以把本事传授给他。

③ 子虚乌有：指假设的、不真实的或不存在的事情。

④ 子曰诗云：泛指儒家言论和经典著作。也形容儒生文人引经据典，迂腐不通时务。子：孔子。诗：《诗经》。曰、云：说。形容文人迂腐时，含贬义。

▶▶链接古诗词

窈窕淑女，君子好逑。

——《诗经·国风·关雎》

浮云游子意，落日故人情。

——[唐]李白《送友人》

政入万山围子里，一山放出一山拦。

——[宋]杨万里《过松源晨炊漆公店》（其五）

有约不来过夜半，闲敲棋子落灯花。

——[宋]赵师秀《约客》

青青子衿，悠悠我心。纵我不往，子宁不嗣音？

——《诗经·郑风·子衿》

俗子胸襟谁识我？英雄末路当磨折。

——[清]秋瑾《满江红·小住京华》

天下英雄谁敌手？曹刘。生子当如孙仲谋。

——[宋]辛弃疾《南乡子·登京口北固亭有怀》

按图索骥

子	婴儿	孩子，兼指儿子和女儿
		古代对男子的尊称
		加在姓氏或数词后面作为对人的尊称
		人的通称
		以……为子
		后缀，加在名词后
		后辈
		地支的第一位，十二时辰之一

自（zì）

说文解字

（篆体）	（楷体）

象形字。《说文解字》："自,象鼻形。"为鼻的本字。

本义:鼻子。

常见义项

①[代]自己。

例1:《孙权劝学》:"孤常读书,~以为大有所益。"

例2:《卖油翁》:"公亦以此~矜。"

②[副]亲自。

例:《送东阳马生序》:"手~笔录,计日以还。"

③[介]从。

例:《论语·学而》:"有朋~远方来。"

④[介]由于。

例:《汉书·灌夫传》:"侯~我得之,~我捐之,无所恨。"

⑤[介]即使。

例:《汉书·刑法志》:"律令烦多……~明习者不知所由。"

⑥[连]假如。常"自非(假如不是)"连用。

例:《三峡》:"~非亭午夜分,不见曦月。"

⑦[介]在。

例:《三峡》:"~三峡七百里中,两岸连山,略无阙处。"

⑧[副]另自,另外。

例:《活板》:"一板印刷,一板已~布字。"

⑨[副]原来,本来。

例:《陌上桑》:"使君~有妇,罗敷~有夫。"

博古通今

▶▶链接成语

①自惭形秽:原指因自己的容貌举止不如别人而感到惭愧,后来泛指自愧不如别人。自:自己。

②自始至终:从开始到末了。多表示始终一贯。自:从。

③自强不息:自己努力向上,永远不懈怠。

④自怨自艾:原意是悔恨自己的错误,自己改正。现在只指悔恨自己的错误。怨:怨恨,悔恨。艾:割草,比喻改正错误。

▶▶链接古诗词

问君何能尔?心远地自偏。

—— [东晋]陶渊明《饮酒》(其五)

不畏浮云遮望眼,自缘身在最高层。

—— [宋]王安石《登飞来峰》

僵卧孤村不自哀,尚思为国戍轮台。

—— [宋]陆游《十一月四日风雨大作》(其二)

人生自古谁无死?留取丹心照汗青。

—— [宋]文天祥《过零丁洋》

挥手自兹去,萧萧班马鸣。

—— [唐]李白《送友人》

自经丧乱少睡眠,长夜沾湿何由彻!

—— [唐]杜甫《茅屋为秋风所破歌》

折戟沉沙铁未销,自将磨洗认前朝。

—— [唐]杜牧《赤壁》

天平山上白云泉,云自无心水自闲。

—— [唐]白居易《白云泉》

粗缯大布裹生涯,腹有诗书气自华。

—— [宋]苏轼《和董传留别》

花自飘零水自流。一种相思,两处闲愁。

—— [宋]李清照《一剪梅·红藕香残玉簟秋》

按图索骥

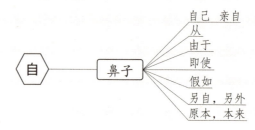

自 —— 鼻子 —— 自己 亲自 / 从 / 由于 / 即使 / 假如 / 另自,另外 / 原本,本来

走(zǒu)

说文解字

(甲骨文) (篆体) (楷体)

象形字,像人跑摆动两臂形。《说文解字》:"走,趋也。"后引申为背离、误差、走失、死亡等。

本义:奔跑。

常见义项

①[动]跑。

例1:《木兰诗》:"双兔傍地~。"

例2:《送东阳马生序》:"录毕,~送之。"

② [动]逃跑。

例:《石壕吏》:"老翁逾墙~。"

③ [名]仆人。

例:《报任安书》:"太史公牛马~司马迁再拜言。"

博古通今

▶▶链接成语

① 走马观花:比喻粗略地观察事物。走:跑。

② 走投无路:比喻找不到解决问题的办法,形容处境极端困难。走:逃。

③ 铤而走险:指因无路可走而采取冒险行动。走:趋向。

▶▶链接古诗词

何当金络脑,快走踏清秋。

——[唐]李贺《马诗》(其五)

黄河落天走东海,万里写入胸怀间。

——[唐]李白《赠裴十四》

走马西来欲到天,辞家见月两回圆。

——[唐]岑参《碛中作》

按图索骥

足 (zú)

说文解字

(甲骨文)　　(篆体)　　(楷体)

象形字。甲骨文字形像连腿带脚的整个下肢。《说文解字》:"足,人之足也,在下。从止、口。"又泛指动物的蹄、爪,植物的根茎,器物的基部。

本义:人的下肢,包括脚和小腿。

常见义项

① [名]脚。

例1:《核舟记》:"细若蚊~,钩画了了,其色墨。"

例2:《送东阳马生序》:"~肤皲裂而不知。"

② [形]足够,充足。

例1:《虽有嘉肴》:"知不~,然后能自反也。"

例2:《马说》:"食不饱,力不~。"

---

③ [动]够得上,值得。

例1:《送东阳马生序》:"以中有~乐者,不知口体之奉不若人也。"

例2:《桃花源记》:"不~为外人道也。"

博古通今

▶▶链接成语

① 足不出户:脚不迈出大门,指待在家里不外出。足:脚。

② 丰衣足食:形容生活富裕。足:充足。

③ 微不足道:非常渺小,不值得一提。足:值得。

▶▶链接古诗词

愿驰千里足,送儿还故乡。

——[南北朝]佚名《木兰诗》

莫笑农家腊酒浑,丰年留客足鸡豚。

——[宋]陆游《游山西村》

最爱湖东行不足,绿杨阴里白沙堤。

——[唐]白居易《钱塘湖春行》

何时眼前突兀见此屋,吾庐独破受冻死亦足!

——[唐]杜甫《茅屋为秋风所破歌》

按图索骥

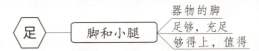

卒 (zú;cù)

说文解字

(甲骨文)　　(篆体)　　(楷体)

象形字。甲骨文的"卒"字是在"衣"形上加交叉线,示意衣服已经缝制完毕,表终卒。

本义:指士兵、差役穿的制服。

常见义项

卒¹ zú

① [动]终,完毕,结束。

例:《铁杵成针》:"太白感其意,还~业。"

② [动]死。

例:《左传·僖公十六年》:"公子季友~。"

③[名]步兵，士兵。

例：《陈涉世家》："吴广素爱人，士~多为用者。"

④[副]终于，最终。

例：《送东阳马生序》："故余虽愚，~获有所闻。"

⑤[名]差役之人。

例：《后汉书·廉范传》："求代廷尉狱~。"

卒² cù

[副]同"猝"，突然，仓猝。

例：《荆轲刺秦王》："群臣惊愕，~起不意，尽失其度。"

博古通今

▶▶链接成语

①身先士卒：作战时将帅亲自带头，冲在士兵前面，现多泛指领导带头走在群众前面。卒：士兵。

②不忍卒读：不忍心读完，常形容文章内容悲惨动人。卒：完毕，结束。

▶▶链接古诗词

卒遇回风起，吹我入云间。

——[三国]曹植《吁嗟篇》

翩翩云中使，来问太原卒。

——[唐]常建《塞上曲》

按图索骥

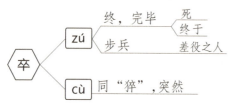

作（zuò）

说文解字

（甲骨文）　（篆体）　（楷体）

会意字。レ是耕作农具耒的象形，レ表示耕作时被带起的土块，合起来以会耕作意。

本义：耕作。

常见义项

①[动]发出，兴起。

例1：《与朱元思书》："泉水激石，泠泠~响。"

例2：《大道之行也》："是故谋闭而不兴，盗窃乱贼而不~。"

②[动]奋起，指有所作为。

例：《生于忧患，死于安乐》："困于心，衡于虑，而后~。"

③[动]创作，制作，造作。

例1：《岳阳楼记》："属予~文以记之。"

例2：《活板》："常~二铁板，一板印刷，一板已自布字。"

④[动]建造。

例：《醉翁亭记》："~亭者谁？山之僧智仙也。"

⑤[动]劳作，劳动。

例：《桃花源记》："其中往来种~，男女衣着，悉如外人。"

⑥[动]做，进行工作或活动。

例1：《出师表》："若有~奸犯科及为忠善者，宜付有司论其刑赏。"

例2：《桃花源记》："便要还家，设酒杀鸡~食。"

⑦[动]为，成为。

例：《浩歌》："南风吹山~平地。"

博古通今

▶▶链接成语

①始作俑者：开始制作俑的人。比喻首先做某件坏事的人。作：制作。

②精耕细作：指农业上认真细致地耕作。作：劳作。

③以身作则：用自己的行动做出榜样。作：做。

▶▶链接古诗词

杨花榆荚无才思，惟解漫天作雪飞。

——[唐]韩愈《晚春》

落红不是无情物，化作春泥更护花。

——[清]龚自珍《己亥杂诗》（其五）

零落成泥碾作尘，只有香如故。

——[宋]陆游《卜算子·咏梅》

马作的卢飞快，弓如霹雳弦惊。

——[宋]辛弃疾《破阵子·为陈同甫赋壮词以寄之》

苦将侬强派作蛾眉，殊未屑！

——[清]秋瑾《满江红·小住京华》

按图索骥

{◆ 初中文言文次常用字词 ◆}

哀（āi）

常见义项

① [形]伤心,悲痛。

例:《十一月四日风雨大作》(其二):"僵卧孤村不自~。"

② [形]声音悲凉。

例:《三峡》:"空谷传响,~转久绝。"

博古通今

▶▶链接成语

① 哀鸿遍野:在现代汉语中比喻到处都是呻吟呼号、流离失所的灾民,常常与"民不聊生"连用。哀鸿:哀鸣的大雁。

② 哀兵必胜:指受压迫而悲愤地奋起反抗的军队一定能胜利。常用以鼓励处于劣势的一方要建立必胜的信心和勇气。

▶▶链接古诗词

明月照积雪,朔风劲且哀。

—— [南北朝]谢灵运《岁暮》

五月不可触,猿声天上哀。

—— [唐]李白《长干行》(其一)

东征健儿尽,羌笛暮吹哀。

—— [唐]杜甫《秦州杂诗二十首》(其八)

九州生气恃风雷,万马齐喑究可哀。

—— [清]龚自珍《己亥杂诗》(其二百二十)

爱（ài）

常见义项

① [动]喜爱。

例1:《爱莲说》:"晋陶渊明独~菊。"

例2:《爱莲说》:"予独~莲之出淤泥而不染。"

② [动]爱护。

例1:《陈涉世家》:"项燕为楚将,数有功,~士卒,楚人怜之"

例2:《陈涉世家》:"吴广素~人。"

③ [动]怜惜,同情。

例:《左传·僖公二十二年》:"~其二毛,则如服焉。"

④ [动]舍不得,吝啬。

例:《指南录后序》:"国事至此,予不得~身。"

博古通今

▶▶链接成语

① 爱不释手:喜爱得舍不得放下,形容十分喜爱。释:放下。

② 爱莫能助:虽然同情但是无法给予帮助。爱:同情。

③ 爱屋及乌:喜欢那个人连带喜爱和他有关系的人或物。

▶▶链接古诗词

少无适俗韵,性本爱丘山。

—— [东晋]陶渊明《归园田居》(其一)

吾爱孟夫子,风流天下闻。

—— [唐]李白《赠孟浩然》

不是花中偏爱菊,此花开尽更无花。

—— [唐]元稹《菊花》

桃花一簇开无主,可爱深红爱浅红?

—— [唐]杜甫《江畔独步寻花》(其五)

把（bǎ）

常见义项

① [动]握,持。

例:《岳阳楼记》:"则有心旷神怡,宠辱偕忘,~酒临风,其喜洋洋者矣。"

② [动]执掌,掌握。

例:《晏子春秋·谏下》:"然则后世孰将~齐国?"

③ [动]把守,看守。

例:《松关》:"竹林行尽到松关,分付双松为~门。"

④ [动]同"爬",抓,搔。

例:《与山巨源绝交书》:"性复多虱,~搔无已。"

⑤[介]将。

例:《饮湖上初晴后雨》:"欲～西湖比西子,淡妆浓抹总相宜。"

博古通今

▶▶链接成语

① 投机倒把:以买空卖空、囤积居奇、套购转卖等手段牟取暴利。

② 盲人把烛:瞎子拿着烛火照明。比喻没有助益的举动。

▶▶链接古诗词

开轩面场圃,把酒话桑麻。

——[唐]孟浩然《过故人庄》

手把文书口称敕,回车叱牛牵向北。

——[唐]白居易《卖炭翁》

明月几时有?把酒问青天。

——[宋]苏轼《水调歌头·明月几时有》

白(bái)

常见义项

①[形]白颜色。

例1:《咏雪》:"～雪纷纷何所似?"

例2:《送东阳马生序》:"腰～玉之环。"

例3:《醉翁亭记》:"苍颜～发。"

例4:《湖心亭看雪》:"天与云与山与水,上下一～。"

例5:《唐雎不辱使命》:"～虹贯日。"

②[形]没有功名、没有官职或没有知识的。

例:《陋室铭》:"往来无～丁。"

③[名]古人罚酒时用的酒杯。

例:《湖心亭看雪》:"余强饮三大～而别。"

博古通今

▶▶链接成语

① 白璧微瑕:洁白的璧玉上有小的斑点。比喻人或事物虽然很好,但存在小的缺点。

② 白手起家:形容在缺乏条件或基础很差的情况下靠自己的努力创立一番家业或事业。白手:空手。

▶▶链接古诗词

黄鹤一去不复返,白云千载空悠悠。

——[唐]崔颢《黄鹤楼》

白头搔更短,浑欲不胜簪。

——[唐]杜甫《春望》

浩荡离愁白日斜,吟鞭东指即天涯。

——[清]龚自珍《己亥杂诗》(其五)

拜(bài)

常见义项

①[动]行礼表示敬意。

例:《周亚夫军细柳》:"介胄之士不～,请以军礼见。"

②[动]以礼会见。拜访、拜会。

例:《孙权劝学》:"肃遂～蒙母。"

③[动]恭敬地奉上。

例:《陈情表》:"臣不胜犬马怖惧之情,谨～表以闻。"

④[动]拜谢。行拜礼表示感谢。

例:《吕氏春秋·察微》:"子路拯溺者,其人～之以牛。"

博古通今

▶▶链接成语

① 甘拜下风:表示真心佩服,自认不如。

② 拜将封侯:拜为大将,封为侯爵。形容功成名就,做上了高官。也作"拜相封侯"。

③ 八拜之交:形容亲如兄弟的关系。

▶▶链接古诗词

开帘见新月,便即下阶拜。

——[唐]李端《拜新月》

郭里人家拜扫回,新开醪酒荐青梅。

——[宋]范成大《春日田园杂兴》(其八)

稽首再拜之,自愧非仙才。

——[唐]李白《游泰山六首》

拜迎长官心欲碎,鞭挞黎庶令人悲。

——[唐]高适《封丘作》

备(bèi)

常见义项

①[动]预备,准备。

例1:《送东阳马生序》:"缀公卿之后,日侍坐～顾问。"

例2:《活板》:"有奇字素无～者,旋刻之。"

② [动]防备,戒备。

例1:《周亚夫军细柳》:"军细柳:以~胡。"

例2:《活板》:"每字有二十余印,以~一板内有重复者。"

③ [形]完备,齐备。

例:《答谢中书书》:"青林翠竹,四时俱~。"

④ [副]完全,尽。

例:《岳阳楼记》:"此则岳阳楼之大观也,前人之述~矣。"

⑤ [名]设备,装备。

例:《五蠹》:"故事因于世,而~适于事。"

博古通今

▶▶链接成语

① 有备无患:事先有准备,就可以避免祸患。

② 求全责备:对人对事物要求十全十美,毫无缺点。

▶▶链接古诗词

急应河阳役,犹得备晨炊。

—— [唐]杜甫《石壕吏》

木兰代父去,秣马备戎行。

—— [唐]韦元甫《木兰歌》

奔(bēn)

常见义项

① [动]急走,跑。

例:《狼》:"屠乃~倚其下。"

② [名]飞奔的马。

例1:《三峡》:"虽乘~御风,不以疾也。"

例2:《与朱元思书》:"急湍甚箭,猛浪若~。"

③ [动]奔走,逃亡。

例:《送东阳马生序》:"坐大厦之下而诵诗书,无~走之劳矣。"

博古通今

▶▶链接成语

① 东奔西逃:跑到东,又逃到西。到处逃窜。同"东逃西窜"。

② 奔走相告:形容人们听到或看到特别使人振奋或担心的事,迅速地互相转告。

▶▶链接古诗词

追奔瀚海咽,战罢阴山空。

—— [唐]卢照邻《结客少年场行》

排空驭气奔如电,升天入地求之遍。

—— [唐]白居易《长恨歌》

崩(bēng)

常见义项

① [动]崩裂,倒塌。

例1:《杞人忧天》:"杞国有人忧天地~坠。"

例2:《口技》:"中间力拉~倒之声,火爆声,呼呼风声,百千齐作。"

② [动]帝王死称"崩"。

例1:《出师表》:"先帝创业未半而中道~殂。"

例2:《出师表》:"故临~寄臣以大事也。"

③ [动]崩溃,败坏。

例:《论语·阳货》:"三年不为乐,乐必~。"

博古通今

▶▶链接成语

① 山崩地裂:山岳崩塌,大地裂开。形容响声巨大。崩:倒塌。裂:破,分开。

② 分崩离析:形容集团、国家等分裂崩溃。

③ 礼崩乐坏:指封建礼教的规章制度遭到极大的破坏。

▶▶链接古诗词

帝王苦竭生灵力,大业沙崩固不难。

—— [唐]胡曾《咏史诗·阿房宫》

面缺崩城山寂寂,土埋冤骨草离离。

—— [唐]储嗣宗《长安怀古》

沙崩水槛鸥飞尽,树压村桥马过迟。

—— [唐]雍陶《经杜甫旧宅》

彼(bǐ)

常见义项

① [代]他,他们。

例:《杞人忧天》:"又有忧~之所忧者。"

古代汉语常用字词学习手册「初中卷」

②[代]别人,对方。

例:《曹刿论战》:"~竭我盈,故克之。"

③[代]那,与"此"相对。

例:《诗经·魏风·伐檀》:"~君子兮,不素食兮。"

博古通今

▶▶链接成语

① 彼竭我盈:指对方士气已经衰竭,我方斗志正旺。竭:枯竭。盈:充盈。

② 此起彼伏:这里起来,那里落下,表示连续不断。

③ 知己知彼:对自己和对方都了解得很透彻。

▶▶链接古诗词

竹柏皆冻死,况彼无衣民。

—— [唐]白居易《村居苦寒》

缅彼鹤上仙,去无云中迹。

—— [唐]李白《游泰山六首》

泛舟越洪涛,怨彼东路长。

—— [东汉]曹植《赠白马王彪》(并序)

辟(bì;pì)

常见义项

辟¹bì

①[动]同"避",躲避。

例1:《鱼我所欲也》:"故患有所不~也。"

例2:《鱼我所欲也》:"则凡可以~患者何不为也?"

例3:《鱼我所欲也》:"由是则可以~患而有不为也。"

②[名]法,法度。

例:《诗经·小雅·雨无正》:"~言不信,如彼行迈,则靡所臻。"

③[名]罪,罪名。

例:《礼记·王制》:"司寇正刑明~,以听狱讼,必三刺。"

④[动]召,征召。

例:《后汉书·马援传》:"乃~援及同县原涉为掾。"

⑤[动]治,清理。

例:《左传·文公六年》:"制事典,正法罪,~狱刑。"

⑥[形]明,彰明。

例:《诗经·大雅·抑》:"~尔为德,俾臧俾嘉。"

⑦[动]宠爱,宠幸。

例:《管子·立政》:"三本者不审,则邪臣上通,而便~制威。"

辟²pì

①[动]开,打开。

例:《墨子·非攻中》:"~门除道,奉甲兴士。"

②[动]清除,排除。

例:《庄子·庚桑楚》:"至仁无亲,至信~金。"

③[形]幽僻,偏僻。

例:《战国策·秦策一》:"今夫蜀,西~之国,而戎狄之长也。"

④[形]鄙陋,浅陋。

例:《左传·哀公七年》:"~君之执事,以陵我小国。"

博古通今

▶▶链接成语

① 开天辟地:盘古氏开辟天地,开始有人类历史。后常比喻空前的,自古以来没有过的。

② 另辟蹊径:另外开辟一条路。比喻另创一种风格或方法。

▶▶链接古诗词

扈江离与辟芷兮,纫秋兰以为佩。

—— [先秦]屈原《离骚》

如此再寒暑,百沴自辟易。

—— [宋]文天祥《正气歌》

蔽(bì)

常见义项

①[动]遮挡,遮蔽。

例1:《三峡》:"隐天~日,自非亭午夜分,不见曦月。"

例2:《与朱元思书》:"横柯上~,在昼犹昏。"

②[动]蒙蔽,受蒙蔽。

例:《邹忌讽齐王纳谏》:"由此观之,王之~甚矣。"

③[动]概括。

例:《论语·为政》:"《诗》三百,一言以~之,曰'思无邪'。"

④[名]帘子,屏障。

例:《史记·苏秦列传》:"以赵之为~其南也。"

⑤[动]决断,断定。

例:《左传·哀公十八年》:"官占唯能~志。"

博古通今

▶▶链接成语

① 遮天蔽日:遮住天空和太阳。形容事物体积庞大、数量众多或气势盛大。也形容树木生长茂盛。

② 一言蔽之:用一句话来概括。

▶▶链接古诗词

践夕奄昏曙,蔽翳皆周悉。

—— [南北朝]谢灵运《登永嘉绿嶂山》

蔽山张旗鼓,间道潜锋镝。

—— [唐]崔湜《塞垣行》

飘风吹云霓,蔽目不得语。

—— [唐]李白《陈情赠友人》

况今天子铺德威,蔽能者诛荐受机。

—— [唐]韩愈《送区弘南归》

蔽空素彩列,激浪寒光聚。

—— [唐]柳宗元《再至界围岩水帘遂宿岩下》

闭(bì)

常见义项

① [动]关闭,关门。

例:《左传·哀公十五年》:"门已~矣。"

② [动]用门闩插上。

例:《大道之行也》:"故外户而不~。"

③ [动]闭塞。

例:《大道之行也》:"是故谋~而不兴。"

④ [动]隐藏。

例:《史记·吴王濞列传》:"见责急,愈益~,恐上诛之。"

⑤ [名]古时称立秋、立冬为"闭"。

例:《左传·僖公五年》:"凡分、至、启、~,必书云物。"

⑥ [名]同"柲",弓檠,一种护弓的用具。

例:《诗经·秦风·小戎》:"交韔二弓,竹~绲縢。"

博古通今

▶▶链接成语

① 闭门思过:关上房门,独自反省过错。多指独自进行自我反省。

② 闭门造车:关上门造车。比喻只凭主观办事,不管客观实际。

▶▶链接古诗词

四面边声连角起,千嶂里,长烟落日孤城闭。

—— [宋]范仲淹《渔家傲·秋思》

萦损柔肠,困酣娇眼,欲开还闭。

—— [宋]苏轼《水龙吟·次韵章质夫杨花词》

壁(bì)

常见义项

① [名]陡峭如墙的山崖。

例:《答谢中书书》:"两岸石~,五色交辉。"

② [名]营垒。

例:《周亚夫军细柳》:"亚夫乃传言开~门。"

博古通今

▶▶链接成语

残垣断壁:残破的围墙,倒塌的墙壁。形容残破荒凉的景象。

▶▶链接古诗词

山行落日下绝壁,西望千山万山赤。

—— [唐]杜甫《光禄坂行》

关门一小吏,终日对石壁。

—— [唐]岑参《题铁门关楼》

空中乱潈射,左右洗青壁。

—— [唐]李白《望庐山瀑布二首》

辩(biàn)

常见义项

① [动]同"辨",辨别。

例:《鱼我所欲也》:"万钟则不~礼义而受之。"

② [动]辩论,辩驳。

例:《孟子·滕文公下》:"外人皆称夫子好~,敢问何也。"

③ [形]言辞漂亮,巧言。

例:《老子》:"善者不~,~者不善。"

④ [动]同"变",变化。

例:《庄子·逍遥游》:"若夫乘天地之正,而御六气之~。"

古代汉语常用字词学习手册「初中卷」

博古通今

▶▶链接成语

① 能言善辩:形容很会说话,善于辩论。

② 辩才无碍:本是佛教用语,指菩萨为人说法,义理通达,言辞流利,后泛指口才好,擅长辩论。

▶▶链接古诗词

升公湖上秀,粲然有辩才。

——[唐]李白《陪族叔当涂宰游化城寺升公清风亭》

群辩有姿语,众欢无行歌。

——[唐]孟郊《寄崔纯亮》

关令莫疑非马辩,道安还跨赤驴行。

——[唐]齐己《送胤公归阙》

遍(biàn)

常见义项

① [形]遍及,普遍,全面。

例:《曹刿论战》:"小惠未~,民弗从也。"

② [量]动作完成一次。

例:《范进中举》:"范进不看便罢,看了一~,又念一~。"

博古通今

▶▶链接成语

① 漫山遍野:原指布满了山坡山冈、田间旷野,现形容数量很多、范围很广、声势很大。

② 遍体鳞伤:浑身受伤,伤痕像鱼鳞一样密集,形容伤势很重。

③ 遍地开花:比喻好的事物到处涌现或普遍发展。

▶▶链接古诗词

是时三月暮,遍野农桑起。

——[唐]崔颢《结定襄郡狱效陶体》

因书今日意,遍寄诸亲故。

——[唐]白居易《叹老三首》(其三)

北风吹雨雨不断,遍满虚空作飞霰。

——[宋]苏辙《同王适赋雪》

辨(biàn)

常见义项

① [动]判别,区分。

例:《木兰诗》:"双兔傍地走,安能~我是雄雌?"

② [动]同"辩",争论,辩论。

例:《送东阳马生序》:"辞甚畅达。与之论~,言和而色夷。"

③ [名]不同,区别。

例:《墨子·非命上》:"坐处有度,出入有节,男女有~。"

博古通今

▶▶链接成语

① 明辨是非:很清楚地分辨出谁对谁错。

② 不辨菽麦:分不清豆子和麦子,形容愚昧无知,缺乏常识。

③ 辨伪去妄:一些事物要善于辨别,分清真假,(留下真的)去除虚假的。识别虚假的,去掉无事实依据的理念或学说。

▶▶链接古诗词

此中有真意,欲辨已忘言。

——[东晋]陶渊明《饮酒》(其五)

军听了军愁,民听了民怕。哪里去辨甚么真共假?

——[明]王磐《朝天子·咏喇叭》

徒学辨是非,只自取辛勤。

——[唐]白居易《朱陈村》

并(bìng)

常见义项

① [动]并行,并列。

例:《汉书·平帝纪》:"亲迎,立轺,~马。"

② [动]合并,兼并。

例1:《史记·秦本纪》:"周室微,诸侯力政,争相~。"

例2:《六国论》:"~力西向。"

③ [副]一起,一齐。

例1:《狼》:"而两狼之~驱如故。"

例2:《陈涉世家》:"陈胜佐之,~杀两尉。"

④ [副]全,全都。

例:《桃花源记》:"黄发垂髫,~怡然自乐。"

⑤[动]同"屏(摒)",抛弃。

例1:《荀子·强国》:"~己之私欲。"

例2:《郑板桥家书·潍县署中谕麟儿》:"观之非徒无益,~有害处也。"

⑥[连]和。

例:《核舟记》:"题名~篆文。"

博古通今

▶▶链接成语

① 并驾齐驱:本指几匹马并排拉着车一齐奔跑,现喻齐头并进,不分前后高低。并:一齐,平排着。

② 相提并论:把不同的或相差悬殊的人或事物混在一起谈论或看待。并:合在一起。

③ 恩威并重:同时施用恩惠和威胁两种手段。也作"恩威并行"。并:连词,表并列或进一层。恩:恩惠。威:威力。

▶▶链接古诗词

清风明月无人管,并作南楼一味凉。

—— [宋]黄庭坚《鄂州南楼书事》

沙上并禽池上暝。云破月来花弄影。

—— [宋]张先《天仙子·水调数声持酒听》

花开不并百花丛,独立疏篱趣未穷。

—— [宋]郑思肖《画菊》

虚度年华不相见,离肠怀土并关情。

—— [唐]武元衡《南徐别业早春有怀》

日暮诗成天又雪,与梅并作十分春。

—— [宋]卢梅坡《雪梅》(其二)

不(bù)

常见义项

①[副]用于动词、形容词前,表否定。

例1:《鱼我所欲也》:"则凡可以得生者何~用也?"

例2:《鱼我所欲也》:"乡为身死而~受,今为宫室之美为之。"

例3:《唐雎不辱使命》:"秦王~说。安陵君因使唐雎使于秦。"

例4:《唐雎不辱使命》:"安陵君~听寡人,何也?"

例5:《唐雎不辱使命》:"以君为长者,故~错意也。"

例6:《唐雎不辱使命》:"虽千里~敢易也,岂直五百里哉?"

例7:《送东阳马生序》:"天大寒,砚冰坚,手指~可屈伸。"

例8:《送东阳马生序》:"录毕,走送之,~敢稍逾约。"

例9:《送东阳马生序》:"色愈恭,礼愈至,~敢出一言以复。"

例10:《曹刿论战》:"小大之狱,虽~能察,必以情。"

例11:《邹忌讽齐王纳谏》:"忌~自信,而复问其妾。"

例12:《陈涉世家》:"会天大雨,道~通。"

②[副]非,不是。

例:《鱼我所欲也》:"今为所识穷乏者得我而为之:是亦~可以已乎?"

③[副]无,没有。

例:《邹忌讽齐王纳谏》:"徐公~若君之美也。"

④[副]同"否"。

例:《陈太丘与友期行》:"客问元方:'尊君在~?'"

博古通今

▶▶链接成语

① 孜孜不倦:勤勤恳恳,不知疲倦。

② 不可思议:原为佛教用语,指思想言语所不能达到的境界。后来形容无法想象,很难理解。

③ 忍俊不禁:忍不住笑。

▶▶链接古诗词

夜发清溪向三峡,思君不见下渝州。

—— [唐]李白《峨眉山月歌》

不知何处吹芦管,一夜征人尽望乡。

—— [唐]李益《夜上受降城闻笛》

僵卧孤村不自哀,尚思为国戍轮台。

—— [宋]陆游《十一月四日风雨大作》(其二)

河流大野犹嫌束,山入潼关不解平。

—— [清]谭嗣同《潼关》

深林人不知,明月来相照。

—— [唐]王维《竹里馆》

草树知春不久归,百般红紫斗芳菲。

—— [唐]韩愈《晚春》

前不见古人,后不见来者。

—— [唐]陈子昂《登幽州台歌》

不畏浮云遮望眼,自缘身在最高层。

—— [宋]王安石《登飞来峰》

落红不是无情物,化作春泥更护花。

—— [清]龚自珍《己亥杂诗》(其五)

步 (bù)

常见义项

① [动]步行,用脚行走。

例:《记承天寺夜游》:"怀民亦未寝,相与~于中庭。"

② [动]踩,踏。

例:《杞人忧天》:"若躇~跐蹈,终日在地上行止。"

③ [名]泛指脚步。行走时两脚之间的距离。

例1:《桃花源记》:"忽逢桃林,夹岸数百~。"

例2:《桃花源记》:"复行数十~,豁然开朗。"

例3:《小石潭记》:"从小丘西行百二十~。"

例4:《唐雎不辱使命》:"若士必怒,伏尸二人,流血五~,天下缟素。"

博古通今

▶▶链接成语

① 望而却步:看到了危险或力不能及的事而往后退缩。

② 百步穿杨:能在百步之外射中选定的杨柳叶。形容射击的技术高超。杨:这里指杨柳叶。

③ 健步如飞:形容步伐矫健有力,走得很快。健:善于,对于某种事情精力旺盛。

▶▶链接古诗词

偶然乘兴,步过东冈。正莺儿啼,燕儿舞,蝶儿忙。

——[宋]秦观《行香子·树绕村庄》

绕池闲步看鱼游,正值儿童弄钓舟。

——[唐]白居易《观游鱼》

素手把芙蓉,虚步蹑太清。

——[唐]李白《古风》(其十九)

十步杀一人,千里不留行。事了拂衣去,深藏身与名。

——[唐]李白《侠客行》

才 (cái)

常见义项

① [名]才干,才能。

例1:《诫子书》:"非学无以广~。"

例2:《孙权劝学》:"卿今者~略。"

例3:《过秦论》:"~能不及中人。"

② [副]刚刚。

例:《活板》:"此印者~毕。"

③ [副]仅仅。

例:《桃花源记》:"初极狭,~通人。"

④ [名]人才,有才能的人。

例:《世说新语·规箴》:"当今之~,以尔为柱石之用,莫倾人栋梁。"

博古通今

▶▶链接成语

① 才疏学浅:指才能不高,学识肤浅。才:能力、才干。

② 才高八斗:形容文才极其出众。

▶▶链接古诗词

杨花榆荚无才思,惟解漫天作雪飞。

——[唐]韩愈《晚春》

宣室求贤访逐臣,贾生才调更无伦。

——[唐]李商隐《贾生》

乱花渐欲迷人眼,浅草才能没马蹄。

——[唐]白居易《钱塘湖春行》

材 (cái)

常见义项

① [名]木材,木料。

例:《说文》:"~,木梃也。"

② [名]同"才",才能,才干。

例:《马说》:"食之不能尽其~。"

③ [名]同"裁",安排,裁夺。

例:《荀子·富国》:"治万变,~万物,养万民。"

博古通今

▶▶链接成语

① 因材施教:针对不同对象的具体情况,采取有针对性的教育方法。材:指人的天资、性格、志趣等。施:施行,实行。

② 大材小用:大的材料用在小处。多指人事安排上不恰当,屈才。

▶▶链接古诗词

纵非梁栋材,犹胜寻常木。

——[唐]白居易《有木诗八首》

忽箧一官来阙下,众中俯仰不材身。

——[清]龚自珍《秋心三首》

策(cè)

常见义项

① [名]竹制的马鞭(用作动词,用马鞭驱赶)。

例1:《马说》:"执~而临之。"

例2:《马说》:"~之不以其道。"

② [名]竹杖,拐杖。

例:《淮南子·地形》:"夸父弃其~。"

③ [名]成编的书简。

例:《左传·隐公十一年》:"不书于~。"

④ [名]帝王对臣下封土、授爵或免官的文书。

例:《左传·僖公二十八年》:"(晋侯)受~而出。"

⑤ [名]策问。

例:《汉书·公孙弘传》:"上~诏诸儒。"

⑥ [名]计策,计谋。

例:《三国志·魏书·荀攸传》:"公达前后凡画奇~十二。"

⑦ [名]古代占卜用的蓍(shī)草。

例:《卜居》:"詹尹乃释~而谢。"

博古通今

▶▶链接成语

① 束手无策:像捆住手似的,一点办法也没有。形容遇到问题时毫无解决的办法。也作"束手无措"。策:计谋,办法。

② 乘坚策肥:乘坐坚固的车子,骑着肥壮的马。形容生活奢侈豪华。也作"乘坚驱良"。策:驱赶。肥:肥壮的马。

▶▶链接古诗词

谁挥鞭策驱四运? 万物兴歇皆自然。

—— [唐]李白《相和歌辞·日出入行》

怅恨独策还,崎岖历榛曲。

—— [东晋]陶渊明《归园田居》(其五)

曾(céng;zēng)

常见义项

曾¹céng

① [副]曾经。

例:《浣溪沙》:"无可奈何花落去,似~相识燕归来。"

② [形]同"层",重叠。

例:《望岳》:"荡胸生~云,决眦入归鸟。"

曾²zēng

① [动]同"增",增加。

例:《生于忧患,死于安乐》:"所以动心忍性,~益其所不能。"

② [副]加强语气,常与"不"连用,可以译为"连……都……"。

例:《愚公移山》:"以君之力,~不能损魁父之丘,如太行、王屋何?"

博古通今

▶▶链接成语

① 似曾相识:好像曾经见过。形容对遇到的人或物感到熟悉,又不是很确定。

② 曾经沧海:比喻曾经见过大世面,不把平常事物放在眼里。

▶▶链接古诗词

荡胸生曾云,决眦入归鸟。

—— [唐]杜甫《望岳》

江南好,风景旧曾谙。

—— [唐]白居易《忆江南》

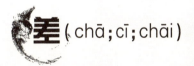

差(chā;cī;chāi)

常见义项

差¹chā

① [副]稍微,大体。

例:《咏雪》:"撒盐空中~可拟。"

② [名]区别。

例:《狱中杂记》:"何必更以多寡为~。"

差²cī

[形]参差不齐。

例1:《小石潭记》:"参~披拂。"

例2:《小石潭记》:"其岸势犬牙~互,不可知其源。"

差³chāi

[动]指派,派遣。

例:《三国演义》:"一面~人到吴侯处报捷。"

博古通今

▶▶链接成语

① 差强人意:原意为还算能振奋人的意志,现在表

古代汉语常用字词学习手册[初中卷]

示大致上还能够使人满意。差:稍微。强:振奋。

② 鬼使神差:好像暗中有什么鬼神的力量在支使一样。比喻做事不由自主,或事出意外。使、差:指使,派遣。

▶▶链接古诗词

烟柳画桥,风帘翠幕,参差十万人家。

—— [宋]柳永《望海潮·东南形胜》

 察(chá)

◆常见义项

① [动] 观察,仔细看。

例:《洛神赋》:"远而望之,皎若太阳升朝霞;迫而~之,灼若芙蕖出渌波。"

② [动] 考察,审查。

例:《吕氏春秋·察传》:"夫传言不可以不~。"

③ [动] 知晓,明了。

例:《曹刿论战》:"虽不能~,必以情。"

④ [动] 考察后予以推举。

例:《史记·刺客列传》:"乃~举吾弟。"

◆博古通今

▶▶链接成语

① 明察秋毫:本义为视力好到能查辨秋天鸟兽的细毛;后多形容人精明,目光敏锐,能洞察一切。

② 察言观色:揣度对方的话语,观察对方的脸色,以摸清其真实的意图。

③ 明察暗访:从明里细心察看,从暗里询问了解。指用各种方法调查研究。

④ 洞幽察微:彻底地看到幽深微妙处。

▶▶链接古诗词

蔷蔷俗所共,察察与世违。

—— [宋]王安石《寓言六首》

相思欲有寄,恐君不见察。

—— [唐]李白《代赠远》

官移人未察,身没事多符。

—— [唐]李敬方《闻高侍御卒贬所》

圣心事能察,增广陈厥诚。

—— [唐]贺知章《唐禅社首乐章·顺和》

云是元监察,江陵谪去时。

—— [唐]白居易《和答诗十首·和阳城驿》

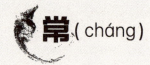 常(cháng)

◆常见义项

① [形]永久的,固定的。

例:《韩非子》:"不期修古,不法~可。"

② [名]常规,准则。

例:《荀子》:"天行有~。"

③ [形]经常,常常。

例1:《穿井得一人》:"~一人居外。"

例2:《孙权劝学》:"孤~读书。"

例3:《三峡》:"~有高猿长啸。"

例4:《马说》:"千里马~有。"

④ [形]普通。

例:《史记·扁鹊仓公列传》:"扁鹊,非~人也。"

⑤ [名]古代长度单位。八尺为"寻",两寻为"常"。

例:《韩非子》:"上失扶寸,下得寻~。"

⑥ 同"尝"。曾经。

例:《荀子》:"夫日月之有蚀,风雨之不时,怪星之党见,是无世而不~有之。"

◆博古通今

▶▶链接成语

① 变幻无常:形容事物任意变化;没有一定的规则。常:常规,准则。

② 非同寻常:形容人或事物很突出,不同于一般。常:普通。

▶▶链接古诗词

岐王宅里寻常见,崔九堂前几度闻。

—— [唐]杜甫《江南逢李龟年》

冰霜正惨凄,终岁常端正。

—— [东汉]刘桢《赠从弟》(其二)

常记溪亭日暮,沉醉不知归路。

—— [宋]李清照《如梦令·常记溪亭日暮》

 尝(cháng)

◆常见义项

① [动] 辨别滋味,品尝。

例:《周礼·天官·膳夫》:"以乐侑食,膳夫授祭品;~食,王乃食。"

② [动]试,试探。

例:《吕氏春秋·贵公》:"～试观于上志,有得天下者众矣,其得之以公,其失之以偏。"

③ [副]曾经。

例1:《卖油翁》:"～射于家圃。"

例2:《核舟记》:"～贻余核舟一。"

例3:《岳阳楼记》:"予～求古仁人之心。"

例4:《唐雎不辱使命》:"公亦～闻天子之怒乎?"

例5:《送东阳马生序》:"～趋百里外。"

例6:《陈涉世家》:"陈涉少时,～与人佣耕。"

例7:《世说新语·识鉴》:"吾昔～与共在桓宣武府。"

④ [动]经历。

例:《左传·僖公二十八年》:"晋侯在外十九年矣,险阻艰难,备～之矣。"

⑤ [名]祭祀名。宗庙祭祀,秋祭叫"尝"。

例:《诗经·小雅·天保》:"禴祠烝～,于公先王。"

博古通今

▶▶链接**成语**

尝鼎一脔:品尝锅中的一块肉,就可以知道整锅食物的滋味。后比喻可由部分推知全体。尝:品尝。

▶▶链接**古诗词**

风吹柳花满店香,吴姬压酒劝客尝。

——[唐]李白《金陵酒肆留别》

十四为君妇,羞颜未尝开。

——[唐]李白《长干行》

未谙姑食性,先遣小姑尝。

——[唐]王建《新嫁娘词》(其三)

（cháng；zhǎng；zhàng）

常见义项

长¹cháng

① [形]长,与"短"相对。

例1:《木兰诗》:"北市买～鞭。"

例2:《三峡》:"巴东三峡巫峡～。"

例3:《岳阳楼记》:"而或～烟一空。"

例4:《湖心亭看雪》:"惟～堤一痕。"

例5:《送东阳马生序》:"撰～书以为赞。"

② [形]长久。

例1:《三峡》:"常有高猿～啸。"

例2:《愚公移山》:"北山愚公～息曰。"

③ [名]长度。

例1:《核舟记》:"舟首尾～约八分有奇。"

例2:《核舟记》:"而计其～曾不盈寸。"

④ [副]经常。

例:《论语·述而》:"君子坦荡荡,小人～戚戚。"

⑤ [名]长处,专长。

例:《晏子春秋》:"任人之～,不强其短。"

长²zhǎng

① [形]年纪大的,与"幼"相对(排行第一)。

例1:《木兰诗》:"木兰无～兄。"

例2:《唐雎不辱使命》:"以君为～者。"

② [动]推动,促进。

例:《虽有嘉肴》:"教学相～也。"

③ [动]生长,成长,增长。

例:《大道之行也》:"幼有所～。"

④ [名]首领。

例1:《陈涉世家》:"陈胜、吴广皆次当行,为屯～。"

例2:《陈涉世家》:"皆刑其～吏。"

长³zhàng

[形]长物,多余的东西。

例:《世说新语·德行》:"恭作人无～物。"

博古通今

▶▶链接**成语**

① **长歌当哭**:以放声歌咏代替哭泣,多指用诗文抒发胸中的悲愤。长歌:长声歌咏,也指写诗。

② **拔苗助长**:比喻违反事物发展的客观规律,急于求成,反而坏事。长:生长。

③ **教学相长**:通过教学,不但学生得到进步,教师自己也得到提高。长:推动,促进。

▶▶链接**古诗词**

独坐幽篁里,弹琴复长啸。

——[唐]王维《竹里馆》

相顾无相识,长歌怀采薇。

——[唐]王绩《野望》

大漠孤烟直,长河落日圆。

——[唐]王维《使至塞上》

古代汉语常用字词学习手册[初中卷]

我报路长嗟日暮,学诗谩有惊人句。九万里风鹏正举。

—— [宋]李清照《渔家傲·天接云涛连晓雾》

自经丧乱少睡眠,长夜沾湿何由彻!

—— [唐]杜甫《茅屋为秋风所破歌》

唱 (chàng)

常见义项

① [动]带头,倡导。

例:《陈涉世家》:"为天下~,宜多应者。"

② [动]领唱,这个意义又写作"倡"。

例:《荀子·乐论》:"~和有应,善恶相象。"

③ [动]唱歌。

例:《滕王阁序》:"渔舟~晚。"

④ [动]高声报,大声念。

例:《南史·檀道济传》:"道济夜~筹量沙,以所余少米散其上。"

博古通今

▶▶链接成语

① 夫唱妇随:指丈夫说什么,妻子就附和什么。形容夫妻之间感情融洽,行动一致。

② 千古绝唱:指古往今来,绝无仅有的诗文精品。绝唱:达到了最高水平的诗文作品。

▶▶链接古诗词

商女不知亡国恨,隔江犹唱后庭花。

—— [唐]杜牧《泊秦淮》

谁道人生无再少?门前流水尚能西!休将白发唱黄鸡。

—— [宋]苏轼《浣溪沙·游蕲水清泉寺》

陈 (chén)

常见义项

① [动]陈列,摆开。

例:《醉翁亭记》:"杂然而前~者。"

② [名]行列。

例:《战国策·齐策四》:"狗马实外厩,美人充下~。"

③ [动]陈述。

例:《孟子·公孙丑下》:"我非尧舜之道不敢以~于王前。"

④ [形]久,陈旧。

例:《韩非子·外储说右上》:"仓无~粟,府无余财。"

博古通今

▶▶链接成语

① 陈词滥调:陈旧而不切实际的言论。陈:旧。

② 乏善可陈:没有什么好的地方值得一提。陈:叙说。

▶▶链接古诗词

大雅久不作,吾衰竟谁陈?

—— [唐]李白《古风·大雅久不作》

尘缘一点,回首西风又陈迹。

—— [宋]吴文英《六幺令·夷则宫七夕》

称 (chēng;chèng;chèn)

常见义项

称¹chēng

① [动]称量。

例:《楚辞·惜誓》:"苦~量之不审兮。"

② [动]称颂,赞许。

例1:《周亚夫军细柳》:"~善者久之。"

例2:《送东阳马生序》:"四海亦谬~其氏名。"

例3:《送东阳马生序》:"流辈甚~其贤。"

例4:《出师表》:"先帝~之曰能。"

③ [形]著称。

例:《马说》:"不以千里~也。"

④ [动]称作,号称。

例1:《陈涉世家》:"今诚以吾众诈自~公子扶苏、项燕,为天下唱。"

例2:《陈涉世家》:"~大楚。"

⑤ [动]举起(推举,举用,举兵)。

例1:《诗经·豳风·七月》:"~彼兕觥,万寿无疆。"

例2:《祁奚荐贤》:"祁奚请老,晋侯问嗣焉,~解狐——其仇也。"

例3:《左传·襄公八年》:"女何故~兵于蔡?"

称²chèng

[名]称量物体轻重的器具。

例:《淮南子·时则》:"钧衡石,角斗~。"

称³ chèn

[形]相称,合适,配得上。

例:《荀子·富国》:"德必~位,位必~禄,禄必~用。"

🌿 **博古通今**

▶▶链接成语

① 称兄道弟:朋友间以兄弟相称呼。形容关系亲密。现多用于贬义,以老兄、老弟相称,表示对人亲热或拉拢。

② 称心如意:完全合乎心意。称:符合。如:适合。

③ 交口称赞:众人同声赞美。

④ 拍手称快:拍着手喊痛快。形容因事情有称心如意的结局而高兴愉快的样子。快:痛快,满意。

▶▶链接古诗词

何以称我情?浊酒且自陶。

——[东晋]陶渊明《己酉岁九月九日》

秦岭望樊川,祗得回头别。

——[唐]杜牧《池州送孟迟先辈》

人生在世不称意,明朝散发弄扁舟。

——[唐]李白《宣州谢朓楼饯别校书叔云》

天子呼来不上船,自称臣是酒中仙。

——[唐]杜甫《饮中八仙歌》

手把文书口称敕,回车叱牛牵向北。

——[唐]白居易《卖炭翁》

成(chéng)

🌿 **常见义项**

① [动]完成,实现。

例1:《周亚夫军细柳》:"~礼而去。"

例2:《送东阳马生序》:"今虽耄老,未有所~。"

例3:《活板》:"以草火烧,瞬息可~。"

例4:《诫子书》:"非学无以广才,非志无以~学。"

② [动]成功。

例:《陈涉世家》:"足下事皆~,有功。"

③ [动]成为。

例1:《与朱元思书》:"争高直指,千百~峰。"

例2:《与朱元思书》:"好鸟相鸣,嘤嘤~韵。"

例3:《狼》:"场主积薪其中,苫蔽~丘。"

例4:《诫子书》:"遂~枯落,多不接世。"

④ [动]定,平定。

例:《国语》:"夫一人善射,百夫决拾,胜未可~也。"

⑤ [形]已定的,现成的。

例:《诗经》:"昊天有~命,二后受之。"

⑥ [动]讲和,和解,不打仗。

例:《左传》:"秦晋为~。"

🌿 **博古通今**

▶▶链接成语

① 急于求成:急着要取得成功。

② 相辅相成:指两件事物互相配合,互相辅助,缺一不可。

③ 胸有成竹:原指在动笔画竹子之前脑子里先有竹子的完整形象。现比喻动手做事情之前心里已有主意、打算或有把握。

▶▶链接古诗词

零落成泥碾作尘,只有香如故。

——[宋]陆游《卜算子·咏梅》

春蚕到死丝方尽,蜡炬成灰泪始干。

——[唐]李商隐《无题》

城(chéng)

🌿 **常见义项**

① [名]城墙。

例:《诗经》:"静女其姝,俟我于~隅。"

② [动]修筑城墙。

例:《汉书》:"令天下县邑~。"

③ [名]城邑。"城"与"郭"并称时,"城"指内城,"郭"指外城。

例1:《得道多助,失道寡助》:"三里之~,七里之郭。"

例2:《邹忌讽齐王纳谏》:"我孰与~北徐公美?"

例3:《邹忌讽齐王纳谏》:"今齐地方千里,百二十~。"

🌿 **博古通今**

▶▶链接成语

① 百城之富:形容藏书极多,似拥有许多城市那样富有。

② 价值连城:形容物品价值特别高,极其珍贵。

▶▶链接古诗词

回乐烽前沙似雪,受降城外月如霜。

——[唐]李益《夜上受降城闻笛》

一上高城万里愁,蒹葭杨柳似汀洲。

——[唐]许浑《咸阳城东楼》

四面边声连角起,千嶂里,长烟落日孤城闭。

——[宋]范仲淹《渔家傲·秋思》

为报倾城随太守,亲射虎,看孙郎。

——[宋]苏轼《江城子·密州出猎》

山河千古在,城郭一时非。

——[宋]文天祥《南安军》

一抹晚烟荒戍垒,半竿斜日旧关城。

——[清]纳兰性德《浣溪沙·身向云山那畔行》

诚（chéng）

常见义项

① [名] 真诚,真心。

例:《愚公移山》:"帝感其～。"

② [副] 真正,的确,确实。

例1:《富贵不能淫》:"公孙衍、张仪岂不～大丈夫哉?"

例2:《邹忌讽齐王纳谏》:"臣～知不如徐公美。"

例3:《出师表》:"此～危急存亡之秋也。"

③ [连] 如果。

例1:《三顾茅庐》:"～如是,则大业可成。"

例2:《陈涉世家》:"今～以吾众诈自称公子扶苏、项燕,为天下唱。"

博古通今

▶▶链接成语

① 开诚布公:表示坦白无私,真诚相待,能诚恳坦率地提出自己的看法。

② 心悦诚服:诚心诚意地服从或佩服。

③ 精诚所至:形容真诚的力量是无穷的,它能感动人心或克服一切困难。

④ 诚惶诚恐:原是封建官吏给皇帝上奏章时用的客套话,表示敬畏而又惶恐不安。现形容小心谨慎、恐惧不安的样子。

▶▶链接古诗词

君诚中兴主,经纬固密勿。

——[唐]杜甫《北征》

自来掌军书,无不尽臣诚。

——[唐]王建《赠王侍御》

荷宠务推诚,离言深慷慨。

——[唐]王昌龄《宿灞上寄侍御玙弟》

此夕一相望,君应知我诚。

——[唐]卢纶《偶宿山中忆畅当》

作客诚已难,为臣尤不易。

——[唐]白居易《适意二首》

惩（chéng）

常见义项

① [动] 责罚,处罚。

例:《三国志·蜀书·诸葛亮传》:"无恶不～,无善不显。"

② [动] 苦于。

例:《愚公移山》:"～山北之塞,出入之迂也。"

博古通今

▶▶链接成语

① 严惩不贷:严厉惩罚,绝不宽恕。惩:处罚。贷:宽恕。

② 惩恶扬善:惩治邪恶,褒扬善良。

▶▶链接古诗词

惩淫或应可,在道未为弘。

——[唐]白居易《相和歌辞·反白头吟》

唯忧盗贼今好卜,夜半劫请无威惩。

——[宋]王安石《同王浚贤良赋龟得升字》

笞（chī）

常见义项

① [动] 用鞭、杖或竹板打。

例:《陈涉世家》:"尉果～广。"

② [名] 古代刑法之一。

例:《汉书·刑法志》:"加～与重罪无异。"

博古通今

▶▶链接**成语**

鞭笞天下:指用武力驾驭、征服全国。笞:鞭打。

▶▶链接**古诗词**

恨无一尺捶,为国笞羌夷。

—— [唐]韩愈《送张道士》

老翁笞儿也太痴,欲鞭辕下追霜蹄。

—— [宋]杨万里《送李童子西归》

驰(chí)

常见义项

① [动]赶马快跑。

例1:《木兰诗》:"愿~千里足,送儿还故乡。"

例2:《周亚夫军细柳》:"至霸上及棘门军,直~入。"

例3:《周亚夫军细柳》:"军中不得驱~。"

例4:《宋史·岳飞传》:"乃独~迎敌。"

② [动]驱车追赶。

例:《曹刿论战》:"齐师败绩。公将~之。"

③ [动]驱驰,奔走效劳。

例:《出师表》:"由是感激,遂许先帝以驱~。"

④ [动]疾行,指迅速逝去。

例1:《诫子书》:"年与时~。"

例2:《沁园春·雪》:"原~蜡象。"

⑤ [动]传播,传扬。

例:《论衡·四讳》:"故婴名暗而不明,文声~而不灭。"

⑥ [动]向往。

例:《离骚》:"抑志而弭节兮,神高~之邈邈。"

博古通今

▶▶链接**成语**

① 心驰神往:形容思想集中在追求和向往的事情或地方上,一心向往。驰:向往。

② 纵横驰骋:不受阻挡地往来奔驰。形容英勇战斗,所向无敌。也比喻写作上才思奔放,意到笔随。驰:车马等奔跑,快跑。

③ 风驰电掣:形容速度非常快。

④ 背道而驰:比喻行动跟既定的方向完全相反。

▶▶链接**古诗词**

步余马于兰皋兮,驰椒丘且焉止息。

—— [先秦]屈原《离骚》

白马饰金羁,连翩西北驰。

—— [三国魏]曹植《白马篇》

哀哉轻薄行,终日与驷驰。

—— [唐]孟郊《秋怀十五首》

古人驱驰者,宿此凡几代。

—— [唐]王昌龄《宿灞上寄侍御玙弟》

青槐夹驰道,宫馆何玲珑。

—— [唐]岑参《与高适薛据同登慈恩寺浮图》

明敕星驰封宝剑,辞君一夜取楼兰。

—— [唐]王昌龄《从军行七首》

戏马台南追两谢,驰射,风流犹拍古人肩。

—— [宋]黄庭坚《定风波·次高左藏使君韵》

池(chí)

常见义项

① [名]池塘。

例:《桃花源记》:"土地平旷,屋舍俨然,有良田、美~、桑竹之属。"

② [名]护城河。

例:《得道多助,失道寡助》:"城非不高也,~非不深也,兵革非不坚利也。"

博古通今

▶▶链接**成语**

① 金城汤池:像用金属铸造的城墙,像开水流淌着的护城河。形容坚固无比、牢不可破的城池,或无懈可击的防守。池:护城河。

② 池中之物:养在水池里的小鱼小虾。比喻地位卑下、无雄心壮志的人。也比喻处于困窘境地,没有办法施展才能的人。池:池塘。

▶▶链接**古诗词**

君问归期未有期,巴山夜雨涨秋池。

—— [唐]李商隐《夜雨寄北》

黄梅时节家家雨,青草池塘处处蛙。

—— [宋]赵师秀《约客》

弛（chí）

常见义项

① [动]放松弓弦。

例:《左传·襄公十八年》:"乃~弓,而自后缚之。"

② [动]放松,松懈。

例:《韩非子·解老》:"万物必有盛衰,万事必有~张。"

③ [动]延缓。

例:《战国策·魏策二》:"请~期更日。"

④ [动]解除。

例1:《狼》:"~担持刀。"

例2:《左传·庄公二十二年》:"~于负担。"

⑤ [动]毁坏,废弛。

例:《国语·鲁语上》:"文公欲~孟文子之宅。"

博古通今

►►链接成语

① 文武之道,一张一弛:宽严相结合,是文王、武王治理国家的方法。现用来比喻生活的松紧和工作的劳逸要合理安排。弛:放松,松懈,解除。

② 色衰爱弛:女子因姿色衰退而使受到的宠爱减退。弛:减退。色:姿色。

►►链接古诗词

或斜而不倚,或弛而不毅。

—— [唐]韩愈《南山诗》

城尉不弛拆,而内外潜通。

—— [汉]张衡《西京赋》

乘白水而高骛兮,因徙弛而长词。

—— [汉]刘向《九叹》

岁忽忽而遒尽兮,老冉冉而愈弛。

—— [先秦]宋玉《九辩》

重（chóng;zhòng）

常见义项

重¹ chóng

① [量]层。

例1:《史记》:"汉军及诸侯兵围之数~。"

例2:《三峡》:"~岩叠嶂,隐天蔽日。"

② [副]重新。

例:《岳阳楼记》:"乃~修岳阳楼。"

重² zhòng

① [名]重量。

例:《史记》:"金人十二,~各千石。"

② [形]分量大,程度深,

例:《战国策》:"千金,~币也。"

③ [动]重视。

例:《过秦论》:"尊贤而~士。"

④ [动]敬重。

例:《三国志》:"又睹亮奇雅,甚敬~之。"

⑤ [动]加上,加重。

例:《离骚》:"纷吾既有此内美兮,又~之以修能。"

博古通今

►►链接成语

① 重蹈覆辙:比喻不吸取失败的教训,重犯过去的错误。

② 德高望重:道德好;声望大。多形容老年人为人好,有名望。

③ 语重心长:话深刻有力,情意深长。多用于上对下、长对幼的教诲和嘱咐。

►►链接古诗词

八月秋高风怒号,卷我屋上三重茅。

—— [唐]杜甫《茅屋为秋风所破歌》

半卷红旗临易水,霜重鼓寒声不起。

—— [唐]李贺《雁门太守行》

一封朝奏九重天,夕贬潮州路八千。

—— [唐]韩愈《左迁至蓝关示侄孙湘》

一轮秋影转金波,飞镜又重磨。

—— [宋]辛弃疾《太常引·建康中秋夜为吕叔潜赋》

山重水复疑无路,柳暗花明又一村。

—— [宋]陆游《游山西村》

宠（chǒng）

常见义项

① [名]光宠,荣耀。

例1:《岳阳楼记》:"则有心旷神怡,~辱偕忘,把酒临风,其喜洋洋者矣。"

例2:《送东阳马生序》:"犹幸预君子之列,而承天子之~光。"

② [动]宠爱,宠幸。

例:《国语·晋语一》:"获骊姬以归,有~,立以为夫人。"

③ [动]骄纵。

例:《东京赋》:"好殚物以穷~,忽下叛而生忧也。"

④ [动]超过。

例:《汉书·匡衡传》:"傅昭仪及子定陶王爱幸,~于皇后、太子。"

博古通今

▶▶链接成语

① 哗众取宠:以浮夸的言论迎合群众,骗取群众的信赖和支持。

② 矜功恃宠:自夸功高,依仗恩宠。

▶▶链接古诗词

二八泉扉掩,帷屏宠爱空。

—— [唐]杜审言《代张侍御伤美人》

画戟森门宠误蒙,从来田舍一衰翁。

—— [宋]曾巩《郡斋即事二首》(其一)

筹(chóu)

常见义项

① [名]酒筹,宴会上行令或游戏时饮酒计数的筹码。

例:《醉翁亭记》:"觥~交错。"

② [名]计数和计算用的竹码。

例:《仪礼·乡射礼》:"箭~八十。"

博古通今

▶▶链接成语

① 觥筹交错:酒杯与酒筹交叉错杂,形容许多人相聚饮酒的热闹场面。

② 技高一筹:所具备的水平和技术超过了其他人,比其他人更高。

③ 运筹帷幄:在帐幕中制定作战策略,泛指策划、指挥。运筹:制定策略。帷幄:古代军中帐幕。

④ 统筹兼顾:通盘筹划,同时照顾到各个方面。统筹:统一筹划。兼顾:各方面都照顾到。

▶▶链接古诗词

花时同醉破春愁,醉折花枝作酒筹。

—— [唐]白居易《同李十一醉忆元九》

三分割据纡筹策,万古云霄一羽毛。

—— [唐]杜甫《咏怀古迹五首》(其五)

初(chū)

常见义项

① [名]开始。

例:《桃花源记》:"~极狭,才通人。"

② [副]当初,多用于追述往事时。

例:《孙权劝学》:"~,权谓吕蒙曰。"

③ [形]第一个。表示次序。

例:《暮江吟》:"可怜九月~三夜,露似真珠月似弓。"

④ [副]才,刚刚。

例1:《邹忌讽齐王纳谏》:"令~下,群臣进谏。"

例2:《三峡》:"每至晴~霜旦。"

⑤ [副]与否定词"不""无"等连用,表示强调。

例:《后汉书》:"群臣~无是言也。"

博古通今

▶▶链接成语

① 悔不当初:后悔当初不该这样做或那样做。

② 初露锋芒:比喻刚开始显示出力量或才能。

▶▶链接古诗词

孤山寺北贾亭西,水面初平云脚低。

—— [唐]白居易《钱塘湖春行》

清晨入古寺,初日照高林。

—— [唐]常建《题破山寺后禅院》

溪云初起日沉阁,山雨欲来风满楼。

—— [唐]许浑《咸阳城东楼》

缺月挂疏桐,漏断人初静。

—— [宋]苏轼《卜算子·黄州定慧院寓居作》

出(chū)

常见义项

① [动]出,与"入"相对。

例1:《愚公移山》:"惩山北之塞,~入之迂也。"

例2:《周亚夫军细柳》:"既~军门,群臣皆惊。"

例3:《桃花源记》:"率妻子邑人来此绝境,不复~焉。"

例4:《桃花源记》:"既~,得其船。"

例5:《庄子与惠子游于濠梁之上》:"鲦鱼~游从容,是鱼之乐也。"

②[动]发出。

例:《商君书》:"于是遂~垦草令。"

③[动]拿出,交纳。

例1:《大道之行也》:"力恶其不~于身也,不必为己。"

例2:《桃花源记》:"余人各复延至其家,皆~酒食。"

④[动]出现,显露。

例1:《后赤壁赋》:"山高月小,水落石~。"

例2:《小石潭记》:"近岸,卷石底以~。"

⑤[动]出逃。

例:《国语》:"晋君必~。"

博古通今

▶▶链接 成语

① 别出心裁:表示与众不同的新观念或办法。用来形容诗文、美术、建筑等的构思设想独具一格,与众不同。

② 不出所料:指事由变化,在预料之中,形容原先预料得准确。

▶▶链接 古诗词

出门东向看,泪落沾我衣。

—— [汉]佚名《十五从军征》

日月之行,若出其中。

—— [东汉]曹操《观沧海》

爷娘闻女来,出郭相扶将。

—— 《木兰诗》

征蓬出汉塞,归雁入胡天。

—— [唐]王维《使至塞上》

政入万山围子里,一山放出一山拦。

—— [宋]杨万里《过松源晨炊漆公店》(其五)

出岭同谁出?归乡如此归!

—— [宋]文天祥《南安军》

常见义项

①[名]河流。

例1:《论语》:"子在~上曰:'逝者如斯夫,不舍昼夜。'"

例2:《答谢中书书》:"山~之美,古来共谈。"

②[名]平地,平野。

例:《敕勒歌》:"敕勒~,阴山下。"

③[名]四川省的简称。

博古通今

▶▶链接 成语

① 川流不息:像河水那样流个不停。比喻来往的人或车辆、船只很多。川:河流。息:停止。

② 防民之口,甚于防川:指堵住百姓的嘴,不让他们说话而造成的危害,比堵塞河流而造成的水灾还要严重。

▶▶链接 古诗词

稻获空云水,川平对石门。

—— [唐]杜甫《刘九法曹郑瑕丘石门宴集》

川从陕路去,河绕华阴流。

—— [唐]崔颢《题潼关楼》

相送临高台,川原杳何极。

—— [唐]王维《临高台送黎拾遗》

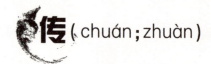

常见义项

传¹chuán

①[动]传授。

例:《论语》:"~不习乎?"(这里指老师传授的知识)

②[动]传递,传送,传播。

例1:《穿井得一人》:"有闻而~之者。"

例2:《周亚夫军细柳》:"亚夫乃~言开壁门。"

例3:《三峡》:"空谷~响。"

③[动]让位,传代。

例:《孟子》:"不~于贤而~于子。"

④[动]充分或确切地表明,表达。

例:《世说新语·巧艺》:"~神写照。"

⑤[动]召,叫来。发出命令叫人来。

例:《红楼梦》:"老太太那里~晚饭了。"

传²zhuàn

①[名]驿站所备的车。

例:《左传·成公五年》:"晋侯以~召伯宗。"

②[名]驿站,驿舍。

例:《后汉书·陈忠传》:"发人修道,缮理亭~。"

③[名]传记。一种文体。

例:《祭妹文》:"吾已作~。"

④[名]注释或阐述经义的文字。

例:《师说》:"六艺经~皆通习之。"

博古通今

▶▶链接成语

① 传闻异词:指辗转相传,说法不一。异词:说法不一。

② 名不虚传:流传开的名声与实际相符合。形容确实很好,不是空有虚名。

▶▶链接古诗词

传语后来者,斯路诚独难。

—— [唐]卢照邻《早度分水岭》

尝闻秦帝女,传得凤凰声。

—— [唐]李白《凤台曲》

侍笔黄金台,传觞青玉案。

—— [唐]李白《南奔书怀》

垂(chuí)

常见义项

①[动]垂挂。

例:《北冥有鱼》:"其翼若~天之云。"

②[名]边疆。

例:《战国策·秦策四》:"今大国之地半天下,有二~。"

博古通今

▶▶链接成语

① 垂拱而治:古时多指统治者以无所作为,顺其自然的方式统治天下。多用作称颂帝王无为而治。垂拱:垂衣拱手,形容毫不费力。

② 功败垂成:事情在将要成功的时候遭到了失败。垂:接近,快要。

▶▶链接古诗词

碧玉妆成一树高,万条垂下绿丝绦。

—— [唐]贺知章《咏柳》

渐密阴自庇,转高梢四垂。

—— [唐]白居易《有木诗八首》

次(cì)

常见义项

①[动]编次。

例:《陈涉世家》:"陈胜、吴广皆~当行。"

②[动]临时驻扎和住宿。

例1:《陈涉世家》:"又间令吴广之~所旁丛祠中。"

例2:《次北固山下》:"~北固山下。"

③[量]表示动作的次数。

例:《失街亭》:"某引兵冲杀十余~。"

④[名]次序,按顺序排列。

例:《荀子·王制》:"贤能不待~而举。"

博古通今

▶▶链接成语

① 语无伦次:说话写文章没有条理,颠三倒四。伦次:条理次序。

② 鳞次栉比:像鱼鳞和梳子齿那样有序地紧密排列着。形容密集、整齐排列的样子。次:顺序。栉:梳子、篦子等梳头用具。比:排列。

▶▶链接古诗词

单车背高密,一昔次城阳。

—— [明]谢肃《次莒州望即墨感乐毅田单作》

十年淮海闲居草,偶遣儿童次第成。

—— [宋]秦观《次韵答裴仲谟》

蹴(cù)

常见义项

①[动]踩踏。

例:《鱼我所欲也》:"~尔而与之,乞人不屑也。"

②[动]踢。

例:《晋书·祖逖传》:"中夜闻荒鸡鸣,~琨觉。"

③[名]蹴然。吃惊不安的样子。

例1:《庄子·寓言》:"阳子~然变容曰:'敬闻命矣。'"

例2:《礼记·哀公问》:"孔子~然避席而对。"

博古通今

▶▶链接成语

一蹴而就:踏一步就成功。比喻事情轻而易举,一下子就成功。

▶▶链接**古诗词**

蚩尤塞寒空,蹴蹋崖谷滑。

——[唐]杜甫《自京赴奉先县咏怀五百字》

安得熊罴十万师,蹴踏幽并洗河洛?

——[宋]陆游《醉中作》

促(cù)

常见义项

① [动]靠近。

例:《三顾茅庐》:"玄德屏人~席而告曰。"

② [形]短,短促。

例:《后汉书·郦炎传》:"大道夷且长,窘路狭且~。"

③ [动]缩减。

例:《述圣赋》:"~苑囿,散积聚,改制度,易规矩。"

④ [形]紧迫。

例:《与萧俛书》:"长来觉日月益~。"

⑤ [形]窘迫。

例:《盐铁论·国疾》:"是以民年急而岁~。"

⑥ [动]推动,催促。

例:《晋书·宣帝纪》:"亮欲~其事,乃遣郭模诈降。"

博古通今

▶▶链接**成语**

促膝谈心:形容亲密地谈心里话。促:靠近。促膝:膝碰膝,形容坐得很近。

▶▶链接**古诗词**

感我此言良久立,却坐促弦弦转急。

——[唐]白居易《琵琶行并序》

知有儿童挑促织,夜深篱落一灯明。

——[宋]叶绍翁《夜书所见》

摧(cuī)

常见义项

① [动]折断。

例:《岳阳楼记》:"商旅不行,樯倾楫~。"

② [动]毁灭,崩塌。

例:《蜀道难》:"地崩山~壮士死,然后天梯石栈相钩连。"

③ [动]挫败,挫损。

例:《明史·海瑞传》:"素疾大户兼并,力~豪强,抚穷弱。"

④ [动]伤痛,悲伤。

例:《诗四首》:"长歌正激烈,中心怆以~。"

⑤ [动]讥刺。

例:《诗经·邶风·北门》:"我入自外,室人交遍~我。"

博古通今

▶▶链接**成语**

① **摧枯拉朽**:形容腐朽势力很容易被打垮。

② **百折不摧**:受到无数挫折都不屈服、动摇,形容意志坚强。

▶▶链接**古诗词**

安能摧眉折腰事权贵,使我不得开心颜。

——[唐]李白《梦游天姥吟留别》

黑云压城城欲摧,甲光向日金鳞开。

——[唐]李贺《雁门太守行》

风力裹葽枝。酒面红鳞惬细吹。莫笑插花和事老,摧颓。

——[宋]黄庭坚《南乡子·未报贾船回》

答(dá)

常见义项

① [动]回答。

例:《岳阳楼记》:"渔歌互~,此乐何极!"

② [动]回复。

例:《~谢中书书》。

③ [动]报答。

例:《苏武传》:"因厚赂单于,~其善意。"

④ [动]对,对应。

例:《汉书·郊祀志上》:"今上帝朕亲郊,而后土无祀,则礼不~也。"

⑤ [动]符合。

例:《汉书·郊祀志下》:"不~不飨,何以甚此!"

博古通今

▶▶链接成语

① 答非所问:回答的内容不是对方问的。

② 对答如流:答话像流水一样顺畅。形容人思维敏捷,口才好。

③ 有问必答:有什么问题都给以解答。

▶▶链接古诗词

问余何意栖碧山,笑而不答心自闲。

—— [唐]李白《山中问答》

千金答漂母,百钱酬下乡。

—— [唐]王珪《咏淮阴侯》

问答未及已,儿女罗酒浆。

—— [唐]杜甫《赠卫八处士》

大(dà)

常见义项

① [形]重要的;重大的。

例1:《生于忧患,死于安乐》:"故天将降~任于是人也。"

例2:《出师表》:"故临崩寄臣以~事也。"

② [形]年长的,排列第一的。

例:《木兰诗》:"阿爷无~儿,木兰无长兄。"

③ [副]表示范围广,数量多。

例1:《茅屋为秋风所破歌》:"安得广厦千万间,~庇天下寒士俱欢颜。"

例2:《信陵君窃符救赵》:"公子于是乃置酒~会宾客。"

④ [副]大规模。

例:《周亚夫军细柳》:"匈奴~入边。"

⑤ [副]很,非常。

例1:《孙权劝学》:"与蒙论议,~惊曰。"

例2:《桃花源记》:"见渔人,乃~惊。"

⑥ [动]长大。

例:《世说新语·言语》:"小时了了,~未必佳。"

博古通今

▶▶链接成语

① 大庭广众:人数众多的公共场合。

② 大相径庭:形容相差很远。

③ 大彻大悟:彻底觉悟,完全明白。

▶▶链接古诗词

昨夜见军帖,可汗大点兵。

—— [南北朝]佚名《木兰诗》

阿爷无大儿,木兰无长兄。

—— [南北朝]佚名《木兰诗》

大漠孤烟直,长河落日圆。

—— [唐]王维《使至塞上》

山随平野尽,江入大荒流。

—— [唐]李白《渡荆门送别》

喇叭,唢呐,曲儿小腔儿大。

—— [明]王磐《朝天子·咏喇叭》

待(dài)

常见义项

① [动]等待,等候。

例1:《陈太丘与友期行》:"~君久不至,已去。"

例2:《出师表》:"则汉室之隆,可计日而~也。"

② [动]对待,看待。

例:《孙权劝学》:"士别三日,即更刮目相~。"

③ [动]招待。

例:《谢天香》:"相公前厅~客。"

博古通今

▶▶链接成语

① 待价而沽:等有好价钱才卖。比喻谁给的待遇好就替谁工作。

② 守株待兔:原比喻希图不经过努力而得到成功的侥幸心理。现也比喻死守狭隘经验,不知变通。

③ 百废待兴:许多被搁置的事情都等着兴办。

▶▶链接古诗词

青青园中葵,朝露待日晞。

—— [两汉]佚名《长歌行》

徒设在昔心,良辰讵可待。

—— [东晋]陶渊明《读山海经》(其十)

白云遥相识,待我苍梧间。

—— [唐]李白《赠卢司户》

唯应待明月,千里与君同。

—— [唐]杜牧《秋霁寄远》

怠（dài）

常见义项

① [形]懈怠，懒惰。

例：《送东阳马生序》："弗之~。"

② [形]疲倦。

例：《汉书·司马相如传上》："~而后游于清池。"

③ [形]同"怡"，愉悦。

例：《周易·杂卦》："'谦'轻，而'豫'~也。"

博古通今

▶▶链接成语

孜孜不怠：勤勉努力，毫不懈怠。怠：懈怠，懒惰。

▶▶链接古诗词

怠惰成远游，顽疏恣灵观。

——[唐]孟郊《石淙》

太阳不忍明，飞御皆惰怠。

——[唐]韩愈《嘲鼾睡》

殆（dài）

常见义项

① [副]大概。

例：《三顾茅庐》："是~天所以资将军。"

② [名]疑惑。

例：《论语》："学而不思则罔，思而不学则~。"

③ [动]危险。

例：《孟子·万章上》："于斯时也，天下~哉。"

④ [动]接近，几乎。

例：《后汉书·南匈奴传》："斩首及自投河死者~尽。"

⑤ [副]必，一定。

例：《商君书·更法》："君亟定变法之虑，~无顾天下之议之也。"

⑥ [动]同"怠"，懈怠。

例：《后汉书·崔骃传》："矜矜业业，无~无荒。"

博古通今

▶▶链接成语

① 百战不殆：每次作战都不会失败。殆：危险。

② 车殆马烦：形容行程非常劳累。殆：同"怠"，困，疲乏。

▶▶链接古诗词

日既西倾，车殆马烦。

——[三国魏]曹植《洛神赋》

却观所更历，殆是金百链。

——[南宋]陆游《排闷》

殆欲忘形骸，讵知属天地。

——[唐]白居易《和微之诗二十三首·和尝新酒》

区区仁爱心，殆可质苍昊。

——[南宋]陆游《东斋杂书》（其八）

丹（dān）

常见义项

① [名]红色。

例：《核舟记》："又用篆章一，文曰'初平山人'，其色~。"

② [名]朱砂。

例：《陈涉世家》："乃~书帛曰'陈胜王'。"

③ [名]古代方士用丹砂、丹汞炼制的所谓"长生不老药"。泛指一种依成方制成的中药，通常是颗粒状或粉末状的。

例：《别赋》："守~灶而不顾。"

博古通今

▶▶链接成语

① 碧血丹心：指为正义事业而抛洒的热血和奉献的忠心。碧血：化为碧玉的血。丹心：忠心。

② 灵丹妙药：神妙有效、可以治百病的丹药。也比喻可以解决所有问题的方法。

▶▶链接古诗词

山中不相见，何处化丹砂。

——[唐]刘长卿《寻洪尊师不遇》

自是君恩薄如纸，不须一向恨丹青。

——[唐]白居易《昭君怨》

人生自古谁无死？留取丹心照汗青。

——[宋]文天祥《过零丁洋》

但（dàn）

常见义项

[副]只，仅。

例1：《木兰诗》："不闻爷娘唤女声，~闻黄河流水鸣溅溅。"

例2:《卖油翁》:"见其发矢十中八九,~微颔之。"

例3:《卖油翁》:"无他,~手熟尔。"

例4:《孙权劝学》:"~当涉猎,见往事耳。"

例5:《记承天寺夜游》:"~少闲人如吾两人者耳。"

博古通今

▶▶链接 **成语**

① **但求无过**:只追求没有过错。形容做事保守平庸怕出差错。但:仅,只。过:错误。

② **但说无妨**:只管说,没问题、没关系。

▶▶链接 **古诗词**

此物何足贵?但感别经时。

——[两汉]佚名《庭中有奇树》

空山不见人,但闻人语响。

——[唐]王维《鹿柴》

钟鼓馔玉不足贵,但愿长醉不愿醒。

——[唐]李白《将进酒》

但使故乡三户在,彩丝谁惜惧长蛟。

——[唐]李商隐《楚宫》

晓镜但愁云鬓改,夜吟应觉月光寒。

——[唐]李商隐《无题》

万籁此都寂,但余钟磬音。

——[唐]常建《题破山寺后禅院》

但愿人长久,千里共婵娟。

——[宋]苏轼《水调歌头·明月几时有》

德(dé)

常见义项

① [名]道德,品行。

例1:《送东阳马生序》:"先达~隆望尊。"

例2:《送东阳马生序》:"其业有不精,~有不成者。"

例3:《出师表》:"以光先帝遗~。"

② [名]恩惠,恩德。

例:《汉书·高帝纪上》:"诚如父言,不敢忘~。"

③ [名]报德,感激。

例:《诗经·魏风·硕鼠》:"三岁贯女,莫我肯~。"

④ [名]心,心意。

例:《管子·兵法》:"气不可极,~不可测。"

博古通今

▶▶链接 **成语**

① **德高望重**:品德高尚,很有声望。

② **厚德载物**:有大德的人,能够承担重任。

③ **德才兼备**:指既有好的品德,又具有才能。

▶▶链接 **古诗词**

皇心在勤恤,德泽委昭宣。

——[唐]张九龄《奉和圣制送李尚书入蜀》

贤人佐圣人,德与神明通。

——[唐]张籍《董公诗》

德阳宫北苑东头,云作高台月作楼。

——[唐]蔡孚《打球篇》

等(děng)

常见义项

① [副]相同,一样。

例1:《马说》:"且欲与常马~不可得,安求其能千里也?"

例2:《陈涉世家》:"~死,死国可乎?"

② [助]用在人称代词或指人、物的名词后,表示多数或列举未尽。

例:《陈涉世家》:"公~遇雨,皆已失期。"

③ [名]等级,次序。

例:《礼记·文王世子》:"正君臣之位、贵贱之~焉。"

博古通今

▶▶链接 **成语**

① **等量齐观**:把不同的事物一律同等看待。等:同等。齐:一样。

② **等而下之**:由这一等再往下,指比这一等差。等:等级。

▶▶链接 **古诗词**

等闲识得东风面,万紫千红总是春。

——[宋]朱熹《春日》

千锤万凿出深山,烈火焚烧若等闲。

——[明]于谦《石灰吟》

 **敌**（dí）

常见义项

① [名]仇敌,敌人。

例1：《狼》："盖以诱~。"

例2：《过秦论》："秦人开关延~。"

例3：《宋史·岳飞传》："与~相持于滑南。"

② [动]抵抗,抵挡。

例：《史记·项羽本纪》："剑,一人~,不足学。"

③ [动]攻击。

例：《狼》："屠大窘,恐前后受其~。"

④ [动]匹敌,相当。

例1：《生于忧患,死于安乐》："出则无~国外患者。"

例2：《南乡子·登京口北固亭有怀》："天下英雄谁~手？曹刘。"

博古通今

▶▶链接**成语**

① **寡不敌众**：人少的敌不过人多的。敌：抵挡。

② **势均力敌**：双方势力相当,分不出高低。敌：匹敌,相当。均：均衡,相等。

③ **同心敌忾**：同怀强烈的愤恨以对付敌人。敌：仇视。

▶▶链接**古诗词**

天下英雄谁敌手？曹刘。生子当如孙仲谋。

　　——[宋]辛弃疾《南乡子·登京口北固亭有怀》

远书归梦两悠悠,只有空床敌素秋。

　　——[唐]李商隐《端居》

白也诗无敌,飘然思不群。

　　——[唐]杜甫《春日忆李白》

三杯两盏淡酒,怎敌他、晚来风急！

　　——[宋]李清照《声声慢·寻寻觅觅》

 **诋**（dǐ）

常见义项

① [动]诋毁,毁谤。

例：《送东阳马生序》："~我夸际遇之盛而骄乡人者。"

② [动]指责。

例：《新唐书·黄巢传》："露表告将入关,因~宦竖柄朝。"

 **博古通今**

▶▶链接**成语**

深恶痛诋：指对某人或某事物极端厌恶痛恨。诋：诋毁。

▶▶链接**古诗词**

诋欺刘天子,正昼溺殿衙。

　　——[唐]韩愈《读东方朔杂事》

咏言以自警,吾诗非好诋。

　　——[北宋]王安石《读墨》

 **砥**（dǐ）

常见义项

① [名]磨刀石。

例：《活板》："则以一平板按其面,则字平如~。"

② [动]磨砺,磨炼。

例：《淮南子·道应》："文王~德修政。"

③ [形]平,平均。

例：《史记·五帝本纪》："动静之物,大小之神,日月所照,莫不~属。"

博古通今

▶▶链接**成语**

①**中流砥柱**：就像屹立在黄河急流中的砥柱山（在河南三门峡）一样。比喻坚强的、能起支柱作用的人或集体。

②**坦荡如砥**：平坦、开阔如同磨刀石一样。形容地势开阔、平坦。

▶▶链接**古诗词**

世道剧颓波,我心如砥柱。

　　——[唐]刘禹锡《咏史二首》（其一）

天地偶然留砥柱,江山有此障狂澜。

　　——[宋]谢枋得《小孤山》

第（dì）

常见义项

① [名]次第,次序。

例：《左传·哀公十六年》："楚国~,我死,令尹司马非胜而谁？"

② [名]官僚和贵族的住宅。

例:《记王忠肃公翱事》:"驾而宿于朝房,旬乃还~。"

③ [名]科举考试的等级。

例:《柳毅传》:"有儒生柳毅者,应举下~。"

④ [副]即使。

例:《陈涉世家》:"藉~令毋斩,而戍死者固十六七。"

⑤ [副]只,仅仅。

例:《黄州新建小竹楼记》:"江山之外,~见风帆、沙鸟、烟云、竹树而已。"

博古通今

▶▶链接 成语

① 书香门第:指世代都是读书人的人家。门第:住宅,借指家族的社会地位。

② 及第成名:通过考试并得到功名。

▶▶链接 古诗词

十三学得琵琶成,名属教坊第一部。

——[唐]白居易《琵琶行并序》

长安回望绣成堆,山顶千门次第开。

——[唐]杜牧《过华清宫绝句三首》(其一)

柳梢听得黄鹂语,此是春来第一声。

——[元]杨载《到京师》

洞(dòng)

常见义项

① [名]孔穴,洞穴,这里用作动词,指挖洞。

例:《狼》:"一狼~其中。"

② [动]贯穿,穿透。

例:《汉书·司马相如传上》:"弓不虚发,中必决眦,~胸达掖。"

③ [动]通,开通。

例:《庐山草堂记》:"~北户,来阴风。"

④ [动]通晓,明察。

例1:《晋书·郭璞传》:"由是遂~五行、天文、卜筮之术。"

例2:《晋书·载记三》:"神鉴~远。"

⑤ [动]深入,透彻。

例:《论衡·实知》:"先知之见,方来之事,无达视~听之聪明。"

博古通今

▶▶链接 成语

① 洞若观火:清楚得就像看火一样。形容观察事物清楚透彻。洞:透彻。

② 洞无城府:形容待人接物坦率真诚,心口如一。洞:透彻地,清楚地。

③ 别有洞天:另有一种境界。形容景物等引人入胜。洞天:道教称仙人居住的地方,泛指境界。

▶▶链接 古诗词

世事洞明皆学问,人情练达即文章。

——[清]曹雪芹《红楼梦》第五回

且就洞庭赊月色,将船买酒白云边。

——[唐]李白《游洞庭湖五首》(其二)

洞房昨夜停红烛,待晓堂前拜舅姑。

——[唐]朱庆馀《近试上张籍水部》

昔闻洞庭水,今上岳阳楼。

——[唐]杜甫《登岳阳楼》

动(dòng)

常见义项

① [动]活动,行动,运行等。

例:《小石潭记》:"怡然不~,俶尔远逝。"

② [动]震动,感动。

例:《生于忧患,死于安乐》:"所以~心忍性,曾益其所不能。"

③ [动]惊动,扰动。

例:《三国志·诸葛亮传评》:"然连年~众,未能成功。"

④ [名]动物。

例:《饮酒》(其七):"日入群~息,归鸟趋林鸣。"

⑤ [副]动不动,常常。

例:《赤壁之战》:"~以朝廷为辞。"

⑥ [副]不知不觉。

例:《送杨山人归嵩阳》:"不到嵩阳~十年。"

博古通今

▶▶链接 成语

① 惊心动魄:形容极度惊险、紧张。

② 无动于衷:心里不受感动;不动心。

③ 灵机一动:形容临时想出办法来。

古代汉语常用字词学习手册「初中卷」

►►链接古诗词

晨起动征铎，客行悲故乡。

—— [唐]温庭筠《商山早行》

微动涟漪，惊起沙禽掠岸飞。

—— [宋]欧阳修《采桑子·轻舟短棹西湖好》

安得广厦千万间，大庇天下寒士俱欢颜！风雨不动安如山。

—— [唐]杜甫《茅屋为秋风所破歌》

独（dú）

常见义项

① [副]只。

例1：《爱莲说》："晋陶渊明~爱菊。"

例2：《大道之行也》："故人不~亲其亲，不~子其子。"

② [形]独特。

例：《与朱元思书》："奇山异水，天下~绝。"

③ [副]单独，独自。

例：《富贵不能淫》："不得志，~行其道。"

④ [名]老而无子。

例：《大道之行也》："矜、寡、孤、~、废疾者皆有所养。"

⑤ [副]表转折或强调，却，偏偏。

例：《论语·颜渊》："人皆有兄弟，我~亡。"

⑥ [副]表示反问，相当于难道。

例：《庄子·秋水》："子~不闻夫埳井之蛙乎？"

⑦ [副]仅，只有。

例：《鱼我所欲也》："非~贤者有是心也，人皆有之，贤者能勿丧耳。"

博古通今

►►链接成语

① 独木难支：一根木头支持不住高大的房子，比喻一个人的力量难以支撑全局。独：一个。

② 独占鳌头：科举时代称中状元。据说皇宫石阶前刻有大鳌的头，状元及第时才可踏上。后来比喻居首位或第一名。独：独自。

③ 独树一帜：单独树起一面旗帜。比喻创造出独特的风格、主张，自成一家。

④ 独具匠心：在技巧和艺术构思上有创造性。

⑤ 独断专行：行事专断，不考虑别人的意见。形容作风不民主。独：独自。

⑥ 独辟蹊径：自己开辟一条路。比喻独创一种风格

或新的方法。独：独自。

►►链接古诗词

独坐幽篁里，弹琴复长啸。

—— [唐]王维《竹里馆》

念天地之悠悠，独怆然而涕下！

—— [唐]陈子昂《登幽州台歌》

无可奈何花落去，似曾相识燕归来。小园香径独徘徊。

—— [宋]晏殊《浣溪沙·一曲新词酒一杯》

何时眼前突兀见此屋，吾庐独破受冻死亦足！

—— [唐]杜甫《茅屋为秋风所破歌》

谁见幽人独往来，缥缈孤鸿影。

—— [宋]苏轼《卜算子·黄州定慧院寓居作》

已是黄昏独自愁，更着风和雨。

—— [宋]陆游《卜算子·咏梅》

笃（dǔ）

常见义项

① [形]坚定。

例：《论语》："博学而~志，切问而近思，仁在其中矣。"

② [形]忠诚，厚道。

例1：《吕氏春秋·孝行》："朋友不~，非孝也。"

例2：《礼记·中庸》："慎思之，明辨之，~行之。"

③ [名]（病势）沉重。

例：《三国志·诸葛亮传》："孙权病~。"

④ [副]切实，确凿。

例：《论语·先进》："论~是与，君子者乎？"

⑤ [副]甚，深。

例：《诗品序》："曹公父子~好斯文，平原兄弟郁为文栋。"

博古通今

►►链接成语

笃志好学：专心致志，勤奋好学。笃：忠实不二。

►►链接古诗词

笃学仁何远，穷居道亦行。

—— [南宋]陆游《重示》

真人当天施再流，笃生梅公应时求。

—— [北宋]王安石《哭梅圣俞》

信美贤公有才子，笃诚真复类龙降。

—— [北宋]王安石《次韵酬宋中散二首》

断（duàn）

常见义项

① [动]截断,断开。

例:《荆轲刺秦王》:"遂拔以击荆轲,~其左股。"

② [动]阻隔,隔绝。

例:《愚公移山》:"自此,冀之南,汉之阴,无陇~焉。"

③ [动]断绝,中止。

例1:《茅屋为秋风所破歌》:"雨脚如麻未~绝。"

例2:《滕王阁序》:"雁阵惊寒,声~衡阳之浦。"

④ [动]拒绝,回绝。

例:《孔雀东南飞》:"自可~来信,徐徐更谓之。"

⑤ [动]判断,决断。

例1:《赤壁之战》:"事急而不~,祸至无日矣!"

例2:《石钟山记》:"事不目见耳闻,而臆~其有无,可乎?"

⑥ [副]绝对,一定。

例:《无题》:"~无消息石榴红。"

博古通今

▶▶链接 成语

① 断章取义:不顾全篇文章或谈话的内容,只根据需要孤立地取其中一段或一句的意思。

② 接连不断:一个接着一个,连续不间断。

③ 一刀两断:比喻坚决断绝关系。

▶▶链接 古诗词

床头屋漏无干处,雨脚如麻未断绝。

—— [唐]杜甫《茅屋为秋风所破歌》

缺月挂疏桐,漏断人初静。

—— [宋]苏轼《卜算子·黄州定慧院寓居作》

夕阳西下,断肠人在天涯。

—— [元]马致远《天净沙·秋思》

夺（duó）

常见义项

① [动]改变。

例:《论语》:"三军可~帅也,匹夫不可~志也。"

② [动]强取,夺取。

例1:《左传·文公十八年》:"人~女妻而不怒。"

例2:《史记·项羽本纪》:"~项王天下者,必沛公也。"

博古通今

▶▶链接 成语

① 夺人所好:强取别人所喜爱的。

② 夺席谈经:本指讲经辩难时,辩胜者夺取他人的座席。后指在公开辩论中压倒众人。

▶▶链接 古诗词

剥我身上帛,夺我口中粟。

—— [唐]白居易《杜陵叟》

得水成蛟龙,争池夺凤凰。

—— [唐]李白《拟古十二首》

谓天果爱民,胡为夺其年。

—— [唐]白居易《哭孔戡》

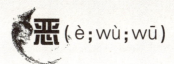

恶（è;wù;wū）

常见义项

恶¹ è

① [名]罪恶,不良的行为,与"善"相对。

例:《论语·颜渊》:"攻其~,无攻人之~。"

② [形]丑,与美相对。

例:《韩非子·说林上》:"今子美而我~。"

③ [形]坏,不好。

例:《齐民要术·耕田》:"田虽薄~,收可亩十石。"

恶² wù

[动]讨厌,憎恨,厌恶,与"好"相对。

例1:《大道之行也》:"货~其弃于地也,不必藏于己。"

例2:《鱼我所欲也》:"死亦我所~,所~有甚于死者。"

恶³ wū

① [代]哪里,怎么。

例:《孟子·尽心上》:"路~在?"

② [叹]叹词。

例:《孟子·公孙丑上》:"~,是何言也!"

博古通今

▶▶链接 成语

① 除恶务尽:清除坏人坏事必须干净、彻底。恶:邪

古代汉语常用字词学习手册 初中卷

恶,指坏人坏事。

② **深恶痛绝**:指对某人或某事物极端厌恶痛恨。恶:厌恶。

③ **恶贯满盈**:作恶极多,好像穿钱的绳子已经穿满了一样。指作恶极多,已达极点。

④ **恶声恶气**:形容说话的语气、态度凶狠粗鲁。

▶▶链接**古诗词**

布衾多年冷似铁,娇儿恶卧踏里裂。

—— [唐]杜甫《茅屋为秋风所破歌》

佳人舞点金钗溜,酒恶时拈花蕊嗅,别殿遥闻箫鼓奏。

—— [南唐]李煜《浣溪沙·红日已高三丈透》

民好恶其不同兮,惟此党人其独异。

—— [先秦]屈原《离骚》

尔(ěr)

常见义项

① [代]你(们),你(们)的,第二人称代词。

例:《卖油翁》:"~安敢轻吾射?"

② [代]这,那,指示代词。

例:《出师表》:"~来二十有一年矣。"

③ [助]形容词、副词词尾,相当于"然"。

例1:《小石潭记》:"俶~远逝,往来翕忽,似与游者相乐。"

例2:《鱼我所欲也》:"呼~而与之,行道之人弗受。"

④ [助]同"耳",表示限止,用在句末,可译为"而已""罢了"。

例1:《卖油翁》:"无他,但手熟~。"

例2:《唐雎不辱使命》:"布衣之怒,亦免冠徒跣,以头抢地~。"

⑤ [形]同"薾",花盛开的样子。

例:《诗经·小雅·采薇》:"彼~维何?维常之华。"

博古通今

▶▶链接**成语**

① **尔虞我诈**:彼此猜疑,互相欺骗。尔:你,第二人称代词。

② **卓尔不群**:才德超出寻常,与众不同。尔:形容词、副词的词尾,相当于"然"。

▶▶链接**古诗词**

问君何能尔?心远地自偏。

—— [东晋]陶渊明《饮酒》(其五)

伐(fá)

常见义项

① [动]砍杀。

例:《太白山祈雨词》:"为酒醴,~豚羔,舞长袖。"

② [动]砍伐。

例:《小石潭记》:"~竹取道,下见小潭。"

③ [动]讨伐,进攻。

例1:《曹刿论战》:"十年春,齐师~我。"

例2:《陈涉世家》:"~无道,诛暴秦。"

④ [动]夸耀。

例:《史记·淮阴侯列传》:"不~己功,不矜己能。"

⑤ [动]批评,抨击。

例:《论衡·问孔》:"~孔子之说,何逆于理。"

博古通今

▶▶链接**成语**

① **党同伐异**:结帮分派,偏向同伙,打击不同意见的人。伐:讨伐,进攻。

② **不矜不伐**:不自以为了不起,不为自己吹嘘。形容谦逊。伐:自夸。

▶▶链接**古诗词**

行子喜闻无战伐,闲看游骑猎秋原。

—— [唐]雍陶《晴诗》

永日无馀事,山中伐木声。

—— [唐]韦应物《西涧即事示卢陟》

伐薪烧炭南山中。

—— [唐]白居易《卖炭翁》

蕃(fán)

常见义项

① [形]众多。

例:《爱莲说》:"水陆草木之花,可爱者甚~。"

② [形]茂盛。

例:《周易·坤》:"天地变化,草木~。"

③ [动]繁殖,生长。

例:《汉书·公孙弘传》:"阴阳和,五谷登,六畜~。"

博古通今

▶▶链接成语

陈蕃下榻:指对贤才的器重或对宾客的礼遇。

▶▶链接古诗词

蕃情似此水,长愿向南流。

——[唐]张乔《书边事》

蕃草席铺枫叶岸,竹枝歌送菊花杯。

——[唐]白居易《九日题涂溪》

昨夜将军连晓战,蕃军只见马空鞍。

——[唐]岑参《献封大夫破播仙凯歌六首》(其六)

犯(fàn)

常见义项

① [动]侵犯。

例:《世说新语·自新》:"山中有白额虎,并皆暴~百姓。"

② [动]触犯,冒犯。

例1:《出师表》:"若有作奸~科及为忠善者,宜付有司论其刑赏。"

例2:《史记·商君列传》:"于是太子~法。"

③ [动]袭击。

例:《资治通鉴》:"王祖帅诸垒共救之,夜~燕军。"

④ [动]遭遇,顶着,冒着。

例:《捕蛇者说》:"触风雨,~寒暑。"

⑤ [名]犯人,罪犯。

例:《狱中杂记》:"及他~同谋多人者。"

博古通今

▶▶链接成语

① 犯颜直谏:敢于冒犯尊长或皇上的威严而直言相劝。犯:触犯,冒犯。

② 秋毫无犯:指军纪严明,丝毫不侵犯人民的利益。犯:侵犯。

▶▶链接古诗词

有策不敢犯龙鳞,窜身南国避胡尘。

——[唐]李白《猛虎行》

北枝梅蕊犯寒开,南浦波纹如酒绿。

——[宋]欧阳修《玉楼春·雪云乍变春云簇》

子犯亦有言,臣犹自知之。

——[唐]韩愈《除官赴阙至江州寄鄂岳李大夫》

烟尘犯雪岭,鼓角动江城。

——[唐]杜甫《岁暮》

范(fàn)

常见义项

① [名]铸造器物的模子。

例:《活板》:"欲印,则以一铁~置铁板上。"

② [名]典范,法则。

例:《后汉书·杨震传》:"师~之功,昭于内外。"

博古通今

▶▶链接成语

垂范百世:指光辉榜样或伟大精神永远流传。垂:流传。范:典范。

▶▶链接古诗词

河图八卦出,洛范九畴初。

——[唐]李峤《书》

当时张范风流在,况一尊浮雪。

——[宋]苏轼《好事近·烟外倚危楼》

芳(fāng)

常见义项

① [名]草香,花草的香气。

例:《九歌·少司命》:"绿叶兮素枝,~菲菲兮袭予。"

② [名]香草。泛指花卉。

例1:《桃花源记》:"~草鲜美。"

例2:《醉翁亭记》:"野~发而幽香。"

③ [名]比喻贤才。

例:《离骚》:"昔三后之纯粹兮,固众~之所在。"

④ [名]比喻美好的名声。

例:《晋书·桓温传》:"既不能流~后世,不足复遗臭万载邪!"

博古通今

▶▶链接成语

① 孤芳自赏：自命清高，自我欣赏。孤芳：独秀的香花。

② 流芳百世：好的名声在后世永远流传。芳：香，比喻好的名声。

▶▶链接古诗词

草树知春不久归，百般红紫斗芳菲。

——[唐]韩愈《晚春》

晴川历历汉阳树，芳草萋萋鹦鹉洲。

——[唐]崔颢《黄鹤楼》

轻舟短棹西湖好，绿水逶迤。芳草长堤，隐隐笙歌处处随。 ——[宋]欧阳修《采桑子·轻舟短棹西湖好》

 霏（fēi）

常见义项

① [形]雨雪纷纷而下的样子。

例：《岳阳楼记》："若夫淫雨~~，连月不开。"

② [动]飞散，消散。

例：《秋声赋》："其色惨淡，烟~云敛。"

③ [动]弥漫，笼罩。

例：《和微之诗·和〈送刘道士游天台〉》："烟~子晋裾，霞烂麻姑裙。"

④ [名]弥漫的云气。

例：《醉翁亭记》："若夫日出而林~开。"

博古通今

▶▶链接成语

① 淫雨霏霏：指连绵的雨不断。

② 谈霏玉屑：谈话时美好的言辞像玉的碎末纷纷洒落一样。形容言谈美妙，滔滔不绝。

▶▶链接古诗词

今我来思，雨雪霏霏。

——[先秦]佚名《诗经·小雅·采薇》

霰雪纷其无垠兮，云霏霏而承宇。

——[先秦]屈原《九章》

记取西湖西畔，正暮山好处，空翠烟霏。

——[宋]苏轼《八声甘州·寄参寥子》

 非（fēi）

常见义项

① [动]责怪，非难，反对。

例：《淮南子·氾论训》："孔子之所立也，而墨子~之。"

② [动]讨厌。

例：《白鹤吟示觉海元公》："吾岂厌喧而求静？吾岂好丹而~素？"

③ [动]诋毁，讽刺。

例1：《后汉书·光武帝纪上》："而兄伯升好侠养士，常~笑光武事田业，比之高祖兄仲。"

例2：《韩非子·有度》："誉者不能进，~者弗能退。"

④ [动]无，没有。

例1：《荀子·劝学》："登高而招，臂~加长也，而见者远。"

例2：《诫子书》："~学无以广才，~志无以成学。"

⑤ [动]同"避"，躲开

例：《墨子·耕柱》："古者周公旦~关叔辞三公，东处于商奄，人皆谓之狂。"

⑥ [名]不对，错误。

例：《周易·系辞下》："杂物撰德，辩是与~。"

⑦ [副]不，不是。

例1：《三峡》："自~亭午夜分，不见曦月。"

例2：《庄子与惠子游于濠梁之上》："子~鱼，安知鱼之乐？"

例3：《庄子与惠子游于濠梁之上》："子~我，安知我不知鱼之乐？"

例4：《醉翁亭记》："宴酣之乐，~丝~竹。"

例5：《鱼我所欲也》："~独贤者有是心也，人皆有之，贤者能勿丧耳。"

例6：《唐雎不辱使命》："否，~若是也。"

例7：《唐雎不辱使命》："此庸夫之怒也，~士之怒也。"

例8：《送东阳马生序》："其业有不精、德有不成者，~天质之卑，则心不若余之专耳。"

例9：《陈太丘与友期行》："~人哉！与人期行，相委而去。"

例10：《诫子书》："~淡泊无以明志，~宁静无以致远。"

⑧ [形]虚假，不真实。

例：《淮南子·说林训》："终日之言，必有圣之事；百发之中，必有羿、逢蒙之巧，然而世不与也，其守节~也。"

⑨[形]邪恶的。

例:《周易·系辞下》:"禁民为~曰义。"

博古通今
▶▶链接成语

① 面目全非:样子完全不是过去那个样子。形容变化很大。

② 想入非非:指思想脱离实际,幻想根本不能实现的事情。

③ 今非昔比:现在不是过去所能比的了。形容变化很大。

④ 口是心非:嘴上说的和心里想的完全不同。指心与口不一致。

⑤ 文过饰非:掩饰过失、错误。

▶▶链接古诗词

怅然归卧心莫识,非鬼非人竟何物。

—— [宋]苏轼《游金山寺》

登临吊古将语谁,城郭人民今是非。

—— [宋]贺铸《丛台歌》

山河千古在,城郭一时非。

—— [宋]文天祥《南安军》

 分(fēn;fèn)

常见义项

分¹ fēn

①[动]剖开,分开。

例:《出师表》:"今天下三~。"

②[名]一半。

例:《三峡》:"自非亭午夜~。"

③[量]单位名词:长度单位,十分为一寸;土地面积单位,十分为一亩;重量单位,十分为一钱。

例:《核舟记》:"舟首尾长约八~有奇。"

④[动]分给,分配。

例:《曹刿论战》:"衣食所安,弗敢专也,必以~人。"

分² fèn

①[名]职分,职守。

例1:《大道之行也》:"男有~,女有归。"

例2:《出师表》:"此臣所以报先帝而忠陛下之职~也。"

②[动]料想。

例:《汉书·苏武传》:"自~已死久矣。"

③[名]情分,关系或情感。

例:《赠白马王彪》:"恩爱苟不亏,在远~日亲。"

④[量]后起意义:份。

例:《齐民要术》:"看酿多少,皆平分米作三分,一~一炊。"

博古通今
▶▶链接成语

① 入木三分:相传王羲之在木板上写字,木工刻时,发现字迹透入木板三分深。后用来形容书法有力,也用来比喻议论、见解深刻。分:计量单位。

② 恰如其分:办事或说话正合分寸。分:分寸,尺度。

▶▶链接古诗词

有弟皆分散,无家问死生。

—— [唐]杜甫《月夜忆舍弟》

八百里分麾下炙,五十弦翻塞外声,沙场秋点兵。

—— [宋]辛弃疾《破阵子·为陈同甫赋壮词以寄之》

 奉(fèng)

常见义项

①[动]侍奉。

例1:《鱼我所欲也》:"为宫室之美、妻妾之~。"

例2:《鱼我所欲也》:"今为妻妾之~为之。"

②[动]供给。

例:《送东阳马生序》:"不知口体之~不若人也。"

③[动]承受、接受。

例:《出师表》:"~命于危难之间。"

④[动]恭敬地捧着。

例:《左传·成公二年》:"再拜稽首,~觞加璧以进。"

⑤[动]进献,献上。

例:《左传·桓公六年》:"~牲以告。"

⑥[动]拥戴,拥立。

例:《左传·隐公元年》:"是以隐公立而~之。"

⑦[动]祭祀,供奉。

例:《左传·昭公三十二年》:"社稷无常~,君臣无常位,自古以然。"

博古通今
▶▶链接成语

① 奉为圭臬:把某些事情或言论尊奉为准则。

 109

② **奉公守法**:奉行公事,遵守法纪。

③ **奉如神明**:形容对某人或某种事物极其崇拜信从。

▶▶**链接古诗词**

团扇复团扇,奉君清暑殿。

——[唐]刘禹锡《团扇歌》

奉帚平明金殿开,且将团扇共徘徊。

——[唐]王昌龄《长信秋词五首》(其三)

防河赴沧海,奉诏发金微。

——[唐]杜甫《秦州杂诗二十首》

儿云翁买不须钱,奉赊痴呆千百年。

——[宋]范成大《卖痴呆词》

夫(fū;fú)

常见义项

夫¹ fū

① [名]成年男子,大丈夫,对男子的美称。

例1:《愚公移山》:"遂率子孙荷担者三~。"

例2:《论语》:"匹~不可夺志也。"

例3:《富贵不能淫》:"公孙衍、张仪岂不诚大丈~哉?"

例4:《富贵不能淫》:"是焉得为大丈~乎?"

例5:《唐雎不辱使命》:"此庸~之怒也,非士之怒也。"

② [名]女子的正式配偶。

例1:《口技》:"大儿初醒声,~叱大儿声,一时齐发。"

例2:《陌上桑》:"使君自有妇,罗敷自有~。"

例3:《富贵不能淫》:"往之女家,必敬必戒,无违~子!"

③ [名]旧时称服劳役的人。

例:《左传·哀公元年》:"~屯昼夜九日。"

④ [名]同"跗",脚。

例:《墨子·备穴》:"为颉皋,必以坚材为~。"

⑤ [量]古代井田制,一夫受田百亩,故以百亩为夫。

例:《周礼·地官·小司徒》:"九~为井。"

夫² fú

① [助]用于句首,有提示或判断作用。

例1:《曹刿论战》:"~战,勇气也。"

例2:《诫子书》:"~君子之行,静以修身,俭以养德。"

例3:《岳阳楼记》:"嗟~!予尝求古仁人之心,或异二者之为,何哉?"

② [代]指示代词,近指、远指皆可,相当于"这""这个""那""那个"。

例1:《曹刿论战》:"~大国,难测也,惧有伏焉。"

例2:《岳阳楼记》:"予观~巴陵胜状,在洞庭一湖。"

例3:《岳阳楼记》:"若~淫雨霏霏,连月不开。"

③ [助]用在句末,表示感叹。

例:《论语》:"逝者如斯~,不舍昼夜。"

博古通今

▶▶**链接成语**

① **凡夫俗子**:指人世间平凡的人。

② **一夫当关**:形容地势十分险要,易守难攻。

③ **匹夫之勇**:指毫无智谋,单凭个人力量蛮干的勇气。

④ **千夫所指**:受众人指斥。形容触犯众怒。也作"千人所指"。

▶▶**链接古诗词**

岱宗夫如何? 齐鲁青未了。

——[唐]杜甫《望岳》

老夫聊发少年狂,左牵黄,右擎苍,锦帽貂裘,千骑卷平冈。

——[宋]苏轼《江城子·密州出猎》

孚(fú;fū)

常见义项

孚¹ fú

① [名]信用,诚信。

例:《诗经·大雅·下武》:"成王之~,下土之式。"

② [动]使信服,信任。

例:《曹刿论战》:"小信未~,神弗福也。"

孚² fū

① [动]孵化。后作"孵"。

例:《说文》:"~,卵~也。"

② [名]同"稃",谷粒的壳。

例:《大戴礼记·少间》:"苟本正,则华英必得其节,以秀~矣。"

博古通今

▶▶**链接成语**

不孚众望:不能使大家信服,未符合大家的期望。

▶▶链接古诗词

燕客书方诈,尧门信未孚。

　　　　——[唐]李绅《趋翰苑遭诬构四十六韵》

宁复机难料,庸非信未孚。

　　　　——[唐]温庭筠《病中书怀呈友人》

卦值明夷晦,时逢听讼孚。

　　　　——[清]顾炎武《松江别张处士悫
王处士炜暨诸友人》

扶(fú)

常见义项

① [介]沿着,顺着。

例:《桃花源记》:"便~向路。"

② [动]攀缘。

例:《淮南子·本纪》:"~摇捘抱羊角而上。"

③ [动]同"浮",在水上泛行。

例:《管子·轻重甲》:"管子有~身之士五万人,以待战于曲菑。"

④ [动]同"抚",抚养,培育。

例:《列女传》:"芒卯之妻五子,后母慈惠仁义,~养假子。"

⑤ [动]扶助,帮助。

例:《战国策·宋卫策》:"若~梁伐赵。"

⑥ [动]扶持,扶植。

例1:《木兰诗》:"爷娘闻女来,出郭相~将。"

例2:《荀子·劝学》:"蓬生麻中,不~而直。"

博古通今

▶▶链接成语

① 扶老携幼:搀着老人,拉着小孩。形容民众成群结队地走。多用于欢迎、逃亡或投奔某方的场合。扶:用手抓住或靠着他物来支撑身体。

② 锄强扶弱:扶助弱小,压制强暴。扶:帮助。

▶▶链接古诗词

古木阴中系短篷,杖藜扶我过桥东。

　　　　——[宋]志南《绝句》

大鹏一日同风起,扶摇直上九万里。

　　　　——[唐]李白《上李邕》

伏(fú)

常见义项

① [动]趴,面向下俯卧。

例:《唐雎不辱使命》:"~尸百万,流血千里。"

② [动]身体前倾靠在物体上。

例1:《庄子·渔父》:"孔子~轼而叹。"

例2:《龟虽寿》:"老骥~枥,志在千里。"

③ [动]隐匿,隐蔽。

例:《老子》:"祸兮,福之所倚;福兮,祸之所~。"

④ [动]埋伏,伏击。

例:《曹刿论战》:"夫大国,难测也,惧有~焉。"

⑤ [动]屈服,顺从。

例:《左传·隐公十一年》:"许既~其罪矣。"

⑥ [动]佩服,信服。

例:《史记·项羽本纪》:"骑皆~曰:'如大王言!'"

⑦ [名]处,居所。

例:《左传》:"寡君越在草莽,未获所~。"

⑧ [名]时令名。伏天。

例:《窦娥冤》:"大人,如今是三~天道……天降三尺瑞雪遮掩了窦娥尸首。"

⑨ [动]同"服",适应。

例:《黄家贼事宜状》:"例皆不谙山川,不~水土。"

博古通今

▶▶链接成语

① 老骥伏枥:好马虽然老了,就着马槽吃食的时候,它的志向还是奔驰千里。比喻人虽老,仍怀有雄心壮志。

② 此起彼伏:这里起来,那里落下,表示连续不断。

③ 危机四伏:形容到处潜伏着危险的祸根。

▶▶链接古诗词

伏清白以死直分,固前圣之所厚。

　　　　——[先秦]屈原《离骚》

上下观古今,起伏千万途。

　　　　——[唐]柳宗元《读书》

画省香炉违伏枕,山楼粉堞隐悲笳。

　　　　——[唐]杜甫《秋兴八首》(其二)

伏波惟愿裹尸还,定远何须生入关。

　　　　——[唐]李益《塞下曲》

伏雨朝寒愁不胜,那能还傍杏花行。

—— [清]纳兰性德《浣溪沙·伏雨朝寒愁不胜》

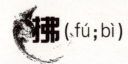

常见义项

拂¹ fú

① [动]拂拭,轻轻擦过。

例:《活板》:"以手~之,其印自落,殊不沾污。"

② [动]违背,不顺。

例:《生于忧患,死于安乐》:"行~乱其所为。"

拂² bì

[动]同"弼",辅助。

例:《生于忧患,死于安乐》:"入则无法家~士,出则无敌国外患者。"

博古通今

▶▶链接**成语**

① 春风拂面:像春风一样从脸上轻轻擦过,形容使人感到舒服、愉快。

② 拂袖而去:一甩袖子就走了。形容很生气地离开。拂袖:袖子一甩,表示生气。

▶▶链接**古诗词**

暗尘生古镜,拂匣照西施。

—— [唐]杜甫《赠崔十三评事公辅》

何言谪南国,拂剑坐长叹。

—— [唐]李白《送窦司马贬宜春》

常见义项

福¹ fú

① [名]福气。

例1:《老子》:"祸兮,~之所倚;~兮,祸之所伏。"

例2:《龟虽寿》:"养怡之~,可得永年。"

② [动]赐福,保佑。

例:《曹刿论战》:"小信未孚,神弗~也。"

福² fú

① [动]储藏。

例:《史记·龟策列传》:"邦~重宝,闻于傍乡。"

② [动]符合。

例:《西京赋》:"仰~帝居,阳曜阴藏。"

博古通今

▶▶链接**成语**

① 塞翁失马,焉知非福:比喻一时虽然受到损失,反而因此能得到好处。也指坏事在一定条件下可变为好事,反之亦然。

② 福星高照:形容人很幸运,有福气。

③ 福如东海:福气像东海那样无边无际。用于对人的祝颂。

▶▶链接**古诗词**

福移汉祚难恢复,志决身歼军务劳。

—— [唐]杜甫《咏怀古迹五首》(其五)

乃知梅福徒为尔,转忆陶潜归去来。

—— [唐]高适《封丘作》

侯王将相望久绝,神纵欲福难为功。

—— [唐]韩愈《谒衡岳庙遂宿岳寺题门楼》

天将何福予蛾眉?生死湖山全盛时。

—— [清]龚自珍《己亥杂诗》(其一九五)

常见义项

服¹ fú

① [动]穿戴。

例:《邹忌讽齐王纳谏》:"朝~衣冠,窥镜。"

② [动]信服。

例:《河中石兽》:"众~为确论。"

③ [动]思念。

例:《关雎》:"求之不得,寤寐思~。"

④ [动]用,使用。

例:《荀子·大略》:"诸侯御荼,大夫~笏。"

⑤ [动]服从,顺从。

例:《过秦论》:"强国请~,弱国入朝。"

⑥ [动]佩带。

例:《谏逐客书》:"~太阿之剑。"

⑦[动]任用。

例:《荀子》:"忠臣危殆,谗人~矣。"

⑧[动]实行,施行。

例:《战国策·燕策一》:"此古~道致士之法也。"

⑨[名]特指丧服。

例:《战国策·韩策二》:"聂政母死,即葬,除~。"

服² fù

①[动]负载,负荷。

例:《墨子》:"车为~重致远,乘之则安,引之则利。"

②[量]用于称中药剂量,一剂称一服。

例:《燕歌行》:"定取金丹作几~,能令华表得千年。"

博古通今

▶▶链接 成语

①心悦诚服:由衷地高兴,真心地服气。

②以德服人:以良好的德行使百姓归顺、服从统治者。

③水土不服:不能适应移居地方的气候和饮食习惯。

▶▶链接 古诗词

案前舞者颜如玉,不著人家俗衣服。

——[唐]白居易《霓裳羽衣歌和微之》

寒衣著已尽,春服与谁成。

——[唐]崔颢《辽西作》

被服圣人教,一生自穷苦。

——[唐]王维《偶然作六首》

彩服鲜华觐渚宫,鲈鱼新熟别江东。

——[唐]杜牧《送刘秀才归江陵》

此辈少为贵,四方服勇决。

——[唐]杜甫《北征》

覆(fù)

常见义项

①[动]覆盖,遮蔽。

例1:《卖油翁》:"乃取一葫芦置于地,以钱~其口。"

例2:《核舟记》:"箬篷~之。"

②[动]颠覆,灭亡。

例:《出师表》:"后值倾~,受任于败军之际。"

③[动]反,翻转。

例:《国语·晋语四》:"沐则心~,心~则图反。"

④[动]埋伏,伏兵。

例:《左传·隐公九年》:"君为三~以待之。"

⑤[动]重复。

例:《三国志·魏书·王粲传》:"观人围棋,局坏,粲为~之。"

⑥[动]回复。

例:《汉书·冯唐传》:"赏赐决于外,不从中~也。"

⑦[动]反而。

例:《诗经·小雅·节南山》:"不惩其心,~怨其正。"

博古通今

▶▶链接 成语

①覆车之鉴:把翻车作为镜子。比喻先前的失败,可以作为以后的教训。覆:倾覆。鉴:镜子。

②覆巢无完卵:翻倒的鸟窝里不会有完好的卵。比喻灭门大祸,无一幸免。又比喻整体毁灭,个体也不能幸存。覆:倾覆。

③覆盆之冤:翻过来放的盆子,阳光照不到里面。形容无处申诉的冤枉。覆:倾覆。

▶▶链接 古诗词

何当数千尺,为君覆明月。

——[南北朝]吴均《赠王桂阳》

浮香绕曲岸,圆影覆华池。

——[唐]卢照邻《曲池荷》

陵阳秋尽多归思,红树萧萧覆碧潭。

——[唐]杜牧《秋晚怀茅山石涵村舍》

赋(fù)

常见义项

①[名]古代的一种文体。

例1:《岳阳楼记》:"刻唐贤今人诗~于其上,属予作文以记之。"

例2:《酬乐天扬州初逢席上见赠》:"怀旧空吟闻笛~,到乡翻似烂柯人。"

②[动]创作。

例:《丑奴儿·书博山道中壁》:"爱上层楼,为~新词强说愁。"

古代汉语常用字词学习手册（初中卷）

博古通今

▶▶链接成语

① 轻徭薄赋：减轻徭役，降低赋税。赋：赋税。

② 天赋异禀：上天赋予的不同寻常的天资、才华。赋：交给。异：特别的，特殊的，不寻常的。禀：禀质（天资）。

▶▶链接古诗词

屈平辞赋悬日月，楚王台榭空山丘。

——[唐]李白《江上吟》

春秋多佳日，登高赋新诗。过门更相呼，有酒斟酌之。

——[东晋]陶渊明《移居二首》（其三）

 盖（gài）

常见义项

① [名]用芦苇或茅草编成的覆盖物。

例：《左传·襄公十四年》："乃祖吾离，被苫~，蒙荆棘，以来归我先君。"

② [动]遮蔽，掩盖。

例：《庐山草堂记》："堂北五步，据层崖积石，嵌空垤塄，杂木异草，~覆其上。"

③ [动]胜过，超出。

例：《资治通鉴》："况刘豫州王室之胄，英才~世，众士慕仰，若水之归海。"

④ [名]车篷。

例：《项脊轩志》："庭有枇杷树，吾妻死之年所手植也，今已亭亭如~矣。"

⑤ [副]表示推测，大约、大概。

例1：《记承天寺夜游》："水中藻、荇交横，~竹柏影也。"

例2：《送东阳马生序》："~余之勤且艰若此。"

例3：《核舟记》："~大苏泛赤壁云。"

⑥ [连]表示推论原因，因为、由于、原来是。

例1：《狼》："乃悟前狼假寐，~以诱敌。"

例2：《出师表》："~追先帝之殊遇，欲报之于陛下也。"

例3：《核舟记》："~简桃核修狭者为之。"

博古通今

▶▶链接成语

① 盖世无双：才能或武艺当代第一，没有人能比得上。盖：压倒，超过。

② 欲盖弥彰：想掩盖坏事的真相，结果反而更明显地暴露出来。

▶▶链接古诗词

荷尽已无擎雨盖，菊残犹有傲霜枝。

——[宋]苏轼《赠刘景文》

功盖三分国，名成八阵图。

——[唐]杜甫《八阵图》

冠盖满京华，斯人独憔悴。

——[唐]杜甫《梦李白二首》（其二）

 告（gào）

常见义项

① [动]告诉。

例：《愚公移山》："~之于帝。"

② [动]祭告。

例：《出师表》："以~先帝之灵。"

③ [动]告诫，劝勉。

例：《论语·颜渊》："忠~而善道之。"

④ [动]告发，控告。

例：《商君书·开塞》："赏施于~奸。"

⑤ [动]请求。

例：《国语·鲁语上》："国有饥馑，卿出~籴。"

⑥ [名]古代官吏休假。

例：《史记·汲郑列传》："黯多病，病且满三月，上常赐~者数。"

博古通今

▶▶链接成语

① 无可奉告：没有什么可以告诉的。表示拒绝。告：告诉。

② 自告奋勇：指主动地要求承担某项艰难的工作、任务。告：请求。

▶▶链接古诗词

君子作歌，维以告哀。

——[先秦]佚名《诗经·四月》

解袂告离，云往风飞。

——[南北朝]谢灵运《赠安成诗》

歌 (gē)

常见义项

① [动]歌唱。

例1:《三峡》:"故渔者~曰:'巴东三峡巫峡长,猿鸣三声泪沾裳。'"

例2:《醉翁亭记》:"至于负者~于途,行者休于树。"

② [动]歌咏,歌颂。

例:《汉书·韩安国传》:"平城之饥,七日不食,天下~之。"

③ [动]作歌,作诗。

例:《诗经·陈风·墓门》:"夫也不良,~以讯之。"

④ [名]歌曲,能唱的诗。

例:《岳阳楼记》:"渔~互答,此乐何极!"

博古通今

▶▶链接成语

① 高歌猛进:高声歌唱,勇猛前进。形容在前进的道路上,充满乐观精神。

② 载歌载舞:边唱歌,边跳舞。形容尽情快乐。

③ 轻歌曼舞:轻柔的歌声,曼妙的舞蹈。

▶▶链接古诗词

幸甚至哉,歌以咏志。

——[东汉]曹操《观沧海》

相顾无相识,长歌怀采薇。

——[唐]王绩《野望》

公 (gōng)

常见义项

① [名]官阶最高的官。

例:《送东阳马生序》:"缀~卿之后。"

② [名]对人的敬称。

例1:《咏雪》:"~大笑乐。"

例2:《卖油翁》:"~亦以此自矜。"

例3:《愚公移山》:"北山愚~者。"

例4:《唐雎不辱使命》:"~亦尝闻天子之怒乎?"

③ [形/名]公家。与"私"相对。

例:《大道之行也》:"大道之行也,天下为~。"

④ [形]公正,公平。

例:《荀子·不苟》:"~生明,偏生暗。"

⑤ [副]共同。

例:《韩非子·孤愤》:"此人主之所~患也。"

⑥ [副]公开,公然。

例:《说苑·指武》:"今北军监察史~穿军垣以求贾利。"

⑦ [名]爵位名。古代五等爵位的第一等。

例:《孟子·万章下》:"天子一位,~一位,侯一位,伯一位,子男同一位,凡五等也。"

⑧ [名]对亲属的称谓:祖父、父亲、丈夫的父亲。

例:《吕氏春秋·异用》:"孔子之弟子从远方来者,孔子荷杖而问之曰:'子之~不有恙乎?'"

博古通今

▶▶链接成语

① 大公无私:与"私"相对。现多指从集体利益出发,毫无个人打算。公:公家。

② 公正不阿:公平正直而不曲意迎合。公:公平、公正。

③ 公报私仇:假借公事报私人的仇恨。公:共同。

▶▶链接古诗词

河雏化为血,公侯草间啼。

——[唐]杜甫《咏怀二首》

只言小邑无所为,公门百事皆有期。

——[唐]高适《封丘作》

公然抱茅入竹去,唇焦口燥呼不得,归来倚杖自叹息。

——[唐]杜甫《茅屋为秋风所破歌》

觥 (gōng)

常见义项

① [名]酒杯。

例:《醉翁亭记》:"~筹交错。"

② [形]大,丰盛。

例:《国语·越语下》:"谚有之曰:'~饭不及壶飧。'"

博古通今

▶▶链接成语

觥筹交错:酒杯与酒筹交叉错杂,形容许多人相聚饮酒的热闹场面。

▶▶链接古诗词

跻彼公堂,称彼兕觥,万寿无疆。

—— [先秦]佚名《国风·豳风·七月》

觥船一棹百分空,十岁青春不负公。

—— [唐]杜牧《题禅院》

芰荷香里劝金觥。

—— [宋]晏殊《浣溪沙·杨柳阴中驻彩旌》

攻(gōng)

常见义项

① [动]攻打,进攻。

例1:《狼》:"意将隧入以~其后也。"

例2:《得道多助,失道寡助》:"环而~之而不胜。"

例3:《陈涉世家》:"~大泽乡,收而~薪。"

② [动]指责,抨击。

例:《论语·先进》:"非吾徒也,小子鸣鼓而~之可也。"

③ [动]学习,研究。

例:《师说》:"闻道有先后,术业有专~。"

④ [形]坚固,精良。

例:《后汉书·马融传》:"车~马同,教达戒通。"

博古通今

▶▶链接成语

① 以攻为守:用防御作为击破敌人的手段。

② 攻其不备:趁敌人还没有防备时进攻。

▶▶链接古诗词

梁栋尽空虚,攻穿痕不露。

—— [唐]元稹《捉捕歌》

为郎未为贱,其奈疾病攻。

—— [唐]杜甫《赠苏四傒》

度沙风破肉,攻垒雪平壕。

—— [宋]陆游《小出塞曲》

共(gōng;gǒng;gòng)

常见义项

共¹ gōng

① [动]供给,供应。

例:《战国策·齐策五》:"死者破财而葬,夷伤者空财而~药。"

② [形]恭敬。后作"恭"

例:《左传·文公十八年》:"父义,母慈,兄友,弟~,子孝。"

共² gǒng

① [动]拱手。后作"拱"

例:《论语·乡党》:"子路~之。"

② [动]拱卫,环绕。

例:《论语·为政》:"为政以德,譬如北辰,居其所而众星~之。"

共³ gòng

① [形]相同的,共有的。

例:《与朱元思书》:"风烟俱净,天山~色。"

② [副]共同,一起。

例1:《答谢中书书》:"山川之美,古来~谈。"

例2:《核舟记》:"苏、黄~阅一手卷。"

③ [介]同,跟。

例:《贺新郎·别茂嘉十二弟》:"谁~我,醉明月?"

博古通今

▶▶链接成语

① 同甘共苦:共同享受幸福,共同担当艰苦。

② 不共戴天:不愿和仇敌在一个天底下并存。形容仇恨极深。

▶▶链接古诗词

无为在歧路,儿女共沾巾。

—— [唐]王勃《送杜少府之任蜀州》

但愿人长久,千里共婵娟。

—— [宋]苏轼《水调歌头·明月几时有》

军听了军愁,民听了民怕。哪里去辨甚么真共假?

—— [明]王磐《朝天子·咏喇叭》

苟(gǒu)

常见义项

① [形]苟且,随便。

例1:《孟子·鱼我所欲也》:"生亦我所欲,所欲有甚于生者,故不为~得也。"

例2:《出师表》:"~全性命于乱世,不求闻达于诸侯。"

② [连]假如,如果。

例:《陈涉世家》:"~富贵,无相忘。"

博古通今

▶▶链接成语

① 一丝不苟:连最细微的地方也不马虎,形容办事认真。苟:随便,马虎。

② 苟且偷生:得过且过,勉强活着。苟且:得过且过。

▶▶链接古诗词

苟无济代心,独善亦何益。

—— [唐]李白《赠韦秘书子春二首》

苟利国家生死以,岂因祸福避趋之。

—— [清]林则徐《赴戍登程口占示家人二首》

孤(gū)

常见义项

① [名]幼而无父。

例:《大道之行也》:"矜、寡、~、独、废疾者皆有所养。"

② [形]孤独,孤单。

例:《史记·张仪列传》:"今闭关绝约于齐,则楚~。"

③ [名]封建时代王侯对自己的谦称。

例1:《孙权劝学》:"~岂欲卿治经为博士邪!"

例2:《孙权劝学》:"卿言多务,孰若~?"

④ [动]辜负。

例:《后汉书·袁敞传》:"臣~恩负义。"

博古通今

▶▶链接成语

① 孤陋寡闻:知识浅陋,见闻不广。

② 孤掌难鸣:一个巴掌难以拍响,比喻力量单薄,难以成事。孤:单独。

③ 孤家寡人:古代王侯的自称。后指脱离群众,孤立无助的人。

④ 一意孤行:不听劝告,全凭自己的意愿行事。

▶▶链接古诗词

僵卧孤村不自哀,尚思为国戍轮台。

—— [宋]陆游《十一月四日风雨大作》(其二)

大漠孤烟直,长河落日圆。

—— [唐]王维《使至塞上》

孤山寺北贾亭西,水面初平云脚低。

—— [唐]白居易《钱塘湖春行》

此地一为别,孤蓬万里征。

—— [唐]李白《送友人》

谁见幽人独往来,缥缈孤鸿影。

—— [宋]苏轼《卜算子·黄州定慧院寓居作》

四面边声连角起,千嶂里,长烟落日孤城闭。

—— [宋]范仲淹《渔家傲·秋思》

股(gǔ)

常见义项

① [名]大腿。

例1:《狼》:"屠自后断其~。"

例2:《论语·宪问》:"膝上曰~,膝下曰胫。"

例3:《史记·酷吏列传》:"余皆~栗。"

例4:《书戴嵩画牛》:"尾搐入两~间。"

② [名]股肱。辅佐君主的大臣。又比喻左右辅助得力的人。

例:《三国志·蜀志》:"臣敢竭~肱之力,效忠贞之节,继之以死!"

③ [名]车辐靠近毂的较粗的部分。

例:《周礼·考工记·轮人》:"参分其~围,去一以为毂围。"

④ [名]事物的分支或一部分。

例:《汉书·沟洫志》:"淳曰:~,支别也。"

⑤ [名]古代数学名词。指不等腰直角三角形中较长的直角边。

例:《周髀算经》:"周髀长八尺,夏至之日晷一尺六寸,髀者~也,正晷者勾也。"

博古通今

▶▶链接成语

① 股肱之力:自己的所有力量。形容做事已竭尽全力。股肱:大腿和胳膊。

② 悬梁刺股:比喻废寝忘食地刻苦学习。股:大腿。

③ 股掌之上:在大腿和手掌上面。比喻在操纵、控制的范围之内。股:大腿。

古代汉语常用字词学习手册「初中卷」

▶▶链接古诗词

明镜半边钗一股,此生何处不相逢。

——[唐]杜牧《送人》

翦红情,裁绿意,花信上钗股。

——[宋]吴文英《祝英台近·除夜立春》

几股湘江龙骨瘦,巧样翻腾,叠作湘波皱。

——[金]金章宗《蝶恋花·几股湘江龙骨瘦》

鼓(gǔ)

常见义项

① [名]打击乐器名。

例:《庄暴见孟子》:"百姓闻王钟~之声,管籥之音。"

② [动]击鼓进攻。

例:《曹刿论战》:"战于长勺。公将~之。"

③ [动]演奏。

例:《廉颇蔺相如列传》:"秦王与赵王会饮,令赵王~瑟。"

④ [动]击打,敲击。

例:《庄子·至乐》:"庄子妻死,惠子吊之,庄子则方箕踞~盆而歌。"

⑤ [名]古代夜间计时单位。

例:《李愬雪夜入蔡州》:"四~,愬至城下,无一人知者。"

⑥ [动]挥动,振动。

例:《石钟山记》:"微风~浪,水石相搏。"

⑦ [动]隆起,凸出。

例:《中山狼传》:"遂~吻奋爪以向先生。"

博古通今

▶▶链接成语

① 偃旗息鼓:放倒军旗,停打军鼓,指秘密行军,不暴露目标,也指停止战斗;比喻停止批评、攻击等。

② 重振旗鼓:比喻失败后,重新整顿再起。

③ 一鼓作气:原指作战开始时鼓足勇气。现在比喻劲头大时,一口气完成。

④ 紧锣密鼓:戏曲开台前的一阵节奏急促的锣鼓。比喻为配合某人的上台或某事的推行而制造舆论。

▶▶链接古诗词

雪暗凋旗画,风多杂鼓声。

——[唐]杨炯《从军行》

晓战随金鼓,宵眠抱玉鞍。

——[唐]李白《塞下曲六首》(其一)

城头铁鼓声犹震,匣里金刀血未干。

——[唐]王昌龄《出塞》(其二)

香檀敲缓玉纤迟,画鼓声催莲步紧。

——[宋]柳永《木兰花·虫娘举措皆温润》

寡(guǎ)

常见义项

① [形]少。

例:《得道多助,失道寡助》:"得道者多助,失道者~助。"

② [名]老而无夫。

例:《大道之行也》:"矜、~、孤、独、废疾者皆有所养。"

③ [名]寡人,君主自称。

例:《唐雎不辱使命》:"~人欲以五百里之地易安陵。"

博古通今

▶▶链接成语

① 寡不敌众:人少的一方抵挡不住人多的一方。寡:少。

② 曲高和寡:乐曲的格调越高,能跟着唱的人就越少。原比喻知音难得。现比喻言论或作品不通俗,能理解接受的人很少。寡:少。

▶▶链接古诗词

才高竟何施,寡识冒天刑。

——[唐]李白《望鹦鹉洲怀祢衡》

行人驻足听,寡妇起彷徨。

——[两汉]佚名《孔雀东南飞》

怪(guài)

常见义项

① [形]奇异。

例1:《三峡》:"回清倒影,绝巘多生~柏。"

例2:《核舟记》:"嘻,技亦灵~矣哉!"

② [名]奇怪的事物。

例:《北冥有鱼》:"《齐谐》者,志~者也。"

③ [形]惊异,感到奇怪。

例:《陈涉世家》:"卒买鱼烹食,得鱼腹中书,固以~之矣。"

④ [动]责怪,埋怨。

例:《论衡·变动》:"登树~其枝,不能动其株。"

博古通今

▶▶链接 成语

① 怪诞不经:指言语奇怪荒唐,不合常理。

② 光怪陆离:形容奇形怪状,五颜六色。光怪:光彩奇异。陆离:形容色彩繁杂。

▶▶链接 古诗词

托心自有处,但怪傍人愚。

——[唐]李白《陌上桑》

怪来一夜蛙声歇,又作东风十日寒。

——[宋]吴涛《绝句》

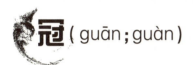 冠(guān；guàn)

常见义项

冠¹ guān

[名]帽子。

例:《邹忌讽齐王纳谏》:"朝服衣~,窥镜。"

冠² guàn

① [动]戴帽子。

例:《核舟记》:"中峨~而多髯者为东坡。"

② [名]古代的一种礼仪。男子二十岁举行冠礼,表示已经成年。

例:《富贵不能淫》:"丈夫之~也,父命之。"

③ [动]位居第一。

例:《史记》:"位~群臣,声施后世。"

博古通今

▶▶链接 成语

① 张冠李戴:姓张的帽子戴到姓李的头上,比喻弄错了对象或弄错了事实。冠:帽子。

② 沐猴而冠:沐猴(猕猴)戴上帽子扮人。比喻表面

上装扮得像个人物,实际并不像。

▶▶链接 古诗词

箫鼓追随春社近,衣冠简朴古风存。

——[宋]陆游《游山西村》

三年羁旅客,今日又南冠。

——[明]夏完淳《别云间》

 光(guāng)

常见义项

① [名]光芒,光亮。

例:《桃花源记》:"山有小口,仿佛若有~。"

② [动]发光。

例:《世说新语·言语》:"夜~之珠,不必出于孟津之河。"

③ [形]光彩,光荣。

例:《荀子·不苟》:"言己之~美。"

④ [动]发扬光大。

例:《出师表》:"以~先帝遗德。"

⑤ [名]光阴。

例:《悼离赠妹》:"仰瞻曜灵,爱此寸~。"

博古通今

▶▶链接 成语

① 流光溢彩:充满而流出来。形容形象美好,光彩照人。光:光芒,光亮。

② 光宗耀祖:为家族增光,使祖先显耀。光:发扬光大。

▶▶链接 古诗词

朔气传金柝,寒光照铁衣。

——[南北朝]佚名《木兰诗》

黑云压城城欲摧,甲光向日金鳞开。

——[唐]李贺《雁门太守行》

山光悦鸟性,潭影空人心。

——[唐]常建《题破山寺后禅院》

晓镜但愁云鬓改,夜吟应觉月光寒。

——[唐]李商隐《无题》

斫去桂婆婆,人道是,清光更多。

——[宋]辛弃疾《太常引·建康中秋夜为吕叔潜赋》

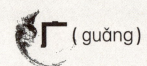

广 (guǎng)

常见义项

① [动]增广,扩充,增长。

例1:《诫子书》:"非学无以~才。"

例2:《唐雎不辱使命》:"今吾以十倍之地,请~于君。"

例3:《出师表》:"必能裨补阙漏,有所~益。"

② [形]宽阔,广大。

例:《富贵不能淫》:"居天下之~居。"

③ [动]宽解,宽慰。

例:《报任少卿书》:"欲以~主上之意,塞睚眦之辞。"

博古通今

▶▶链接成语

① 神通广大:形容本领大,无所不能。广:扩大,扩充。神通:原是佛教用语,指修行有成就的佛教徒有各种神奇的能力,后泛指超凡的本领。

② 大庭广众:指人多的公开场合。广:多。

③ 集思广益:集中群众的智慧,广泛吸收有益的意见。广:指面积、范围宽阔,与"狭"相对。

④ 广开言路:尽量给下属和群众创造发表意见的条件。广:增广,扩充。

⑤ 地广人稀:地方大,人烟少。广:宽阔,广大。

▶▶链接古诗词

远游越山川,山川修且广。

————[魏晋]陆机《赴洛道中作》

桑麻日已长,我土日已广。

————[东晋]陶渊明《归园田居》(其二)

安得广厦千万间,大庇天下寒士俱欢颜!

————[唐]杜甫《茅屋为秋风所破歌》

吴苑宫闱今冷落,广陵台殿已荒凉。

————[南唐]李煜《渡中江望石城泣下》

规 (guī)

常见义项

① [动]打算,计划。

例:《桃花源记》:"欣然~往。"

② [动]劝告,建议,尤指温和地力劝。

例:《问说》:"朋友之交,至于劝善~过足矣。"

③ [名]法度,准则。

例:《史记·司马相如列传》:"必将崇论闳议,创业垂统,为万世~。"

④ [名]画圆的工具。

例:《孟子·离娄上》:"不以~矩,不能成方圆。"

博古通今

▶▶链接成语

① 规行矩步:指徒步行走端端正正。比喻言行举止合乎礼仪法度。也比喻墨守成规,不知变通。规:圆规,画圆形的工具。矩:曲尺,画直角或方形的工具。规、矩:引申为礼法,法度,准则。步:行,用脚走。

② 墨守成规:原指墨子善于守城。现形容思想保守,按老规矩办事,不求改进。规:礼法,法度,准则。

▶▶链接古诗词

同天地之规量兮,齐日月之晖光。

————[魏]曹植《铜雀台赋》

杨花落尽子规啼,闻道龙标过五溪。

————[唐]李白《闻王昌龄左迁龙标遥有此寄》

国 (guó)

常见义项

① [名]国家。

例:《生于忧患,死于安乐》:"入则无法家拂士,出则无敌~外患者。"

② [名]战国时公卿及汉以后王侯的封地。

例:《曹刿论战》:"夫大~,难测也。"

③ [名]国都。

例:《岳阳楼记》:"登斯楼也,则有去~怀乡,忧谗畏讥,满目萧然,感极而悲者矣。"

④ [名]处所,地域。

例:《相思》:"红豆生南~,春来发几枝?"

博古通今

▶▶链接成语

① 国泰民安:国家太平,人民安乐。

② 祸国殃民:使国家受害,百姓遭殃。

▶▶链接古诗词

国破山河在,城春草木深。

——[唐]杜甫《春望》

行人莫问当年事,故国东来渭水流。

——[唐]许浑《咸阳城东楼》

僵卧孤村不自哀,尚思为国戍轮台。

——[宋]陆游《十一月四日风雨大作》(其二)

荷 (hé;hè)

常见义项

荷¹ hé

[名]荷花,莲。

例:《诗经·陈风·泽陂》:"彼泽之陂,有蒲与~。"

荷² hè

① [动]扛,担。

例:《愚公移山》:"遂率子孙~担者三夫,叩石垦壤,箕畚运于渤海之尾。"

② [动]承担,担任。

例:《东京赋》:"~天下之重任。"

博古通今

▶▶链接成语

荷枪实弹:扛着枪,装满子弹。形容全副武装,随时都可投入战斗。荷:背着,扛着。实:装满。

▶▶链接古诗词

荷笠带斜阳,青山独归远。

——[唐]刘长卿《送灵澈上人》

荷锄田泽畔,垂手引模糊。

——[唐]吕从庆《醉卧田间赖里人章氏子扶归作诗以谢之》

和 (hé;hè;huò)

常见义项

和¹ hé

① [形]和顺,和谐;和睦,融洽。

例1:《岳阳楼记》:"越明年,政通人~,百废具兴。"

例2:《出师表》:"必能使行阵~睦。"

② [形]温和,喜悦。

例1:《送东阳马生序》:"言~而色夷。"

例2:《择友》:"虽笑未必~,虽骂未必戚。"

③ [形]暖和。

例1:《岳阳楼记》:"至若春~景明,波澜不惊。"

例2:《送东阳马生序》:"媵人持汤沃灌,以衾拥覆,久而乃~。"

④ [连]同,与。

例:《满江红》:"三十功名尘与土,八千里路云~月。"

和² hè

① [动]和谐地跟着唱或伴奏。

例:《后汉书·黄琼传》:"阳春之曲,~者必寡。"

② [动]依照别人诗词的格律或内容作诗词。

例:《南史·陈后主传》:"制五言诗,十客一时继~,迟则罚酒。"

和³ huò

[动]混合,混杂。

例:《活板》:"先设一铁板,其上以松脂、蜡~纸灰之类冒之。"

博古通今

▶▶链接成语

① 曲高和寡:曲调高深,能跟着唱的人就少。旧指知音难得。现比喻言论或艺术作品不通俗,能理解或欣赏的人很少。

② 随声附和:别人说什么,自己跟着说什么,形容没有主见。

③ 和颜悦色:脸色和蔼喜悦。形容和善可亲。和:温和。

④ 和衷共济:大家一条心,共同渡过江河。比喻同心协力,克服困难。和:和顺,和谐。

▶▶链接古诗词

湖光秋月两相和,潭面无风镜未磨。

——[唐]刘禹锡《望洞庭》

和羞走,倚门回首,却把青梅嗅。

——[宋]李清照《点绛唇·蹴罢秋千》

才始送春归,又送君归去。若到江南赶上春,千万和春住。

——[宋]王观《卜算子·送鲍浩然之浙东》

古代汉语常用字词学习手册[初中卷]

已是黄昏独自愁，更着风和雨。

——[南宋]陆游《卜算子·咏梅》

丽日催迟景，和风扇早春。

——[唐]蒋防《春风扇微和》

 衡（héng）

常见义项

① [名]车辕头上套牲畜用的横木。

例：《庄子》："加之以~扼。"

② [名]秤杆，秤。

例：《庄子》："为之权~以称之，则并与权~而窃之。"

③ [形]同"横"，梗塞，不顺。

例：《生于忧患，死于安乐》："困于心，~于虑，而后作。"

④ [形]同"横"，横着的。

例：《核舟记》："左手倚一~木，右手攀右趾。"

博古通今

►►链接成语

① 望衡对宇：门庭相对，可以互相望见。形容彼此住得很近。

② 衡情酌理：估量情况，斟酌道理。

►►链接古诗词

巫峡啼猿数行泪，衡阳归雁几封书。

——[唐]高适《送李少府贬峡中王少府贬长沙》

塞下秋来风景异，衡阳雁去无留意。

——[宋]范仲淹《渔家傲·秋思》

 后（hòu）

常见义项

① [名]位置在后，与"前"相对。

例1：《醉翁亭记》："前者呼，~者应。"

例2：《送东阳马生序》："而承天子之宠光，缀公卿之~。"

② [名]时间较晚，与"先""前"相对。

例1：《送东阳马生序》："不必若余之手录，假诸人而~见也。"

例2：《岳阳楼记》："其必曰'先天下之忧而忧，~天下之乐而乐'乎！"

例3：《出师表》："~值倾覆，受任于败军之际。"

③ [名]将来，未来。

例：《兰亭集序》："~之视今，犹今之视昔。"

④ [名]后代，子孙。

例：《后汉书·顺帝纪》："初听中官得以养子为~，世袭封爵。"

博古通今

►►链接成语

① 前倨后恭：以前傲慢，后来恭敬。形容对人的态度改变。

② 前赴后继：前面的冲上去了，后面的紧跟上来。形容不断投入战斗，奋勇冲杀向前。

►►链接古诗词

前不见古人，后不见来者。

——[唐]陈子昂《登幽州台歌》

商女不知亡国恨，隔江犹唱后庭花。

——[唐]杜牧《泊秦淮》

了却君王天下事，赢得生前身后名。可怜白发生！

——[宋]辛弃疾《破阵子·为陈同甫赋壮词以寄之》

 呼（hū）

常见义项

① [动]喊，叫。

例1：《核舟记》："右手攀右趾，若啸~状。"

例2：《鱼我所欲也》："~尔而与之，行道之人弗受。"

例3：《陈涉世家》："狐鸣~曰：'大楚兴，陈胜王。'"

② [动]吐气，与"吸"相对。

例：《杞人忧天》："若屈伸~吸。"

③ [动]呼唤，召唤。

例：《醉翁亭记》："前者~，后者应。"

④ [动]称呼。

例：《大铁椎传》："~宋将军。"

博古通今

►►链接成语

① 一呼百应：形容响应的人很多。

② 呼天抢地：大声叫天，以头撞地。形容极端悲痛。

③ 呼风唤雨:原神话小说中指神仙道士能使风和雨都听他的使唤的法术。多比喻具有能够支配自然或社会的力量。

▶▶链接古诗词

有时农事闲,斗酒呼邻里。

——[唐]王维《偶然作六首》

小时不识月,呼作白玉盘。

——[唐]李白《古朗月行》

公然抱茅入竹去,唇焦口燥呼不得,归来倚杖自叹息。

——[唐]杜甫《茅屋为秋风所破歌》

 户(hù)

常见义项

① [名]门。

例1:《木兰诗》:"木兰当~织。"

例2:《记承天寺夜游》:"月色入~。"

例3:《大道之行也》:"故外~而不闭。"

② [名]住户。在户籍中,一家为一户。

例:《史记·秦始皇本纪》:"徙天下豪富于咸阳十二万~。"

③ [名]洞穴。

例:《礼记·月令》:"蛰虫咸动,启~始出。"

④ [动]阻止。

例:《左传·宣公十二年》:"屈荡~之。"

⑤ [名]酒量。

例:《久不见韩侍郎》:"~大嫌甜酒,才高笑小诗。"

博古通今

▶▶链接成语

① 夜不闭户:夜间不用关闭门户睡觉。形容社会安宁,风气良好。户:门。

② 家喻户晓:家家户户都知道。形容人尽皆知。

▶▶链接古诗词

转朱阁,低绮户,照无眠。

——[宋]苏轼《水调歌头·明月几时有》

四月清和雨乍晴,南山当户转分明。

——[宋]司马光《客中初夏》

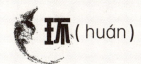 环(huán)

常见义项

① [动]环绕,围绕。

例1:《小石潭记》:"四面竹树~合。"

例2:《醉翁亭记》:"~滁皆山也。"

② [动]包围。

例:《得道多助,失道寡助》:"~而攻之而不胜。"

③ [动]包含。

例:《文心雕龙·诸子》:"《鬼谷》眇眇,每~奥义。"

④ [名]一种圆形而中间有孔的玉器。

例1:《送东阳马生序》:"戴朱缨宝饰之帽,腰白玉之~。"

例2:《小石潭记》:"闻水声,如鸣珮~,心乐之。"

⑤ [动]遍,周遍。

例:《进学解》:"昔者孟轲好辩,孔道以明,辙~天下,卒老于行。"

博古通今

▶▶链接成语

① 环堵萧然:四周只有残破的墙壁。形容家境清贫,居室简陋。环:围绕。堵:墙壁。萧然:衰败冷落的样子。

② 结草衔环:表示感恩图报。

③ 循环往复:指事物周而复始地反复出现或进行。

▶▶链接古诗词

画图省识春风面,环珮空归夜月魂。

——[唐]杜甫《咏怀古迹五首》(其三)

笛奏梅花曲,刀开明月环。

——[唐]李白《从军行》

环环清泚旱犹深,炳炳芙蓉近可寻。

——[宋]曾巩《盆池》

环翠阁边无点埃,尽收清致助吟才。

——[宋]何异《题环翠阁》

渺渺孤城白水环,舳舻人语夕霏间。

——[宋]秦观《泗州东城晚望》

 晖（huī）

常见义项

① [名]阳光,光辉。

例:《岳阳楼记》:"朝~夕阴,气象万千。"

② [形]明,昌明。

例:《庄子·天下》:"不侈于后世,不靡于万物,不~于数度。"

博古通今

►► 链接成语

寸草春晖:比喻父母的恩情,难报万一。

►► 链接古诗词

云润星晖,风扬月至。

——[南朝齐]王融《三月三日曲水诗序》

树树皆秋色,山山唯落晖。

——[唐]王绩《野望》

谁言寸草心,报得三春晖。

——[唐]孟郊《游子吟》

 回（huí）

常见义项

① [动]旋转,回旋。

例:《三峡》:"~清倒影。"

② [动]掉转。

例:《离骚》:"~朕车以复路兮,及行迷之未远。"

③ [形]曲折。

例:《醉翁亭记》:"峰~路转,有亭翼然临于泉上者。"

④ [动]环绕,包围。

例:《后汉书·袁绍传》:"操乃凿堑围城,周~四十里。"

⑤ [动]返回。

例:《回乡偶书》:"少小离家老大~,乡音无改鬓毛衰。"

博古通今

►► 链接成语

① 回肠荡气:形容乐曲、诗文等婉转缠绵,感人至深。回肠:使肠回旋。

② 回天之力:指能够挽回局势,解决重大问题的力量。

►► 链接古诗词

夕阳西下几时回?

——[宋]晏殊《浣溪沙·一曲新词酒一杯》

回首向来萧瑟处,归去,也无风雨也无晴。

——[宋]苏轼《定风波·莫听穿林打叶声》

醉里挑灯看剑,梦回吹角连营。

——[宋]辛弃疾《破阵子·为陈同甫赋壮词以寄之》

 惠（huì）

常见义项

① [形]同"慧",聪明。

例:《愚公移山》:"甚矣,汝之不~。"

② [名]恩惠。

例:《唐雎不辱使命》:"大王加~,以大易小。"

③ [形]仁爱,宽厚。

例:《诗经·小雅·节南山》:"昊天不~,降此大戾。"

④ [形]柔顺,柔和。

例:《诗经·邶风·燕燕》:"终温且~,淑慎其身。"

⑤ [动]赐予,赠送。

例:《宋书·庾悦传》:"身今年未得子鹅,岂能以残炙见~。"

博古通今

►► 链接成语

好行小惠:指喜欢给人小恩小惠。惠:仁慈。

►► 链接古诗词

惠而好我,携手同行。

——[先秦]佚名《诗经·北风》

惠此中国,以绥四方。

——[先秦]佚名《诗经·民劳》

 货（huò）

常见义项

① [名]财物。

例1:《大道之行也》:"~恶其弃于地也,不必藏于己。"

例2:《尚书·洪范》:"一曰食,二曰~。"

② [名]钱,货币。

例:《汉书·食货志》:"百姓愤乱,其~不行。"

③ [动]行贿。

例:《孟子·公孙丑下》:"无处而馈之,是~之也。"

④ [动]出卖。

例:《钴鉧潭西小丘记》:"~而不售。"

博古通今

▶▶链接 **成语**

① 货真价实:货物不是冒牌的,价钱也是实在的。原为商人招揽生意的用语。现引申为实实在在,一点不假。

② 货而不售:想卖却卖不出去。货:卖。

▶▶链接 **古诗词**

浪里争迎三蜀货,月中喧泊九江船。

        ——[唐]卢纶《送从叔牧永州》

农夫催租正苦辛,莫向零陵作奇货。

        ——[宋]吕本中《蛇》

惑(huò)

常见义项

① [动]疑惑,分辨不清。

例:《论语》:"四十而不~。"

② [形]糊涂,令人不解。

例:《吕氏春秋·察今》:"不亦~乎。"

博古通今

▶▶链接 **成语**

① 大惑不解:原指一辈子迷惑不明白。后多用以指感到极为疑惑,不能理解。

② 蛊惑人心:用谣言或反动舆论来欺骗、迷惑、毒害人,使其受蒙蔽上当。蛊惑:煽动使迷惑。

▶▶链接 **古诗词**

高名令志惑,重利使心忧。

        ——[魏晋]阮籍《咏怀八十二首》

下愚闻语惑,虽教无由悛。

        ——[唐]韩愈《孟东野失子》

激(jī)

常见义项

① [动]冲击,撞击;水势受阻遏后腾涌或飞溅。

例:《与朱元思书》:"泉水~石,泠泠作响。"

② [动]鼓动人心,使有所感发,感情激荡;激发。

例1:《出师表》:"由是感~,遂许先帝以驱驰。"

例2:《陈涉世家》:"令辱之,以~怒其众。"

③ [形]迅急,猛烈。

例:《史记·游侠列传》:"顺风而呼,声非加疾,其势~也。"

④ [形]高亢,激昂。

例:《后汉书·张衡传》:"振声~扬。"

博古通今

▶▶链接 **成语**

① 慷慨激昂:形容情绪、语调激动昂扬而充满正气。

② 激忿填膺:强烈的愤怒填满胸中。形容极其气愤。

▶▶链接 **古诗词**

弦声何激烈,风卷绕飞梁。

        ——[唐]李白《拟古十二首》

石激水流处,天寒松色间。

        ——[唐]高适《入昌松东界山行》

长歌正激烈,中心怆以摧。

        ——[两汉]佚名《别诗四首》

极(jí)

常见义项

① [副]表最高程度,非常。

例:《桃花源记》:"便舍船,从口入。初~狭,才通人。"

② [动]至,到达。

例:《岳阳楼记》:"然则北通巫峡,南~潇湘。"

③ [名]极点,尽头。

例:《北冥有鱼》:"其远而无所至~邪。"

④ [动]竭尽,终了。

例:《岳阳楼记》:"满目萧然,感~而悲者矣。"

古代汉语常用字词学习手册「初中卷」

⑤[名]房屋的脊檩。

例:《庄子·则阳》:"孔子之楚,舍于蚁丘之浆。其邻有夫妻臣妾登~者。"

博古通今

▶▶链接成语

① 登峰造极:比喻学问、技艺等已达到最高的境界。极:极点,尽头。

② 否极泰来:逆境达到极点,就会向顺境转化。指坏运到了头好运就来了。极:极点。

▶▶链接古诗词

士也罔极,二三其德。

—— [先秦]佚名《诗经·氓》

望极春愁,黯黯生天际。

—— [宋]柳永《蝶恋花·伫倚危楼风细细》

集(jí)

常见义项

①[动]群鸟栖止于树上。

例:《诗经·周南·葛覃》:"黄鸟于飞,~于灌木。"

②[动]聚集,集合。

例:《送东阳马生序》:"凡所宜有之书,皆~于此。"

③[动]停息,滞留。

例:《岳阳楼记》:"沙鸥翔~,锦鳞游泳。"

④[动]降,降下。

例:《天问》:"皇天~命,惟何戒之?"

⑤[动]宴会。

例:《咏雪》:"谢太傅寒雪日内~。"

博古通今

▶▶链接成语

① 集思广益:集中群众的智慧,广泛吸收有益的意见。

② 百感交集:形容感触很多,心情复杂。

▶▶链接古诗词

人生暂聚鸿集川,春风吹飞何后先。

—— [宋]张耒《谒客》

天下几人学董元,近代复数商集贤。

—— [明]童冀《题商集贤画》

急(jí)

常见义项

①[形]紧,紧缩。

例:《三国志·吕布传》:"遂生缚布,布曰:'缚太~,小缓之。'"

②[形]急躁,着急。

例:《韩非子·观行》:"西门豹之性~。"

③[形]迫切,紧急。

例1:《出师表》:"此诚危~存亡之秋也。"

例2:《三峡》:"或王命~宣。"

④[形]迅疾,疾速。

例:《与朱元思书》:"~湍甚箭。"

⑤[动]以……为急,关切;赶快帮助。

例:《史记·魏公子列传》:"~人之困。"

⑥[名]急难,危急的事。

例:《史记·廉颇蔺相如列传》:"先国家之~。"

博古通今

▶▶链接成语

① 急不可耐:急得不能等待。形容心怀急切或形势紧迫。

② 急功近利:急于求成,贪图眼前的成效和利益。

③ 骤风急雨:来势急遽而猛烈的风雨。

▶▶链接古诗词

本是同根生,相煎何太急?

—— [三国]曹植《七步诗》

春潮带雨晚来急,野渡无人舟自横。

—— [唐]韦应物《滁州西涧》

风急天高猿啸哀,渚清沙白鸟飞回。

—— [唐]杜甫《登高》

计(jì)

常见义项

①[动]算账,计算。

例:《送东阳马生序》:"手自笔录,~日以还。"

② [动]盘算,谋划。

例:《陈涉世家》:"号令召三老、豪杰与皆来会~事。"

③ [名]计谋,策略。

例:《陈涉世家》:"今亡亦死,举大~亦死。"

博古通今

▶▶链接成语

① 数以万计:以万来计算,表示数量极多。计:计算。

② 计上心来:心里突然有了计策。计:主意,策略。

▶▶链接古诗词

浊酒一杯家万里,燕然未勒归无计。

—— [宋]范仲淹《渔家傲·秋思》

计疏狡兔无三窟,羁甚宾鸿欲一生。

—— [唐]罗隐《贵池晓望》

既(jì)

常见义项

① [名]尽,指日全食或月全食。

例:《春秋·桓公三年》:"秋七月壬辰朔,日有食之,~。"

② [动]完毕,终了。

例:《谷梁传》:"~者,尽也。有继之辞也。"

③ [副]已经。

例:《曹刿论战》:"~克,公问其故。"

④ [副]即,便。

例:《韩非子·内储说下》:"楚成王以商臣为太子,~而又欲置公子职。"

⑤ [连]既然。

例:《论语·季氏》:"~来之,则安之。"

⑥ [连]和"且""又"等搭配,表示并列。

例:《诗经·小雅·常棣》:"丧乱既平,~安且宁。"

博古通今

▶▶链接成语

① 既往不咎:对过去犯的错误不再责备。

② 一如既往:完全像过去一样。

③ 一反既往:完全与以前相反。

④ 一言既出,驷马难追:形容话一说出口,没法再收回。

▶▶链接古诗词

既至金门远,孰云吾道非。

—— [唐]王维《送綦毋潜落第还乡》

既礼新松塔,还寻旧石筵。

—— [唐]孟浩然《过景空寺故融公兰若》

其初犹朦胧,既久如抹漆。

—— [唐]卢仝《月蚀诗》

根本既深实,柯叶自滋繁。

—— [唐]杜牧《留诲曹师等诗》

家乡既荡尽,远近理亦齐。

—— [唐]杜甫《无家别》

加(jiā)

常见义项

① [动]施及,施与。

例:《唐雎不辱使命》:"大王~惠,以大易小,甚善。"

② [动]增加。

例1:《愚公移山》:"而山不~增。"

例2:《劝学》:"登高而招,臂非~长也,而见者远。"

③ [动]虚夸,加大。

例:《曹刿论战》:"牺牲玉帛,弗敢~也,必以信。"

④ [名]好处,益处。

例:《鱼我所欲也》:"万钟于我何~焉。"

⑤ [副]更加,更。

例:《游褒禅山记》:"盖其又深,则其至又~少矣。"

博古通今

▶▶链接成语

① 添砖加瓦:原来指建房屋时不断地添砖块加瓦片。后比喻做一些工作,尽一点力量。

② 加油添醋:比喻叙述事情或转述别人的话时,为了夸大,或为了引起别人的注意而添上原来没有的内容。

③ 变本加厉:指变得比原来更加严重。

▶▶链接古诗词

加餐可扶老,仓庾慰飘蓬。

—— [唐]杜甫《暂往白帝复还东屯》

古代汉语常用字词学习手册[初中卷]

细君怜老病，加料作新醅。

—— [宋]苏辙《雪后小酌赠内》

加璧延诸老，橐弓抚四夷。

—— [宋]黄庭坚《司马文正公挽词四首》(其二)

家(jiā)

常见义项

① [名]房屋，住所。

例:《十五从军征》:"遥看是君~，松柏冢累累。"

② [名]人家，人户。

例1:《春夜洛城闻笛》:"谁~玉笛暗飞声，散入春风满洛城。"

例2:《送东阳马生序》:"每假借于藏书之~。"

③ [名]家庭，家中。

例1:《桃花源记》:"余人各复延至其~。"

例2:《送东阳马生序》:"~贫，无从致书以观。"

④ [名]家乡。

例:《渔家傲·秋思》:"浊酒一杯~万里，燕然未勒归无计。"

⑤ 从事某种工作或在某个方面有造诣的人。

例:《生于忧患，死于安乐》:"入则无法~拂士。"

博古通今

►►链接成语

① 家喻户晓:家家户户都知道。形容尽人皆知。

② 大方之家:指见识广博、懂得大道理的人。大方:大道理。

③ 家常便饭:家中的日常饭食。比喻极平常或极常见的事情。

④ 百家争鸣:原指战国时期儒、墨、法、道等各家学说蜂拥而起，各种流派互相争论、互相批评的局面。现比喻学术上不同学派的自由争论。百家:指学术上各种派别。争鸣:发出声音，发表意见。

►►链接古诗词

故人具鸡黍，邀我至田家。

—— [唐]孟浩然《过故人庄》

旧时王谢堂前燕，飞入寻常百姓家。

—— [唐]刘禹锡《乌衣巷》

少小离家老大回，乡音未改鬓毛衰。

—— [唐]贺知章《回乡偶书》

想得家中夜深坐，还应说着远行人。

—— [唐]白居易《邯郸冬至夜思家》

莫笑农家腊酒浑，丰年留客足鸡豚。

—— [宋]陆游《游山西村》

假 (jiǎ;jià)

常见义项

假¹jiǎ

① [形]不真实，虚假。

例:《狼》:"乃悟前狼~寐，盖以诱敌。"

② [形]代理，非正式的。

例:《韩非子·难二》:"周公旦~为天子七年。"

③ [动]借。

例:《送东阳马生序》:"以是人多以书~余。"

④ [动]借助，凭借。

例1:《荀子·劝学》:"~舆马者。"

例2:《荀子·劝学》:"~舟楫者。"

例3:《荀子·劝学》:"善~于物也。"

⑤ [连]假设，如果。

例:《荀子·正名》:"~之有人而欲南，无多。"

⑥ [副]当。

例:《荀子》:"~今之世。"

假²jià

[名]假期，休假。

例:《登楼赋》:"聊~日以消忧。"

博古通今

►►链接成语

① 假公济私:假借公家的名义，谋取私人的利益。

② 狐假虎威:狐狸假借老虎的威势。比喻依仗别人的势力欺压人。

►►链接古诗词

军听了军愁，民听了民怕。哪里去辨甚么真共假?

—— [明]王磐《朝天子·咏喇叭》

假令风歇时下来，犹能簸却沧溟水。

—— [唐]李白《上李邕》

当路谁相假，知音世所稀。

—— [唐]孟浩然《留别王侍御维》

常见义项

① [形]简省,简单。

例:《活板》:"未为～易。"

② [动]挑选,选拔。

例1:《核舟记》:"盖～桃核修狭者为之。"

例2:《出师表》:"是以先帝～拔以遗陛下。"

③ 同"谏",谏诤,直言规劝。

例:《左传·成公八年》:"犹之未远,是用大～。"

博古通今

▶▶链接成语

① 删繁就简:删除繁杂的部分,使其简明扼要。

② 言简意赅:言语简明而意思完备。赅:完备。

▶▶链接古诗词

晚节嬉游简,平居孝义称。

—— [唐]杜甫《赠特进汝阳王二十韵》

箫鼓追随春社近,衣冠简朴古风存。

—— [宋]陆游《游山西村》

常见义项

① [动]用言语规劝君主或尊长改正错误。

例1:《出师表》:"以塞忠～之路。"

例2:《陈涉世家》:"扶苏以数～故。"

例3:《邹忌讽齐王纳谏》:"邹忌讽齐王纳～。"

② [动]止,挽回。

例:《论语·微子》:"往者不可～,来者犹可追。"

博古通今

▶▶链接成语

① 拒谏饰非:拒绝别人的规劝,掩饰自己的错误。

② 从谏如流:听从规劝像水从高处往下流一样顺畅自然。旧指帝王乐意听取臣子的批评意见。现形容人诚心乐意接受别人的意见。

▶▶链接古诗词

忆昨元和初,悉备谏官位。

—— [唐]白居易《伤唐衢二首》

二十举秀才,三十为谏臣。

—— [唐]白居易《朱陈村》

虽乏谏诤姿,恐君有遗失。

—— [唐]杜甫《北征》

大臣来朝酒未醒,酒醒忠谏多不听。

—— [唐]贯休《陈宫词》

望门投趾怜张俭,直谏陈书愧杜根。

—— [清]谭嗣同《狱中题壁》

常见义项

① [动]劝勉,勉励。

例:《出师表》:"当～率三军。"

② [动]奖励。

例:《北齐书·赵彦深传》:"提～人物,皆行业为先。"

③ [动]辅助。

例:《左传·僖公二十八年》:"皆～王室,无相害也。"

博古通今

▶▶链接成语

奖惩分明:该奖的奖,该罚的罚。形容处理事情清楚明白。奖:奖励。

▶▶链接古诗词

孔丘与之言,仁义莫能奖。

—— [唐]王维《偶然作六首》(其一)

时物欣外奖,真元随内修。

—— [唐]元稹《韦氏馆与周隐客杜归和泛舟》

时时作好语,似欲致劝奖。

—— [宋]李之仪《睡起》

常见义项

降¹ jiàng

① [动]从高处走下来。

例:《诗经·大雅·公刘》:"复～在原。"

② [动]贬抑,降低。

例:《资治通鉴》:"若有故为,当加~黜。"

③ [动]降给,给予。

例1:《生于忧患,死于安乐》:"故天将~大任于是人也。"

例2:《送东阳马生序》:"未尝稍~辞色。"

④ [动]诞生,降生。

例:《楚辞·离骚》:"惟庚寅吾以~。"

降² xiáng

① [动]投降。

例:《公羊传》:"曷为不言~。"

② [副]共同。

例:《左传·哀公二十六年》:"六卿三族~听政。"

③ [形]悦服,平静。

例:《诗经·召南·草虫》:"亦既觏止,我心则~。"

博古通今

▶▶链接成语

① 从天而降:形容出乎意料突然发生。

② 明升暗降:指表面上升官,而实际上被削去权力。

③ 一物降一物:指某种事物专门制服另一种事物,或者某种事物专门有另一种事物来制服它。

▶▶链接古诗词

回乐烽前沙似雪,受降城外月如霜。

—— [唐]李益《夜上受降城闻笛》

千寻铁锁沉江底,一片降幡出石头。

—— [唐]刘禹锡《西塞山怀古》

我劝天公重抖擞,不拘一格降人材。

—— [清]龚自珍《己亥杂诗》

矫(jiǎo)

常见义项

① [动]把弯曲的物体弄直。

例:《荀子·性恶》:"故枸木必将待檃栝烝矫~然后直。"

② [动]勉励。

例:《庄子·天下》:"以绳墨自~。"

③ [动]假托,诈称。

例:《穀梁传·宣公十五年》:"~王命以杀之。"

④ [动]举,昂起。

例:《核舟记》:"~首昂视。"

博古通今

▶▶链接成语

① 矫枉过正:指矫枉弯曲的东西超过了限度,使其又弯向另一边;比喻纠正事物的偏差、错误过了头,而陷入另一种偏差、错误之中。

② 矫若游龙:矫健的姿势像快速游动的龙在飞舞。形容书法笔势刚劲或舞姿婀娜多姿。

▶▶链接古诗词

放弓一长啸,目送孤鸿矫。

—— [宋]苏轼《人日猎城南》

矫矫千年鹤,茫茫万里风。

—— [宋]陈与义《南柯子》

节(jié)

常见义项

① [名]时节,季节。

例:《愚公移山》:"寒暑易~,始一反焉。"

② [名]符节,古代用来做凭证的东西。

例:《周亚夫军细柳》:"于是上乃使使持~诏将军。"

③ [名]节操,气节。

例:《出师表》:"侍中、尚书、长史、参军,此悉贞良死~之臣。"

④ [名]节日。

例1:《满江红·小住京华》:"早又是中秋佳~。"

例2:《九月九日忆山东兄弟》:"每逢佳~倍思亲。"

博古通今

▶▶链接成语

① 节哀顺变:抑制哀伤,顺应变故。用来安慰死者家属的话。

② 晚节不保:已经到了晚年却未能保住自己的节操。也指事情快成功的时候却失败了。晚节:指晚年的节操。

③ 繁文缛节:烦琐而不必要的仪式或礼节。也比喻其他烦琐多余的事项。

④ 卑躬屈节:形容没有骨气,低声下气地讨好奉承。卑躬:低头弯腰。屈节:下跪。

▶▶链接古诗词

正是江南好风景,落花时节又逢君。

——[唐]杜甫《江南逢李龟年》

持节云中,何日遣冯唐?

——[宋]苏轼《江城子·密州出猎》

黄梅时节家家雨,青草池塘处处蛙。

——[宋]赵师秀《约客》

竭(jié)

常见义项

① [动]尽,穷尽。

例1:《曹刿论战》:"再而衰,三而~。"

例2:《出师表》:"庶~驽钝,攘除奸凶。"

② [动]干涸,枯竭。

例:《淮南子·说林》:"渊泉不能~。"

③ [动]亡,失去。

例:《庄子·胠箧》:"唇~则齿寒。"

④ [副]悉,全。

例:《管子·大匡》:"诸侯之师~至,以待桓公。"

博古通今

▶▶链接成语

① 声嘶力竭:声音嘶哑,气力用尽。形容拼命地叫喊。竭:用尽。

② 竭泽而渔:把池塘里的水抽干了捉鱼;比喻做事只顾眼前的利益,丝毫不为以后打算。含贬义。竭:干涸、枯竭。

▶▶链接古诗词

竭力事本业,所愿乐太平。

——[宋]陆游《农家叹》

海内财力此时竭,身中歌笑何日休?

——[唐]白居易《隋堤柳》

解(jiě;jiè)

常见义项

解¹ jiě

① [动]剖开。

例:《庄子·养生主》:"~牛之时。"

② [动]解体,离散。

例:《汉书》:"恐天下~也。"

③ [动]解开。

例:《记承天寺夜游》:"~衣欲睡,月色入户。"

④ [动]排除,消除,解除。

例:《师说》:"师者,所以传道受业~惑也。"

⑤ [动]消释。

例:《战国策·赵策》:"太后之色少~。"

解² jiè

[动]遣送,押送。

例1:《宋史·选举志》:"天下之士屏处山林,令监司守臣~送。"

例2:《水浒传》:"押~了武松,出孟州衙门便行。"

博古通今

▶▶链接成语

① 庖丁解牛:比喻经过反复实践,掌握了事物的客观规律,做事得心应手,运用自如。

② 慷慨解囊:形容极其大方地在经济上帮助别人。

▶▶链接古诗词

杨花榆荚无才思,惟解漫天作雪飞。

——[唐]韩愈《晚春》

河流大野犹嫌束,山入潼关不解平。

——[清]谭嗣同《潼关》

只解沙场为国死,何须马革裹尸还。

——[清]徐锡麟《出塞》

戒(jiè)

常见义项

① [形]谨慎。

例:《富贵不能淫》:"往之女家,必敬必~,无违夫子!"

② [动]告诫,警告。

例:《富贵不能淫》:"女子之嫁也,母命之,往送之门,~之曰。"

③ [动]戒除。

例:《三国志》:"恩使客节酒~肉慎火。"

④ [名]斋戒。

例:《庄子·达生》:"十日~,三日齐。"

博古通今

▶▶链接成语

① 戒骄戒躁:防止或警惕产生骄傲和急躁情绪。戒:防备,警惕。

② 引以为戒:把过去的教训引用来以警戒自己。戒:警戒。

▶▶链接古诗词

戒婢篝衣彻虆廖,呼儿涤砚作陯麋。

—— [宋]陆游《晨起》

戒饬长须赤脚,客来洒扫送迎。

—— [宋]刘克庄《醉乡六言二首》(其一)

津(jīn)

常见义项

① [名]渡口。

例1:《水经注·河水》:"自黄河泛舟而渡者,皆为~也。"

例2:《桃花源记》:"后遂无问~者。"

例3:《论语·微子》:"孔子过之,使子路问~焉。"

② [名]津液,口水。

例:《埤雅·芥》:"令人望梅生~。"

③ [名]涯,岸。

例:《吕氏春秋·求人》:"日出九~。"

博古通今

▶▶链接成语

① 津津乐道:形容饶有兴味地谈论。

② 津津有味:形容兴味浓厚。

▶▶链接古诗词

初期会盟津,乃心在咸阳。

—— [东汉]曹操《蒿里行》

城阙辅三秦,风烟望五津。

—— [唐]王勃《送杜少府之任蜀州》

迷津欲有问,平海夕漫漫。

—— [唐]孟浩然《早寒江上有怀》

祲(jìn)

常见义项

① [名]不祥。

例:《唐雎不辱使命》:"休~降于天。"

② [形]盛大的样子。

例:《宋史·乐志九》:"成此~容,生乎齐肃。"

博古通今

▶▶链接成语

祲威盛容:庄重的声威和盛大的仪容。祲:盛大的样子。

▶▶链接古诗词

还当拂氛祲,那复卧云霞。

—— [唐]刘长卿《奉送从兄罢官之淮南》

帝京氛祲满,人世别离难。

—— [唐]杜甫《送杨六判官使西蕃》

景(jǐng;yǐng)

常见义项

景¹ jǐng

① [名]日光。

例:《岳阳楼记》:"至若春和~明,波澜不惊。"

② [名]景物,景象。

例:《醉翁亭记》:"四时之~不同,而乐亦无穷也。"

③ [形]大。

例:《诗经·小雅·小明》:"神之听之,介尔~福。"

④ [动]仰慕,崇敬。

例:《求自试表》:"窃~前修,敢蹈轻节。"

景² yǐng

[名]"影"的古字。影子。

例:《史记·乐书》:"凡音由于人心,天之与人有以相通,如~之象形,响之应声。"

博古通今

▶▶链接成语

① 触景生情:受到眼前景物的触动,引起联想,产生某种情感。

② 高山景行:比喻行为正大光明。指值得效法的崇高德行。

▶▶链接古诗词

返景入深林,复照青苔上。

——[唐]王维《鹿柴》

正是江南好风景,落花时节又逢君。

——[唐]杜甫《江南逢李龟年》

塞下秋来风景异,衡阳雁去无留意。

——[宋]范仲淹《渔家傲·秋思》

径(jìng)

常见义项

① [名]小路。

例1:《题破山寺后禅院》:"曲~通幽处,禅房花木深。"

例2:《浣溪沙》:"小园香~独徘徊。"

例3:《胜游记》:"逍遥山~。"

② [动]直往,径直。

例1:《狼》:"一狼~去。"

例2:《范仲淹传》:"贼悦,~去。"

③ [名]直径。

例:《核舟记》:"能以~寸之木。"

④ [形]径庭:相差太远。

例:《庄子·逍遥游》:"大有~庭,不近人情焉。"

⑤ [动]经过,行经。

例:《汉书·高帝本纪》:"夜~泽中。"

⑥ [形]直截了当。

例:《荀子·性恶》:"少言则~而省。"

博古通今

▶▶链接成语

① 曲径通幽:弯曲的小路通向幽深僻静的地方。形容景致僻静、幽雅。径:小路。曲:弯曲。幽:幽静的地方。

② 大相径庭:形容彼此矛盾,相去很远。径:小路。

③ 独辟蹊径:自己开辟一条路,比喻独创一种新风格或新方法。径:道路,方法。

▶▶链接古诗词

千山鸟飞绝,万径人踪灭。

——[唐]柳宗元《江雪》

花径不曾缘客扫,蓬门今始为君开。

——[唐]杜甫《客至》

远上寒山石径斜,白云生处有人家。

——[唐]杜牧《山行》

野径云俱黑,江船火独明。

——[唐]杜甫《春夜喜雨》

谁能春独愁,对此径须饮。

——[唐]李白《月下独酌》(其三)

静(jìng)

常见义项

① [形]静止,与"动"相对。

例1:《岳阳楼记》:"~影沉璧。"

例2:《韩诗外传》:"树欲~而风不止。"

② [形]平静,安静。

例1:《卜算子·黄州定慧院寓居作》:"缺月挂疏桐,漏断人初~。"

例2:《诗经·邶风·柏舟》:"~言思之。"

③ [形]没有声响,寂静。

例:《夜闻杜鹃》:"茅檐人~。"

④ [形]同"净",清洁。

例:《东京赋》:"涤濯~嘉。"

⑤ [形]屏除杂念和干扰,宁静专一。

例1:《诫子书》:"~以修身。"

例2:《诫子书》:"夫学须~也。"

例3:《诫子书》:"非宁~无以致远。"

博古通今

▶▶链接成语

① 风平浪静:指没有风浪,水面很平静,形容平静无事。静:静止。

② 夜深人静:深夜没有人声,非常寂静。静:没有声音。

▶▶链接古诗词

静言思之。

——[先秦]佚名《诗经·邶风·柏舟》

其告维何,笾豆静嘉。

——[先秦]佚名《诗经·大雅·既醉》

余霞散成绮,澄江静如练。

——[南齐]谢朓《晚登三山还望京邑》

人闲桂花落,夜静春山空。

——[唐]王维《鸟鸣涧》

蝉噪林逾静,鸟鸣山更幽。

——[南北朝]王籍《入若耶溪》

缺月挂疏桐,漏断人初静。

——[宋]苏轼《卜算子·黄州定慧院寓居作》

窘 (jiǒng)

常见义项

① [形]生活或处境困迫,为难。

例1:《狼》:"屠大~。"

例2:《诗经·小雅·正月》:"终其永怀,又~阴雨。"

② [动]使处于困境之中。

例:《史记·季布栾布列传》:"项籍使将兵,数~汉王。"

③ [动]拘束,局限。

例:《鷧鸡》:"飞鸣彼何乐,~来此何冤!"

④ [形]急迫。

例:《离骚》:"何桀纣之猖披兮,夫唯捷径以~步。"

⑤ [副]屡,仍。

例:《汉书》:"安辩而邪,赐顽以荒,敢行称乱,~世荐亡。"

博古通今

▶▶链接成语

捷径窘步:比喻为了达到某种目的所采用的简便的速成办法,其结果并不理想。窘:难住,使为难。捷径:近道。

▶▶链接古诗词

日杳杳以西颓兮,路长远而窘迫。

——[汉]刘向《九叹》

窘步相仍死不前,唱酬无复见前贤。

——[金]元好问《论诗三十首》(二十一)

人皆嫌命窘,谁不见钱亲?

——[元]张可久《醉太平·叹世》

矩 (jǔ)

常见义项

[名]法度。

例:《论语》:"七十而从心所欲,不逾~。"

博古通今

▶▶链接成语

循规蹈矩:按照规则行事。形容拘泥保守,墨守成规,一点也不敢有所变动。循、蹈:依照,遵循。规、矩:圆规,角尺,定方圆的标准工具,比喻规则、准则。

▶▶链接古诗词

木之就规矩,在梓匠轮舆。

——[唐]韩愈《符读书城南》

润下宁逾矩,居方在上流。

——[唐]吴丹《赋得玉水记方流》

有截资先化,无为遵旧矩。

——[唐]武则天《唐享昊天乐·第九》

行身践规矩,甘辱耻媚灶。

——[唐]韩愈《荐士》

惧 (jù)

常见义项

① [动]害怕,恐惧。

例1:《狼》:"屠~,投以骨。"

例2:《富贵不能淫》:"一怒而诸侯~。"

② [动]忧虑,担心。

例1:《愚公移山》:"~其不已也,告之于帝。"

例2:《曹刿论战》:"~有伏焉。"

博古通今

▶▶链接成语

① 临危不惧:面对危难,一点也不害怕。临:碰到,面对。

② 无所畏惧:没有什么可以害怕的。形容非常勇敢。畏惧:害怕。

③ 一则以喜,一则以惧:一方面因之而高兴,一方面因之而害怕。形容又喜又忧的复杂心情。

▶▶链接**古诗词**

老骨惧秋月,秋月刀剑棱。

—— [唐]孟郊《秋怀十五首》(其六)

枝弱不胜雪,势高常惧风。

—— [唐]白居易《有木诗八首》(其六)

野客频留惧雪霜,行人不过听竽籁。

—— [唐]杜甫《楠树为风雨所拔叹》

决(jué)

🎋**常见义项**

① [动]排除阻塞物,疏通水道。

例:《齐民要术·种谷》:"禹~江疏河。"

② [动]水把堤防冲开。

例:《汉书·武帝纪》:"河水~濮阳,泛十六郡。"

③ [动]断,绝。

例:《礼记·曲礼上》:"濡肉齿~,干肉不齿~。"

④ [动]决定。

例:《卜居》:"余有所疑,愿因先生~之。"

⑤ [副]一定。

例:《上高宗封事》:"太后~不可复。"

⑥ [动]判决。

例:《史记·陈丞相世家》:"天下一岁~狱几何?"

⑦ [动]辞别,告别。

例:《史记·外戚世家》:"姊去我西时,与我~于传舍中。"

⑧ [动]同"抉",挖出。

例:《史记·刺客列传》:"因自皮面~眼,自屠出肠,遂以死。"

🎋**博古通今**

▶▶链接**成语**

① **鱼烂河决**:鱼肉腐烂,黄河溃决。比喻因自身原因溃败灭亡而不可挽救。决:水冲破堤坝。

② **犹豫不决**:拿不定主意,下不了决心。决:决定。

▶▶链接**古诗词**

闻君有两意,故来相决绝。

—— [汉]卓文君《白头吟》

荡胸生曾云,决眦入归鸟。

—— [唐]杜甫《望岳》

军(jūn)

🎋**常见义项**

① [名]军队,军营。

例1:《论语》:"三~可夺帅也,匹夫不可夺志也。"

例2:《孙权劝学》:"蒙辞以~中多务。"

例3:《周亚夫军细柳》:"上自劳~。"

例4:《周亚夫军细柳》:"将军约,~中不得驱驰。"

例5:《出师表》:"将军向宠,性行淑均,晓畅~事。"

例6:《出师表》:"当奖率三~,北定中原。"

② [动]驻扎。

例:《周亚夫军细柳》:"亚夫为将军,~细柳:以备胡。"

🎋**博古通今**

▶▶链接**成语**

① **千军万马**:形容雄壮的队伍或浩大的声势。

② **孤军奋战**:一支军队在没有友军的情况下单独英勇作战。后比喻在无人支援、帮助的情况下单独承担任务或工作。

▶▶链接**古诗词**

十五从军征,八十始得归。

—— [汉]佚名《十五从军征》

中军置酒饮归客,胡琴琵琶与羌笛。

—— [唐]岑参《白雪歌送武判官归京》

军听了军愁,民听了民怕。

—— [明]王磐《朝天子·咏喇叭》

开(kāi)

🎋**常见义项**

① [动]开门。

例1:《木兰诗》:"~我东阁门,坐我西阁床。"

例2:《周亚夫军细柳》:"亚夫乃传言~壁门。"

古代汉语常用字词学习手册「初中卷」

② [动]打开,张开。

例:《礼记·月令》:"~府库,出币帛。"

③ [动]攻开,占领。

例:《蜀道难》:"一夫当关,万夫莫~。"

④ [动]舒展,开放。

例:《白雪歌送武判官归京》:"忽如一夜春风来,千树万树梨花~。"

⑤ [动]散开。

例:《醉翁亭记》:"若夫日出而林霏~,云归而岩穴暝。"

⑥ [动]开通。

例:《出师表》:"诚宜~张圣听,以光先帝遗德,恢弘志士之气。"

⑦ [动]开辟,开发。

例:《核舟记》:"旁~小窗,左右各四,共八扇。"

⑧ [动]指天气放晴。

例:《岳阳楼记》:"若夫淫雨霏霏,连月不~,阴风怒号,浊浪排空。"

博古通今

▶▶链接成语

① 顿开茅塞:比喻思想忽然开窍,立刻明白了某个道理。

② 信口开河:比喻随口乱说一气。

③ 开诚布公:敞开胸怀,表露诚心。

④ 开云见日:比喻黑暗过去,见到光明。开:云雾等消散。

▶▶链接古诗词

遥怜故园菊,应傍战场开。

　　　——[唐]岑参《行军九日思长安故园》

忽如一夜春风来,千树万树梨花开。

　　　——[唐]岑参《白雪歌送武判官归京》

酒酣胸胆尚开张。鬓微霜,又何妨!

　　　——[宋]苏轼《江城子·密州出猎》

驿外断桥边,寂寞开无主。

　　　——[宋]陆游《卜算子·咏梅》

为篱下黄花开遍,秋容如拭。

　　　——[清]秋瑾《满江红·小住京华》

堪(kān)

常见义项

[动]忍受。

例:《论语》:"人不~其忧。"

博古通今

▶▶链接成语

① 狼狈不堪:形容非常困顿、窘迫。狼狈:困顿窘迫的样子。堪:忍受,能支持。

② 疲惫不堪:形容过度疲乏。疲惫:十分疲乏。

▶▶链接古诗词

逍遥堪自乐,浩荡信无忧。

　　　——[唐]高适《古乐府飞龙曲留上陈左相》

我有辞乡剑,玉锋堪截云。

　　　——[唐]李贺《琴曲歌辞·走马引》

柯(kē)

常见义项

① [名]斧柄。

例:《诗经·伐柯》:"伐~如何?匪斧不克。"

② [名]草木的枝茎。

例:《与朱元思书》:"横~上蔽,在昼犹昏。"

博古通今

▶▶链接成语

① 南柯一梦:泛指一场梦,或比喻一场空欢喜。

② 操斧伐柯:执斧砍伐斧柄。比喻可就近取法。

▶▶链接古诗词

孔明庙前有老柏,柯如青铜根如石。

　　　——[唐]杜甫《古柏行》

怀旧空吟闻笛赋,到乡翻似烂柯人。

　　　——[唐]刘禹锡《酬乐天扬州初逢席上见赠》

为公唤觉荆州梦,可待南柯一梦成。

　　　——[宋]黄庭坚《戏答荆州王充道烹茶四首》(其一)

 可 (kě;kè)

常见义项

可¹ kě

① [动]能够，可以。

例1:《论语》:"温故而知新,~以为师矣。"

例2:《核舟记》:"珠~历历数也。"

② [动]值得,堪。

例:《爱莲说》:"水陆草木之花,~爱者甚蕃。"

③ [副]大约。

例1:《小石潭记》:"潭中鱼~百许头,皆若空游无所依。"

例2:《核舟记》:"舟首尾长约八分有奇,高~二黍许。"

④ [动]许可,同意。

例:《曹刿论战》:"公将鼓之。刿曰:'未~。'"

可² kè

与"汗(hán)"连用,是我国古代西北地区民族对最高统治者的称呼。

例:《木兰诗》:"昨夜见军帖,~汗大点兵。"

博古通今

►►链接 成语

① 可望而不可即:只能够望见而不能够接近,形容看起来可以实现而实际难以实现。可:能够。

② 可歌可泣:形容英勇悲壮的事迹值得歌颂,感人至深。可:值得。

③ 不可思议:原有神秘奥妙的意思。现多指无法想象,难以理解。

►►链接 古诗词

养怡之福,可得永年。

—— [东汉]曹操《龟虽寿》

可怜楼上月徘徊,应照离人妆镜台。

—— [唐]张若虚《春江花月夜》

可怜身上衣正单,心忧炭贱愿天寒。

—— [唐]白居易《卖炭翁》

可怜夜半虚前席,不问苍生问鬼神。

—— [唐]李商隐《贾生》

此情可待成追忆,只是当时已惘然。

—— [唐]李商隐《锦瑟》

无可奈何花落去,似曾相识燕归来。

—— [宋]晏殊《浣溪沙·一曲新词酒一杯》

克 (kè)

常见义项

① [动]战胜,攻破。

例:《曹刿论战》:"既~,公问其故。"

② [动]能够。

例:《尔雅》:"~,能也。"

③ [动]克制。

例:《书·洪范》:"二曰刚~,三曰柔~。"

④ [动]制胜,取胜。

例:《韩非子·初见秦》:"千可以对万,万可以~天下矣。"

⑤ [形]刻苦,勤苦。

例:《韩非子·外储说左下》:"西门豹为邺令,清~洁悫。"

博古通今

►►链接 成语

① 克己奉公:严格要求自己,全心全意为集体。

② 攻无不克:攻打一个地方没有攻不下来的。形容百战百胜。

③ 克勤克俭:既能勤劳,又能节俭。克:能够。

►►链接 古诗词

克复成如此,安危在数公。

—— [唐]杜甫《收京》

许公信国桢,克美具瞻情。

—— [唐]张说《五君咏五首·苏许公瑰》

生还真可喜,克己自惩创。

—— [唐]韩愈《岳阳楼别窦司直》

持久望兹念,克终期所托。

—— [唐]张九龄《奉和圣制送十道采访使及朝集使》

食德见从事,克家何妙年。

—— [唐]杜甫《奉送苏州李二十五长史丈之任》

 客 (kè)

常见义项

① [名]来宾,客人。

例1:《陈太丘与友期行》:"~问元方:'尊君在不?'"

例2:《邹忌讽齐王纳谏》:"~之美我者,欲有求于我也。"

②[动]作客。

例:《史记·留侯世家》:"四人至,~建成侯所。"

③[动]旅居他乡。

例:《湖心亭看雪》:"问其姓氏,是金陵人,~此。"

④[名]旅居他乡的人。

例:《岳阳楼记》:"迁~骚人。"

博古通今

►►链接**成语**

① **闭门谢客**:关上家门,谢绝客人来访。谢:谢绝。

② **客死他乡**:死在家乡以外的地方。客:旅居在外。

►►链接**古诗词**

客路青山外,行舟绿水前。

——[唐]王湾《次北固山下》

莫笑农家腊酒浑,丰年留客足鸡豚。

——[宋]陆游《游山西村》

晨起动征铎,客行悲故乡。

——[唐]温庭筠《商山早行》

空(kōng;kòng;kǒng)

常见义项

空¹ kōng

①[形]空虚,里面没有东西。

例:《记承天寺夜游》:"庭下如积水~明,水中藻、荇交横,盖竹柏影也。"

②[动]消散。

例:《岳阳楼记》:"而或长烟一~,皓月千里。"

③[形]空洞,不实际。

例:《史记·货殖列传》:"此非~言也。"

④[副]徒然,白白地。

例:《后汉书·顺帝纪》:"异不~设,必有所应。"

⑤[形]空阔,广大。

例:《三峡》:"~谷传响,哀转久绝。"

⑥[名]天空,空中。

例1:《咏雪》:"兄子胡儿曰:'撒盐~中差可拟。'"

例2:《小石潭记》:"皆若~游无所依。"

例3:《岳阳楼记》:"若夫淫雨霏霏,连月不开,阴风怒号,浊浪排~。"

空² kòng

①[名]间隙,空子。

例:《三国志·吴书·周鲂传》:"看伺~隙,欲复为乱。"

②[动]空乏,穷困。

例:《生于忧患,死于安乐》:"饿其体肤,~乏其身,行拂乱其所为。"

空³ kǒng

[名]穴,洞。

例:《史记·五帝本纪》:"舜穿井为匿~旁出。"

博古通今

►►链接**成语**

① **海阔天空**:比喻言谈议论等漫无边际,没有中心。

② **目空一切**:什么都不放在眼里,形容极端骄傲自大。

►►链接**古诗词**

山光悦鸟性,潭影空人心。

——[唐]常建《题破山寺后禅院》

怀旧空吟闻笛赋,到乡翻似烂柯人。

——[唐]刘禹锡《酬乐天扬州初逢席上见赠》

秋草独寻人去后,寒林空见日斜时。

——[唐]刘长卿《长沙过贾谊宅》

叩(kòu)

常见义项

①[动]敲,打。

例:《愚公移山》:"遂率子孙荷担者三夫,~石垦壤,箕畚运于渤海之尾。"

②[动]发问,询问。

例:《送东阳马生序》:"又患无硕师名人与游,尝趋百里外,从乡之先达执经~问。"

③[动]同"扣",拉住,牵住。

例:《史记·伯夷列传》:"伯夷叔齐~马而谏。"

博古通今

►►链接**成语**

① **三叩九拜**:拜九下,其中叩头三下,指封建社会进见帝王及祭拜祖先的大礼。形容礼节很正式。

② **呼天叩地**:大声叫天,用头撞地。形容极度悲伤。同"呼天抢地"。

▶▶链接古诗词

从今若许闲乘月,拄杖无时夜叩门。

—— [宋]陆游《游山西村》

叩舷谁共语,载不尽高情。

—— [宋]李曾伯《重庆阃治十咏·横舟》

苦(kǔ)

常见义项

① [动]使……痛苦。

例:《生于忧患,死于安乐》:"故天将降大任于是人也,必先~其心志。"

② [动]苦恼,痛苦,担忧。

例:《愚公移山》:"而山不加增,何~而不平?"

③ [动]苦于,为……所苦。

例1:《陈涉世家》:"天下~秦久矣。"

例2:《陈涉世家》:"诸郡县~秦吏者,皆刑其长吏,杀之以应陈涉。"

博古通今

▶▶链接成语

含辛茹苦:形容经受过艰辛困苦,比喻忍受千辛万苦。

▶▶链接古诗词

无意苦争春,一任群芳妒。

—— [宋]陆游《卜算子·咏梅》

辛苦遭逢起一经,干戈寥落四周星。

—— [宋]文天祥《过零丁洋》

兴,百姓苦;亡,百姓苦。

—— [元]张养浩《山坡羊·潼关怀古》

苦将侬强派作蛾眉,殊未屑!

—— [清]秋瑾《满江红·小住京华》

夸(kuā)

常见义项

① [动]夸耀。

例:《送东阳马生序》:"诋我~际遇之盛而骄乡人者。"

② [形]奢侈。

例:《荀子·仲尼》:"贵而不为~。"

③ [动]扩张,布开。

例:《史记·司马相如列传》:"~条直畅,实叶葳茂。"

博古通今

▶▶链接成语

① 夸夸其谈:指说话或写文章时浮夸不切实际。

② 夸大其词:指说话或写文章时的用语夸张,超过事情原有的程度。

③ 夸功自大:夸耀功劳,自以为了不起。夸:夸耀。

▶▶链接古诗词

歌管绕庭槛,觞赏成矜夸。

—— [宋]陈耆《西山桐十咏·桐花》

不要人夸好颜色,只留清气满乾坤。

—— [元]王冕《墨梅》

困(kùn)

常见义项

① [名]困惑。

例1:《虽有嘉肴》:"是故学然后知不足,教然后知~。"

例2:《生于忧患,死于安乐》:"~于心,衡于虑,而后作。"

② [形]困窘,困难。

例:《荀子·儒效》:"知之而不行,虽敦必~。"

③ [形]贫乏,贫困。

例1:《史记·宋微子世家》:"岁饥民~。"

例2:《史记·管晏列传》:"管仲曰:'吾始~时,尝与鲍叔贾,分财利多自与,鲍叔不以我为贪,知我贫也。'"

④ [动]困倦,疲乏。

例:《盐铁论·击之》:"犹耕者倦休而~止也。"

博古通今

▶▶链接成语

① 穷困潦倒:生活贫困,失意颓丧。困:贫穷、困难。潦倒:失意。

② 困兽犹斗:被围困的野兽还要作最后挣扎。比喻在绝境中还要挣扎抵抗。困:陷在艰难痛苦中或受环境、条件的限制无法摆脱。

▶▶链接古诗词

牛困人饥日已高,市南门外泥中歇。

—— [唐]白居易《卖炭翁》

二侯行事在方册,泣麟老人终困厄。

—— [唐]李白《鞠歌行》

劳(láo)

常见义项

① [动]费力,吃力;疲劳,劳累。

例1:《陋室铭》:"无丝竹之乱耳,无案牍之~形。"

例2:《生于忧患,死于安乐》:"故天将降大任于是人也,必先苦其心志,~其筋骨。"

例3:《送东阳马生序》:"坐大厦之下而诵诗书,无奔走之~矣。"

例4:《送东阳马生序》:"自谓少时用心于学甚~,是可谓善学者矣。"

② [动]慰劳,慰问。

例:《周亚夫军细柳》:"上自~军。"

③ [名]功劳。

例:《韩非子·显学》:"儒侠毋军~。"

博古通今

▶▶链接成语

① 以逸待劳:指在战争中做好充分准备,养精蓄锐,等疲乏的敌人来犯时给以迎头痛击。逸:安闲。劳:疲劳。

② 劳而无功:花费了很多力气却没有好的效果。

③ 不劳而获:自己不劳动而占有别人的劳动成果。也作"不劳而得"。获:获得。

④ 任劳任怨:不辞劳苦,不怕埋怨。

⑤ 好逸恶劳:贪图安逸,厌恶劳动。

⑥ 积劳成疾:因长期劳累而患了重病。

▶▶链接古诗词

辛苦久为吏,劳生何妄执。

—— [唐]王湾《奉使登终南山》

莫为饥寒苦,便成名利劳。

—— [唐]孟贯《秋江送客》

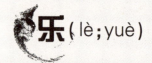

乐(lè;yuè)

常见义项

乐¹ lè

① [动]喜悦,愉快。

例1:《咏雪》:"公大笑~。"

例2:《论语》:"有朋自远方来,不亦~乎?"

例3:《桃花源记》:"黄发垂髫,并怡然自~。"

② [名]乐趣。

例1:《论语》:"回也不改其~。"

例2:《论语》:"~亦在其中矣。"

例3:《生于忧患,死于安乐》:"然后知生于忧患而死于安~也。"

③ [动]以……为快乐。

例1:《论语》:"好之者不如~之者。"

例2:《小石潭记》:"如鸣珮环,心~之。"

④ [动]感到快乐,享受。

例1:《记承天寺夜游》:"念无与为~者。"

例2:《小石潭记》:"似与游者相~。"

例3:《送东阳马生序》:"以中有足~者。"

乐² yuè

① [名]音乐。

例:《礼记》:"金石丝竹,~之器也。"

② [动]奏乐。

例:《辽史》:"殿上酒九行,使相~曲。"

博古通今

▶▶链接成语

① 乐不可言:高兴得无法用语言来表达。形容快乐到了极点。乐:快乐。言:说。

② 乐不思蜀:比喻乐而忘返或乐而忘本。

③ 乐善好施:乐于行善,乐于施舍。

④ 乐在其中:指所做的事情很有乐趣。多形容自得其乐。

⑤ 乐天知命:乐于天道的安排,安于自己的命运。后指顺其自然,满足于现状。

▶▶链接古诗词

参差荇菜,左右芼之。窈窕淑女,钟鼓乐之。

—— [先秦]佚名《诗经·关雎》

烹羊宰牛且为乐,会须一饮三百杯。

　　　　——[唐]李白《将进酒》

且乐生前一杯酒,何须身后千载名?

　　　　——[唐]李白《行路难》(其一)

骊宫高处入青云,仙乐风飘处处闻。

　　　　——[唐]白居易《长恨歌》

戾(lì)

常见义项

① [动]弯曲。

例:《吕氏春秋》:"饮必小咽,端直无~。"

② [动]至,到达。

例:《与朱元思书》:"鸢飞~天者,望峰息心。"

③ [动]违背,违反。

例:《论语笔解》:"如子之说,文虽相反,义不相~。"

④ [形]乖张,违逆。

例:《荀子·荣辱》:"果敢而振,猛贪而~。"

⑤ [名]祸患。

例:《汉书·食货志下》:"天降灾~。"

⑥ [名]罪恶,罪行。

例:《国语》:"余,罪~之人也。"

博古通今

▶▶链接 成语

暴戾恣睢:残暴凶狠,胡作非为。

▶▶链接 古诗词

扶摇如可借,从此戾苍穹。

　　　　——[唐]张汇《春风扇微和》

罪戾宽犹活,干戈塞未开。

　　　　——[唐]杜甫《秋日荆南述怀三十韵》

日长天地宽,飘戾飞云度。

　　　　——[宋]王令《春游》

怜(lián)

常见义项

① [动]哀怜,怜悯。

例:《陈涉世家》:"楚人~之。"

② [动]怜爱,爱惜。

例:《战国策·赵策四》:"丈夫亦爱~其少子乎?"

博古通今

▶▶链接 成语

① 怜香惜玉:指男子对女子温存疼爱。怜:疼爱。惜:爱惜。香、玉:喻指美女。

② 顾影自怜:看着自己的身影,怜惜自己。形容孤独失意。顾:回头看。怜:怜惜。

▶▶链接 古诗词

仍怜故乡水,万里送行舟。

　　　　——[唐]李白《渡荆门送别》

遥怜故园菊,应傍战场开。

　　　　——[唐]岑参《行军九日思长安故园》

良(liáng)

常见义项

① [形]良好,精良。

例:《桃花源记》:"有~田、美池、桑竹之属。"

② [名]善良忠正的人。

例1:《出师表》:"此皆~实,志虑忠纯。"

例2:《出师表》:"此悉贞~死节之臣。"

③ [副]甚,很。

例:《三峡》:"清荣峻茂,~多趣味。"

博古通今

▶▶链接 成语

① 良师益友:使人得到教益和帮助的好老师、好朋友。

② 丧尽天良:没有一点良心。形容恶毒到了极点。丧:丧失。天良:良心。

③ 除暴安良:铲除暴徒,安抚人民。

▶▶链接 古诗词

旅馆无良伴,凝情自悄然。

　　　　——[唐]杜牧《旅宿》

何日平胡虏,良人罢远征。

　　　　——[唐]李白《子夜吴歌·秋歌》

洌（liè）

常见义项

① [形]清澈。

例：《醉翁亭记》："泉香而酒~。"

② [形]寒冷。

例：《高唐赋》："~风过而增悲哀。"

博古通今

▶▶链接成语

清洌可鉴：清澈得可以照见人影。

▶▶链接古诗词

阴池幽流，玄泉洌清。

———— [东汉]张衡《东京赋》

北风兮潦洌，草木兮苍唐。

———— [东汉]王逸《九思》

洌洌气遂严，纷纷飞鸟还。

———— [东晋]陶渊明《岁暮和张常侍》

灵（líng）

常见义项

① [动]神异。

例：《陋室铭》："水不在深，有龙则~。"

② [形]神奇。

例：《核舟记》："盖简桃核修狭者为之。嘻，技亦~怪矣哉！"

③ [名]魂灵。

例：《出师表》："不效，则治臣之罪，以告先帝之~。"

④ [动]威灵，福佑。

例：《国语·晋语四》："若以君之~，得复晋国。"

⑤ [名]心性，精神。

例：《颜氏家训·文章》："至于陶冶性~，从容讽谏，入其滋味，亦乐事也。"

⑥ [名]智慧。

例：《庄子·天地》："大惑者，终身不解；大愚者，终身不~。"

⑦ [形]美好。

例：《诗经·鄘风·定之方中》："~雨既零，命彼倌人。"

博古通今

▶▶链接成语

① 灵机一动：急忙中转了一下念头(多指临时想出了一个办法)。灵机：灵巧的心思。

② 地灵人杰：指有杰出的人降生或到过，其地也就成了名胜之区。灵：好。杰：杰出。

▶▶链接古诗词

不疑灵境难闻见，尘心未尽思乡县。

———— [唐]王维《桃花行》

毅魄归来日，灵旗空际看。

———— [明]夏完淳《别云间》

令（lìng）

常见义项

① [名]命令，法令。

例1：《邹忌讽齐王纳谏》："~初下，群臣进谏，门庭若市。"

例2：《周亚夫军细柳》："军中闻将军~，不闻天子之诏。"

② [动]发布命令，号召。

例1：《周亚夫军细柳》："将军~曰：'军中闻将军令。'"

例2：《陈涉世家》："召~徒属曰。"

③ [动]使，让。

例1：《陈涉世家》："又间~吴广之次所旁丛祠中，夜篝火。"

例2：《活板》："每字为一印，火烧~坚。"

④ [连]假使，假设。

例：《陈涉世家》："藉第~毋斩，而戍死者固十六七。"

⑤ [形]善，美好。

例：《论语·学而》："巧言~色。"

⑥ [名]县一级的行政长官。

例1：《陈涉世家》："攻陈，陈守~皆不在。"

例2：《西门豹治邺》："魏文侯时，西门豹为邺~。"

博古通今

▶▶链接成语

① 令人神往：让人内心很向往。形容某个处所或事物非常美好，很吸引人。神往：心里向往。

② 三令五申：再三命令和告诫。三、五：表示次数多。申：申明，说明。

▶▶链接古诗词

年始十八九，便言多令才。

—— [汉]佚名《孔雀东南飞》

花落时欲暮，见此令人嗟。

—— [唐]李白《落日忆山中》

乱(luàn)

常见义项

① [形]无秩序，混乱。

例1：《答谢中书书》："晓雾将歇，猿鸟~鸣。"

例2：《醉翁亭记》："已而夕阳在山，人影散~。"

例3：《曹刿论战》："吾视其辙~，望其旗靡，故逐之。"

② [动]扰乱，使……扰乱。

例1：《生于忧患，死于安乐》："行拂~其所为。"

例2：《陋室铭》："无丝竹之~耳。"

③ [名]战乱，动乱。

例：《桃花源记》："自云先世避秦时~，率妻子邑人来此绝境。"

博古通今

▶▶链接成语

① 胡言乱语：没有根据地胡说。

② 兵荒马乱：形容战争年代动荡不安的景象。

▶▶链接古诗词

乱花渐欲迷人眼，浅草才能没马蹄。

—— [唐]白居易《钱塘湖春行》

自经丧乱少睡眠，长夜沾湿何由彻！

—— [唐]杜甫《茅屋为秋风所破歌》

中原乱，簪缨散，几时收？

—— [宋]朱敦儒《相见欢·金陵城上西楼》

慢(màn)

常见义项

① [形]傲慢，不敬。

例：《史记·淮阴侯列传》："王素~无礼。"

② [动]怠慢，懈怠。

例：《诫子书》："淫~则不能励精。"

③ [形]缓慢。

例：《琵琶行并序》："轻拢~捻抹复挑。"

博古通今

▶▶链接成语

① 傲贤慢士：用傲慢的态度对待有德有才的人。慢：傲慢。

② 慢条斯理：形容动作缓慢，不慌不忙。慢：缓慢。

▶▶链接古诗词

杨花慢惹霏霏雨，竹叶闲倾满满杯。

—— [唐]韦庄《章江作》

老境慢劳身出塞，少年空有志平戎。

—— [明]杨慎《柯玉井赠宝剑》

毛(máo)

常见义项

① [名]地表生的草木。

例1：《愚公移山》："以残年余力，曾不能毁山之一~，其如土石何？"

例2：《出师表》："故五月渡泸，深入不~。"

② [名]鸟兽的毛。

例：《左传·僖公十四年》："皮之不存，~将焉附？"

③ [动]无，没有。

例：《后汉书·冯衍传》："饥者~食，寒者裸跣。"

博古通今

▶▶链接成语

① 九牛一毛：许多头牛身上的一根毛。形容极大的数量中微不足道的一部分。九：虚数，表示多。

② 凤毛麟角：凤凰的羽毛，麒麟的角。比喻珍贵而稀少的人或物。

▶▶链接古诗词

毛女峰当户，日高头未梳。

—— [唐]贾岛《送唐环归敷水庄》

啖食筋力尽，毛衣成紫褥。

—— [唐]元稹《表夏十首》（其八）

古代汉语常用字词学习手册（初中卷）

冒 (mào)

常见义项

① [名]"帽"的古字,表示帽子。

例:《汉书·隽不疑传》:"有一男子……著黄~。"

② [动]覆盖,蒙蔽。

例:《活板》:"先设一铁板,其上以松脂、蜡和纸灰之类~之。"

③ [动]统括,总领。

例:《申中书乞不看详会要状》:"今通修五朝大典,属巩专领,已是一人而~众材之任。"

④ [形]冒失,莽撞。

例:《上仁宗皇帝言事书》:"臣愚不肖……~言天下之事。"

博古通今

▶▶链接 成语

① 冒天下之大不韪:不顾天下人的反对,公然做罪大恶极的事。冒:不顾。不韪:不是,错误。

② 冒名顶替:为了达到自己的某种目的,假冒别人的姓名,代他去干事或窃取他的权力、地位。冒:冒充,以假充真。

▶▶链接 古诗词

秋花冒绿水,密叶罗青烟。

———— [唐]李白《古风》(其二十六)

燕知社日辞巢去,菊为重阳冒雨开。

———— [唐]皇甫冉《秋日东郊作》

美 (měi)

常见义项

① [形]味美,甘美。

例:《孟子·尽心下》:"公孙丑问曰:'脍炙与羊枣孰~?'"

② [形]漂亮,好看(与"丑"相对)。

例1:《邹忌讽齐王纳谏》:"我孰与城北徐公~?"

例2:《醉翁亭记》:"其西南诸峰,林壑尤~。"

例3:《病梅馆记》:"梅以曲为~,直则无姿。"

③ [形]美好,完善。

例1:《桃花源记》:"芳草鲜~,落英缤纷。"

例2:《桃花源记》:"有良田、~池、桑竹之属。"

例3:《马说》:"食不饱,力不足,才~不外见。"

④ [形]善,与"恶"相对。

例:《离骚》:"委厥~以从俗兮,苟得引乎众芳。"

⑤ [动]赞美,以为美。

例:《邹忌讽齐王纳谏》:"吾妻之~我者,私我也。"

博古通今

▶▶链接 成语

① 十全十美:形容十分完美,没有缺陷。

② 黄粱美梦:比喻虚幻的梦境或欲望的破灭。

③ 美轮美奂:形容房屋等建筑高大众多,富丽堂皇。

④ 良辰美景:美好的时节和景物。

⑤ 美不胜收:好的东西太多,欣赏不过来。

▶▶链接 古诗词

新丰美酒斗十千,咸阳游侠多少年。

———— [唐]王维《少年行四首》(其一)

五花马,千金裘,呼儿将出换美酒,与尔同销万古愁。

———— [唐]李白《将进酒·君不见》

葡萄美酒夜光杯,欲饮琵琶马上催。

———— [唐]王翰《凉州词二首》(其一)

美人台上昔欢娱,今日空台望五湖。

———— [宋]姜夔《除放自石湖归苕溪》

江上往来人,但爱鲈鱼美。

———— [宋]范仲淹《江上渔者》

盟 (méng)

常见义项

① [名]古代在神前立誓缔约。

例:《左传·僖公三十年》:"秦伯说,与郑人~。"

② [名]一般的誓约。

例:《新晴》:"寄语沙鸥勿败~。"

③ [动]发誓,起誓。

例:《陈涉世家》:"为坛而~。"

博古通今

▶▶链接 成语

① 山盟海誓:指着山和海盟誓,表示像山海那样永恒不变。多指男女发誓真诚相爱,永不变心。也指男女表示永远相爱的誓言。盟:立誓订约。

② 歃血为盟：古代举行盟会时，参加者饮一点牲畜的血或蘸血涂在嘴唇上，以示诚心立盟。歃：饮。

▶▶链接古诗词

何以示诚信，白水指为盟。

——[唐]白居易《寓意诗五首》(其三)

都道是金玉良姻，俺只念木石前盟。

——[清]曹雪芹《终身误》

靡(mǐ;mí)

常见义项

靡¹ mǐ

① [动]倒下。

例1：《曹刿论战》："望其旗~。"

例2：《史记·廉颇蔺相如列传》："左右皆~。"

例3：《史记》："汉军皆披~。"

② [形]华丽，美好。

例：《后汉书·班彪传》："以为相如《封禅》，~而不典。"

③ [副]无，没有。

例：《诗经·邶风·泉水》："有怀于卫，~日不思。"

④ [副]不。

例：《桃花源诗》："春蚕收长丝，秋熟~王税。"

⑤ [名]水边，河岸。

例：《史记·司马相如列传》："明月珠子，的皪江~。"

靡² mí

① [形]糜烂，破碎。

例：《汉书·王温舒传》："奸猾穷治，大氐尽~烂狱中。"

② [动]分散。

例：《战国策·韩策三》："魏君必得志于韩，必外~于天下矣。"

③ [动]损害。

例：《国语·越语下》："王若行之，将妨于国家，~王躬身。"

④ [动]奢侈，浪费。

例：《荀子·君道》："故天下诸侯无~费之用，士大夫无流淫之行。"

博古通今

▶▶链接成语

① 所向披靡：凡是风吹到的地方，草木都随风倒伏。比喻力量强大，所到之处，什么也阻挡不了。也

作"所向皆靡"。

② 靡靡之音：柔弱颓废，让人委靡不振的音乐。

③ 风靡一时：指草木一时间全部随风倒下。形容某事物在一个时期里非常盛行。也作"风行一时"。

▶▶链接古诗词

靡靡秋已夕，凄凄风露交。

——[东晋]陶渊明《己酉岁九月九日》

靡靡绿萍合，垂杨扫复开。

——[唐]王维《皇甫岳云溪杂题五首·萍池》

嘉树蔼初绿，靡芜叶幽芳。

——[唐]韦应物《拟古诗十二首》

纤纤良田草，靡靡唯从风。

——[唐]张九龄《杂诗五首》

靡靡度行人，温风吹宿麦。

——[唐]刘禹锡《杂曲歌辞·宜城歌》

邈(miǎo)

常见义项

① [形]距离遥远。又活用作动词。

例：《与朱元思书》："负势竞上，互相轩~。"

② [动]同"藐"，轻视，小看。

例：《孟子·尽心下》："说大人则~之。"

博古通今

▶▶链接成语

① 邈若山河：形容遥远得如隔山河。

② 邈如旷世：仿佛隔了久远的年代。

▶▶链接古诗词

人生若尘露，天道邈悠悠。

——[三国魏]阮籍《咏怀》(其三十二)

永结无情游，相期邈云汉。

——[唐]李白《月下独酌》(其一)

蜀国多仙山，峨眉邈难匹。

——[唐]李白《登峨眉山》

暝(míng)

常见义项

① [形]昏暗。

例：《醉翁亭记》："云归而岩穴~。"

② [副]日落,天黑。

例:《菱川独泛》:"山~行人断。"

博古通今

▶▶链接**成语**

风雨晦暝:指风雨交加,天色昏暗犹如黑夜。暝:日落,天黑。

▶▶链接**古诗词**

千岩万转路不定,迷花倚石忽已暝。

—— [唐]李白《梦游天姥吟留别》

暝色入高楼,有人楼上愁。

—— [唐]李白《菩萨蛮·平林漠漠烟如织》

山暝听猿愁,沧江急夜流。

—— [唐]孟浩然《宿桐庐江寄广陵旧游》

沙上并禽池上暝。云破月来花弄影。

—— [宋]张先《天仙子·水调数声持酒听》

命 (mìng)

常见义项

① [名]命令。

例1:《三峡》:"或王~急宣。"

例2:《出师表》:"奉~于危难之间。"

② [动]指派,差遣。

例:《愚公移山》:"帝感其诚,~夸娥氏二子负二山,一厝朔东,一厝雍南。"

③ [名]生命,性命。

例:《出师表》:"苟全性~于乱世,不求闻达于诸侯。"

④ [动]教导,训诲。

例:《富贵不能淫》:"丈夫之冠也,父~之;女子之嫁也,母~之。"

⑤ [动]取名。

例:《商君书》:"公爵自二级已上至不更,~曰卒。"

博古通今

▶▶链接**成语**

① **安身立命**:指生活有着落,精神有寄托。立命:精神有所寄托。

② **听天由命**:听任天意和命运。形容听任事态自然发展变化,不作主观努力。

▶▶链接**古诗词**

文章憎命达,魑魅喜人过。

—— [唐]杜甫《天末怀李白》

酒伴来相命,开尊共解酲。

—— [唐]孟浩然《春中喜王九相寻》

莫 (mò;mù)

常见义项

莫[1] mò

① [代]没有谁,没有什么。

例:《邹忌讽齐王纳谏》:"宫妇左右~不畏王。"

② [副]无,没有。

例:《庭中有奇树》:"路远~致之。"

③ [副]不要。

例1:《游山西村》:"~笑农家腊酒浑。"

例2:《湖心亭看雪》:"~说相公痴。"

莫[2] mù

① [名]日落之时,傍晚。

例1:《礼记·间传》:"故父母之丧,既殡食粥,朝一溢米,~一溢米。"

例2:《尚书大传·洪范五行传》:"星辰~同。"

② [形]昏庸。

例:《荀子·成相》:"悖乱昏~,不终极。"

博古通今

▶▶链接**成语**

① **一筹莫展**:一点办法也没有。

② **莫逆之交**:形容情投意合、毫无猜忌的知心朋友。

③ **莫名其妙**:不能说出其中的奥妙。形容事物或道理很奇怪,难以理解,不明白是怎么回事。

④ **变化莫测**:形容事物变化多端,不可捉摸。

⑤ **莫可名状**:不能用言语来形容。指事物极复杂微妙,无法描述。

▶▶链接**古诗词**

莫学游侠儿,矜夸紫骝好。

—— [唐]王昌龄《塞下曲》(其一)

当时浣纱伴,莫得同车归。

—— [唐]王维《西施咏》

瓮间聊共酌,莫使宦情阑。

——[唐]韦应物《陪王郎中寻孔征君》

莫愁归路暝,招月伴人还。

——[唐]孟浩然《游凤林寺西岭》

莫将边地比京都,八月严霜草已枯。

——[唐]王缙《九日作》

 **谋**(móu)

常见义项

① [动]商量。

例1:《愚公移山》:"聚室而~。"

例2:《陈涉世家》:"陈胜、吴广乃~曰。"

② [动]谋议,出主意。

例1:《曹刿论战》:"肉食者~之。"

例2:《三顾茅庐》:"非惟天时,抑亦人~。"

例3:《出师表》:"陛下亦宜自~。"

③ [动]图谋。

例:《大道之行也》:"是故~闭而不兴。"

④ [名]计谋,计策。

例:《论语》:"小不忍则乱大~。"

⑤ [动]谋求,营求。

例:《论语·卫灵公》:"君子~道不~食。"

博古通今

▶▶链接成语

① 图谋不轨:谋划干越出常规、法度的事。

② 阴谋诡计:指暗中策划做坏事。

③ 足智多谋:富有智慧,善于谋划。形容人善于料事和用计。

④ 与虎谋皮:跟老虎商量取下它的皮来,比喻跟坏人商量要其牺牲自己的利益,是绝对办不到的。

▶▶链接古诗词

沐猴而冠带,知小而谋强。

——[东汉]曹操《薤露》

行行潘生赋,赫赫曹公谋。

——[唐]岑参《东归晚次潼关怀古》

吾谋适不用,勿谓知音稀。

——[唐]王维《送綦毋潜落第还乡》

无食自采取,莫共羊谋羞。

——[唐]寒山《诗三百三首》

且谋眼前计,莫问胸中事。

——[唐]白居易《早秋晚望,兼呈韦侍郎》

 **挐**(ná)

常见义项

① [动]牵引。

例:《百官箴·豫州牧箴》:"田田相~,庐庐相距。"

② [动]撑船。

例:《湖心亭看雪》:"余~一小舟。"

博古通今

▶▶链接成语

挐风跃云:比喻气概雄伟。

▶▶链接古诗词

少年心事当挐云,谁念幽寒坐呜呃。

——[唐]李贺《致酒行》

去年长恨挐舟晚,空见残荷满。

——[宋]陈与义《虞美人·扁舟三日秋塘路》

有物揩磨金镜净,何人挐攫银河决。

——[宋]史达祖《满江红·中秋夜潮》

 **挠**(náo)

常见义项

① [形]示弱,屈服。

例:《唐雎不辱使命》:"秦王色~。"

② [动]扰乱。

例:《左传·成公十三年》:"散离我兄弟,~乱我同盟。"

博古通今

▶▶链接成语

不屈不挠:比喻在压力和困难面前不屈服,表现十分顽强。挠:弯曲,比喻屈服。

▶▶链接古诗词

虽有回天力,挠之终不倾。

——[唐]白居易《和答诗十首·和思归乐》

心空物莫挠,气老笔愈纵。

—— [南宋]陆游《玉局观拜东坡先生海外画像》

内（nèi；nà）

常见义项

内¹nèi

① [名]里面,跟"外"相对。

例:《邹忌讽齐王纳谏》:"四境之~莫不有求于王。"

② [名]内心。

例:《三国志·蜀书·诸葛亮传》:"而~怀犹豫之计。"

③ [名]家庭,家人。

例:《咏雪》:"寒雪日~集。"

④ [名]朝廷。

例:《出师表》:"然侍卫之臣不懈于~,忠志之士忘身于外者。"

⑤ [名]皇宫。

例:《出师表》:"不宜偏私,使~外异法也。"

内² nà

① [动]进入,放入。

例:《水经注·漯水》:"以草~之则不燃。"

② [动]收容,接纳。

例:《孟子·公孙丑上》:"非所以~交于孺子之父母也。"

博古通今

▶▶链接成语

① 内忧外患:国内不安定,并有外来侵略,形势危急。内:内部、国内。

② 色厉内荏:形容外表强硬而内心怯弱。内:内心。

▶▶链接古诗词

海内存知己,天涯若比邻。

—— [唐]王勃《送杜少府之任蜀州》

穷年忧黎元,叹息肠内热。

—— [唐]杜甫《自京赴奉先县咏怀五百字》

奔走朝行内,栖迟林墅间。

—— [唐]白居易《闲忙》

馁（něi）

常见义项

① [形]饥饿。

例:《送东阳马生序》:"无冻~之患矣。"

② [形]喻指不足,空乏。

例:《孟子·公孙丑上》:"其为气也,配义与道;无是,~也。"

③ [形]丧失勇气,害怕。

例:《孟子·公孙丑上》:"行有不慊之心,则~矣。"

博古通今

▶▶链接成语

鼓馁旗靡:鼓点无力,旗帜歪倒。形容军队士气不振。馁:喻指不足,空乏。

▶▶链接古诗词

裂血失鸣声,啄殷甚饥馁。

—— [唐]韩愈《斗鸡联句》

山野多馁士,市井无饥人。

—— [唐]孟郊《隐士》

能（néng）

常见义项

① [动]有能力做到(能够),胜任。

例1:《诫子书》:"淫慢则不~励精。"

例2:《杞人忧天》:"亦不~有所中伤。"

例3:《木兰诗》:"安~辨我是雄雌?"

例4:《河中石兽》:"尔辈不~究物理。"

例5:《答谢中书书》:"自康乐以来,未复有~与其奇者。"

例6:《富贵不能淫》:"富贵不~淫,贫贱不~移,威武不~屈。此之谓大丈夫。"

例7:《生于忧患,死于安乐》:"人恒过,然后~改。"

例8:《虽有嘉肴》:"知不足,然后~自反也。"

例9:《马说》:"食马者不知其~千里而食也。"

例10:《醉翁亭记》:"醉~同其乐,醒~述以文者。"

② [名]能力,才能(有能力;有能力的人)。

例1:《大道之行也》:"选贤与~。"

例2:《马说》:"虽有千里之~。"

例3:《出师表》:"先帝称之曰~。"

③ [形]和睦。

例:《左传·襄公二十一年》:"故与栾盈为公族大夫而不相~。"

④ [代]如此,这样。

例:《即事》:"双鹭~忙翻白雪,平畴许远涨清波。"

博古通今

▶▶链接**成语**

① **能屈能伸**：能弯曲也能伸展,指人在不得志的时候能忍耐,在得志的时候能施展才干,抱负。能:能够。

② **能工巧匠**：工艺技术高明的人。能:有能力,有才干。

▶▶链接**古诗词**

问君何能尔? 心远地自偏。

————[东晋]陶渊明《饮酒》(其五)

乱花渐欲迷人眼,浅草才能没马蹄。

————[唐]白居易《钱塘湖春行》

拟(nǐ)

常见义项

① [动]相比,比拟。

例:《咏雪》:"撒盐空中差可~。"

② [动]模仿。

例:《后汉书·张衡传》:"衡乃~班固《两都》作《二京赋》。"

③ [副]打算。

例:《明史》:"~用左通政。"

④ [动]起草。

例:《谭嗣同传》:"命君~旨。"

博古通今

▶▶链接**成语**

无可比拟：没有什么可以比得上的。比拟:比较。

▶▶链接**古诗词**

我爱铜官乐,千年未拟还。

————[唐]李白《铜官山醉后绝句》

龙门涧下濯尘缨,拟作闲人过此生。

————[唐]白居易《龙门下作》

逆(nì)

常见义项

① [动]反着,倒着。

例:《河中石兽》:"遂反溯流~上矣。"

② [动]忤逆。

例:《唐雎不辱使命》:"而君~寡人者,轻寡人与?"

③ [动]迎接。

例:《送东阳马生序》:"寓~旅,主人日再食。"

④ [动]揣测。

例:《孟子·万章上》:"故说诗者,不以文害辞,不以辞害志。以意~志,是谓得之。"

博古通今

▶▶链接**成语**

① **莫逆之交**：指非常要好的朋友。逆:忤逆。

② **忠言逆耳**：正直的劝告听起来不顺耳,但有利于改正缺点错误。逆:忤逆。

▶▶链接**古诗词**

逆旅相逢处,江村日暮时。

————[唐]孟浩然《永嘉上浦馆逢张八子容》

逆行少吉日,时节空复度。

————[唐]杜甫《咏怀二首》

年(nián)

常见义项

① [名]年龄,年岁。

例1:《陈太丘与友期行》:"时~七岁。"

例2:《诫子书》:"~与时驰。"

例3:《愚公移山》:"~且九十。"

例4:《愚公移山》:"以残~余力。"

例5:《醉翁亭记》:"而~又最高。"

② [名]时间单位,岁,载。

例1:《木兰诗》:"壮士十~归。"

例2:《木兰诗》:"同行十二~。"

例3:《岳阳楼记》:"越明~。"

例4:《邹忌讽齐王纳谏》:"期~之后。"

例5:《出师表》:"尔来二十有一~矣。"

③ [名]帝王的年号。

例1:《记承天寺夜游》:"元丰六~。"

例2:《岳阳楼记》:"庆历四~。"

例3:《湖心亭看雪》:"崇祯五~。"

例4:《曹刿论战》:"十~春。"

例5:《陈涉世家》:"二世元~。"

博古通今

▶▶链接**成语**

度日如年：过一天像过一年那样长。形容日子很不好过。

►►链接古诗词

布衾多年冷似铁,娇儿恶卧踏里裂。

——[唐]杜甫《茅屋为秋风所破歌》

巴山楚水凄凉地,二十三年弃置身。

——[唐]刘禹锡《酬乐天扬州初逢席上见赠》

欲为圣明除弊事,肯将衰朽惜残年!

——[唐]韩愈《左迁至蓝关示侄孙湘》

行人莫问当年事,故国东来渭水流。

——[唐]许浑《咸阳城东楼》

莫笑农家腊酒浑,丰年留客足鸡豚。

——[宋]陆游《游山西村》

念(niàn)

常见义项

① [动]考虑,思索。

例1:《记承天寺夜游》:"~无与为乐者。"

例2:《陈涉世家》:"陈胜、吴广喜,~鬼。"

② [动]想念,惦念。

例:《战国策·赵策四》:"~悲其远也。"

③ [动]诵读。

例:《汉书·张禹传》:"欲为《论》,~张文。"

④ [名]想法,念头。

例:《祭妹文》:"一~之贞。"

博古通今

►►链接成语

① 念念有词:现多用来指人自言自语,说个不停。念:诵读。

② 念念不忘:时时刻刻惦记着,不能忘怀。念念:时刻想着。

►►链接古诗词

念此私自愧,尽日不能忘。

——[唐]白居易《观刈麦》

念天地之悠悠,独怆然而涕下!

——[唐]陈子昂《登幽州台歌》

念去去,千里烟波,暮霭沉沉楚天阔。

——[宋]柳永《雨霖铃·寒蝉凄切》

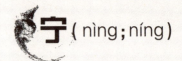

宁(nìng;níng)

常见义项

宁¹ nìng

① [副]岂,难道。

例:《陈涉世家》:"王侯将相~有种乎!"

② [副]竟,乃。

例:《诗经·小雅·小弁》:"心之忧矣,~莫之知。"

③ [副]宁愿,宁可。

例:《韩非子·外储说左上》:"~信度,无自信也。"

宁² níng

[形]安定,安宁,平息。

例1:《诫子书》:"非~静无以致远。"

例2:《诗经·小雅·棠棣》:"丧乱既平,既安且~。"

博古通今

►►链接成语

① 宁缺毋滥:宁可缺少,也不能不顾质量,一味求多凑数。毋:不要。滥:过多,没有限制。

② 鸡犬不宁:鸡犬都不得安宁。形容骚扰得很厉害。

►►链接古诗词

宁为百夫长,胜作一书生。

——[唐]杨炯《从军行》

宁可枝头抱香死,何曾吹落北风中。

——[宋]郑思肖《寒菊》

怒(nù)

常见义项

① [动]发怒,生气。

例:《陈太丘与友期行》:"友人便~曰:'非人哉!'"

② [名]怒气。

例:《唐雎不辱使命》:"怀~未发,休祲降于天。"

③ [动]奋起,奋发。

例:《北冥有鱼》:"~而飞,其翼若垂天之云。"

博古通今

►►链接成语

① 心花怒放:指极其高兴。

② 怒发冲冠:头发竖立将帽子顶起,形容十分愤怒。

▶▶链接古诗词

吏呼一何怒!妇啼一何苦!

——[唐]杜甫《石壕吏》

怒发冲冠,凭栏处、潇潇雨歇。

——[宋]岳飞《满江红·写怀》

女(nǚ;rǔ)

常见义项

女¹ nǚ

① [形]女性。

例:《关雎》:"窈窕淑~,君子好逑。"

② [名]女儿。

例:《咏雪》:"公大笑乐。即公大兄无奕~,左将军王凝之妻也。"

③ [动]以女嫁人。

例:《左传》:"宋雍氏~于郑庄公。"

女² rǔ

[代]同"汝",你,你们。

例:《富贵不能淫》:"往之~家,必敬必戒,无违夫子!"

博古通今

▶▶链接成语

① 郎才女貌:男子有才,女子貌美。比喻姻缘结合十分美满。

② 女中豪杰:形容女性出类拔萃,具有男子气概的女子。

▶▶链接古诗词

窈窕淑女,君子好逑。

——[先秦]佚名《诗经·关雎》

商女不知亡国恨,隔江犹唱后庭花。

——[唐]杜牧《泊秦淮》

无为在歧路,儿女共沾巾。

——[唐]王勃《送杜少府之任蜀州》

畔(pàn)

常见义项

① [名]田界。

例:《左传》:"行无越思,如农之有~。"

② [名]旁边。

例:《酬乐天扬州初逢席上见赠》:"沉舟侧~千帆过,病树前头万木春。"

③ [动]同"叛",背叛、叛乱。

例:《得道多助,失道寡助》:"寡助之至,亲戚~之。"

博古通今

▶▶链接成语

① 离经畔道:背离占统治地位的思想和行为规范。畔:同"叛",背叛。

② 越畔之思:考虑问题不越界限。指严守自己的职责,不侵扰他人的权限。畔:田地的界限。

▶▶链接古诗词

沉舟侧畔千帆过,病树前头万木春。

——[唐]刘禹锡《酬乐天扬州初逢席上见赠》

身向云山那畔行,北风吹断马嘶声,深秋远塞若为情!

——[清]纳兰性德《浣溪沙·身向云山那畔行》

骈(pián)

常见义项

① [名]两马并驾一车。

例:《尚书大传》:"命于其君,然后得乘饰车~马。"

② [动]并列。

例:《马说》:"~死于槽枥之间。"

③ [动]连接,合并。

例:《庄子·骈拇》:"是故~于足者,连无用之肉也。"

④ [动]聚集,罗列。

例:《后汉书·班固传下》:"陈师案屯,~部曲,列校队。"

博古通今

▶▶链接成语

① 骈拇枝指:比喻多余的或不必要的事物。骈拇:脚上的大拇指与第二趾相连。枝指:指手上大拇指或小拇指旁边多长出来的一个手指。

② 骈四俪六:指骈体文应用四字句六字句来排比对偶。骈:对偶,并列。俪:并列。

▶▶链接古诗词

风露满笑眼,骈岩杂舒坠。

——[唐]李贺《昌谷诗》

古代汉语常用字词学习手册[初中卷]

空骑内厩马,天仗随云骈。

——[宋]苏轼《次韵子由送家退翁知怀安军》

 平(píng)

常见义项

① [动]铲平,削平。

例1:《愚公移山》:"毕力~险。"

例2:《愚公移山》:"何苦而不~?"

② [形]平坦。

例:《桃花源记》:"土地~旷。"

③ [形]公平。

例:《出师表》:"以昭陛下~明之理。"

博古通今

▶▶链接成语

① 心平气和:心里平和,不急躁,不生气。指思想或精神平静,没有不安或压抑的感情;也指抑制或重新克制住了自己的感情,平静下来。

② 平分秋色:比喻双方各得一半。

▶▶链接古诗词

马上相逢无纸笔,凭君传语报平安。

——[唐]岑参《逢入京使》

山随平野尽,江入大荒流。

——[唐]李白《渡荆门送别》

孤山寺北贾亭西,水面初平云脚低。

——[唐]白居易《钱塘湖春行》

八月湖水平,涵虚混太清。

——[唐]孟浩然《望洞庭湖赠张丞相》

河流大野犹嫌束,山入潼关不解平。

——[清]谭嗣同《潼关》

 圃(pǔ)

常见义项

① [名]种植蔬菜瓜果花木的园子。

例:《卖油翁》:"尝射于家~,有卖油翁释担而立,睨之久而不去。"

② [动]种菜。也指种植瓜果蔬菜的人。

例:《论语·子路》:"子曰:'吾不如老农。'请学为~。"

③ [形]茂盛。

例:《国语·周语中》:"国有郊牧,疆有寓望,薮有~草。"

博古通今

▶▶链接成语

玄圃积玉:比喻文辞华美,字字珠玑。

▶▶链接古诗词

别有青门外,空怀玄圃仙。

——[唐]骆宾王《游灵公观》

花圃春风邀客醉,茅檐秋雨对僧棋。

——[唐]李咸用《题陈处士山居》

 暴(pù;bào)

常见义项

暴¹ pù

① [动]晒。

例1:《孟子·滕文公上》:"秋阳以~之。"

例2:成语"一~(曝)十寒"。

② [动]暴露,显露。

例1:《报任安书》:"其所摧败,功亦足以~于天下矣。"

例2:《六国论》:"~霜露,斩荆棘,以有尺寸之地。"

例3:《元史·段直传》:"以兵死而~露者,收而瘗之。"

暴² bào

① [形]凶恶,残暴。

例1:《陈涉世家》:"伐无道,诛~秦。"

例2:《元史·张养浩传》:"其党~庚为害。"

② [形]又猛又急的。

例:《礼记·月令》:"行夏令,则国多~风。"

③ [形]暴躁,急躁。

例1:《孔雀东南飞》:"性行~如雷。"

例2:《聊斋志异·促织》:"虫~怒。"

④ [副]突然。

例:《狼》:"屠~起。"

⑤ [动]欺凌,损害。

例:《庄子·盗跖》:"自是之后,以强凌弱,以众~寡。"

⑥ [动]徒手搏击。

例:《诗经·小雅·小旻》:"不敢~虎,不敢冯河。"

博古通今

▶▶链接成语

① 一暴十寒：原意是晒一天，冻十天，植物便不能很好地生长。现比喻做事没有恒心，经常间断。也作"十寒一暴"。暴：也作"曝"，晒。

② 自暴自弃：自己糟蹋自己，自己鄙弃自己。指自己甘心落后或堕落，不求上进。暴：糟蹋，损害。弃：抛弃。

③ 暴虎冯河：空手打虎，徒步过河。比喻做事有勇无谋，冒险行事。暴：空手搏斗。冯：也作"凭"。冯河：徒步涉水过河。

▶▶链接古诗词

吾徒胡为纵此乐，暴殄天物圣所哀。

—— [唐]杜甫《又观打鱼》

雨轻风色暴，梅子青时节。

—— [宋]张先《千秋岁·数声鶗鴂》

暴雨过云聊一快，未妨明月却当空。

—— [宋]苏轼《慈湖夹阻风》

风怒欲拔木，雨暴欲掀屋。

—— [宋]陆游《十月二十八日风雨大作》

 **期**（qī；jī）

常见义项

期¹ qī

① [动]约定。

例：《陈太丘与友期行》："陈太丘与友~行。"

② [名]预定的时间，选定的日子，期限。

例：《陈太丘与友期行》："~日中。"

期² jī

一周年，一整月。

例：《邹忌讽齐王纳谏》："~年之后，虽欲言，无可进者。"

博古通今

▶▶链接成语

① 遥遥无期：形容离达到目标的时间还很长。期：期限。

② 不期而然：没有希望它这样，竟然就这样了。表示出乎意外。期：希望。然：如此。

▶▶链接古诗词

门闲故吏去，室静老僧期。

—— [唐]刘禹锡《罢郡归洛阳寄友人》

偶然值林叟，谈笑无还期。

—— [唐]王维《终南别业》

 **戚**（qī）

常见义项

① [名]斧，古代的一种兵器。

例：《韩非子》："执干~舞。"

② [名]亲，亲戚。

例：《得道多助，失道寡助》："寡助之至，亲~畔之。"

③ [名]忧愁，悲伤。

例1：《论语》："君子坦荡荡，小人长~~。"

例2：《庄子·大宗师》："哭泣无涕，中心无~。"

博古通今

▶▶链接成语

① 皇亲国戚：皇帝的亲戚。比喻极有权势的人。戚：亲戚。

② 休戚与共：彼此之间忧喜祸福都共同承受。形容同甘共苦。戚：忧愁，祸患。

▶▶链接古诗词

以此自惭惕，戚戚常寡欢。

—— [唐]白居易《游悟真寺诗》

戚戚抱幽独，宴宴沉荒居。

—— [唐]孟郊《哀孟云卿嵩阳荒居》

 **起**（qǐ）

常见义项

① [动]上升，飞起。

例：《咏雪》："未若柳絮因风~。"

② [动]站起，起来，跳起。

例1：《醉翁亭记》："~坐而喧哗者。"

例2：《唐雎不辱使命》："挺剑而~。"

例3：《狼》："屠暴~。"

古代汉语常用字词学习手册 初中卷

例4:《陈涉世家》:"广~,夺而杀尉。"

③ [动]出发,动身。

例:《记承天寺夜游》:"欣然~行。"

④ [动]兴起,发动。

例:《三国志·诸葛亮传》:"将军~兵。"

博古通今

▶▶链接成语

白手起家:形容在原来没有基础或条件很差的情况下创立起一番事业或家业。起家:创立家业。

▶▶链接古诗词

溪云初起日沉阁,山雨欲来风满楼。

—— [唐]许浑《咸阳城东楼》

四面边声连角起,千嶂里,长烟落日孤城闭。

—— [宋]范仲淹《渔家傲·秋思》

晨起动征铎,客行悲故乡。

—— [唐]温庭筠《商山早行》

起舞弄清影,何似在人间。

—— [宋]苏轼《水调歌头·明月几时有》

惊起却回头,有恨无人省。

—— [宋]苏轼《卜算子·黄州定慧院寓居作》

讫(qì)

常见义项

① [动]终止,完毕。

例:《活板》:"用~再火令药熔。"

② [副]尽,都。

例:《后汉书·礼仪志上》:"洁者,言阳气布畅,万物~出,始洁之矣。"

③ [形]近。

例:《扬州谢到任表》:"~者支郡养疴,裁能免咎。"

博古通今

▶▶链接成语

讫情尽意:指尽量满足自己的情感和心意,不加控制。

▶▶链接古诗词

卫人嘉其勇义兮,讫于今而称云。

—— [东汉]班昭《东征赋》

当仁自古有不让,言讫屡领天子颐。

—— [唐]李商隐《韩碑》

迁(qiān)

常见义项

① [动]向上移,迁移。

例:《史记·秦始皇本纪》:"~其民于临洮。"

② [动]避开,离散。

例:《诗经·小雅·巷伯》:"岂不尔受,既其女~。"

③ [动]贬谪,放逐。

例:《岳阳楼记》:"~客骚人,多会于此。"

博古通今

▶▶链接成语

① 见异思迁:看到另一个事物就想改变原来的主意。指意志不坚定,喜爱不专一。

② 情随事迁:情况变了,思想感情也随着起了变化。

▶▶链接古诗词

出自幽谷,迁于乔木。

—— [先秦]佚名《诗经·小雅·伐木》

莫道谗言如浪深,莫言迁客似沙沉。

—— [唐]刘禹锡《浪淘沙》

潜(qián)

常见义项

① [动]没入水中的活动。

例:《诗经·小雅·鹤鸣》:"鱼~在渊,或在于渚。"

② [动]隐藏,深藏。

例:《岳阳楼记》:"日星隐曜,山岳~形。"

③ [副]秘密地,偷偷地。

例:《三国志·魏书·武帝纪》:"公乃多设疑兵,~以舟载兵入渭。"

④ [形]深。

例:《七启》:"出山岫之~穴,倚峻崖而嬉游。"

博古通今

▶▶链接成语

① 潜移默化:指人的思想或性格不知不觉受到感染、影响而发生了变化。

② 潜形匿迹：躲藏起来,不露形迹。

►►链接古诗词

随风潜入夜,润物细无声。

——[唐]杜甫《春夜喜雨》

怀器潜山泽,逢时起薜萝。

——[宋]陆游《莫仲谦挽词》

摇翅潜形速,先声逐队空。

——[清]朱彝尊《响竹》

前(qián)

常见义项

① [动]向前,前进,上前。

例1:《战国策·齐策四》:"齐宣王见颜斶,曰:'斶~!'斶亦曰:'王~!'"

例2:《桃花源记》:"复~行,欲穷其林。"

例3:《狼》:"狼不敢~。"

例4:《魏书·高允传》:"允乞更一见,然后为诏。诏引~。"

例5:《梅花岭记》:"诸将果争~抱持之。"

例6:《醉书斋记》:"逾时或犹未食,无敢~请者。"

例7:《宋史·岳飞传》:"有枭将舞刀而~。"

② [动]导引。

例:《仪礼·士虞礼》:"祝~尸出户,踊如初。"

③ [名]表示方位,指正面的或位次在前的。与"后"相对。

例1:《狼》:"乃悟~狼假寐。"

例2:《狼》:"犬坐于~。"

例3:《狼》:"恐~后受其敌。"

例4:《狼》:"其一犬坐于~。"

例5:《醉翁亭记》:"~者呼,后者应。"

例6:《啸亭杂录》:"汝有何禀告,可众~言之。"

④ [名]表示时间,指发生在前的、过去的。与"后"相对。

例1:《岳阳楼记》:"~人之述备矣。"

例2:《〈精骑集〉序》:"悔~所为。"

例3:《闲情偶寄·芙蕖》:"~此后此皆属过而不问之秋也。"

⑤ [动]预先。

例:《礼记·中庸》:"事~定则不困。"

⑥ [名]前面。

例:《醉翁亭记》:"杂然而~陈者。"

博古通今

►►链接成语

① 前仆后继：前面的人倒下了,后面的人跟着上,形容不怕牺牲,英勇奋斗。前:顺序在先的。

② 前车之鉴：前面车子翻了,后面的车子可以此作为教训。比喻前人的失败,后人可以当作教训。

③ 史无前例：历史上从来没有过的事,即前所未有。

►►链接古诗词

沉舟侧畔千帆过,病树前头万木春。

——[唐]刘禹锡《酬乐天扬州初逢席上见赠》

莫愁前路无知己,天下谁人不识君。

——[唐]高适《别董大二首》(其一)

惟有门前镜湖水,春风不改旧时波。

——[唐]贺知章《回乡偶书二首》(其二)

七八个星天外,两三点雨山前。

——[宋]辛弃疾《西江月·夜行黄沙道中》

遣(qiǎn)

常见义项

① [动]派遣,使离去。

例1:《卖油翁》:"康肃笑而~之。"

例2:《桃花源记》:"太守即~人随其往,寻向所志。"

② [动]排除,排遣。

例:《黄冈竹楼记》:"手执《周易》一卷,焚香默坐,消~世虑。"

③ [动]使,令。

例:《劳劳亭》:"春风知别苦,不~柳条青。"

④ [动]运用。

例:《文赋》:"歌者应弦而~声。"

博古通今

►►链接成语

① 遣兵调将：犹调兵遣将,意思是调遣兵力、将领,泛指调配人力。亦作"遣将调兵""遣将征兵"。遣:派遣,使离去。

② 遣词造意：指写文章、说话时的用词立意。同"遣辞措意"。遣:运用。

►►链接古诗词

便可速遣之,遣去慎莫留。

——[两汉]佚名《孔雀东南飞》

汉家旌帜满阴山,不遣胡儿匹马还。

　　——[唐]戴叔伦《塞上曲二首》(其一)
持节云中,何日遣冯唐?

　　——[宋]苏轼《江城子·密州出猎》

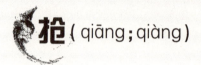

抢 (qiāng;qiàng)

常见义项

抢¹ qiāng

① [动]触,碰撞。

例:《唐雎不辱使命》:"亦免冠徒跣,以头~地尔。"

② [动]逆,挡。

例:《扬都赋》:"艇子~风,榜人逸浪。"

抢³ qiàng

[名]同"戗",在器物上嵌镶金银。

例:《武林旧事·西湖游幸》:"理宗时亦尝制一舟,悉用香楠木~金为之。"

博古通今

▶▶链接成语

① 哭天抢地:嘴里喊着天,头撞着地大声哭叫。抢:触,碰。

② 兵戈抢攘:形容战争时期社会动荡混乱。抢攘:纷乱的样子。

▶▶链接古诗词

抢攘互间谍,孰辨枭与鸾。

　　——[唐]李商隐《行次西郊作一百韵》
系帆凌震泽,抢雨入盘门。

　　——[宋]晁补之《吴松道中二首》(其二)

切 (qiè)

常见义项

① [形]恳切。

例:《论语》:"博学而笃志,~问而近思,仁在其中矣。"

② [形]严厉,严酷。

例:《文子·尚礼》:"故为政以苛为察,以~为明……大败大裂之道也。"

③ [形]激烈。

例:《为裴相公让官表》:"旋以论事过~,为宰臣所非。"

博古通今

▶▶链接成语

① 切肤之痛:亲身受到的痛苦。比喻亲身经历的、感受极为深刻的痛苦。切肤:切身,亲身。

② 切中时弊:指批评时事,正好击中社会的弊病。切中:正好击中。

▶▶链接古诗词

望越心初切,思秦骞已斑。

　　——[唐]宋之问《登北固山》
若论来往乡心切,须是烟波岛上人。

　　——[唐]张乔《春日游曲江》
乡心新岁切,天畔独潸然。

　　——[唐]刘长卿《新年作》

窃 (qiè)

常见义项

① [动]偷,盗。

例:《大道之行也》:"是故谋闭而不兴,盗~乱贼而不作。"

② [副]偷偷地,暗中。

例:《韩非子·内储说上》:"丽水之中生金,人多~采金。"

③ [副]谦辞,私自,私下。

例:《战国策·赵策四》:"老臣~以为媪之爱燕后,贤于长安君。"

博古通今

▶▶链接成语

① 鼠窃狗盗:像鼠、狗那样小量地窃取偷盗。指小偷小摸。也作"狗盗鼠窃"。窃:偷。

② 窃窃私语:私下里小声交谈。也作"切切私语"。窃窃:声音细微。语:说话。

▶▶链接古诗词

闲居非陈厄,窃有愠言见。

　　——[东晋]陶渊明《咏贫士》(其二)

窃攀屈宋宜方驾,恐与齐梁作后尘。

——[唐]杜甫《戏为六绝句》(其五)

狂风吹古月,窃弄章华台。

——[唐]李白《司马将军歌》

 亲(qīn)

常见义项

① [名]内外亲属。

例:《得道多助,失道寡助》:"寡助之至,~戚畔之。"

② [动]以……为亲,亲近。

例1:《大道之行也》:"不独~其亲。"

例2:《出师表》:"~贤臣,远小人。"

例3:《荆轲刺秦王》:"今行而无信,则秦未可~也。"

③ [名]父母。

例1:《大道之行也》:"不独亲其~。"

例2:《送东阳马生序》:"其将归见其~也。"

④ [副]亲自。

例:《诗经·大雅·韩奕》:"王~命之。"

博古通今

▶▶链接**成语**

① **大义灭亲**:为了维护正义或人民的利益,对违法犯罪的亲人也不徇私情,使之受到应有的惩处。亲:亲属。

② **事必躬亲**:凡事都一定要自己亲自去做。躬亲:亲自做。

▶▶链接**古诗词**

独在异乡为异客,每逢佳节倍思亲。

——[唐]王维《九月九日忆山东兄弟》

为报倾城随太守,亲射虎,看孙郎。

——[宋]苏轼《江城子·密州出猎》

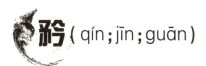 矜(qín;jīn;guān)

常见义项

矜¹ qín

[名]长矛的柄。

例:《过秦论》:"锄耰棘~,非铦于钩戟长铩也。"

矜² jīn

① [形]夸耀。

例:《卖油翁》:"公亦以此自~。"

② [动]怜悯,同情。

例:《左传·僖公十五年》:"吾怨其君而~其民。"

③ [形]持重,慎重。

例:《论语·卫灵公》:"君子~而不争,群而不党。"

④ [动]注重,崇尚。

例:《汉书·贾谊传》:"婴以廉耻,故人~节行。"

矜³ guān

[名]同"鳏",老而无妻。

例:《大道之行也》:"~、寡、孤、独、废疾者皆有所养。"

博古通今

▶▶链接**成语**

① **矜功恃宠**:自夸功高,依仗恩宠。矜:自高自大。

② **矜情作态**:故意做作。作态:故意作出一种姿态。

▶▶链接**古诗词**

野人矜险绝,水竹会平分。

——[唐]杜甫《秦州杂诗二十首》

为孤情淡韵、判不宜春,矜标格、开向晚秋时候。

——[清]纳兰性德《洞仙歌·咏黄葵》

 卿(qīng)

常见义项

① [名]古时高级长官或爵位的称谓。

例:《送东阳马生序》:"犹幸预君子之列,而承天子之宠光,缀公~之后。"

② [名\古代君对臣的爱称。朋友、夫妇间也以"卿"为爱称。

例:《孙权劝学》:"~今当涂掌事,不可不学!"

博古通今

▶▶链接**成语**

① **卿卿我我**:形容夫妻或相爱的男女十分亲昵。

② **白衣卿相**:唐代人极看重进士,宰相多由进士出身,故推重进士为白衣卿相,是说虽是白衣之士,但享有卿相的资望。

古代汉语常用字词学习手册[初中卷]

►►链接古诗词

我醉欲眠卿且去,明朝有意抱琴来。

——[唐]李白《山中与幽人对酌》

文章已满行人耳,一度思卿一怆然。

——[唐]李忱《吊白居易》

常见义项

① [动]轻视。

例1:《卖油翁》:"尔安敢~吾射!"

例2:《唐雎不辱使命》:"而君逆寡人者,~寡人与?"

② [形]分量小,与"重"相对。

例:《报任少卿书》:"人固有一死,或重于泰山,或~于鸿毛。"

③ [形]轻易,随便。

例:《盐铁论·刑德》:"千仞之高,人不~凌。"

④ [形]轻佻,轻浮。

例:《国语·周语中》:"师~而骄。"

博古通今

►►链接成语

① 轻而易举:形容事情很容易做,不费力气。

② 轻举妄动:指不经慎重考虑,轻率地采取行动。轻:轻率。妄:任意。

►►链接古诗词

轻舟短棹西湖好,绿水逶迤。芳草长堤,隐隐笙歌处处随。

——[宋]欧阳修《采桑子·轻舟短棹西湖好》

竹杖芒鞋轻胜马,谁怕?一蓑烟雨任平生。

——[宋]苏轼《定风波·莫听穿林打叶声》

常见义项

① [形](水)清澈,与"浊"相对。

例1:《爱莲说》:"予独爱莲之出淤泥而不染,濯~涟而不妖。"

例2:《三峡》:"~荣峻茂,良多趣味。"

② [形]清芬,清香。

例:《爱莲说》:"香远益~,亭亭净植。"

③ [名]清波,清水。

例:《三峡》:"春冬之时,则素湍绿潭,回~倒影。"

④ [形]凄清,冷清。

例:《小石潭记》:"以其境过~,不可久居。"

博古通今

►►链接成语

山清水秀:指山水秀丽,风景优美。

►►链接古诗词

八月湖水平,涵虚混太清。

——[唐]孟浩然《望洞庭湖赠张丞相》

金樽清酒斗十千,玉盘珍羞直万钱。

——[唐]李白《行路难》(其一)

起舞弄清影,何似在人间。

——[宋]苏轼《水调歌头·明月几时有》

醉后不知天在水,满船清梦压星河。

——[元]唐珙《题龙阳县青草湖》

常见义项

倾¹ qīng

① [动]斜,侧,偏斜。

例:《送东阳马生序》:"俯身~耳以请;或遇其叱咄,色愈恭,礼愈至。"

② [动]倒塌,倾覆。

例1:《岳阳楼记》:"商旅不行,樯~楫摧。"

例2:《出师表》:"亲小人,远贤臣,此后汉所以~颓也。"

例3:《出师表》:"后值~覆,受任于败军之际,奉命于危难之间。"

③ [动]倾尽,全部倒出。

例:《三国志·蜀志·董和传》:"货殖之家,侯服玉食,婚姻葬送,~家竭产。"

④ [动]压倒,胜过。

例:《汉书·田蚡传》:"蚡新用事,卑下宾客,进名士家居者贵之,欲以~诸将相。"

博古通今

▶▶链接**成语**

① **倾巢而出**：比喻敌人出动全部兵力进行侵扰。

② **倾国倾城**：形容女子容貌极美。

▶▶链接**古诗词**

春江花朝秋月夜，往往取酒还独倾。

—— [唐]白居易《琵琶行并序》

为报倾城随太守，亲射虎，看孙郎。

—— [宋]苏轼《江城子·密州出猎》

情（qíng）

常见义项

① [名]**感情，情绪**。

例1：《岳阳楼记》："览物之~，得无异乎？"

例2：《送友人》："浮云游子意，落日故人~。"

例3：《隆中对》："于是与亮~好日密。"

② [名]**真情，实情**。

例：《曹刿论战》："虽不能察，必以~。"

③ [名]**神情，表情**。

例1：《核舟记》："罔不因势象形，各具~态。"

例2：《核舟记》："神~与苏、黄不属。"

④ [名]**特指爱情**。

例：《长恨歌》："唯将旧物表深~。"

博古通今

▶▶链接**成语**

① **情不自禁**：感情激动得不能控制。强调完全被某种感情所支配。

② **情窦初开**：指刚刚懂得爱情（多指少女）。

③ **情非得已**：指情况出于不得已。

④ **情景交融**：指文艺作品中环境的描写、气氛的渲染与人物思想感情的抒发结合得很紧密。

▶▶链接**古诗词**

转轴拨弦三两声，未成曲调先有情。

—— [唐]白居易《琵琶行并序》

此情可待成追忆，只是当时已惘然。

—— [唐]李商隐《锦瑟》

两情若是久长时，又岂在朝朝暮暮。

—— [宋]秦观《鹊桥仙·纤云弄巧》

多情自古伤离别，更那堪，冷落清秋节！

—— [宋]柳永《雨霖铃·寒蝉凄切》

秋（qiū）

常见义项

① [名]**秋季，秋天**。

例：《核舟记》："天启壬戌~日，虞山王毅叔远甫刻。"

② [动]**衰老，破败**。

例：《高阳台·送翠英》："飞莺纵有风吹转，奈旧家苑已成~。"

③ [名]**年**。

例：《金陵歌送别范宣》："四十余帝三百~。"

④ [名]**时候，时期**。

例：《出师表》："此诚危急存亡之~也。"

⑤ [动]**飞舞，腾跃**。

例：《汉书·礼乐志》："飞龙~，游上天。"

博古通今

▶▶链接**成语**

① **秋高气爽**：形容天空晴朗明净，气候凉爽宜人。秋：秋季。

② **千秋万代**：形容时间久远。秋：年。

▶▶链接**古诗词**

秋风萧瑟，洪波涌起。

—— [东汉]曹操《观沧海》

峨眉山月半轮秋，影入平羌江水流。

—— [唐]李白《峨眉山月歌》

自古逢秋悲寂寥，我言秋日胜春朝。

—— [唐]刘禹锡《秋词》（其一）

角声满天秋色里，塞上燕脂凝夜紫。

—— [唐]李贺《雁门太守行》

秋草独寻人去后，寒林空见日斜时。

—— [唐]刘长卿《长沙过贾谊宅》

求（qiú）

常见义项

① [动]**寻找，寻求**。

例1：《河中石兽》："僧募金重修，~二石兽于水中。"

例2：《穿井得一人》："~闻之若此，不若无闻也。"

② [动]探索,探求。

例:《岳阳楼记》:"予尝~古仁人之心,或异二者之为。"

③ [动]乞求,请求。

例1:《邹忌讽齐王纳谏》:"客之美我者,欲有~于我也。"

例2:《送东阳马生序》:"有司业、博士为之师,未有问而不告,~而不得者也。"

④ [动]希求,追求。

例1:《诗经·关雎》:"~之不得,寤寐思服。"

例2:《出师表》:"不~闻达于诸侯。"

⑤ [动]索取。

例:《伤仲永》:"仲永生五年,未尝识书具,忽啼~之。"

⑥ [动]选择,选取。

例:《论衡·讥日》:"作车不~良辰,裁衣独~吉日。"

⑦ [动]要求,责求。

例:《马说》:"安~其能千里也?"

博古通今

▶▶链接**成语**

① 求同存异:找出共同点,保留不同意见。

② 梦寐魂求:做梦的时候都在追求。形容迫切地期望着。

▶▶链接**古诗词**

路漫漫其修远矣,吾将上下而求索。

—— [先秦]屈原《离骚》

宣室求贤访逐臣,贾生才调更无伦。

—— [唐]李商隐《贾生》

屈(qū)

常见义项

① [动]弯曲。

例1:《杞人忧天》:"若~伸呼吸,终日在天中行止,奈何忧崩坠乎?"

例2:《送东阳马生序》:"手指不可~伸。"

② [动]使屈服。

例:《富贵不能淫》:"富贵不能淫,贫贱不能移,威武不能~。此之谓大丈夫。"

③ [动]委屈。

例:《出师表》:"先帝不以臣卑鄙,猥自枉~。"

博古通今

▶▶链接**成语**

① 首屈一指:屈指计算时,首先弯下大拇指。表示居首位。屈:弯屈。

② 威武不屈:在强暴的压力下不屈服。形容人坚强,有骨气。屈:屈服。

▶▶链接**古诗词**

空摧芳桂色,不屈古松姿。

—— [唐]李白《赠易秀才》

才高心不展,道屈善无邻。

—— [唐]杜甫《寄李十二白二十韵》

驱(qū)

常见义项

① [动]赶马。

例1:《野望》:"牧人~犊返,猎马带禽归。"

例2:《诗经·唐风·山有枢》:"子有车马,弗驰弗~。"

例3:《周亚夫军细柳》:"将军约,军中不得~驰。"

例4:《兵车行》:"被~不异犬与鸡。"

② [动]驱赶,驱逐。

例1:《卖炭翁》:"一车炭,千余斤,宫使~将惜不得。"

例2:《左传·桓公十二年》:"~楚役徒于山中。"

例3:《孔雀东南飞》:"我自不~卿。"

③ [动]追随,追赶。

例1:《狼》:"两狼之并~如故。"

例2:《文选·嵇康·琴赋》:"双美并进,骈驰翼~。"

④ [动]奔驰,行走。

例:《文心雕龙·神思》:"我才之多少,将与风云而并~矣。"

⑤ [名][先驱]先行引导的人员。

例:《周亚夫军细柳》:"天子先~至。"

⑥ [动][驱驰]奔走效劳。

例:《出师表》:"遂许先帝以~驰。"

⑦ [动]驱使,迫使。

例:《乞食》:"饥来~我去,不知竟何之。"

博古通今

▶▶链接成语

① 长驱直入：形容军队以不可阻挡之势向前挺进。驱：快跑。

② 为渊驱鱼：原比喻残暴的统治迫使自己一方的百姓投向敌方。现多比喻不会团结人，把一些本来可以团结过来的人赶到敌对方面去。驱：赶走。

▶▶链接古诗词

向晚意不适，驱车登古原。

—— [唐]李商隐《登乐游原》

牧人驱犊返，猎马带禽归。

—— [唐]王绩《野望》

暮云空碛时驱马，秋日平原好射雕。

—— [唐]王维《出塞作》

策马自沙漠，长驱登塞垣。

—— [唐]高适《蓟中作》

趋（qū）

常见义项

① [动]快步走，跑。

例：《送东阳马生序》："尝~百里外。"

② [动]奔向，奔赴。

例：《韩非子·难一》："夫仁义者，忧天下之害，~一国之患。"

③ [动]追逐。

例：《吕氏春秋·必己》："于是相与~之，行三十里，及而杀之。"

博古通今

▶▶链接成语

① 趋之若鹜：像鸭子一样，成群地跑过去，形容许多人争着去追逐某种事物（含贬义）。趋：快步走，跑。

② 趋炎附势：指奉承、依附有权势的人。趋：追逐。

▶▶链接古诗词

蝉眼龟形脚似蛛，未曾正面向人趋。

—— [唐]李贞白《咏蟹》

眼见长江趋大海，青天却似向西飞。

—— [清]孔尚任《北固山看大江》

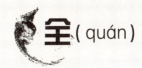

全（quán）

常见义项

① [形]整个，全部。

例：《小石潭记》："~石以为底。"

② [动]保全。

例：《出师表》："苟~性命于乱世。"

③ [形]齐全，完备。

例：《庄子与惠子游于濠梁之上》："~矣！"

博古通今

▶▶链接成语

① 求全责备：对人对事物要求十全十美，毫无缺点。

② 全神贯注：全部精神集中在一点上。形容注意力高度集中。贯注：集中。

③ 全心全意：投入全部精力，毫无保留。

④ 委曲求全：勉强迁就，以求保全；为了顾全大局而暂时忍让。

▶▶链接古诗词

下有青污泥，馨香无复全。

—— [唐]白居易《京兆府栽莲》

人有悲欢离合，月有阴晴圆缺，此事古难全。

—— [宋]苏轼《水调歌头·明月几时有》

粉身碎骨全不怕，要留清白在人间。

—— [明]于谦《石灰吟》

官船来往乱如麻，全仗你抬声价。

—— [明]王磐《朝天子·咏喇叭》

全家白骨成灰土，一代红妆照汗青。

—— [清]吴伟业《圆圆曲》

犬（quǎn）

常见义项

① [名]古时特指大狗，后来犬、狗通名。

例1：《桃花源记》："鸡~相闻。"

例2：《说文》："~，狗之有县蹄者也。"

例3：《礼记·曲礼》："效~者，左牵之。"

例4：《小石潭记》："其岸势~牙差互。"

古代汉语常用字词学习手册[初中卷]

② [副]名词作状语,像狗……一样。

例:《狼》:"其一~坐于前。"

③ [名]旧时常用为自谦或鄙斥他人之词。

例:~妇(对人谦称儿媳妇)。~马之齿(谦称自己的年龄)。~儿(犹言小奴才)。~马(旧时臣子对君上的自卑之称;喻小人)。

博古通今

▶▶链接成语

① 犬马之劳:表示愿意像犬马那样忠诚地为主子效劳奔走。现比喻心甘情愿为别人效劳。也作"犬马之力"。犬马:古时臣子对君主常自比为犬马。

② 丧家之犬:原指有丧事人家的狗,因主人忙于丧事而得不到喂养。后指无家可归的狗。比喻失去依靠而无处投奔、到处乱窜的人。犬:狗。

③ 鸡犬升天:比喻一个人得势,和他有关系的人也随之发迹。也说"一人得道,鸡犬升天"。

▶▶链接古诗词

柴门闻犬吠,风雪夜归人。

——[唐]刘长卿《逢雪宿芙蓉山主人》

宁做太平犬,莫做离乱人!

——[明]佚名《增广贤文·下集》

犬吠水声中,桃花带露浓。

——[唐]李白《访戴天山道士不遇》

篱间犬迎吠,出屋候荆扉。

——[唐]王维《赠刘蓝田》(一作卢象诗)

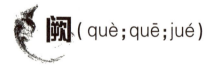

阙(què;quē;jué)

常见义项

阙¹què

① [名]古代王宫、祠庙门前两边的高建筑物。左右各一,中间为通道。又称"观"(guàn)。

例:《诗经·郑风·子衿》:"挑兮达兮,在城~兮。"

② [名]朝廷,帝王所居之处。后也借指京城。

例:《上仁宗皇帝言事书》:"今又蒙恩召还~廷,有所任属。"

阙²quē

① [名]同"缺",空隙,缺口。

例:《三峡》:"两岸连山,略无~处。"

② [名]同"缺",缺点,错误,过失。

例:《出师表》:"必能裨补~漏,有所广益。"

③ [动]缺乏,缺少。

例:《吕氏春秋·任数》:"耳目心智,其所以知识甚~。"

④ [动]亏损,损伤,使损伤。

例:《烛之武退秦师》:"~秦以利晋,唯君图之。"

阙³jué

[动]同"掘",挖,挖掘。

例:《国语·吴语》:"~为流沟。"

博古通今

▶▶链接成语

① 心存魏阙:不论处身何地,仍关心国家。

② 拾遗补阙:原指大臣对君主指陈过失,补救朝政。现指弥补遗漏和过失。阙:同"缺",缺点,过失。

▶▶链接古诗词

城阙辅三秦,风烟望五津。

——[唐]王勃《送杜少府之任蜀州》

南渡桂水阙舟楫,北归秦川多鼓鼙。

——[唐]杜甫《暮归》

不知天上宫阙,今夕是何年。

——[宋]苏轼《水调歌头·明月几时有》

仁(rén)

常见义项

① [名]仁德。

例1:《论语》:"博学而笃志,切问而近思,~在其中矣。"

例2:《岳阳楼记》:"予尝求古~人之心,或异二者之为,何哉?"

② [名]仁政。

例:《孟子》:"以德行~者王。"

③ [名]恩惠。

例1:《论语》:"则民与子~。"

例2:《伪自由书》:"厚泽深~,遂有天下。"

④ [名]同情,怜悯。

例:《天说》:"呼而怨,欲望其哀且~者,愈大谬矣。"

⑤[动]仁爱,爱护。

例1:《史记·魏公子列传》:"公子为人,~而下士。"

例2:《上时政书》:"(陛下)有~民爱物之意。"

博古通今

▶▶链接 成语

① 仁至义尽:原指古时年终祭祀所谓有功于农事的诸神,以作报答,竭尽仁义之道。后形容对人的爱护、帮助尽到了最大努力。也形容对人的忍让、宽恕达到了最大限度。仁、义:原指古代儒家的仁义之道,现多指对人的仁爱和仗义。至、尽:达到极点。

② 仁言利博:有德行的人说一句话,别人就能得到很大的益处。形容有德行的人说的话非常有益。用于褒义。仁言:仁人之言。利:利益,好处。博:大。

▶▶链接 古诗词

孔丘与之言,仁义莫能奖。

　　　　——[唐]王维《偶然作六首》(其一)

勇夫安识义,智者必怀仁。

　　　　——[唐]李世民《赐萧瑀》

君子抱仁义,不惧天地倾。

　　　　——[唐]王建《赠王侍御》

荣(róng)

常见义项

①[形]茂盛。

例:《三峡》:"清~峻茂,良多趣味。"

②[名]草木的花。

例:《庭中有奇树》:"攀条折其~。"

③[名]荣誉、良好的名声或社会名望。

例:《吕氏春秋》:"天下之民,且死者也而生,且辱者也而~。"

博古通今

▶▶链接 成语

① 荣华富贵:草木开花,比喻兴盛或显达。形容有钱有势。

② 欣欣向荣:形容草木长势繁盛。后比喻事业蓬勃发展,兴旺昌盛。

③ 荣宗耀祖:为祖先增添光荣。旧指光耀门庭。

▶▶链接 古诗词

离离原上草,一岁一枯荣。

　　　　——[唐]白居易《赋得古原草送别》

桃李待日开,荣华照当年。

　　　　——[唐]李白《长歌行》

莫道恩情无重来,人间荣谢递相催。

　　　　——[唐]刘禹锡《秋扇词》

戎(róng)

常见义项

①[名]古时对我国西部民族的称呼。

例:《隆中对》:"西和诸~。"

②[名]战争,军事。

例:《木兰诗》:"万里赴~机。"

③[名]兵器的总称。

例:《诗经·大雅·常武》:"整我六师,以脩我~。"

④[名]军队,士兵。

例:《周易·同人》:"伏~于莽。"

博古通今

▶▶链接 成语

① 投笔从戎:文人从军。

② 戎马倥偬:形容军务紧迫繁忙。

▶▶链接 古诗词

万里赴戎机,关山度若飞。

　　　　——[南北朝]佚名《木兰诗》

戎马关山北,凭轩涕泗流。

　　　　——[唐]杜甫《登岳阳楼》

汝(rǔ)

常见义项

①[代]你,你的,你们。多用于称同辈或后辈。

例1:《卖油翁》:"~亦知射乎?吾射不亦精乎?"

例2:《愚公移山》:"聚室而谋曰:'吾与~毕力平险,指通豫南,达于汉阴,可乎?'"

例3:《愚公移山》:"甚矣,~之不惠!"

例4:《庄子与惠子游于濠梁之上》:"子曰'~安知鱼乐'云者,既已知吾知之而问我。"

古代汉语常用字词学习手册[初中卷]

② [名]水名。淮河的支流。

例:《荀子·议兵》:"～颍以为险。"

博古通今

▶▶链接成语

① 玉汝于成: 苦难和挫折会锻炼你,直至使你成功。多用于艰难困苦条件下。汝:你。玉:像磨玉石一样打磨。

② 尔汝之交: 指不拘形迹,十分亲昵的交情。尔汝:古人彼此以尔汝相称,表示亲昵。

▶▶链接古诗词

知汝远来应有意,好收吾骨瘴江边。

   ——[唐]韩愈《左迁至蓝关示侄孙湘》

寄言向江水,汝意忆侬不。

   ——[唐]李白《秋浦歌十七首》(其一)

锐(ruì)

常见义项

① [动]锋利,锐利。这里活用为使动用法,使……锋利、锐利。

例:《周亚夫军细柳》:"军士吏被甲,～兵刃。"

② [名]武器。

例:《陈涉世家》:"将军身被坚执～。"

③ [形]尖的,尖锐的。顶小底大的形状。

例:《孙子·兵法行军》:"尘高而～者,车来也。"

④ [名]锐气,锋芒。

例:《老子》五十六章:"挫其～,解其纷。"

⑤ [形]精锐。

例:《论衡·非韩》:"六国之兵非不～。"

⑥ [副]迅速,急切。

例:《孟子·尽心上》:"其进～者其退速。"

博古通今

▶▶链接成语

① 锐不可当: 形容来势凶猛,不可抵挡。锐:锐利。当:抵挡。

② 养精蓄锐: 养足精神,积蓄力量。

▶▶链接古诗词

锐士千万人,猛气如熊黑。

   ——[唐]储光羲《同诸公秋日游昆明池思古》

练兵日精锐,杀敌无遗残。

   ——[唐]高适《东平留赠狄司马》

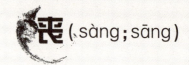

丧(sàng;sāng)

常见义项

丧¹ sàng

① [动]丧失。

例:《鱼我所欲也》:"贤者能勿～耳。"

② [名]死亡。

例:《礼记·檀弓上》:"公仪仲子之～,檀弓免焉。"

③ [名]灭亡,失败。

例:《吕氏春秋·长攻》:"非吴～越,越必～吴。"

④ [形]沮丧。

例:《商君书·更法》:"狂夫之乐,贤者～焉。"

丧² sāng

① [名]丧事,丧礼。

例:《孟子·万章上》:"舜既为天子矣,又帅天下诸侯以为尧三年～。"

② [名]死者的遗体,灵柩。

例:《史记·魏其武安侯列传》:"军法,父子俱从军,有死事,得与～归。"

博古通今

▶▶链接成语

① 丧心病狂: 丧失理智,像发了疯一样。形容言行混乱而荒谬或残忍可恶到了极点。

② 丧尽天良: 完全失去了人性,形容极端残忍、狠毒。

③ 丧魂落魄: 形容非常恐惧的样子。

▶▶链接古诗词

自经丧乱少睡眠,长夜沾湿何由彻!

   ——[唐]杜甫《茅屋为秋风所破歌》

古时丧乱皆可知,人世悲欢暂相遣。

   ——[唐]杜甫《清明》

稍(shāo)

常见义项

① [副]逐渐。

例:《史记·绛侯周勃世家》:"吏～侵辱之。"

②[副]略微。

例1:《活板》:"药~镕。"

例2:《核舟记》:"其船背~夷。"

例3:《送东阳马生序》:"不敢~逾约。"

例4:《送东阳马生序》:"未尝~降辞色。"

③[副]其,很。

例:《恨赋》:"紫台~远,关山无极。"

④[名]廪食。官府发给的粮食。

例:《送东阳马生序》:"县官日有廪~之供。"

博古通今

▶▶链接成语

① 稍纵即逝:稍微一放松就消失了,形容时间或机会不抓紧就很容易失掉。稍:略微。

② 稍安勿躁:暂且耐心等待一下,不要急躁。稍:略微。

▶▶链接古诗词

漠漠秋云起,稍稍夜寒生。

——[唐]白居易《微雨夜行》

稍喜长沙向延阁,疲兵敢犯犬羊锋。

——[宋]陈与义《伤春》

 **师**(shī)

常见义项

①[名]教人的人,教师,老师。

例1:《论语》:"温故而知新,可以为~矣。"

例2:《送东阳马生序》:"又患无硕~名人与游。"

②[名]军队。

例:《曹刿论战》:"十年春,齐~伐我。"

③[名]擅长某种技术或在某个领域里有特殊技能的人。

例:《石钟山记》:"而渔工水~,虽知而不能言。"

博古通今

▶▶链接成语

① 师心自用:形容固执己见,自以为是。师:老师。

② 出师不利:指一开始出兵就不顺利。形容事情刚一开始便进行得不顺利。师:军队。

▶▶链接古诗词

一身转战三千里,一剑曾当百万师。

——[唐]王维《老将行》

出师未捷身先死,长使英雄泪满襟。

——[唐]杜甫《蜀相》

遗民泪尽胡尘里,南望王师又一年。

——[宋]陆游《秋夜将晓出篱门迎凉有感二首》(其二)

 **施**(shī)

常见义项

①[动]摆放,铺陈。

例:《荀子·劝学》:"~薪若一,火就燥也。"

②[动]加,施加。

例:《论语·颜渊》:"己所不欲,勿~于人。"

③[动]给,给予。

例:《国语·吴语》:"~民所欲,去民所恶。"

④[名]恩惠,好处。

例:《左传·僖公二十八年》:"楚有三~,我有三怨,怨仇已多,将何以战?"

⑤[动]实行,实施。

例:《上皇帝万言书》:"欲有所~为变革。"

⑥[动]设置。

例:《三国志·蜀书·诸葛亮传》:"立法~度,整理戎旅。"

博古通今

▶▶链接成语

① 施仁布德:实行仁义,布施恩德,多行善事。施:施行。布:布施。

② 因材施教:指针对学习的人的能力、性格、志趣等具体情况施行不同的教育。因:根据。施:施行。

▶▶链接古诗词

葛之覃兮,施于中谷,维叶萋萋。

——[先秦]佚名《诗经·国风·周南·葛覃》

罗襦不复施,对君洗红妆。

——[唐]杜甫《新婚别》

古代汉语常用字词学习手册[初中卷]

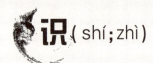 识 (shí;zhì)

俗子胸襟谁识我？英雄末路当磨折。

——[清]秋瑾《满江红·小住京华》

 时 (shí)

常见义项

识¹ shí

① [动]知道,懂得。

例:《老子》:"古之善为士者,微妙玄通,深不可~。"

② [动]认识。

例1:《管子·小匡》:"昼战其目相见,足以相~。"

例2:《鱼我所欲也》:"所~穷乏者得我与?"

③ [名]知己的朋友。

例:《元日感怀》:"异乡无旧~,车马到门稀。"

④ [名]知识,见识。

例:《吕氏春秋·诬徒》:"闻~疏达,就学敏疾。"

⑤ [名]思想意识。

例:《后汉书·马融传》:"固知~能匡欲者鲜矣。"

⑥ [副]同"适",刚才。

例:《左传·成公十六年》:"~见不榖而趋,无乃伤乎?"

识² zhì

① [动]记住。

例:《论语·学而》:"默而~之,学而不厌,诲人不倦。"

② [名]标志,记号。

例:《汉书·王莽传》:"讫无文号旌旗表~。"

③ [动]做标记。

例:《周礼·冬官·匠人》:"为规,~日出之景与日入之景。"

博古通今

▶▶链接成语

① 博学多识:学问广博,见识丰富。

② 不打不相识:指经过交手,相互了解,能更好地结交、相处。

③ 不识时务:指不认识当前重要的事态和时代的潮流。现也指待人接物不知趣。时务:当前的形势和潮流。

▶▶链接古诗词

相顾无相识,长歌怀采薇。

——[唐]王绩《野望》

无可奈何花落去,似曾相识燕归来。

——[宋]晏殊《浣溪沙·一曲新词酒一杯》

少年不识愁滋味,爱上层楼。

——[宋]辛弃疾《丑奴儿·书博山道中壁》

常见义项

① [名]季节。

例1:《三峡》:"春冬之~,则素湍绿潭,回清倒影。"

例2:《醉翁亭记》:"四~之景不同,而乐亦无穷也。"

例3:《江南逢李龟年》:"正是江南好风景,落花~节又逢君。"

② [名]时间,光阴。

例1:《诫子书》:"年与~驰,意与日去。"

例2:《岳阳楼记》:"~六年九月十五日。"

③ [名]时候。

例1:《三峡》:"有~朝发白帝,暮到江陵。"

例2:《岳阳楼记》:"然则何~而乐耶?"

例3:《出师表》:"先帝在~,每与臣论此事,未尝不叹息痛恨于桓、灵也。"

例4:《行路难》(其一):"长风破浪会有~,直挂云帆济沧海。"

④ [名]时代,时期。

例:《桃花源记》:"自云先世避秦~乱,率妻子邑人来此绝境。"

⑤ [名]时机,时势。

例:《得道多助,失道寡助》:"天~不如地利,地利不如人和。"

⑥ [副]按时。

例:《论语》:"学而~习之,不亦说乎?"

⑦ [副]当时,那时。

例:《陈太丘与友期行》:"元方~年七岁,门外戏。"

⑧ [副]时常,时时。

例:《邹忌讽齐王纳谏》:"~~而间进。"

博古通今

▶▶链接成语

① 针砭时弊:比喻指出时代和社会问题,劝人改正。

② 风靡一时:指草木一时间全部随风倒下。形容某事物在一个时期里非常盛行。

③ **不合时宜**：指不符合当时的需要或情况。

④ **审时度势**：观察时机，估计发展趋势。用来指对形势有洞察力。

⑤ **时运不济**：时机和命运不好。多指遭到挫折和逆境。不济：不好。

⑥ **时过境迁**：时间推移，境况随之发生改变。境：环境，境况。迁：改变。

▶▶链接**古诗词**

行到水穷处，坐看云起时。

—— [唐]王维《终南别业》

海上生明月，天涯共此时。

—— [唐]张九龄《望月怀远》

少壮能几时，鬓发各已苍。

—— [唐]杜甫《赠卫八处士》

时穷节乃见，一一垂丹青。

—— [宋]文天祥《正气歌》

释（shì）

常见义项

① [动]**放下**。

例：《卖油翁》："有卖油翁~担而立，睨之久而不去。"

② [动]**释放，赦免**。

例：《史记·周本纪》："已而命召公~箕子之囚。"

③ [动]**消除，解脱**。

例：《三国志·魏书·武帝纪》："~其缚而用之。"

④ [动]**解说，解释**。

例：《左传·襄公二十九年》："春，王正月，公在楚，~不朝正于庙也。"

博古通今

▶▶链接**成语**

① **如释重负**：像放下重担那样轻松。形容紧张心情过去以后的轻松愉快。释：放下。重负：重担子。

② **冰释前嫌**：人与人之间的矛盾、反感，在某一时刻，像冰一样融化，消失。比喻人与人之间的矛盾被解除。释：消除。

③ **手不释卷**：手上没有放下书本。形容读书勤奋。

▶▶链接**古诗词**

二月匡庐北，冰雪始消释。

—— [唐]白居易《春游二林寺》

吾从释迦久，无上师涅槃。

—— [唐]沈佺期《绍隆寺》

雪消还似雨，冰释旋成泥。

—— [宋]陆游《雪晴步至舍傍》

徒劳明主梦，谁释柄臣疑。

—— [明]陈子龙《有感示闇公》

逝（shì）

常见义项

① [动]**去，往，离去**。

例1：《论语》："~者如斯夫，不舍昼夜。"

例2：《小石潭记》："俶尔远~，往来翕忽。"

② [动]**死亡，去世**。

例：《黄花冈七十二烈士事略序》："予为斯序，既痛~者，并以为国人之读兹编者勖。"

博古通今

▶▶链接**成语**

① **稍纵即逝**：稍微一放松就消失了，形容时间或机会不抓紧就很容易失掉。纵：放。逝：过去，消失。

② **溘然长逝**：指人突然去世。溘然：忽然，突然。

▶▶链接**古诗词**

逝者良自苦，今人反为欢。

—— [唐]元稹《表夏十首》

平生终日别，逝者隔年闻。

—— [唐]白居易《朱陈村》

溧水通吴关，逝川去未央。

—— [唐]李白《自溧水道哭王炎三首》（其一）

士（shì）

常见义项

① [名]**男子**。

例：《诗经》："女曰鸡鸣，~曰昧旦。"

② [名]**古代贵族的最低一级**。

例：《穀梁传·僖公十五年》："天子七庙，诸侯五，大夫三，~二。"

③[名]兵士,士兵。

例1:《周亚夫军细柳》:"已而之细柳军,军~吏被甲,锐兵刃,彀弓弩,持满。"

例2:《周亚夫军细柳》:"壁门~吏谓从属车骑。"

例3:《陈涉世家》:"项燕为楚将,数有功,爱~卒,楚人怜之。"

④[名]具有某种品质或技能的人。

例1:《桃花源记》:"南阳刘子骥,高尚~也。"

例2:《唐雎不辱使命》:"此庸夫之怒也,非~之怒也。"

⑤[名]读书人。

例1:《孙权劝学》:"~别三日,即更刮目相待。"

例2:《生于忧患,死于安乐》:"入则无法家拂~,出则无敌国外患者,国恒亡。"

⑥[名]狱官。

例:《生于忧患,死于安乐》:"管夷吾举于~,孙叔敖举于海。"

⑦[名]将领,将士。

例:《周亚夫军细柳》:"介胄之~不拜,请以军礼见。"

▶▶链接成语

① 礼贤下士:对有才有德的人以礼相待,对一般有才能的人不计自己的身份去结交。

② 身先士卒:原指作战时,将帅亲自上阵,冲在士兵前面。现比喻领导带头,走在群众前面。士:泛指士兵。

▶▶链接古诗词

烈士暮年,壮心不已。

—— [东汉]曹操《龟虽寿》

将军百战死,壮士十年归。

—— [南北朝]佚名《木兰诗》

安得广厦千万间,大庇天下寒士俱欢颜!

—— [唐]杜甫《茅屋为秋风所破歌》

式(shì)

常见义项

①[名]同"轼",车前扶手的横木。此处用作动词,指扶轼。

例:《周亚夫军细柳》:"天子为动,改容~车。"

②[名]法式,标准,模范。

例:《周礼·天官·大宰》:"以九~均节财用。"

③[动]用,施行。

例:《左传·成公二年》:"蛮夷戎狄不~王命。"

▶▶链接成语

各式各样:各种各样,许多不同的式样。

▶▶链接古诗词

式微式微,胡不归?

—— [先秦]佚名《诗经·邶风·式微》

室(shì)

常见义项

①[名]正室,内室。

例:《礼记·问丧》:"入~又弗见也。"

②[名]房屋。

例1:《陋室铭》:"斯是陋~,惟吾德馨。"

例2:《核舟记》:"为宫~、器皿、人物,以至鸟兽、木石,罔不因势象形,各具情态。"

例3:《鱼我所欲也》:"为宫~之美、妻妾之奉、所识穷乏者得我与?"

例4:《送东阳马生序》:"先达德隆望尊,门人弟子填其~,未尝稍降辞色。"

③[名]家。

例1:《捕蛇者说》:"今其~十无一焉。"

例2:《愚公移山》:"聚~而谋曰:'吾与汝毕力平险,指通豫南,达于汉阴,可乎?'"

④[名]家产。

例:《国语·楚语上》:"施二帅而分其~。"

⑤[名]妻子。

例:《礼记·曲礼上》:"三十日壮,有~。"

⑥[名]王室,王朝。

例:《出师表》:"愿陛下亲之信之,则汉~之隆,可计日而待也。"

⑦[名]墓穴。

例:《诗经·唐风·葛生》:"百岁之后,归于其~。"

博古通今

▶▶链接 成语

① 引狼入室：把狼招引到室内。比喻把坏人或敌人引入内部。引：招引。

② 十室九空：十户人家之中,空了九家。形容因灾荒、战乱和暴政等使人民贫困、破产、流亡和死亡的荒凉景象。室：房屋,人家。

▶▶链接 古诗词

室香罗药气,笼暖焙茶烟。

—— [唐]白居易《即事》

宣室求贤访逐臣,贾生才调更无伦。

—— [唐]李商隐《贾生》

殊（shū）

常见义项

① [副]根本,很,甚。

例1：《活板》："～不沾污。"

例2：《满江红·小住京华》："苦将侬强派作蛾眉,～未屑!"

例3：《战国策·赵策四》："老臣今者～不欲食,乃自强步,日三四里,少益者食。"

② [形]特出,出众。

例：《出师表》："盖追先帝之～遇,欲报之于陛下也。"

③ [形]差异,不同。

例：《梁甫行》："八方各异气,千里～风雨。"

博古通今

▶▶链接 成语

① 殊途同归：通过不同的途径,到达同一个目的地。比喻采取不同的方法而得到相同的结果。

② 时异事殊：时间不同,事情也和以前不一样。意思是事物随着时间的改变而发生变化。殊：不同,差异。

▶▶链接 古诗词

世人见我恒殊调,闻余大言皆冷笑。

—— [唐]李白《上李邕》

芳草已云暮,故人殊未来。

—— [唐]韦庄《章台夜思》

分野中峰变,阴晴众壑殊。

—— [唐]王维《终南山》

孰（shú）

常见义项

① [名]植物的果实、种子成熟。

例：《荀子·富国》："寒暑和节,而五谷以时～。"

② [副]同"熟",仔细,周详。

例1：《邹忌讽齐王纳谏》："明日徐公来,～视之,自以为不如。"

例2：《史记·廉颇蔺相如列传》："唯大王与群臣～计议之。"

③ [代]谁。

例1：《邹忌讽齐王纳谏》："吾与徐公～美?"

例2：《孙权劝学》："卿言多务,～若孤?"

例3：《三国志·诸葛亮传》："百姓～敢不箪食壶浆以迎将军者乎?"

④ [代]什么。

例：《论语·八佾》："是可忍也,～不可忍也。"

博古通今

▶▶链接 成语

是可忍,孰不可忍：如果这个都可以容忍,那还有什么不可容忍的? 表示绝不能容忍。

▶▶链接 古诗词

既至金门远,孰云吾道非。

—— [唐]王维《送綦毋潜落第还乡》

孰云网恢恢,将老身反累。

—— [唐]杜甫《梦李白二首》(其二)

贱他言孰采,劝君休叹息。

—— [唐]寒山《诗三百三首》

戍（shù）

常见义项

① [动]防守边疆。

例1：《陈涉世家》："发闾左適～渔阳。"

例2:《陈涉世家》:"而~死者固十六七。"

②[动]驻守某一地方。

例:《石壕吏》:"三男邺城~。"

③[名]守边的士兵。

例:《左传·定公元年》:"乃归诸侯之~。"

④[名]边防的营垒或城堡。

例:《魏书·源怀传》:"可以筑城置~之处。"

博古通今

▶▶链接古诗词

仍闻陈蔡戍,转战已三年。

—— [唐]白居易《西楼》

风沙悲久戍,雨雪更劳师。

—— [唐]皇甫冉《雨雪》

庶（shù）

常见义项

①[形]众多。

例:《庄子·渔父》:"寒暑不时,以伤~物。"

②[名]百姓,平民。

例:《荀子·王制》:"君者,舟也。~人者,水也。水则载舟,水则覆舟。"

③[名]旧时指非正妻所生之子,家族的旁支。与"嫡"相对。

例:《左传·文公十八年》:"天乎,仲为不道,杀嫡立~。"

④[动]差不多。

例:《左传·襄公二十六年》:"晋其~乎!"

⑤[副]但愿,希望表示可能或期望。

例:《出师表》:"~竭驽钝,攘除奸凶。"

博古通今

▶▶链接成语

王子犯法,庶民同罪:有权势的人犯法,和老百姓一样处以罪刑。指法律面前人人平等。庶:平民,百姓。

▶▶链接古诗词

养真衡茅下,庶以善自名。

—— [东晋]陶渊明《辛丑岁七月赴假还江陵夜行涂口》

观念幸相续,庶几最后明。

—— [唐]宋之问《游法华寺》

虽伤旅寓远,庶遂平生游。

—— [唐]杜甫《发秦州》

桃源不我弃,庶可全天真。

—— [唐]陆龟蒙《奉和袭美太湖诗二十首·桃花坞》

私（sī）

常见义项

①[形]个人的,自己的,与"公"相对。

例:《论积贮疏》:"汉之为汉,几四十年矣,公~之积,犹可哀痛。"

②[动]偏爱,偏私。

例:《邹忌讽齐王纳谏》:"吾妻之美我者,~我也。"

③[代]谦辞,指自己。

例:《晋书·荀勖传》:"若欲省官,~谓九寺可并于尚书,兰台宜省付三府。"

④[名]家族。

例:《左传·宣公十七年》:"请以其~属,又弗许。"

⑤[形]私人占有,掠夺。

例:《左传·僖公元年》:"师无~焉。"

⑥[副]私下,私自,偷偷地。

例1:《战国策·燕策》:"荆轲知太子不忍,乃遂~见樊於期。"

例2:《长恨歌》:"七月七日长生殿,夜半无人~语时。"

博古通今

▶▶链接成语

①徇私舞弊:指因照顾私情而弄虚作假,做违法乱纪的事。

②结党营私:结成党派小集团以谋求私利。

③铁面无私:形容公正严明,不畏权势,不徇私情。

▶▶链接古诗词

名编壮士籍,不得中顾私。

—— [三国魏]曹植《白马篇》

寂寂春将晚,欣欣物自私。

—— [唐]杜甫《江亭》

大贤秉高鉴,公烛无私光。

—— [唐]孟郊《上达奚舍人》

七月七日长生殿,夜半无人私语时。

—— [唐]白居易《长恨歌》

大弦嘈嘈如急雨,小弦切切如私语。

—— [唐]白居易《琵琶行并序》

斯 (sī)

常见义项

① [代]此,这。

例1:《陋室铭》:"~是陋室,惟吾德馨。"

例2:《岳阳楼记》:"登~楼也,则有去国怀乡,忧谗畏讥。"

例3:《岳阳楼记》:"微~人,吾谁与归?"

② [动]劈开。

例:《诗经·陈风·墓门》:"墓门有棘,斧以~之。"

③ [形]卑贱。

例:《后汉书·左雄传》:"乡官部吏,职~禄薄。"

④ [副]尽。

例:《吕氏春秋·报更》:"~食之,吾更与女。"

博古通今

►►链接成语

① 斯事体大:这件事的体制规模非常大。也指这件事关系重大。斯:此。体:指某种事物的体制、规模。

② 斯文扫地:形容文化或文人不受尊重。也形容文人自甘堕落。斯文:指文化或文人。扫地:完全丧失,比喻名誉、信用等完全丧失。

►►链接古诗词

曾叹河中木,斯言忆古人。

—— [唐]钱珝《江行无题一百首》

余亦能高咏,斯人不可闻。

—— [唐]李白《夜泊牛渚怀古》

斯文崔魏徒,以我似班扬。

—— [唐]杜甫《壮游》

冠盖满京华,斯人独憔悴。

—— [唐]杜甫《梦李白二首》(其二)

闻道愁难遣,斯言谓不真。

—— [唐]寒山《诗三百三首》

俟 (sì)

常见义项

[动]等待。

例:《送东阳马生序》:"~其欣悦。"

博古通今

►►链接成语

指日可俟:指为期不远,不久就可以实现。俟:等待。

►►链接古诗词

俟子惜时节,怅望临高台。

—— [唐]刘长卿《北游酬孟云卿见寄》

寸阴若度岁,日暮何可俟。

—— [南宋]陆游《苦热》

叟 (sǒu)

常见义项

① [名]老年男子。

例:《愚公移山》:"河曲智~亡以应。"

② [名]汉代称西南一些少数民族。

例:《后汉书·董卓传》:"吕布军有~兵内反。"

博古通今

►►链接成语

童叟无欺:不欺骗小孩和老人。指待人诚实。多形容做生意讲信誉,买卖公平。叟:老人。

►►链接古诗词

叟罢耕耘妄罢机,匆匆人意甚牵衣。

—— [宋]徐积《送秦少游》

肃 (sù)

常见义项

① [形]恭敬。

例:《汉书·五行志》:"貌之不恭,是谓不~。"

古代汉语常用字词学习手册 [初中卷]

②[形]肃杀,凄寒。

例:《三峡》:"每至晴初霜旦,林寒涧~。"

③[形]严肃,庄重。

例:《后汉书·张衡传》:"衡下车,治威严,整法度,阴知奸党名姓,一时收禽,上下~然。"

④[动]恭敬地引进。

例:《礼记·曲礼上》:"主人~客而入。"

⑤[动]衰落,萎缩。

例:《吕氏春秋·季春纪》:"季春行冬令,则寒气时发,草木皆~。"

博古通今

▶▶链接成语

① 肃然起敬:形容产生严肃敬仰的感情。肃然:恭敬的样子。起敬:产生敬佩的心情。

② 林寒涧肃:指秋冬间林木萧疏、涧水浅落的景象。

▶▶链接古诗词

肃肃秋风起,悠悠行万里。

——[隋]杨广《饮马长城窟行》

昊天积霜露,正气有肃杀。

——[唐]杜甫《北征》

溯(sù)

常见义项

①[动]逆流而上。

例:《三峡》:"至于夏水襄陵,沿~阻绝。"

②[动]追溯。

例:《典引》:"~测其源,乃先孕虞育夏。"

③[动]面向,向着。

例:《东京赋》:"~洛背河,左伊右瀍。"

博古通今

▶▶链接成语

追根溯源:追溯事物发生的根源。

▶▶链接古诗词

溯洄从之,道阻且长。

——[先秦]佚名《诗经·秦风·蒹葭》

溯风凉醉颊,汲井濯尘缨。

——[宋]陆游《夜坐中庭》

遂(suì)

常见义项

①[副]最终,终于,竟。

例1:《诫子书》:"~成枯落。"

例2:《桃花源记》:"~迷,不复得路。"

②[副]于是,就。

例1:《孙权劝学》:"肃~拜蒙母。"

例2:《桃花源记》:"~与外人间隔。"

③[动]顺利地完成,成功。

例:《报任安书》:"四者无一~。"

④[动]前进,前往。

例:《广雅·释诂一》:"~,往也。"

博古通今

▶▶链接成语

天遂人愿:上天顺从人的愿望。指事情的发展按人的愿望实现了。遂:顺从。愿:愿望。

▶▶链接古诗词

一旦功成名遂,准拟东还海道,扶病入西州。

——[宋]苏轼《水调歌头·安石在东海》

隧(suì)

常见义项

①[名]通道,道路。

例1:《庄子·马蹄》:"山无蹊~,泽无舟梁。"

例2:《诗经·大雅·桑柔》:"大风有~。"

例3:《狼》:"意将~入以攻其后也。"

②[名]地道,隧道。

例1:《左传·隐公元年》:"大~之中。"

例2:《左传·隐公元年》:"若阙地及泉,~而相见。"

③[名]墓道。

例:《左传·僖公二十五年》:"请~,弗许。"

④[名]同"燧",烽火台。

例:《汉书·匈奴传》:"建塞徼,起亭~。"

⑤[动]同"坠",落下,掉下。

例:《淮南子·说林》:"悬垂之类,有时而~。"

古代汉语常用字词学习手册 [初中卷]

博古通今

▶▶链接 成语

① 凿隧入井：比喻费力多而收效少。隧：在山中或地下凿成的通路。

② 大风有隧：大风吹来自有它的来路。比喻好或坏的行为自有其根本。隧：道路。

▶▶链接 古诗词

登郇隧而遥望兮，聊须臾以婆娑。

　　　　　　——[汉]班彪《北征赋》

轻舆按辔以经隧，楼船举飖而过肆。

　　　　　　——[魏晋]左思《三都赋》

壮躯闭幽隧，猛志填黄肠。

　　　　　　——[唐]柳宗元《咏三良》

损 (sǔn)

常见义项

① [动]减少。

例：《老子》："~有余而补不足。"

② [动]损害。

例1：《尚书·大禹谟》："满招~，谦受益。"

例2：《出师表》："至于斟酌~益。"

③ [动]伤害。

例：《三国志·吴书·楼玄传》："劳~圣虑。"

④ [动]损毁，毁坏。

例：《愚公移山》："曾不能~魁父之丘。"

⑤ [动]丧失，损失。

例：《商君书·慎法》："以战必~其将。"

博古通今

▶▶链接 成语

① 损兵折将：军士和将领都遭到损失，指作战失利。损：减少。

② 损人利己：损害别人的利益，使自己得到好处。损：损害。

▶▶链接 古诗词

细雨裛残千颗泪，轻寒瘦损一分肌。

　　　　——[北宋]苏轼《红梅三首》(其二)

瑶草忽生无种子，梅花寒损要温存。

　　　　——[南宋]杨万里《和丁端叔喜雪》

古井不妨风浩荡，浮云何损月婵娟。

　　　　　　——[元]张养浩《留别元复初》

填 (tián)

常见义项

① [动]挤满，充满。

例：《送东阳马生序》："门人弟子~其室。"

② [动]塞，充塞。

例：《战国策·楚策四》："~黾塞之内，而投己乎黾塞之外。"

③ [动]涂抹，在雕刻花纹的器物上加色。

例：《谒衡岳庙遂宿岳寺题门楼》："鬼物图画~青红。"

④ [动]填写。

例：《文体明辨·诗余》："然诗余谓之~词，则调有定格。"

博古通今

▶▶链接 成语

① 义愤填膺：发于正义的愤懑充满胸中。填：挤满，充满。

② 精卫填海：比喻意志坚决，不畏艰难。填：塞，充塞。

▶▶链接 古诗词

奔龙争渡月，飞鹊乱填河。

　　　　　　——[唐]宋之问《牛女》

兹郡何填委，遥山复几哉。

　　　　　　——[唐]孟浩然《登龙兴寺阁》

挺 (tǐng)

常见义项

① [动]拔，拔出。

例1：《唐雎不辱使命》："~剑而起。"

例2：《陈涉世家》："尉剑~，广起，夺而杀尉。"

② [动]生，生出。

例：《吕氏春秋·仲冬》："芸始生，荔~出，蚯蚓结。"

③[形]突出,杰出。

例:《后汉书·黄琼传》:"光武以圣武天~,继统兴业。"

④[动]直,伸直。

例:《荀子·劝学》:"木直中绳,輮以为轮,其曲中规,虽有槁暴,不复~者,輮使之然也。"

博古通今

▶▶链接成语

挺身而出:挺直身体站出来。形容面对艰难或危险的事情,勇敢地站出来。挺:直,伸直。

▶▶链接古诗词

有时看临书,挺立不动膝。

——[唐]李商隐《骄儿诗》

根株非劲挺,柯叶多蒙笼。

——[唐]白居易《有木诗八首》

通(tōng)

常见义项

①[动]通行,到达,通到,通过。

例1:《愚公移山》:"指~豫南。"

例2:《桃花源记》:"初极狭,才~人。"

例3:《桃花源记》:"阡陌交~。"

例4:《岳阳楼记》:"然则北~巫峡。"

例5:《陈涉世家》:"道不~。"

②[动]通报,传达。

例:《史记·陈涉世家》:"不肯为~。"

③[形]贯通,畅通,没有阻碍。

例:《爱莲说》:"中~外直。"

④[形]畅达,顺。

例:《岳阳楼记》:"政~人和。"

⑤[动]得志。

例:《与元九书》:"小~则以诗相戒,小穷则以诗相勉。"

⑥[动]通晓。

例:《马说》:"鸣之而不能~其意。"

⑦[动]交往。

例:《汉书·季布传》:"吾闻曹丘生非长者,勿与~。"

⑧[形]共同的,通常的。

例:《立左降诏》:"减秩居官,前代~则。"

⑨[形]全部,整个。

例:《核舟记》:"~计一舟,为人五;为窗八;为箬篷。"

⑩[形]灵活,变通。

例:《文心雕龙·镕裁》:"变~以趋时。"

⑪[量]用于文书,表示一份。

例:《后汉书·崔寔传》:"仲长统曰:'凡为人主,宜写一~,置之坐侧。'"

博古通今

▶▶链接成语

① 四通八达:四面八方都有路可走。形容交通非常便利。也作"八达四通"。通、达:畅通无阻。

② 博古通今:通晓古今的事。形容知识渊博。也作"通今博古"。通:通晓。

▶▶链接古诗词

曲径通幽处,禅房花木深。

——[唐]常建《题破山寺后禅院》

身无彩凤双飞翼,心有灵犀一点通。

——[唐]李商隐《无题二首》

图(tú)

常见义项

①[动]谋取,对付。

例:《隆中对》:"此可用为援而不可~也。"

②[动]考虑,计议。

例:《隆中对》:"惟将军~之。"

③[动]预料,料想。

例:《论语·述而》:"子在齐闻《韶》,三月不知肉味,曰:'不~为乐之至于斯也。'"

④[动]绘画,描绘。

例:《论衡·儒增》:"儒书言夏方之盛也,远方~物,贡金九牧。"

⑤[动]模拟,模仿。

例:《尺蠖赋》:"高贤~之以隐沦,智士以之而藏见。"

博古通今

▶▶链接成语

① 图财害命:为了得到钱财而害了别人的性命。

② 图谋不轨:暗中谋划不法或叛逆之事。

③ 图穷匕见：借指事情发展到最后，终于露出真相或本意。

▶▶链接古诗词

异日图将好景，归去凤池夸。

—— [宋]柳永《望海潮·东南形胜》

抟（tuán）

常见义项

[动]鸟类向高空盘旋飞翔。

例：《北冥有鱼》："～扶摇而上者九万里。"

博古通今

▶▶链接成语

鹏抟九天：比喻人奋发有为。抟：盘旋。九天：高空。

▶▶链接古诗词

诸孙识字吾真足，安用鹏抟九万程。

—— [宋]陆游《示邻曲》

颓（tuí）

常见义项

① [动]落下，坠落。

例：《答谢中书书》："夕日欲～，沉鳞竞跃。"

② [动]萎靡，消沉。

例：《醉翁亭记》："～然乎其间者。"

③ [动]衰微，衰败。

例：《出师表》："亲小人，远贤臣，此后汉所以倾～也。"

博古通今

▶▶链接成语

颓垣断壁：坍塌的墙壁，残毁的矮墙。形容残败的景象。颓垣：倒了的矮墙。

▶▶链接古诗词

隔河忆长眺，青岁已摧颓。

—— [唐]杜甫《昔游》

倏忽青春度，奔波白日颓。

—— [唐]白居易《酬卢秘书二十韵》

屯（tún）

常见义项

① [动]戍守，驻扎。

例：《陈涉世家》："～大泽乡。"

② [名]村庄。

例：《贺徐州张仆射白兔书》："其始实得之符离安阜～。"

③ [动]聚集。

例：《离骚》："～余车其千乘兮。"

博古通今

▶▶链接成语

① 云屯雾集：像云和雾那样聚集。形容很多人迅速聚集到一起。

② 蜂屯蚁聚：像蜜蜂、蚂蚁那样聚集在一起。形容很多人杂乱地聚集在一起。屯：聚集。

▶▶链接古诗词

朝屯雪山下，暮宿青海旁。

—— [唐]韦元甫《木兰歌》

自从洛下屯师旅，日夜巡兵入村坞。

—— [唐]韦庄《秦妇吟》

外（wài）

常见义项

① [名]外面，外部，与"内"相对。

例1：《陈涉世家》："上使～将兵。"

例2：《爱莲说》："中通～直，不蔓不枝。"

② [介宾]在外面。

例1：《陈太丘与友期行》："元方时年七岁，门～戏。"

例2：《马说》："食不饱，力不足，才美不～见。"

③ [动]置之于外，疏远。

例：《韩非子·爱臣》："此君人者所～也。"

博古通今

▶▶链接成语

① 喜出望外：因遇到出乎意料的好事而特别高兴。外：外面。

② 外圆内方：指人外表随和，内心却很严正。外：外表。

古代汉语常用字词学习手册[初中卷]

▶▶链接古诗词

夜来城外一尺雪,晓驾炭车辗冰辙。

——[唐]白居易《卖炭翁》

渡远荆门外,来从楚国游。

——[唐]李白《渡荆门送别》

回乐烽前沙似雪,受降城外月如霜。

——[唐]李益《夜上受降城闻笛》

八百里分麾下炙,五十弦翻塞外声。

——[宋]辛弃疾《破阵子·为陈同甫
赋壮词以寄之》

驿外断桥边,寂寞开无主。

——[宋]陆游《卜算子·咏梅》

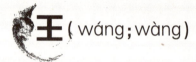 王（ wáng；wàng ）

常见义项

王¹ wáng

① [名]夏商周三代的最高统治者。

例:《论语·学而》:"先~之道,斯为美。"

② [名]战国时诸侯国的统治者。

例1:《唐雎不辱使命》:"秦~使人谓安陵君。"

例2:《唐雎不辱使命》:"受地于先~。"

例3:《唐雎不辱使命》:"大~尝闻布衣之怒乎?"

例4:《邹忌讽齐王纳谏》:"于是入朝见威~。"

例5:《邹忌讽齐王纳谏》:"宫妇左右莫不私~。"

例6:《陈涉世家》:"~侯将相宁有种乎!"

例7:《韩非子·外储说左上》:"今~欲民无衣紫者,~请自解紫衣而朝。"

③ [名]封建社会皇族或功臣的最高封爵。

例1:《三峡》:"或~命急宣。"

例2:《史记·高祖本纪》:"立子长为淮南~。"

④ [动]朝见天子。

例:《诗经·商颂·殷武》:"莫敢不来享,莫敢不来~。"

王² wàng

① [动]称王,统治天下。

例1:《陈涉世家》:"乃丹书帛曰'陈胜~'。"

例2:《陈涉世家》:"大楚兴,陈胜~。"

② [动]封……为王。

例:《后汉书·刘玄传》:"宜悉~诸功臣。"

③ [形]同"旺",旺盛。

例:《庄子·养生主》:"神虽~,不善也。"

博古通今

▶▶链接成语

① 成则为王,败则为寇:旧指在争夺政权斗争中,成功了的就是合法的,称帝称王;失败了的就是非法的,被称为寇贼。含有成功者权势在手,无人敢责难,失败者却有口难辩的意思。

② 目无王法:不把国家的法律放在眼里。指人不受约束地胡作非为。

▶▶链接古诗词

岐王宅里寻常见,崔九堂前几度闻。

——[唐]杜甫《江南逢李龟年》

又送王孙去,萋萋满别情。

——[唐]白居易《赋得古原草送别》

王程应未尽,且莫顾刀环。

——[唐]高适《入昌松东界山行》

了却君王天下事,赢得生前身后名。可怜白发生!

——[宋]辛弃疾《破阵子·为陈同甫赋壮词以寄之》

 罔（ wǎng ）

常见义项

① [形]迷惑。

例:《论语》:"学而不思则~。"

② [名]渔猎用的网。

例:《周易·系辞下》:"作结绳而为~罟,以佃以渔,盖取诸离。"

博古通今

▶▶链接成语

① 欺君罔上:欺骗、蒙蔽君主。

② 置若罔闻:放在一边,好像没有听见一样。指不予理会。置:放,摆。若:好像。罔:没有,无。

▶▶链接古诗词

阿胶在末派,罔象游上源。

——[唐]元稹《赛神》

罔烦跬步举,顿达万里程。

——[唐]郑薰《赠巩畴》

罔罔可怜真丧狗,时时相触是虚舟。

——[宋]苏轼《次韵周开祖长官见寄》

望 (wàng)

常见义项

① [动]向远处看。

例1:《小石潭记》:"潭西南而~。"

例2:《曹刿论战》:"吾视其辙乱,~其旗靡。"

② [动]对着。

例:《核舟记》:"雕栏相~。"

③ [动]希望,期望。

例:《史记·项羽本纪》:"日夜~将军至,岂敢反乎?"

④ [名]名望,声望。

例:《送东阳马生序》:"德隆~尊。"

⑤ [名]界限,边际。

例:《吕氏春秋·下贤》:"神覆宇宙而无~。"

⑥ [名]望日,天文学上指月亮圆的那一天。

例:《赤壁赋》:"壬戌之秋,七月既~。"

⑦ [动]怨恨,责怪。

例:《史记·张耳陈馀传》:"不意君之~臣深也。"

博古通今

▶▶链接成语

① 喜出望外:因遇到出乎意料的好事而特别高兴。望:希望,意料。

② 望尘莫及:只望见走在前面的人扬起的尘土而追赶不上。比喻远远落在后面。

▶▶链接古诗词

东皋薄暮望,徙倚欲何依。

——[唐]王绩《野望》

城阙辅三秦,风烟望五津。

——[唐]王勃《送杜少府之任蜀州》

微 (wēi)

常见义项

① [动]隐蔽,隐藏。

例:《左传·哀公十六年》:"白公奔山而缢,其徒~之。"

② [动]无,没有。

例:《岳阳楼记》:"~斯人,吾谁与归?"

③ [副]暗中,秘密地。

例:《史记·廉颇蔺相如传》:"李牧不受命,赵使人~捕得李牧,斩之。"

④ [形]小,细小。

例:《孟子·告子下》:"乃孔子则欲以~罪行,不欲为苟去。"

⑤ [副]稍微。

例1:《卖油翁》:"见其发矢十中八九,但~颔之。"

例2:《核舟记》:"东坡现右足,鲁直现左足,各~侧。"

⑥ [形]精妙,微妙。

例:《史记·屈原贾生列传》:"其文约,其辞~,其志洁,其行廉。"

博古通今

▶▶链接成语

① 防微杜渐:比喻在坏事情坏思想萌芽的时候就加以制止,不让它发展。

② 见微知著:见到事情的苗头,就能知道它的实质和发展趋势。

▶▶链接古诗词

微君之故,胡为乎中露?

——[先秦]佚名《诗经·式微》

料峭春风吹酒醒,微冷,山头斜照却相迎。

——[宋]苏轼《定风波·莫听穿林打叶声》

无风水面琉璃滑,不觉船移。微动涟漪,惊起沙禽掠岸飞。

——[宋]欧阳修《采桑子·轻舟短棹西湖好》

威 (wēi)

常见义项

① [动]威慑,震慑。

例1:《陈涉世家》:"此教我先~众耳。"

例2:《得道多助,失道寡助》:"~天下不以兵革之利。"

② [名]威力,威风。

例:《赤壁之战》:"遂破荆州,~震四海。"

③ [形]威严。

例:《论语·述而》:"子温而厉,~而不猛。"

④ [动]害怕,恐惧。

例:《诗经·小雅·棠棣》:"死丧之~,兄弟孔怀。"

博古通今

▶▶链接成语

① 狐假虎威：狐狸借着老虎的威风。比喻借着别人的威势来吓唬和欺压人。威:威风。

② 威迫利诱：既用暴力威胁、逼迫，又用名利引诱。指用软硬兼施的办法使人顺从。威:威胁。

③ 耀武扬威：炫耀武力，显示威风。

▶▶链接古诗词

城上风威冷，江中水气寒。

—— [唐]骆宾王《在军登城楼》

霜威出塞早，云色渡河秋。

—— [唐]李白《太原早秋》

太守耀清威，乘闲弄晚晖。

—— [唐]李白《观猎》

谋虑系安危，威权主生杀。

—— [唐]白居易《偶作二首》

委 (wěi)

常见义项

① [动]丢弃，抛弃，舍弃。

例:《陈太丘与友期行》:"与人期行，相~而去。"

② [动]放弃。

例:《得到多助，失道寡助》:"~而去之，是地利不如人和也。"

③ [动]散落，卸落。

例:《庄子·养生主》:"如土~地。"

博古通今

▶▶链接成语

① 委曲求全：勉强迁就，以求保全;为了顾全大局而暂时忍让。委曲:使自己受委屈。

② 委靡不振：形容精神不振，意志消沉。委靡:也作"萎靡"，颓丧。

▶▶链接古诗词

花钿委地无人收，翠翘金雀玉搔头。

—— [唐]白居易《长恨歌》

深知好颜色，莫作委泥沙。

—— [唐]杜甫《花底》

永痛长病母，五年委沟溪。

—— [唐]杜甫《无家别》

惆怅平生怀，偏来委今夕。

—— [唐]韦应物《秋夜二首》

文 (wén)

常见义项

① [名]彩色交错。

例:《周易·系辞下》:"物相杂，故曰~。"

② [名]花纹。

例:《韩非子·十过》:"白璧墨墀，茵席雕~。"

③ [名]文采，文饰，与"质"相对。

例:《论语·颜渊》:"君子质而已矣，何以~为?"

④ [形]有文采，华丽。

例:《寄旧山隐者》:"我性本朴直，词理安得~?"

⑤ [形]美，善。

例:《礼记·乐记》:"礼减而进，以进为~。"

⑥ [名]外表，形式。

例:《国语·鲁语下》:"夫服，心之~也。"

⑦ [名]字，文字。

例:《核舟记》:"~曰'初平山人'。"

⑧ [名]文章。

例1:《咏雪》:"与儿女讲论~义。"

例2:《岳阳楼记》:"属予作~以记之。"

例3:《醉翁亭记》:"醉能同其乐，醒能述以~者，太守也。"

博古通今

▶▶链接成语

① 半文不值：比喻毫无价值或无能、品格卑下。

② 不名一文：一个钱也没有。形容极其贫穷。名:占有。

▶▶链接古诗词

手把文书口称敕，回车叱牛牵向北。

—— [唐]白居易《卖炭翁》

汉文有道恩犹薄，湘水无情吊岂知?

—— [唐]刘长卿《长沙过贾谊宅》

惜秦皇汉武，略输文采。

—— 毛泽东《沁园春·雪》

问（wèn）

常见义项

① [动]询问。

例1：《陈太丘与友期行》："客~元方：'尊君在不？'"

例2：《穿井得一人》："宋君令人~之于丁氏。"

例3：《桃花源记》："~所从来。具答之。"

② [动]追究。

例：《狱中杂记》："不~罪之有无。"

③ [动]同"闻"，告诉，告知。

例：《战国策·齐策三》："或以~孟尝君。"

④ [动]问候，慰问。

例1：《论语·雍也》："伯牛有疾，子~之。"

例2：《战国策·齐策四》："齐王使使者~赵威后。"

⑤ [动]请教。

例：《论语》："切~而近思。"

博古通今

▶▶链接成语

① 问心无愧：自己问自己，没有什么可惭愧的。形容为人处世正当，没有什么对不起别人的地方。问：询问。

② 问寒问暖：形容关怀体贴别人。

▶▶链接古诗词

单车欲问边，属国过居延。

——[唐]王维《使至塞上》

君问归期未有期，巴山夜雨涨秋池。

——[唐]李商隐《夜雨寄北》

把酒问姮娥：被白发，欺人奈何？

——[宋]辛弃疾《太常引·建康中秋夜为吕叔潜赋》

务（wù）

常见义项

① [动]致力，从事。

例：《过秦论》："~耕织。"

② [名]事情，事务。

例1：《孙权劝学》："蒙辞以军中多~。"

例2：《孙权劝学》："卿言多~，孰若孤？"

例3：《与朱元思书》："经纶世~者，窥谷忘反。"

③ [副]一定，务必。

例1：《孟子·告子下》："君子之事君也，~引其君以当道。"

例2：《战国策·秦策一》："欲富国者，~广其地。"

④ [动]谋求，追求。

例：《寄唐生》："不~文字奇。"

博古通今

▶▶链接成语

① 除恶务尽：清除坏人坏事必须干净彻底。务：务必。

② 舍近务远：放弃近的，谋求远的。

▶▶链接古诗词

农务各自归，闲暇辄相思。

——[东晋]陶渊明《移居二首》(其二)

我欲他郡长，三时务耕稼。

——[唐]元稹《茅舍》

明朝牵世务，挥泪各西东。

——[唐]杜甫《酬孟云卿》

悉（xī）

常见义项

① [副]全，都。

例1：《桃花源记》："男女衣着，~如外人。"

例2：《出师表》："此~贞良死节之臣。"

② [动]详尽地叙述。

例：《报任安书》："书不能~意。"

③ [动]尽其所有。

例：《资治通鉴》："~浮以沿江。"

博古通今

▶▶链接成语

① 悉听尊便：完全随您的方便。表示随对方心意，怎么方便就怎么做。

② 铢两悉称：形容两方面轻重相当或优劣相等。

▶▶链接古诗词

百年长扰扰，万事悉悠悠。

——[唐]王绩《赠程处士》

民人籍征戍，悉为弓矢徒。

——[元]王冕《冀州道中》

息（xī）

常见义项

① [名]气息，呼吸。

例：《北冥有鱼》："生物之以~相吹也。"

② [动]平息。

例：《与朱元思书》："望峰~心。"

博古通今

▶▶链接成语

① 偃旗息鼓：放倒旗子，停止敲鼓。原指行军时隐蔽行踪，不让敌人觉察。现多指停止战斗或停止批评、攻击等。偃：仰面倒下，放倒。

② 休养生息：指在战争或社会大动荡之后，减轻人民负担，安定生活，发展生产，恢复元气。

▶▶链接古诗词

天行健，君子以自强不息。

——《周易》

维子之故，使我不能息兮。

——[先秦]佚名《诗经·郑风·狡童》

习（xí）

常见义项

① [动]温习，反覆练习，复习。

例1：《论语》："学而时~之。"

例2：《论语》："传不~乎？"

② [动]通晓，熟悉。

例1：《黔之驴》："益~其声，又近出前后。"

例2：《资治通鉴》："不~水战。"

③ [动]学习。

例1：《师说》："~其句读。"

例2：《清稗类钞·战事类》："自幼好武术，~无不精。"

④ [动]习惯。

例：《答司马谏议书》："人~于苟且非一日。"

⑤ [名]习性，习惯。

例：《论语·阳货》："性相近也，~相远也。"

⑥ [副]经常，常常。

例：《三戒·临江之麋》："自是日抱就犬，~示之，使勿动。"

博古通今

▶▶链接成语

① 习非成是：习惯于某种错误的做法或说法，就会把它当成正确的。习：习惯。非：错误。是：正确，对。

② 习以为常：习惯了，就觉得成常规了。习：习惯。常：规律。

▶▶链接古诗词

不觉初秋夜渐长，清风习习重凄凉。

——[唐]孟浩然《初秋》

十年蹒跚将雏远，万里秋千习俗同。

——[唐]杜甫《清明二首》（其二）

宿习修来得慧根，多闻第一却忘言。

——[唐]刘禹锡《送宗密上人归南山草堂寺因谒河南尹白侍郎》

暇（xiá）

常见义项

① [名]空闲。

例：《孟子·梁惠王上》："此惟救死而恐不赡。奚~治礼义哉？"

② [形]从容，悠闲。

例1：《狼》："意~甚。"

例2：《世说新语·任诞》："谢便起舞，神意甚~。"

博古通今

▶▶链接成语

① 目不暇接：眼睛来不及看。形容眼前东西太多或景物变化太快，来不及看。也作"目不暇给"。暇：空闲。接：接触。

② 自顾不暇：照顾自己都来不及（哪里还能顾到别人）。暇：空闲，没有事的时候。

③ 席不暇暖：连坐位也来不及坐暖,形容事务繁忙。暇:空闲,没有事的时候。

▶▶链接古诗词

人生达命岂暇愁,且饮美酒登高楼。

　　　　——[唐]李白《梁园吟》

承欢侍宴无闲暇,春从春游夜专夜。

　　　　——[唐]白居易《长恨歌》

中州盛日,闺门多暇,记得偏重三五。

　　　　——[宋]李清照《永遇乐·落日熔金》

怀归人自急,物态本闲暇。

　　　　——[金]元好问《颖亭留别》

 黠 (xiá)

常见义项

① [形]狡猾。

例:《狼》:"狼亦~矣。"

② [形]聪明。

例1:《北史·后妃列传下》:"慧~,能弹琵琶,工歌舞。"

例2:《送穷文》:"驱我令去,小~大痴。"

博古通今

▶▶链接成语

① 小黠大痴:小处狡黠精明,而大处往往愚昧无知。黠:聪明而狡猾。

② 桀黠擅恣:指凶悍狡猾,独断专横。

▶▶链接古诗词

尔乃桀黠构扇,冯陵畿甸。

　　　　——[南北朝]庾信《哀江南赋》

铁骑追骁虏,金羁讨黠羌。

　　　　——[唐]吴筠《胡无人行》

早须清黠虏,无事莫经秋。

　　　　——[唐]岑参《送人赴安西》

 下 (xià)

常见义项

① [名]位置在低处,与"上"相对。

例:《狼》:"屠乃奔倚其~。"

② [动]从高处到低处。

例1:《陈太丘与友期行》:"~车引之。"

例2:《小石潭记》:"~见小潭。"

例3:《曹刿论战》:"~视其辙,登轼而望之。"

③ [形]下等;次序在后的。

例:《邹忌讽齐王纳谏》:"闻寡人之耳者,受~赏。"

④ [动]攻克,攻下。

例:《陈涉世家》:"攻铚、酂、苦、柘、谯皆~之。"

⑤ [动]下达,颁布。

例:《邹忌讽齐王纳谏》:"令初~,群臣进谏,门庭若市。"

博古通今

▶▶链接成语

① 不耻下问:不以向学问比自己差或地位比自己低的人请教为可耻。形容谦虚好学。

② 居高临下:处在高处,俯视下面。形容处于有利的地位或傲视他人。

▶▶链接古诗词

松下问童子,言师采药去。

　　　　——[唐]贾岛《寻隐者不遇》

月下飞天镜,云生结海楼。

　　　　——[唐]李白《渡荆门送别》

 先 (xiān)

常见义项

① [动]前进,走在前面。

例:《周亚夫军细柳》:"天子~驱至,不得入。"

② [副]次序,时间在前。

例1:《岳阳楼记》:"其必曰'~天下之忧而忧,后天下之乐而乐'乎!"

例2:《陈涉世家》:"此教我~威众耳。"

③ [形]已故的。

例1:《唐雎不辱使命》:"受地于~王,愿终守之,弗敢易!"

例2:《出师表》:"~帝创业未半而中道崩殂。"

④ [动]前导,引导。

例:《荀子·修身》:"以善~人者谓之教,以善和人者谓之顺。"

博古通今

▶▶链接成语

① 一马当先：形容领先。也比喻工作走在群众前面，积极带头。

② 争先恐后：抢着向前，唯恐落后。

▶▶链接古诗词

中朝人物竞推先，富贵前途看永年。

——[宋]仲并《黄兵部生辰》

梵天台殿枕江流，形胜先推第一洲。

——[宋]龙大渊《题金山》

鲜（xiān；xiǎn）

常见义项

鲜¹ xiān

① [名]鲜鱼，活鱼。

例：《老子》："治大国若烹小~。"

② [形]新鲜。

例1：《桃花源记》："芳草~美，落英缤纷。"

例2：《送东阳马生序》："无~肥滋味之享。"

③ [形]新而华美。

例：《汉书·广川惠王刘越传》："衣服常~于我。"

鲜² xiǎn

[形]少。

例：《爱莲说》："陶后~有闻。"

博古通今

▶▶链接成语

① 鲜为人知：很少有人知道。鲜：少。为：被。知：知道。

② 鲜衣怒马：美服壮马，谓服饰豪奢。鲜衣：美服。怒马：体健气壮的马。

▶▶链接古诗词

素手青条上，红妆白日鲜。

——[唐]李白《子夜吴歌·春歌》

雨中百草秋烂死，阶下决明颜色鲜。

——[唐]杜甫《秋雨叹三首》(其一)

咸（xián）

常见义项

① [副]全，都。

例1：《桃花源记》："村中闻有此人，~来问讯。"

例2：《兰亭集序》："群贤毕至，少长~集。"

② [形]普遍。

例：《国语·鲁语上》："小赐不~，独恭不优。不~，民不归也；不优，神弗福也。"

博古通今

▶▶链接成语

老少咸宜：对老人和孩子都合适。咸：全，都。

▶▶链接古诗词

昔日长城战，咸言意气高。

——[唐]王昌龄《塞下曲四首》(其二)

快意八九年，西归到咸阳。

——[唐]杜甫《壮游》

贤（xián）

常见义项

① [形]好，善。

例：《礼记·内则》："若富，则具二牲，献其~者于宗子。"

② [形]品德高尚。

例：《大道之行也》："选~与能。"

③ [形]有道德有才能(有道德有才能的人)。

例1：《岳阳楼记》："刻唐~今人诗赋于其上。"

例2：《鱼我所欲也》："非独~者有是心也。"

例3：《送东阳马生序》："益慕圣~之道。"

例4：《陈涉世家》："百姓多闻其~。"

例5：《出师表》："亲~臣，远小人。"

④ [动]尊重，赏识。

例：《礼记·礼运》："以~勇知，以功为己。"

⑤ [动]胜过，甚于。

例：《触龙说赵太后》："老臣窃以为媪之爱燕后~于长安君。"

⑥[名]劳苦。

例:《诗经·小雅·北山》:"我从事独~。"

博古通今

▶▶链接成语

① 贤妻良母：既是丈夫的好妻子,又是子女的好母亲,用来称赞妇女贤惠。贤:好。

② 礼贤下士：封建时代指帝王或大臣敬重有才德的人,降低自己的身份与他们结交,现多指社会地位高的人重视和延揽人才。贤:有德行的人,有才能的人。

▶▶链接古诗词

宣室求贤访逐臣,贾生才调更无伦。

—— [唐]李商隐《贾生》

贤愚千载知谁是,满眼蓬蒿共一丘。

—— [宋]黄庭坚《清明》

乡（xiāng；xiàng）

常见义项

乡¹ xiāng

①[名]家乡,故乡。

例1:《木兰诗》:"愿驰千里足,送儿还故~。"

例2:《岳阳楼记》:"登斯楼也,则有去国怀~。"

②[名]处所,地方。

例1:《送东阳马生序》:"从~之先达执经叩问。"

例2:《送东阳马生序》:"余朝京师,生以~人子谒余。"

例3:《送东阳马生序》:"谓余勉~人以学者。"

例4:《送东阳马生序》:"诋我夸际遇之盛而骄~人者。"

例5:《曹刿论战》:"其~人曰。"

例6:《陈涉世家》:"九百人屯大泽~。"

③[名]地方行政单位。

例:《周礼·地官·大司徒》:"五州为~,使之相宾。"

乡² xiàng

①[名]先前,从前。

例:《鱼我所欲也》:"~为身死而不受。"

②[介]面向,朝着。

例:《左传·僖公三十三年》:"秦伯素服郊次,~师

而哭曰。"

③[动]向往,景仰。

例:《孟子·告子下》:"君不~道,不志于仁,而求富之,是富桀也。"

④[动]接近,靠近。

例:《左传·隐公六年》:"恶之易也,如火之燎于原,不可~迩。"

⑤[名]窗户。

例:《礼记·明堂位》:"复庙,重檐,刮楹,达~。"

博古通今

▶▶链接成语

① 背井离乡：离开家乡,到外地求生。

② 入乡随俗：到哪个地方去,就要依从那个地方的习俗。

③ 衣锦还乡：穿着锦绣衣服回到故乡。旧指做官以后向家乡的人炫耀。现泛指荣归故里。

④ 穷乡僻壤：荒远偏僻的地方。

▶▶链接古诗词

乡泪客中尽,孤帆天际看。

—— [唐]孟浩然《早寒江上有怀》

仍怜故乡水,万里送行舟。

—— [唐]李白《渡荆门送别》

乡心新岁切,天畔独潸然。

—— [唐]刘长卿《新年作》

响（xiǎng）

常见义项

①[名]回声。

例:《三峡》:"空谷传~,哀转久绝。"

②[名]声音。

例:《与朱元思书》:"泉水激石,泠泠作~。"

博古通今

▶▶链接成语

① 不同凡响：原指歌唱演奏十分出色。后用来形容艺术作品或言谈议论不同一般,十分出色。

② 响彻云霄：响声直达极高的天空。形容声音非常响亮。

▶▶链接古诗词

春雷三月不作响,战士岂得来还家。

——[唐]韩愈《赠张徐州莫辞酒》

结茅隐苍岭,伐薪响深谷。

——[唐]韦应物《送丘员外还山》

象(xiàng)

常见义项

① [名]一种哺乳动物。

例:《韩非子·解老》:"人希见生~也。"

② [名]形象。

例:《周易·系辞上》:"在天成~,在地成形。"

③ [名]法,法式。

例:《后汉书·赵典传》:"上忝下辱,乱~干度。"

④ [动]模拟,描摹。

例:《核舟记》:"罔不因势~形,各具情态。"

⑤ [动]相似,相像。

例:《孙子·用间》:"先知者不可取于鬼神,不可~于事。"

⑥ [名]象征。

例:《为宰相贺白龟状》:"白者西方之色,刑戮之~也。"

博古通今

▶▶链接成语

① 万象更新:事物或景象改换了样子,出现了一番新气象。万象:宇宙间一切景象。更:变更。

② 象齿焚身:象因为有珍贵的牙齿而遭到捕杀。比喻人因为有钱财而招祸。

▶▶链接古诗词

妻子象禽兽,行止依林阻。

——[三国魏]曹植《梁甫行》

回风起清晓,万象凄已碧。

——[唐]杜甫《雨》

晓(xiǎo)

常见义项

① [动]天明。

例:《答谢中书书》:"~雾将歇,猿鸟乱鸣。"

② [动]明白,了解。

例:《出师表》:"将军向宠,性行淑均,~畅军事。"

③ [动]告知,开导。

例:《杞人忧天》:"又有忧彼之所忧者,因往~之。"

博古通今

▶▶链接成语

① 晓风残月:拂晓风起,残月将落。常形容冷落凄凉的意境。

② 家喻户晓:家家户户都知道。形容尽人皆知。晓:知道。

▶▶链接古诗词

造化钟神秀,阴阳割昏晓。

——[唐]杜甫《望岳》

夜来城外一尺雪,晓驾炭车辗冰辙。

——[唐]白居易《卖炭翁》

晓镜但愁云鬓改,夜吟应觉月光寒。

——[唐]李商隐《无题》

天接云涛连晓雾,星河欲转千帆舞。

——[宋]李清照《渔家傲·天接云涛连晓雾》

效(xiào)

常见义项

① [动]模仿,效仿。

例:《国语·周语上》:"若鲁从之而诸侯~之。"

② [名]效果,功效。

例:《出师表》:"愿陛下托臣以讨贼兴复之~。"

③ [动]见效,奏效。

例:《出师表》:"不~,则治臣之罪。"

博古通今

▶▶链接成语

① 上行下效:上面的人怎么做,下面的人就跟着怎么做。效:仿效。

② 药石无效:形容病情严重,无法医治。效:效果。

▶▶链接古诗词

城壕固护效金汤,赋税如云送军垒。

——[唐]韦庄《秦妇吟》

持谢邻家子,效颦安可希。

——[唐]王维《西施咏》

歇（xiē）

常见义项

① [动]休息。

例:《卖炭翁》:"牛困人饥日已高,市南门外泥中~。"

② [动]消散。

例:《答谢中书书》:"晓雾将~,猿鸟乱鸣。"

③ [动]消失。

例:《石钟山记》:"桴止响腾,余韵徐~。"

博古通今

▶▶链接成语

歇斯底里:指情绪异常激动,举止失常,通常用于形容对于某件事物的极度情绪。

▶▶链接古诗词

随意春芳歇,王孙自可留。

——[唐]王维《山居秋暝》

冰泉冷涩弦凝绝,凝绝不通声暂歇。

——[唐]白居易《琵琶行并序》

楚人悲屈原,千载意未歇。

——[宋]苏轼《屈原塔》

偕（xié）

常见义项

① [副]俱,共同,一起。

例:《岳阳楼记》:"则有心旷神怡,宠辱~忘,把酒临风,其喜洋洋者矣。"

② [形]调和,和谐。

例:《赠友人》:"五字诗成卷,清新韵具~。"

博古通今

▶▶链接成语

百年偕老:指夫妻共同白头到老。

▶▶链接古诗词

执子之手,与子偕老。

——[先秦]佚名《诗经·邶风·击鼓》

王于兴师,修我甲兵,与子偕行。

——[先秦]佚名《诗经·秦风·无衣》

邪（xié;yé）

常见义项

邪¹ xié

① [形]不正当,不正派,邪恶。

例:《谏太宗十思疏》:"想谗~,则思正身以黜恶。"

② [名]邪恶不正的人。

例:《史记·屈原贾生列传》:"~曲之害公。"

邪² yé

[助]语气词,表示疑问或反诘。同"耶",疑问词,相当于"吗""呢"。

例1:《孙权劝学》:"孤岂欲卿治经为博士~!"

例2:《马说》:"其真无马~? 其真不知马也!"

例3:《周亚夫军细柳》:"至于亚夫,可得而犯~!"

例4:《北冥有鱼》:"天之苍苍,其正色~? 其远而无所至极~?"

博古通今

▶▶链接成语

改邪归正:从邪路上回到正路上来,不再做坏事。邪:不正当,不正派。归:回到。

亵（xiè）

常见义项

① [形]亲近而不庄重。

例:《爱莲说》:"可远观而不可~玩焉。"

② [动]亲近,宠幸。

例:《礼记·檀弓下》:"调也,君之~臣也。"

博古通今

▶▶链接成语

淫词亵语:淫荡猥亵的言词。亦作"淫词秽语"。

▶▶链接古诗词

虽亲不亵狎,虽远不悖谬。

——[唐]韩愈《南山诗》

幽抱谁实知,俗流每见亵。

——[宋]方回《夜吟》

 **心**（xīn）

常见义项

① [名]心脏。

例：《淮南子·原道》："夫~者,五藏之主也。"

② [名]精神,心思,思想感情。

例1：《生于忧患,死于安乐》："故天将降大任于是人也,必先苦其~志。"

例2：《生于忧患,死于安乐》："所以动~忍性。"

例3：《生于忧患,死于安乐》："困于~,衡于虑。"

例4：《与朱元思书》："鸢飞戾天者,望峰息~。"

例5：《愚公移山》："汝~之固,固不可彻。"

例6：《小石潭记》："如鸣珮环,~乐之。"

例7：《岳阳楼记》："~旷神怡。"

例8：《岳阳楼记》："予尝求古仁人之~。"

例9：《醉翁亭记》："山水之乐,得之~而寓之酒也。"

例10：《鱼我所欲也》："非独贤者有是~也。"

例11：《鱼我所欲也》："此之谓失其本~。"

例12：《送东阳马生序》："则~不若余之专耳。"

例13：《送东阳马生序》："自谓少时用~于学甚劳。"

③ [名]胸部心所处的位置。

例：《礼记·曲礼下》："凡奉者当~,提者当带。"

④ [名]中心,中央。

例：《吕氏春秋·精通》："若树木之有根~也。"

⑤ [名]植物的苗尖。

例：《齐民要术·种兰香》："六月连雨,拔栽之,掐~着泥中,亦活。"

博古通今

▶▶链接**成语**

① 别具匠心：指在技巧和艺术方面具有与众不同的巧妙构思。匠心:巧妙的心思。

② 包藏祸心：心里怀着害人的恶意。包藏:隐藏,包含。祸心:害人之心。

③ 安心立命：使身心安定,精神上有所寄托。

▶▶链接**古诗词**

烈士暮年,壮心不已。

———— [东汉]曹操《龟虽寿》

问君何能尔？心远地自偏。

———— [东晋]陶渊明《饮酒》(其五)

我寄愁心与明月,随君直到夜郎西。

———— [唐]李白《闻王昌龄左迁龙标遥有此寄》

 **形**（xíng）

常见义项

① [名]形体,身体。

例1：《陋室铭》："无丝竹之乱耳,无案牍之劳~。"

例2：《邹忌讽齐王纳谏》："邹忌修八尺有余,而~貌昳丽。"

② [名]形状,形象。

例1：《核舟记》："罔不因势象~,各具情态。"

例2：《岳阳楼记》："日星隐曜,山岳潜~。"

③ [名]形势。

例：《孙子兵法·兵势》："勇怯,势也;强弱,~也。"

④ [动]形成。

例：《韩非子·解老》："故欲成方圆而随其规矩,则万事之功~矣。"

⑤ [动]表现,显露。

例：《孟子·告子下》："有诸内必~诸外。"

⑥ [动]对照,比较。

例：《淮南子·齐俗》："短脩之相~也,亦明矣。"

博古通今

▶▶链接**成语**

① 形单影只：只有自己的身体和自己的影子。形容孤独,没有同伴。形:身体。只:单独。

② 形销骨立：形容身体非常消瘦。形:身体。销:消瘦。

▶▶链接**古诗词**

东南形胜,三吴都会,钱塘自古繁华。

———— [宋]柳永《望海潮·东南形胜》

 **刑**（xíng）

常见义项

① [动]处罚,惩治。

例1：《陈涉世家》："诸郡县苦秦吏者,皆~其长吏,杀之以应陈涉。"

例2：《出师表》："若有作奸犯科及为忠善者,宜付有

司论其~赏。"

② [名]刑法,法度。

例:《尚书·吕刑》:"王享国百年,耄荒,度作~以诘四方。"

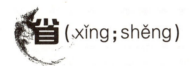

博古通今

▶▶链接**成语**

① 僭赏滥刑:赏的不是有功的人,罚的不是有罪的人。泛指赏罚不当。刑:处罚,惩治。

② 政简刑清:政事简明不扰民,刑罚公正有法度。形容治理有方,社会安定,人民乐业。刑:刑罚。

▶▶链接**古诗词**

君子怀德,小人怀土;君子怀刑,小人怀惠。

——《论语·里仁》

道之以政,齐之以刑,民免而无耻。道之以德,齐之以礼,有耻且格。

——《论语·为政》

省(xǐng;shěng)

常见义项

省¹ xǐng

① [动]检查,反省。

例:《论语》:"吾日三~吾身。"

② [动]探望,问候。

例:《礼记·曲礼上》:"昏定而晨~。"

③ [动]醒悟。

例:《西厢记》:"虽然是眼角儿传情,咱两个口不言心自~。"

省² shěng

① [名]行政区域名。

例:《大铁椎传》:"宋,怀庆青华镇人,工技击,七~好事者皆来学。"

② [动]减少,精简。

例:《三国志·吴主传》:"~徭役,减征赋。"

博古通今

▶▶链接**成语**

① 省吃俭用:形容过日子非常节省。俭:节约,不浪费。

② 不省人事:指昏迷不醒,失去知觉。也比喻不懂得人情世事。省:知觉,懂得。人事:人的意识的对象,也指人情事理。

▶▶链接**古诗词**

一直不知疲,唯闻至省台。

——[唐]孟郊《秋怀十五首》

但且自省躬,莫觅他替代。

——[唐]寒山《诗三百三首》

惊起却回头,有恨无人省。

——[宋]苏轼《卜算子·黄州定慧院寓居作》

休(xiū)

常见义项

① [动]休息。

例:《醉翁亭记》:"行者~于树。"

② [名]吉祥。

例:《唐雎不辱使命》:"~祲降于天。"

③ [动]停止,罢休。

例:《韩非子·喻老》:"天下无道,攻击不~。"

④ [动]辞退官职。

例:《旅夜书怀》:"名岂文章著,官应老病~。"

⑤ [动]封建社会丈夫离弃妻子。

例:《敦煌曲子词·菩萨蛮》:"枕前发尽千般愿,要~且待青山烂。"

⑥ [名]树荫。

例:《自悼赋》:"愿归骨于山足分,依松柏之余~。"

⑦ [副]莫,不要。

例:《摸鱼儿》:"~去倚危栏,斜阳正在,烟柳断肠处。"

博古通今

▶▶链接**成语**

① 休戚与共:忧喜、福祸彼此共同承担。形容关系密切,利害相同。休:吉祥。

② 善罢甘休:轻易地了结纠纷,心甘情愿地停止再闹。休:停止,罢休。

▶▶链接**古诗词**

行徒用息驾,休者以忘餐。

——[三国魏]曹植《美女篇》

楼上黄昏欲望休,玉梯横绝月中钩。

　　　　——[唐]李商隐《代赠二首》(其一)

晚堕兰麝中,休怀粉身念。

　　　　——[唐]杜甫《江头四咏·丁香》

秀(xiù)

常见义项

① [名]谷类植物抽穗开花。

例:《论语·子罕》:"苗而不~者有矣夫!"

② [形]草木茂盛。

例:《醉翁亭记》:"佳木~而繁阴。"

③ [形]突出,优秀。

例:《礼记·王制》:"司徒论选士之~者而升之学,曰俊士。"

④ [形]美丽,俊秀。

例:《醉翁亭记》:"望之蔚然而深~者,琅琊也。"

⑤ [名]优秀的人物。

例:《晋书·王导传》:"顾荣、贺循、纪瞻、周玘,皆南士之~。"

⑥ [形]凸出,高。

例:《运命论》:"故木~于林,风必摧之。"

博古通今

▶▶链接成语

① 秀而不实:庄稼开花而不结果实。后用来比喻资质聪慧而不幸早死,或才华出众而终无成就。秀:谷类植物开花。实:果实。

② 秀色可餐:形容女子姿色十分秀丽或景色非常优美。秀色:美丽俊秀的姿色。

▶▶链接古诗词

灵山多秀色,空水共氤氲。

　　　　——[唐]张九龄《湖口望庐山瀑布泉》

造化钟神秀,阴阳割昏晓。

　　　　——[唐]杜甫《望岳》

雪里温柔,水边明秀,不借春工力。

　　　　——[宋]辛弃疾《念奴娇·梅》

徐(xú)

常见义项

① [副]慢慢地。

例1:《卖油翁》:"~以杓酌油沥之,自钱孔入,而钱不湿。"

例2:《周亚夫军细柳》:"于是天子乃按辔~行。"

例3:《核舟记》:"清风~来,水波不兴。"

② [形]安闲,从容。

例:《国语·越语下》:"宜为人主,安~而重固。"

博古通今

▶▶链接成语

① 不徐不急:不快不慢,从容自然。指处事能掌握适度的节律。徐:慢。疾:快。

② 清风徐来:指微风缓缓吹来。徐:缓慢。

③ 半老徐娘:形容年长而颇有姿色的妇女,含有轻薄的意思。

▶▶链接古诗词

肠断春江欲尽头,杖藜徐步立芳洲。

　　　　——[唐]杜甫《绝句漫兴九首》(其五)

莫听穿林打叶声,何妨吟啸且徐行。

　　　　——[宋]苏轼《定风波·莫听穿林打叶声》

徐行不记山深浅,一路莺啼送到家。

　　　　——[明]杨基《天平山中》

许(xǔ)

常见义项

① [动]答应,允许。

例:《出师表》:"遂~先帝以驱驰。"

② [动]赞同,称许。

例:《愚公移山》:"杂然相~。"

③ [动]给予,奉献。

例:《史记·刺客列传》:"老母在,政身未敢以~人也。"

④ [动]期望。

例:《书愤》:"塞上长城空自~,镜中衰鬓已先斑。"

⑤ [名]处所。

例:《后汉书·江阴老父传》:"江阴老父者,不知何~人也。"

⑥[代]这样,如此。

例:《观书有感》:"问渠那得清如~,为有源头活水来。"

⑦表示约数。

例:《与朱元思书》:"自富阳至桐庐一百~里。"

博古通今

▶▶链接成语

① 以身许国:把身体献给国家。指尽忠报国,临难不顾。许:答应(送人东西或给人做事)。

② 意气相许:指志趣和性格相同的人,彼此投合。意气:志趣性格。

▶▶链接古诗词

知君书记本翩翩,为许从戎赴朔边。

—— [唐]杜审言《赠苏绾书记》

世间那有千寻竹,月落庭空影许长。

—— [宋]苏轼《次韵答文与可见寄》

轩(xuān)

常见义项

①[名]古代一种有围棚或帷幕的车,后泛指华美的车子。

例:《墨子·公输》:"今有人于此,舍其文~,邻有敝舆而欲窃之。"

②[名]指窗户、门、楼板或栏杆等。

例:《过故人庄》:"开~面场圃。"

③[形]高。

例:《核舟记》:"中~敞者为舱,箬篷覆之。"

④[动]往高处。

例:《与朱元思书》:"负势竞上,互相~邈。"

⑤[动]高扬,飞翔。

例:《赠蔡子笃》:"归雁载~。"

博古通今

▶▶链接成语

① 气宇轩昂:形容人精力充沛,风度不凡。

② 轩然大波:高高涌起的波涛。比喻大的纠纷或事件。

▶▶链接古诗词

戎马关山北,凭轩涕泗流。

—— [唐]杜甫《登岳阳楼》

当轩对尊酒,四面芙蓉开。

—— [唐]王维《临湖亭》

南轩有孤松,柯叶自绵幂。

—— [唐]李白《南轩松》

学(xué;xiào)

常见义项

学[1] xué

①[名]学校。

例:《礼记·学记》:"古之教者,家有塾……国有~。"

②[动]学习。

例1:《论语·述而》:"~而时习之。"

例2:《论语·子张》:"博~而笃志。"

例3:《论语·为政》:"~而不思则罔,思而不~则殆。"

例4:《诫子书》:"夫学须静也,才须~也。"

例5:《孙权劝学》:"卿今当涂掌事,不可不~。"

例6:《虽有嘉肴》:"弗~,不知其善也。"

例7:《虽有嘉肴》:"教~相长也。《兑命》曰'学~半。'"

例8:《送东阳马生序》:"余幼时即嗜~。"

③[名]学问。

例1:《论语·为政》:"吾十有五而志于~。"

例2:《诫子书》:"非志无以成~。"

例3:《送东阳马生序》:"余故道为~之难以告之。"

学[2] xiào

[动]同"敩(xiào)",教导。

例:《虽有嘉肴》:"~学半。"

博古通今

▶▶链接成语

① 学而不厌:学习总感到不满足,形容勤奋好学。厌:满足。

② 学富五车:形容读书很多,学问深广博大。

③ 勤学苦练:认真学习,刻苦训练。

▶▶链接古诗词

黑发不知勤学早,白首方悔读书迟。

—— [唐]颜真卿《劝学诗》

人学始知道,不学非自然。

—— [唐]孟郊《劝学》

苔花如米小,也学牡丹开。

—— [清]袁枚《苔》

童孙未解供耕织,也傍桑阴学种瓜。

—— [宋]范成大《四时田园杂兴》(其三十一)

 循(xún)

常见义项

① [动]顺着,沿着。

例:《庄子·天道》:"~道而趋。"

② [动]追溯。

例:《庄子与惠子游于濠梁之上》:"请~其本。"

博古通今

▶▶链接 成语

循规蹈矩:原指遵守规矩。现多指拘泥于旧的准则,不敢稍做变通。

▶▶链接 古诗词

四运循环转,寒暑自相承。

—— [魏晋]陆机《梁甫吟》

 徇(xùn)

常见义项

① [动]招抚。

例:《陈涉世家》:"乃令符离人葛婴将兵~蕲以东。"

② [动]示众。

例:《史记·秦始皇本纪》:"车裂以~,灭其宗。"

③ [动]同"殉",为某种目的而死。

例:《史记·伯夷列传》:"贪夫~财。"

④ [动]巡行。

例:《汉书·食货志上》:"行人振木铎~于路。"

⑤ [动]顺从,遵从。

例:《左传·文公十一年》:"国人弗~。"

博古通今

▶▶链接 成语

① 徇情枉法:为了私情歪曲法律或做违法乱纪的事。徇:顺从,曲从。枉:歪曲,违背。

② 徇私舞弊:为了私利而弄虚作假,做违法乱纪的事。徇:顺从,曲从。

▶▶链接 古诗词

徇节今如此,离情空复然。

—— [唐]张九龄《奉和圣制送李尚书入蜀》

当须徇忠义,身死报国恩。

—— [唐]李希仲《蓟北行二首》

 言(yán)

常见义项

① [动]说话,说。

例1:《陈涉世家》:"将尉醉,广故数~欲亡,忿恚尉,令辱之,以激怒其众。"

例2:《孙权劝学》:"卿~多务,孰若孤?"

例3:《出师表》:"今当远离,临表涕零,不知所~。"

② [名]话语。

例1:《周亚夫军细柳》:"亚夫乃传~开壁门。"

例2:《送东阳马生序》:"或遇其叱咄,色愈恭,礼愈至,不敢出一~以复。"

③ [名]言论、言辞,学说。

例1:《北冥有鱼》:"《谐》之~曰:'鹏之徙于南冥也,水击三千里,抟扶摇而上者九万里,去以六月息者也。'"

例2:《送东阳马生序》:"与之论辨,~和而色夷。"

例3:《出师表》:"至于斟酌损益,进尽忠~,则攸之、祎、允之任也。"

例4:《出师表》:"若无兴德之~,则责攸之、祎、允等之慢,以彰其咎。"

例5:《出师表》:"陛下亦宜自谋,以咨诹善道,察纳雅~。"

④ [动]告诉。

例:《桃花源记》:"此人一一为具~所闻,皆叹惋。"

⑤ [动]谈论、议论,进言。

例:《邹忌讽齐王纳谏》:"期年之后,虽欲~,无可进者。"

博古通今

▶▶链接成语

① 察言观色：揣度对方的话语，观察对方的脸色，以摸清真实的意图。

② 危言耸听：故意说些吓人的话，使听者感到惊恐。危言：令人惊惧的话。

▶▶链接古诗词

此中有真意，欲辨已忘言。

——[东晋]陶渊明《饮酒》（其五）

自古逢秋悲寂寥，我言秋日胜春朝。

——[唐]刘禹锡《秋词》（其一）

莫言下岭便无难，赚得行人错喜欢。

——[宋]杨万里《过松源晨炊漆公店》（其五）

无限山河泪，谁言天地宽。

——[明]夏完淳《别云间》

沿（yán）

常见义项

① [动]顺流而下。

例：《三峡》："至于夏水襄陵，~溯阻绝。"

② [动]因循，承袭。

例：《礼记·乐记》："五帝殊时，不相~乐；三王异世，不相袭礼。"

博古通今

▶▶链接成语

① 沿波讨源：顺着水流，寻找水的源头。比喻根据线索探求事物的根源。沿：顺着。波：水流。源：源头。

② 相沿成俗：因袭某种做法传下来，形成风俗习惯。沿：遵循。

▶▶链接古诗词

暖风花绕树，秋雨草沿城。

——[唐]李白《送袁明府任长沙》

多情幽草沿墙绿，无赖群蛙绕舍鸣。

——[宋]陆游《雨中作》

延（yán）

常见义项

① [动]邀请。

例：《桃花源记》："余人各复~至其家。"

② [动]延续。

例：《过秦论》："~及孝文王、庄襄王……国家无事。"

③ [动]蔓延。

例：《尚书·吕刑》："~及于平民。"

④ [形]长的，久的。

例：《洛神赋》："~颈秀项，皓质呈露。芳泽无加，铅华弗御。"

博古通今

▶▶链接成语

① 延年益寿：延长岁数，增加寿命。延：延长。

② 延颈企踵：伸长头颈，踮起脚跟。形容殷切盼望的样子。延：伸长。

▶▶链接古诗词

望余帷而延视兮，若流波之将澜。

——[先秦]宋玉《神女赋》

单车欲问边，属国过居延。

——[唐]王维《使至塞上》

要（yāo）

常见义项

① [动]同"邀"，邀请、约邀。

例1：《桃花源记》："便~还家，设酒杀鸡作食。"

例2：《史记·项羽本纪》："张良出，~项伯。"

② [名]同"腰"，人的腰。

例：《墨子》："昔者，楚灵王好士细~。"

博古通今

▶▶链接成语

① 提要钩玄：指精辟而简明地指明主要内容。提要：指出纲要。钩玄：探索精微。

② 漫天要价：指没有边际地把售价抬得很高。常指所提要求或条件过高。

▶▶链接古诗词

纸上得来终觉浅，绝知此事要躬行。

——[宋]陆游《冬夜读书示子聿》

醉里且贪欢笑，要愁那得工夫。

——[宋]辛弃疾《西江月·遣兴》

粉骨碎身全不怕，要留清白在人间。

——[明]于谦《石灰吟》

古代汉语常用字词学习手册〔初中卷〕

谒(yè)

常见义项

① [动]拜见。

例:《送东阳马生序》:"生以乡人子~余。"

② [动]禀告,陈述。

例:《战国策·燕策一》:"臣请~王之过。"

③ [动]请求。

例:《战国策·楚策三》:"因令人~和于魏。"

博古通今

▶▶链接成语

攀高谒贵:攀附结交地位高贵的人。谒:拜见。

▶▶链接古诗词

谒帝向金殿,随身唯宝刀。

—— [唐]岑参《陕州月城楼送辛判官入奏》

未去朝天子,先来谒相公。

—— [宋]汪洙《神童诗》

一(yī)

常见义项

① [数]基数,表示数量。

例:《湖心亭看雪》:"惟长堤~痕、湖心亭~点、与余舟~芥、舟中人两三粒而已。"

② [数]序数,第一。

例:《曹刿论战》:"~鼓作气,再而衰,三而竭。"

③ [形]相同,一样。

例:《管子·形势》:"春秋冬夏不更其节,古今~也。"

④ [形]全。

例:《史记·淮阴侯列传》:"~市人皆笑信,以为怯。"

⑤ [形]专一。

例:《荀子·劝学》:"蚓无爪牙之利,筋骨之强,上食埃土,下饮黄泉,用心~也。"

⑥ [副]都,一概。

例:《岳阳楼记》:"而或长烟~空,皓月千里。"

⑦ [副]乃,竟。

例:《史记·滑稽列传》:"寡人之过,~至于此乎?"

⑧ [副]有时,或者。

例:《礼记·杂记下》:"~张~弛,文武之道。"

博古通今

▶▶链接成语

① 一举成名:一下子就出了名。

② 百里挑一:形容人才出众。

▶▶链接古诗词

一日不见,如三月兮!

—— [先秦]佚名《诗经·郑风·子衿》

一封朝奏九重天,夕贬潮州路八千。

—— [唐]韩愈《左迁至蓝关示侄孙湘》

会当凌绝顶,一览众山小。

—— [唐]杜甫《望岳》

揖(yī)

常见义项

[动]拱手行礼。

例:《周亚夫军细柳》:"至营,将军亚夫持兵~。"

博古通今

▶▶链接成语

打躬作揖:指旧时礼节,弯身抱拳,上下摆动,表示恭敬。

▶▶链接古诗词

笑揖白云为伴,爱渠舒卷无心。

—— [宋]王炎《题李道士揖云轩》

结阁揖仙子,疏塘临隐扉。

—— [宋]王安石《揖仙阁》

夷(yí)

常见义项

① [形]平,平坦。

例:《核舟记》:"其船背稍~。"

② [形]心情平和喜悦、愉快。

例:《送东阳马生序》:"言和而色~。"

③ [动]诛灭,消灭。

例:《荀子·君子》:"故一人有罪,而三族皆~。"

④ [动]平定。

例：《封建论》："勒兵而~之耳。"

博古通今

▶▶链接成语

① 化险为夷：使险阻变为平坦。指转危为安。

② 夷险一节：不论处于顺境或是逆境，节操均不变如一。夷：平安。节：节操。

▶▶链接古诗词

春始生而萌之，夏日至而夷之。

——《周礼·秋官》

野哭千家闻战伐，夷歌数处起渔樵。

——[唐]杜甫《阁夜》

连鸡不得进，饮马空夷犹。

——[唐]李白《经乱离后天恩流夜郎忆旧游书怀赠江夏韦太守良宰》

当今圣天子，不战四夷平。

——[唐]李益《登长城》

常见义项

① [动]赠送。

例：《核舟记》："尝~余核舟一。"

② [动]遗留，留下。

例：《礼记·内则》："父母虽没，将为善，思~父母令名。"

③ [动]招致，造成。

例：《后汉书·明帝纪》："朕以无德，奉承大业，而下~人怨，上动三光。"

博古通今

▶▶链接成语

① 贻害无穷：留下的祸患无穷无尽。形容后果极为严重。

② 贻人口实：给人留下可以利用的借口或话柄。

③ 贻笑大方：让内行人笑话。

▶▶链接古诗词

静女其娈，贻我彤管。

——[先秦]佚名《诗经·邶风·静女》

贻我青铜镜，结我红罗裾。

——[汉]辛延年《羽林郎》

贞根期永固，贻尔寒泉滋。

——[唐]柳宗元《茅檐下始栽竹》

邂逅终日语，贻我五字诗。

——[北宋]黄庭坚《次韵答黄与迪》

常见义项

① [动]迁移，转移，移动。

例：《采桑子》："无风水面琉璃滑，不觉船~。"

② [动]改变，变化。

例：《富贵不能淫》："富贵不能淫，贫贱不能~，威武不能屈。此之谓大丈夫。"

③ [动]传递文书。

例：《汉书·刘歆传》："歆因~书太常博士。"

博古通今

▶▶链接成语

① 潜移默化：指人的思想、性格和习惯等在不知不觉中受到外界影响而逐渐发生变化。

② 坚定不移：形容人的意志、立场、观点等坚定，毫不动摇。移：改变，动摇。

▶▶链接古诗词

主人不知名，移种近轩闼。

——[唐]白居易《有木诗八首》

无风水面琉璃滑，不觉船移。微动涟漪，惊起沙禽掠岸飞。

——[宋]欧阳修《采桑子·轻舟短棹西湖好》

常见义项

① [名]义理。

例：《咏雪》："与儿女讲论文~。"

② [名]正义；合宜的道德、行为或道理。

例1：《论语》："不~而富且贵，于我如浮云。"

例2：《鱼我所欲也》："~，亦我所欲也。"

例3：《鱼我所欲也》："万钟则不辩礼~而受之，万钟于我何加焉！"

例4:《出师表》:"不宜妄自菲薄,引喻失~,以塞忠谏之路也。"

博古通今

▶▶链接**成语**

① 义愤填膺:胸中充满了由正义而激起的愤怒。义愤:被不合理或不公正的行为所激起的愤怒。膺:胸。

② 义无反顾:道义上只有勇往直前,不容徘徊退缩。反顾:回头看。

▶▶链接**古诗词**

行来北凉岁月深,感君贵义轻黄金。

　　　——[唐]李白《忆旧游寄谯郡元参军》

重义轻生怀一顾,东伐西征凡几度。

　　　——[唐]骆宾王《杂曲歌辞·从军中行路难》

知人得数士,重义忘千金。

　　　——[北宋]苏轼《滕县时同年西园》

诣(yì)

常见义项

① [动]到,往。

例:《战国策·燕策三》:"于是秦大怒燕,益发兵~赵。"

② [动]拜访。

例:《桃花源记》:"及郡下,~太守,说如此。"

博古通今

▶▶链接**成语**

苦心孤诣:指刻苦用心地钻研,达到了别人所达不到的境界。也指为了寻求解决某一问题的办法而煞费苦心。苦心:费尽心思。孤:独自。诣:(学问或技术)所达到的程度。孤诣:独自达到。

▶▶链接**古诗词**

诣阙三上书,臣非黄冠师。

　　　——[唐]韩愈《送张道士》

吾师在韶阳,欣此得躬诣。

　　　——[唐]宋之问《自衡阳至韶州谒能禅师》

出门无所诣,老史在郊墟。

　　　——[宋]苏轼《答任师中家汉公》

弈(yì)

常见义项

① [名]围棋。

例:《论语·阳货》:"不有博~者乎,为之,犹贤乎已。"

② [动]下围棋。

例1:《醉翁亭记》:"射者中,~者胜。"

例2:《孟子·告子上》:"~之为数,小数也;不专心致志,则不得也。"

③ [形]同"奕",光明。

例:《吊魏武文》:"伊君王之赫~,实终古之所难。"

④ [形]累,重(chóng)。

例:《王仲宣诔》:"伊君显考,~叶佐时。"

博古通今

▶▶链接**成语**

博弈犹贤:指不要饱食终日无所事事。

▶▶链接**古诗词**

闻道长安似弈棋,百年世事不胜悲。

　　　——[唐]杜甫《秋兴八首》

不信请看弈棋者,输赢须待局终头。

　　　——[唐]白居易《放言五首》(其二)

亦(yì)

常见义项

① [副]也。

例1:《论语》:"学而时习之,不~说乎? 有朋自远方来,不~乐乎? 人不知而不愠,不~君子乎?"

例2:《论语》:"饭疏食,饮水,曲肱而枕之,乐~在其中矣。"

例3:《狼》:"屠自后断其股,~毙之。"

例4:《狼》:"狼~黠矣,而顷刻两毙,禽兽之变诈几何哉?"

例5:《杞人忧天》:"日月星宿,~积气中之有光耀者,只使坠,~不能有所中伤。"

例6:《杞人忧天》:"其人舍然大喜,晓之者~舍然大喜。"

例7:《卖油翁》:"陈康肃公善射,当世无双,公~以此自矜。"

例8:《卖油翁》:"汝~知射乎? 吾射不~精乎?"

例9:《卖油翁》:"我~无他,惟手熟尔。"

例10:《记承天寺夜游》:"怀民~未寝,相与步于中庭。"

例11:《核舟记》:"嘻,技~灵怪矣哉!"

例12:《北冥有鱼》:"其视下也,~若是则已矣。"

例13:《岳阳楼记》:"是进~忧,退~忧。然则何时而乐耶?"

例14:《醉翁亭记》:"四时之景不同,而乐~无穷也。"

例15:《鱼我所欲也》:"鱼,我所欲也;熊掌,~我所欲也。"

例16:《鱼我所欲也》:"生,~我所欲也;义,~我所欲也。"

例17:《鱼我所欲也》:"死~我所恶,所恶有甚于死者,故患有所不辟也。"

例18:《鱼我所欲也》:"是~不可以已乎?"

例19:《唐雎不辱使命》:"公~尝闻天子之怒乎?"

例20:《送东阳马生序》:"日侍坐备顾问,四海~谬称其氏名。"

例21:《陈涉世家》:"今亡~死,举大计~死;等死,死国可乎?"

例22:《出师表》:"陛下~宜自谋,以咨诹善道。"

② [副]只是,不过。

例:《唐雎不辱使命》:"布衣之怒,~免冠徒跣,以头抢地尔。"

博古通今

▶▶链接**成语**

① 人云亦云:别人怎么说,自己也跟着怎么说。形容随声附和,没有主见或创见。

② 亦步亦趋:比喻没有主见,事事都模仿追随别人。步:慢走。趋:快走。

▶▶链接**古诗词**

女亦无所思,女亦无所忆。

——[南北朝]佚名《木兰诗》

何时眼前突兀见此屋,吾庐独破受冻死亦足!

——[唐]杜甫《茅屋为秋风所破歌》

相见时难别亦难,东风无力百花残。

——[唐]李商隐《无题》

水光潋滟晴方好,山色空蒙雨亦奇。

——[宋]苏轼《饮湖上初晴后雨二首》(其二)

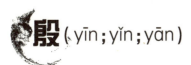 殷(yīn;yǐn;yān)

 **常见义项**

殷¹ yīn

① [形]富庶。

例:《隆中对》:"今刘璋暗弱,民~国富。"

② [形]众多。

例:《国语·越语下》:"田野开辟,府仓实,民众~。"

③ [形]盛大。

例:《礼记·曾子问》:"君之丧服除,而后~祭,礼也。"

④ [形]居中。

例:《齐故安陆昭王碑文》:"衿带中流,地~江汉。"

⑤ [形]深厚。

例:《种树郭橐驼传》:"则又爱之太~,忧之太勤。"

殷² yǐn

① [动](雷声)响。

例:《诗经·召南·殷其雷》:"~其雷,在南山之阳。"

② [动]震动。

例:《自京赴奉先县咏怀五百字》:"君臣留欢娱,乐动~胶葛。"

殷³ yān

[名]黑红色。

例:《左传·成公二年》:"余折以御,左轮朱~。"

 **博古通今**

▶▶链接**成语**

① 民殷国富:百姓和国家都很富有。

② 殷鉴不远:指殷商子孙应以夏的灭亡为借鉴。后泛指前人的教训就在眼前。

▶▶链接**古诗词**

殷殷其雷,蒙蒙其雨。

——[三国魏]曹丕《黎阳作诗三首》(其二)

蓬山此去无多路,青鸟殷勤为探看。

——[唐]李商隐《无题》

淫(yín)

常见义项

① [动]浸润。

例:《周礼·考工记·匠人》:"善防者水~之。"

② [动]沉溺,沉湎。

例:《庄子·在宥》:"而且说明邪?是~于色也。"

③ [动]放纵,无节制。

例:《诫子书》:"~慢则不能励精。"

④ [名]久雨,连绵不断的雨。

例:《岳阳楼记》:"若夫~雨霏霏。"

⑤[形]奢侈。

例:《论积贮疏》:"~侈之俗,日日以长,是天下之大贼也。"

⑥[动]惑乱、迷惑。这里是使动用法,使……迷惑。

例:《富贵不能淫》:"富贵不能~。"

博古通今

▶▶链接成语

骄奢淫逸:原指骄横、奢侈、荒淫、放荡四种恶习。后形容生活放纵奢侈,荒淫无度。淫:放纵。逸:放荡。

▶▶链接古诗词

众女嫉余之蛾眉兮,谣诼谓余以善淫。

—— [先秦]屈原《离骚》

淫乐意何极,金舆向回中。

—— [唐]李白《上之回》

淫祀多青鬼,居人少白头。

—— [唐]刘禹锡《南中书来》

富贵不淫贫贱乐,男儿到此是豪雄。

—— [宋]程颢《秋日偶成》

古学尊皇极,淫辞斥异端。

—— [宋]陆游《示子聿》

应 (yīng;yìng)

常见义项

应¹ yīng

①[动]该,应当。

例:《诗经·周颂·赉》:"文王既勤止,我~受之。"

②[副]立刻。

例:《三国志·魏书·华佗传》:"若当灸,不过一两处,每处不过七八壮,病亦~除。"

应² yìng

①[动]回答。

例1:《愚公移山》:"河曲智叟亡以~。"

例2:《醉翁亭记》:"前者呼,后者~,伛偻提携,往来而不绝者,滁人游也。"

例3:《陈涉世家》:"佣者笑而~曰:'若为佣耕,何富贵也?'"

②[动]响应。

例1:《陈涉世家》:"今诚以吾众诈自称公子扶苏、项燕,为天下唱,宜多~者。"

例2:《陈涉世家》:"当此时,诸郡县苦秦吏者,皆刑其长吏,杀之以~陈涉。"

博古通今

▶▶链接成语

①罪有应得:犯了罪所受的惩罚是应该的,没有被冤枉。

②应接不暇:原指景物繁多,来不及观赏。后形容人事繁多,来不及应付。暇:空闲。

▶▶链接古诗词

知汝远来应有意,好收吾骨瘴江边。

—— [唐]韩愈《左迁至蓝关示侄孙湘》

遥怜故园菊,应傍战场开。

—— [唐]岑参《行军九日思长安故园》

晓镜但愁云鬓改,夜吟应觉月光寒。

—— [唐]李商隐《无题》

不应有恨,何事长向别时圆?

—— [宋]苏轼《水调歌头·明月几时有》

盈 (yíng)

常见义项

①[动]满。

例1:《核舟记》:"而计其长曾不~寸。"

例2:《曹刿论战》:"彼竭我~,故克之。"

②[动]满足。

例:《国语·周语中》:"若贪陵之人来而~其愿,是不赏善也。"

③[形]圆满。

例:《周易·丰》:"月~则食。"

④[形]长(cháng)。

例:《新刻漏铭》:"治历明时,~缩之度无准。"

⑤[动]增长。

例:《战国策·秦策三》:"进退、~缩,变化,圣人之常道也。"

博古通今

▶▶链接成语

①车马盈门:车子充满门庭,比喻宾客很多。盈:满。

② 热泪盈眶：因感情激动而使眼泪充满了眼眶,形容感动至极或非常悲伤。盈:满。

③ 沸反盈天：声音像水开一样沸腾翻滚,充满了空间。形容人声喧闹。

④ 恶贯满盈：罪恶多得像穿钱一样,已经穿满了一根绳子。形容罪大恶极,已经到该受惩罚的时候了。

▶▶链接古诗词

盈盈一水间,脉脉不得语。
　　　　　　——[汉]佚名《迢迢牵牛星》

馨香盈怀袖,路远莫致之。
　　　　　　——[汉]佚名《庭中有奇树》

盈盈公府步,冉冉府中趋。
　　　　　　——[汉]佚名《陌上桑》

连峰去天不盈尺,枯松倒挂倚绝壁。
　　　　　　——[唐]李白《蜀道难》

拥(yōng)

常见义项

① [动]抱。

例:《战国策·楚策四》:"左抱幼妾,右~嬖女,与之驰骋乎高蔡之中,而不以国家为事。"

② [动]持,拿着。

例:《游褒禅山记》:"余与四人~火以入。"

③ [动]拥有。

例:《战国策·齐策五》:"昔者魏王~土千里,带甲三十六万。"

④ [动]围裹。

例1:《湖心亭看雪》:"~毳衣炉火。"

例2:《送东阳马生序》:"以衾~覆,久而乃和。"

博古通今

▶▶链接成语

① 拥兵自重：因拥有军队而抬高自己的身份和地位。拥:拥有。

② 前呼后拥：前面的人吆喝着开道,后面的人簇拥着保护。旧时常用以形容达官贵人出行时随从多,排场大。也形容跟随者众多。

▶▶链接古诗词

云横秦岭家何在?雪拥蓝关马不前。
　　　　　　——[唐]韩愈《左迁至蓝关示侄孙湘》

三日柴门拥不开,阶平庭满白皑皑。
　　　　　　——[唐]柳宗元《酬王二十舍人雪中见寄》

壮岁旌旗拥万夫,锦襜突骑渡江初。
　　　　　　——[宋]辛弃疾《鹧鸪天·有客慨然谈功名因追念少年时事戏作》

尤(yóu)

常见义项

① [副]格外,尤其。

例1:《小石潭记》:"伐竹取道,下见小潭,水~清冽。"

例2:《醉翁亭记》:"环滁皆山也。其西南诸峰,林壑~美。"

② [动]怪罪,责备。

例:《论语·宪问》:"不怨天,不~人。"

博古通今

▶▶链接成语

怨天尤人：遇到不顺心的事,就怨恨天命,责怪他人。形容老是埋怨或归罪于客观。尤:怨恨。

▶▶链接古诗词

乃知大寒岁,农者尤苦辛。
　　　　　　——[唐]白居易《村居苦寒》

由(yóu)

常见义项

① [介]经由。

例:《鱼我所欲也》:"~是则生而有不用也,~是则可以辟患而有不为也。"

② [名]原因。

例:《非酒》:"人人漫说酒消忧,我道翻为引恨~。"

③ [介]由于,因为。

例:《出师表》:"~是感激,遂许先帝以驱驰。"

④ [动]用。

例:《左传》:"以晋国之多虞,不能~吾子。"

⑤ [动]同"犹",如同,好像。

例:《孟子》:"~弓人而耻为弓。"

⑥ [副]同"犹",尚且。

例：《荀子》："～将不足以免也。"

博古通今

▶▶链接成语

① 不由自主：由不得自己，控制不了自己。

② 言不由衷：不是说的真心话，指心口不一致。

▶▶链接古诗词

自经丧乱少睡眠，长夜沾湿何由彻！

—— [唐]杜甫《茅屋为秋风所破歌》

人人漫说酒消忧，我道翻为引恨由。

—— [唐]雍陶《非酒》

有（yǒu；yòu）

常见义项

有¹ yǒu

[动]具有，与"无"相对。

例1：《论语》："～朋自远方来，不亦乐乎？"

例2：《论语》："三人行，必～我师焉。"

例3：《狼》："担中肉尽，止～剩骨。"

有² yòu

[连]同"又"，加在整数和零数之间。

例1：《论语》："吾十～五而志于学。"

例2：《出师表》："尔来二十～一年矣。"

博古通今

▶▶链接成语

① 有案可稽：有记载可查。案：案卷。稽：查核。

② 有加无已：只有增加，没有停止。形容情况发展越来越厉害。已：停止。

▶▶链接古诗词

有生必有死，早终非命促。

—— [东晋]陶渊明《拟挽歌辞三首》(其一)

有弟皆分散，无家问死生。

—— [唐]杜甫《月夜忆舍弟》

有意莲叶间，瞥然下高树。

—— [唐]钱起《蓝田溪杂咏二十二首·衔鱼翠鸟》

愚（yú）

常见义项

① [形]蠢笨，无知。

例：《送东阳马生序》："故余虽～，卒获有所闻。"

② [代]我，谦称。

例：《出师表》："～以为营中之事，悉以咨之，必能使行阵和睦，优劣得所。"

③ [动]欺骗。

例：《过秦论》："于是废先王之道，燔百家之言，以～黔首。"

博古通今

▶▶链接成语

① 大智若愚：极有智慧的人不露锋芒，表面上看上去很愚钝。

② 愚不可及：形容愚蠢无比。

▶▶链接古诗词

会稽愚妇轻买臣，余亦辞家西入秦。

—— [唐]李白《南陵别儿童入京》

惟愿孩儿愚且鲁，无灾无难到公卿。

—— [宋]苏轼《洗儿诗》

贤愚千载知谁是，满眼蓬蒿共一丘。

—— [宋]黄庭坚《清明》

逾（yú）

常见义项

① [动]越过，超过，胜过。

例1：《论语》："七十而从心所欲，不～矩。"

例2：《送东阳马生序》："走送之，不敢稍～约。"

② [动]指晋升职位。

例：《服疑》："臣不～级，则主位安。"

③ [副]同"愈"，更加。

例：《楚辞·九章·哀郢》："美超远而～迈。"

博古通今

▶▶链接成语

逾墙钻穴：原指违背父母之命、媒妁之言的青年男

女自由恋爱。后指男女偷情或偷窃的行为。含贬义。

▶▶链接**古诗词**

人生有新旧,贵贱不相逾。

—— [两汉]辛延年《羽林郎》

蝉噪林逾静,鸟鸣山更幽。

—— [南北朝]王籍《入若耶溪》

靡靡逾阡陌,人烟眇萧瑟。

—— [唐]杜甫《北征》

江碧鸟逾白,山青花欲燃。

—— [唐]杜甫《绝句二首》(其二)

欲(yù)

常见义项

① [动]想要得到,需要。

例:《鱼我所欲也》:"鱼,我所~也;熊掌,亦我所~也。"

② [动]想要。

例1:《桃花源记》:"复前行,~穷其林。"

例2:《陈涉世家》:"广故数言~亡。"

③ [名]愿望。

例1:《论语》:"七十而从心所~,不逾矩。"

例2:《陈涉世家》:"乃诈称公子扶苏、项燕,从民~也。"

④ [副]将要。

例:《咸阳城东楼》:"山雨~来风满楼。"

博古通今

▶▶链接**成语**

① 震耳欲聋:耳朵都快要震聋了。形容声音很大。欲:将要。

② 欲盖弥彰:想掩盖真相反而暴露得更加明显。盖:掩盖。弥:更加。彰:明显。

▶▶链接**古诗词**

欲穷千里目,更上一层楼。

—— [唐]王之涣《登鹳雀楼》

欲济无舟楫,端居耻圣明。

—— [唐]孟浩然《望洞庭湖赠张丞相》

域(yù)

常见义项

① [动]限制在疆域,居住。

例:《得道多助,失道寡助》:"~民不以封疆之界,固国不以山溪之险,威天下不以兵革之利。"

② [名]疆界,一定的区域。

例:《周礼·地官·大司徒》:"周知九州之地~广轮之数。"

③ [名]墓地,坟地。

例:《诗经·唐风·葛生》:"蔹蔓于~。"

博古通今

▶▶链接**成语**

不分畛域:不划分界限。形容感情融洽,同心协力。域:范围,界限。

▶▶链接**古诗词**

孤城天北畔,绝域海西头。

—— [唐]岑参《北庭作》

边庭飘飖那可度,绝域苍茫更何有。

—— [唐]高适《燕歌行》

御(yù)

常见义项

① [动]驾驭。

例:《三峡》:"虽乘奔~风,不以疾也。"

② [名]驾驭车马的人。

例:《左传·成公十六年》:"其~屡顾,不在马。"

③ [动]治理,统治。

例:《国语·周语上》:"百官~事,各即其斋三日。"

④ [名]指帝王所用或与之相关的事物。

例:《后汉书·曹节传》:"盗取~水以作鱼钓。"

⑤ [动]抵挡,抵抗。

例:《殽之战》:"晋人~师必于殽。"

⑥ [动]阻止,防止。

例:《左传·昭公十六年》:"孔张后至,立于客间,执政~之。"

古代汉语常用字词学习手册[初中卷]

博古通今

▶▶链接成语

① 兄弟阋于墙,外御其侮:指兄弟们虽然在家里争吵,但能一致抵御外人的欺侮。比喻内部虽有分歧,但能团结起来对付外来的侵略。御:抵挡。

② 酌古御今:指择古之善者以为治今的借鉴。御:借鉴。

③ 长辔远御:放长缰绳,驾马远行。比喻远距离操纵,控制另外的人或物。御:抵抗。

▶▶链接古诗词

九重天子去蒙尘,御柳无情依旧春。
　　　　　　——[唐]韦庄《立春日作》

汉皇重色思倾国,御宇多年求不得。
　　　　　　——[唐]白居易《长恨歌》

御沟春水相晖映,狂杀长安少年儿。
　　　　　　——[唐]刘禹锡《杨柳枝词九首》(其三)

烟尘昏御道,耆旧把天衣。
　　　　　　——[唐]杜甫《伤春五首》(其三)

晓随天仗入,暮惹御香归。
　　　　　　——[唐]岑参《寄左省杜拾遗》

预 (yù)

常见义项

① [动]参与。

例:《送东阳马生序》:"犹幸~君子之列。"

② [副]事先,预先。

例:《战国策·燕策三》:"于是太子~求天下之利匕首。"

③ [动]预备,事先做准备。

例:《奏浙西第一状》:"臣闻事~则立,不~则废。"

博古通今

▶▶链接成语

① 言之不预:没有预先说明。预:事先,预先。

② 出乎预料:指出人意料。预:事先,预先。

▶▶链接古诗词

预知汉将宣威日,正是胡尘欲灭时。
　　　　　　——[唐]岑参《九日使君席奉饯卫中丞赴长水》

畏老偏惊节,防愁预恶春。
　　　　　　——[唐]白居易《客中守岁》

狱 (yù)

常见义项

① [动]争讼。

例:《吕氏春秋·高义》:"弟兄相~,亲戚相忍。"

② [名]诉讼案件。

例:《曹刿论战》:"小大之~,虽不能察,必以情。"

③ [名]罪,过失。

例:《泷冈阡表》:"此死~也,我求其生不得尔。"

④ [名]牢房,监狱。

例:《左忠毅公逸事》:"及左公下厂~,史朝夕~门外。"

博古通今

▶▶链接成语

① 狱货非宝:指法官断狱受贿赂,也难逃法网。狱:罪案,官司。

② 银铛入狱:形容带上刑具被关进监狱。狱:监禁罪犯的地方。

▶▶链接古诗词

早日熬熬蒸野冈,禾黍不收无狱粮。
　　　　　　——[唐]张籍《山头鹿》

烂肠五斗对狱吏,白发千丈濯沧浪。
　　　　　　——[宋]黄庭坚《题子瞻寺壁小山枯木二首》(其一)

民以不冤刑狱折,无岁无人无一节。
　　　　　　——[宋]韩淲《王干以诗寄和答》

喻 (yù)

常见义项

① [动]告诉,使人知道。

例:《淮南子》:"故作书以~意。"

② [动]知道,了解,明白。

例:《生于忧患,死于安乐》:"征于色,发于声,而后~。"

③ [名]比喻。

例:《出师表》:"不宜妄自菲薄,引~失义。"

博古通今

▶▶链接成语

① 不言而喻:不必说就能明白。

② 家喻户晓:家家户户都知道。形容人尽皆知。

▶▶链接古诗词

深知亿劫苦,善喻恒沙大。

—— [唐]高适《同马太守听九思法师讲金刚经》

公能觉如梦,自喻一蝴蝶。

—— [宋]王安石《游土山示蔡天启秘校》

谕(yù)

常见义项

① [动]明白,懂得。

例:《唐雎不辱使命》:"寡人~矣。"

② [动]告诉,晓谕。

例:《礼记·祭义》:"于是~其志意。"

③ [动]表明。

例:《吕氏春秋·离谓》:"言者,以~其意也。"

④ [动]比喻。

例:《战国策·齐策四》:"请以市~。"

博古通今

▶▶链接成语

旁指曲谕:从侧面委婉启发晓谕。谕:告诉,晓谕。

▶▶链接古诗词

却立不亲授,谕以从父行。

—— [唐]柳宗元《韦道安》

视身琉璃莹,谕指芭蕉黄。

—— [唐]元稹《春月》

往往即事中,未能忘兴谕。

—— [唐]白居易《读谢灵运诗》

自古已冥茫,从今尤不谕。

—— [唐]白居易《薛中丞》

恩言谕公家,疑阻久乃随。

—— [北宋]黄庭坚《丙辰仍宿清泉寺》

缘(yuán)

常见义项

① [介]沿着,顺着。

例:《桃花源记》:"~溪行,忘路之远近。"

② [动]攀援。

例:《孟子·梁惠王上》:"犹~木而求鱼也。"

③ [名]缘分。

例:《与元九书》:"仆宿习之~已在文字中矣。"

④ [介]因为。

例:《客至》:"花径不曾~客扫,蓬门今始为君开。"

博古通今

▶▶链接成语

缘木求鱼:爬到树上去找鱼。比喻方向、办法不对,不可能有所收获。缘:攀登。

▶▶链接古诗词

不畏浮云遮望眼,自缘身在最高层。

—— [宋]王安石《登飞来峰》

不识庐山真面目,只缘身在此山中。

—— [宋]苏轼《题西林壁》

援(yuán)

常见义项

① [动]引,提出。

例:《送东阳马生序》:"余立侍左右,~疑质理。"

② [动]攀缘。

例:《西京赋》:"熊虎升而挐攫,猿狖超而高~。"

③ [动]助,帮助。

例:《左传·僖公十四年》:"失~必毙。"

④ [动]攀附,依附于权势。

例:《礼记·中庸》:"在上位,不陵下;在下位,不~上。"

⑤ [动]引证,引用。

例:《后汉书·冯衍传下》:"~前圣以制中兮,矫二主之骄奢。"

博古通今

▶▶链接成语

① 孤立无援:只有一个人或一方面的力量,得不到外力援助。援:助,帮助。

② 援古证今:引述古事来证明今事。援:引证,引用。

▶▶链接古诗词

名声荷朋友,援引乏姻娅。

—— [唐]韩愈《县斋有怀》

援兵不遣事堪哀,食肉权臣大不才。

—— [宋]汪元量《醉歌》

古代汉语常用字词学习手册「初中卷」

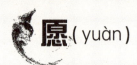

愿 (yuàn)

常见义项

① [名]心愿,愿望。

例:《诗经·郑风·野有蔓草》:"邂逅相遇,适我~兮。"

② [动]愿意,情愿。

例1:《木兰诗》:"阿爷无大儿,木兰无长兄,~为市鞍马,从此替爷征。"

例2:《唐雎不辱使命》:"受地于先王,~终守之,弗敢易!"

③ [动]希望。

例1:《木兰诗》:"~驰千里足,送儿还故乡。"

例2:《出师表》:"此悉贞良死节之臣,~陛下亲之信之,则汉室之隆,可计日而待也。"

例3:《出师表》:"~陛下托臣以讨贼兴复之效;不效,则治臣之罪,以告先帝之灵。"

例4:《卖炭翁》:"可怜身上衣正单,心忧炭贱~天寒。"

博古通今

▶▶链接成语

① 一厢情愿:单方面的愿望。指处理问题时仅从自己的愿望出发,而不考虑对方的意见如何或客观条件是否允许。

② 事与愿违:事实与主观愿望相反。

▶▶链接古诗词

愿得一心人,白头不相离。

—— [汉]卓文君《白头吟》

愿得此身长报国,何须生入玉门关。

—— [唐]戴叔伦《塞上曲二首》(其二)

但愿人长久,千里共婵娟。

—— [宋]苏轼《水调歌头·明月几时有》

越 (yuè)

常见义项

① [动]经过,到。

例:《岳阳楼记》:"~明年,政通人和,百废具兴。"

② [动]度过,跨过。

例:《短歌行》:"~陌度阡,枉用相存。"

③ [动]超出,超过。

例:《汉书·枚乘传》:"是大王之威加于天下,而功~于汤、武也。"

④ [动]超出本分,僭越。

例:《庄子·逍遥游》:"庖人虽不治庖,尸祝不~樽俎而代之矣。"

博古通今

▶▶链接成语

① 越俎代庖:比喻超出自己业务范围去处理别人所管的事。

② 杀人越货:害人性命,抢人东西,指盗匪的行为。

▶▶链接古诗词

关山万里不可越,谁能坐对芳菲月。

—— [隋]卢思道《从军行》

往事越千年,魏武挥鞭,东临碣石有遗篇。

—— 毛泽东《浪淘沙·北戴河》

愠 (yùn)

常见义项

① [动]恼怒,生气。

例:《论语》:"人不知而不~,不亦君子乎?"

② [动]羞,害羞。

例:《金线池》:"引得些鸳鸯儿交颈和鸣,忽的见了,~的面赤,兜的心疼。"

博古通今

▶▶链接成语

不愠不火:形容性格温和,不生气。愠:恼怒,生气。

▶▶链接古诗词

晞阳人似露,解愠物从风。

—— [唐]张九龄《恩赐乐游园宴应制》

菊泛延龄酒,兰吹解愠风。

—— [唐]崔日用《奉和九月九日登慈恩寺浮图应制》

当念楚子文,三仕无愠喜。

—— [宋]苏轼《送欧阳辩监潭州酒》

再（zài）

常见义项

① [数] 第二次。

例：《曹刿论战》："一鼓作气，~而衰，三而竭。"

② [数] 两次。

例：《送东阳马生序》："主人日~食。"

③ [副] 连结两个动作，表示先后关系。

例：《活板》："用讫~火令药熔。"

④ [数] 多次。

例：《吕氏春秋·遇合》："孔子周流海内，~干世主。"

博古通今

▶▶链接 成语

① 东山再起：比喻失败后重新上台或重整旧业。

② 再接再厉：一次又一次地继续努力。

▶▶链接 诗句

再引离骚见微旨，肯教渔父会升沈。

—— [唐] 刘威《三闾大夫》

紫衣使者辞复命，再拜故人谢佳政。

—— [唐] 杜甫《寄裴施州》

再窥松柏路，还见五云飞。

—— [唐] 杜甫《重经昭陵》

一读兴叹嗟，再吟垂涕泗。

—— [唐] 白居易《伤唐衢二首》

再取连城璧，三陟平津侯。

—— [唐] 陈子昂《答洛阳主人》

章（zhāng）

常见义项

① [名] 文章或作品的一篇。

例：《三国志·魏书·陈思王植传》："下笔成~。"

② [名] 规章。

例：《三国志·蜀书·诸葛亮传》："不能训~明法。"

③ [名] 规则，条理。

例：《送孟东野序》："其为言也，杂乱而无~。"

④ [名] 花纹。

例：《捕蛇者说》："黑质而白~。"

⑤ [形] 明显，显著。

例：《左传·昭公三十一年》："或欲盖而名~。"

⑥ [动] 表彰，表扬。

例：《商君书·说民》："~善而过匿。"

博古通今

▶▶链接 成语

① 出口成章：话说出来就能成为一篇文章。形容文思敏捷，口才好。

② 杂乱无章：又多又乱，没有条理。章：条理。

▶▶链接 古诗词

年过五十到南宫，章句无名荷至公。

—— [唐] 张籍《新除水曹郎答白舍人见贺》

章句惭非第一流，世间才子昔陪游。

—— [唐] 刘禹锡《和令狐相公言怀寄河中杨少尹》

彰（zhāng）

常见义项

① [形] 明显，显著。

例：《荀子·劝学》："顺风而呼，声非加疾也，而闻者~。"

② [动] 揭示，表露。

例：《出师表》："若无兴德之言，则责攸之、祎、允等之慢，以~其咎。"

博古通今

▶▶链接 成语

① 相得益彰：互相帮助，互相补充，更能显出各自的好处。

② 欲盖弥彰：想要掩盖事实的真相（指坏事），结果反而更加显露出来。

▶▶链接 古诗词

美人抱义死，千载名犹彰。

—— [唐] 邵谒《金谷园怀古》

二十学已成，三十名不彰。

—— [唐] 孟云卿《伤怀赠故人》

归乡非得意，但贵情义彰。

—— [唐] 王建《送张籍归江东》

召（zhào）

常见义项

① [动] 召集。

例1：《陈涉世家》："~令徒属。"

例2：《陈涉世家》："号令~三老。"

古代汉语常用字词学习手册 [初中卷]

② [动]呼唤,召见。

例:《汉书·高帝纪上》:"愿君~诸亡在外者。"

③ [动]招致,招引。

例:《荀子·劝学》:"故言有~祸也,行有招辱也。"

博古通今

▶▶链接**成语**

召之即来,挥之即去:非常听从指挥。

▶▶链接**古诗词**

召募赴蓟门,军动不可留。

——[唐]杜甫《后出塞五首》(其一)

小儿呼叫走长街,云有痴呆召人买。

——[宋]范成大《卖痴呆词》

诏(zhào)

常见义项

① [名]诏书,皇帝的命令或文告。

例1:《周亚夫军细柳》:"军中闻将军令,不闻天子之~。"

例2:《出师表》:"察纳雅言,深追先帝遗~。"

② [动]告,告诉。

例:《周亚夫军细柳》:"于是上乃使使持节~将军。"

博古通今

▶▶链接**成语**

刘毅答诏:敢于谏诤。

▶▶链接**古诗词**

上有明王颂诏下,重选贤良恤孤寡。

——[唐]李绅《闻里谣效古歌》

幅狭不堪作诏命,聊备粗使供鸾台。

——[宋]梅尧臣《永叔寄澄心堂纸二幅》

征(zhēng)

常见义项

① [动]出征,远行。

例:《木兰诗》:"愿为市鞍马,从此替爷~。"

② [动]征伐。

例:《汉书》:"振旅抚师,以~不服。"

③ [动]争夺,索取。

例:《孟子》:"上下交~利,而国危矣。"

④ [动]赋税。

例:《孟子》:"有布缕之~。"

⑤ [动]召,征召。

例:《史记》:"赵相~至长安。"

⑥ [动]追究,追问。

例:《左传》:"寡人是~。"

⑦ [动]证明,表现,征验。

例:《生于忧患,死于安乐》:"~于色,发于声,而后喻。"

⑧ [名]迹象,预兆。

例:《史记》:"兵未战先见败~。"

博古通今

▶▶链接**成语**

① **南征北战**:形容转战南北,经历了不少次战斗。

② **旁征博引**:指说话或写文章时广泛、大量地引用材料作为依据或例证。征:征引。

▶▶链接**古诗词**

此地一为别,孤蓬万里征。

——[唐]李白《送友人》

不知何处吹芦管,一夜征人尽望乡。

——[唐]李益《夜上受降城闻笛》

征蓬出汉塞,归雁入胡天。

——[唐]王维《使至塞上》

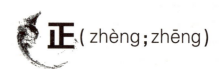

正(zhèng;zhēng)

常见义项

正¹ zhèng

① [形]不偏,不斜。

例:《荀子》:"仪~而景~。"

② [形]人的行为正派,正直,公正。

例:《盐铁论》:"子瑕,佞臣也,夫子因之,非~也。"

③ [形]正确。

例:《富贵不能淫》:"立天下之~位。"

④ [形]正,与"副"相对。

例:《隋书》:"补续残缺~副二本,藏于宫中。"

⑤ [形]真正。

例:《北冥有鱼》:"天之苍苍,其~色邪?"

⑥ [副]恰好,正好。

例:《湖心亭看雪》:"一童子烧酒炉~沸。"

⑦ [副]表示动作的进行,状态的持续。

例:《汉书》:"～谨不可止。"

⑧ [名]准则,标准。

例:《富贵不能淫》:"以顺为～者,妾妇之道也。"

<h3>正² zhēng</h3>

① [名]箭靶中心。

例:《诗经》:"终日射侯,不出～兮。"

② [名]阴历每年的第一个月叫"正月"。

例:《三国志》:"三月春～月。"

▶▶链接成语

① 一本正经:形容庄重严肃,非常认真。

② 风华正茂:形容风采和才华正在最好的时候。

③ 光明正大:襟怀坦白,行为正派。

▶▶链接古诗词

冰霜正惨凄,终岁常端正。

—— [东汉]刘桢《赠从弟》(其二)

潮平两岸阔,风正一帆悬。

—— [唐]王湾《次北固山下》

正是江南好风景,落花时节又逢君。

—— [唐]杜甫《江南逢李龟年》

<h2>支 (zhī)</h2>

常见义项

① [动]支撑,维持。

例:《核舟记》:"诎右臂～船。"

② [名]肢,肢体。后作"肢"。

例:《送东阳马生序》:"四～僵劲不能动。"

③ [动]支解。

例:《战国策·秦策三》:"～分方城膏腴之地以薄郑?"

④ [名]枝,枝条。后作"枝"。

例:《诗经·卫风·芄兰》:"芄兰之～,童子佩觽。"

⑤ [名]分支,支派。

例:《汉书·艺文志》:"虽有蔽短,合其要归,亦六经之～与流裔。"

▶▶链接成语

支离破碎:形容事物零散破碎,不完整。支:支解。

▶▶链接古诗词

谁知严冬月,支体暖如春。

—— [唐]白居易《新制布裘》

忽看庭际刀刃鸣,身首支离在俄顷。

—— [唐]韦庄《秦妇吟》

<h2>枝 (zhī)</h2>

常见义项

① [动]生枝条。

例:《爱莲说》:"中通外直,不蔓不～。"

② [名]枝条。

例:《战国策·秦策三》:"木实繁者披其～。"

③ [名]支子。嫡长子以外的宗族子孙。

例:《荀子·儒效》:"故以～代主而非越也。"

④ [名]同"肢",肢体,四肢。

例:《吕氏春秋》:"人之有形体四～,其能使之也。"

⑤ [动]支撑,支持。

例:《庄子·齐物论》:"昭文之鼓琴也,师旷之～策也。"

▶▶链接成语

① 枝繁叶茂:枝叶繁密茂盛。枝:枝条。

② 旁枝末节:比喻不重要。枝:枝条。

▶▶链接古诗词

风声一何盛,松枝一何劲!

—— [东汉]刘桢《赠从弟》(其二)

拣尽寒枝不肯栖,寂寞沙洲冷。

—— [宋]苏轼《卜算子·黄州定慧院寓居作》

<h2>直 (zhí)</h2>

常见义项

① [形]不弯曲。

例:《爱莲说》:"中通外～,不蔓不枝。"

② [形]正直。

例:《韩非子·五蠹》:"夫君之～臣,父之暴子也。"

③ [形]直爽。

例:《元曲选》:"哥哥是口～心快射粮军。"

④ [副]径直,直接。

例1:《与朱元思书》:"游鱼细石,～视无碍。"

例2:《周亚夫军细柳》:"至霸上及棘门军,~驰入。"

⑤[副]只,仅仅。

例:《孟子·梁惠王上》:"不可,~不百步耳。"

博古通今

▶▶链接成语

① 心直口快:性情直爽,有话就说。

② 勇往直前:勇敢地一直向前进。

▶▶链接古诗词

长风破浪会有时,直挂云帆济沧海。

———[唐]李白《行路难》(其一)

飞流直下三千尺,疑是银河落九天。

———[唐]李白《望庐山瀑布》

堪笑楚江空渺渺,不能洗得直臣冤。

———[唐]文秀《端午》

植 (zhí)

常见义项

①[动]竖立。

例:《爱莲说》:"香远益清,亭亭净~。"

②[名]门户关闭时用的中立直木。

例:《墨子·非儒》:"季孙与邑人争门关,决~。"

③[动]栽种。

例:《管子·立政》:"桑麻~于野。"

博古通今

▶▶链接成语

植党营私:树立派别,谋取私利。

▶▶链接古诗词

客土植危根,逢春犹不死。

———[唐]李白《树中草》

老翁山下玉渊回,手植青松三万栽。

———[宋]苏轼《送贾讷倅眉》

执 (zhí)

常见义项

①[动]握,持。

例1:《送东阳马生序》:"尝趋百里外,从乡之先达~经叩问。"

例2:《陈涉世家》:"将军身被坚~锐。"

②[动]捉拿,拘捕。

例:《公羊传·桓公十一年》:"涂出于宋,宋人~之。"

③[动]掌握,控制。

例:《韩非子·扬权》:"圣人~要,四方来效。"

④[动]执行,施行。

例:《汉书·哀帝纪》:"有司~法,未得其中。"

博古通今

▶▶链接成语

① 执法如山:指坚定、严格地执行法令、不徇私情。如山:形容坚定不移。

② 固执己见:坚持自己的看法,不肯改变。

▶▶链接古诗词

唯当执杯酒,暂食汉江鱼。

———[唐]李端《江上逢司空曙》

有心明俎豆,无力执干戈。

———[唐]李咸用《自愧》

旨 (zhǐ)

常见义项

①[形]味美。

例1:《虽有嘉肴》:"虽有嘉肴,弗食,不知其~也。"

例2:《诗经·小雅·鹿鸣》:"我有~酒,以燕乐嘉宾之心。"

②[名]意思,意图。

例:《周易·系辞下》:"其~远,其辞文。"

③[名]帝王的诏书。

例:《旧唐书·刘洎传》:"陛下降恩~。"

博古通今

▶▶链接成语

① 甘旨肥浓:泛指佳肴美味。旨:味美。

② 无关宏旨:和主要意思没有关系。指意义不大或关系不大。旨:意义,目的。

▶▶链接古诗词

虽无旨酒?式饮庶几。

———[先秦]佚名《诗经·车舝》

旨酒荔蕉,绝甘分珍。

———[宋]苏轼《和陶答庞参军六首》(其二)

制 (zhì)

常见义项

① [名]规模。

例:《岳阳楼记》:"乃重修岳阳楼,增其旧~。"

② [名]制度,规章。

例:《左传·隐公元年》:"今京不度,非~也。"

③ [动]制定,规定。

例:《孟子·梁惠王上》:"是故明君~民之产,必使仰足以事父母,俯足以畜妻子。"

④ [动]禁止,遏制。

例:《尚书·吕刑》:"苗民弗用灵,~以刑。"

⑤ [动]控制。

例:《过秦论》:"履至尊而~六合。"

⑥ [动]泛指制作、加工。

例:《后汉书·张衡传》:"其牙机巧~,皆隐在尊中,覆盖周密无际。"

博古通今

▶▶链接成语

① 鸿篇巨制:形容规模宏大的著作。

② 因地制宜:根据不同环境的实际情况制订适宜的办法。

▶▶链接古诗词

薄暮空潭曲,安禅制毒龙。

—— [唐]王维《过香积寺》

冬衣殊未制,夏服行将绽。

—— [唐]白居易《秋霁》

形制开古迹,曾冰延乐方。

—— [唐]李邕《登历下古城员外孙新亭》

质 (zhì)

常见义项

① [名]资质,秉性。

例:《送东阳马生序》:"非天~之卑,则心不若余之专耳。"

② [动]询问。

例:《送东阳马生序》:"援疑~理。"

博古通今

▶▶链接成语

① 文质彬彬:形容人文雅有礼貌。

② 蕙质兰心:比喻女子芳洁的心地、高雅的品德。

▶▶链接古诗词

芳与泽其杂糅兮,唯昭质其犹未亏。

—— [先秦]屈原《离骚》

贞刚自有质,玉石乃非坚。

—— [东晋]陶渊明《戊申岁六月中遇火》

天生丽质难自弃,一朝选在君王侧。

—— [唐]白居易《长恨歌》

置 (zhì)

常见义项

① [动]放置,安放。

例1:《卖油翁》:"乃取一葫芦~于地。"

例2:《活板》:"则以一铁范~铁板上。"

例3:《愚公移山》:"且焉~土石。"

② [动]购办,置办。

例:《白雪歌送武判官归京》:"中军~酒饮归客。"

③ [动]放弃,弃置。

例:《酬乐天扬州出逢席上见赠》:"二十三年弃~身。"

博古通今

▶▶链接成语

① 难以置信:很难让人相信。

② 置之不理:放在一边,不予理睬。形容对某人某事十分冷淡。

③ 本末倒置:比喻颠倒了事物的轻重主次。本:树根。末:树梢。

④ 无可置疑:指理由充足或事实明显,没有什么可怀疑的。置疑:怀疑。

▶▶链接古诗词

弃置勿复陈,客子常畏人。

—— [三国魏]曹丕《杂诗二首》

置酒烧枯叶,披书坐落花。

—— [唐]王绩《策杖寻隐士》

置心世事外,无喜亦无忧。

—— [唐]白居易《适意二首》(其一)

弃置千金轻不顾,踟蹰五马谢相逢。

—— [唐]贺知章《望人家桃李花》

贽（zhì）

常见义项

[名]初见尊长时所持的礼物。

例:《送东阳马生序》:"撰长书以为~。"

博古通今

▶▶链接古诗词

恰逢居易投诗去,又报奇章袖贽来。

—— [南宋]刘克庄《忆昔二首》(其一)

定有车前投贽者,幅巾麻褐是真儒。

—— [南宋]戴表元《亚尹黄侯虑囚温处婺三州》

忠（zhōng）

常见义项

①[动]竭尽自己的心力。

例:《论语》:"为人谋而不~乎?"

②[动]尽力做好分内的事。

例:《曹刿论战》:"~之属也。"

③[形]忠诚无私,尽心竭力。

例1:《出师表》:"~志之士忘身于外者。"

例2:《出师表》:"若有作奸犯科及为~善者。"

例3:《出师表》:"志虑~纯。"

例4:《出师表》:"以塞~谏之路也。"

④[动]尽忠。特指事上忠诚。

例:《出师表》:"此臣所以报先帝而~陛下之职分也。"

博古通今

▶▶链接成语

① 忠肝义胆:形容赤胆忠心,见义勇为。

② 忠贞不渝:忠诚坚定,永不改变。贞:意志或操守坚定不移。渝:改变,违背。

▶▶链接古诗词

骨肉且相薄,他人安得忠。

—— [唐]陈子昂《感遇诗三十八首》(其四)

养勇期除恶,输忠在灭私。

—— [唐]白居易《代书诗一百韵寄微之》

为子死孝,为臣死忠,死又何妨。

—— [宋]文天祥《沁园春·题潮阳张许二公庙》

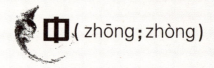

中（zhōng;zhòng）

常见义项

中¹ zhōng

①[名]中间,当中。

例:《陈太丘与友期行》:"日~不至,则是无信。"

②[名]内,里面。与"外"相对。

例1:《咏雪》:"撒盐空~差可拟。"

例2:《论语》:"曲肱而枕之,乐亦在其~矣。"

③[名]内心。

例:《送东阳马生序》:"以~有足乐者,不知口体之奉不若人也。"

中² zhòng

①[动]射中目标。

例1:《卖油翁》:"见其发矢十~八九,但微颔之。"

例2:《醉翁亭记》:"射者~,弈者胜。"

②[动]受到,遭到。

例:《杞人忧天》:"日月星宿,亦积气中之有光耀者,只使坠,亦不能有所~伤。"

博古通今

▶▶链接成语

① 目中无人:眼睛里没有别人。形容骄傲自大,看不起人。

② 百发百中:每次都能命中目标。形容射箭或射击非常准。也比喻做事有充分把握,绝不落空。

▶▶链接古诗词

溯洄从之,宛在水中央。

—— [先秦]佚名《诗经·蒹葭》

日月之行,若出其中;星汉灿烂,若出其里。

—— [东汉]曹操《观沧海》

此夜曲中闻折柳,何人不起故园情。

—— [唐]李白《春夜洛城闻笛》

骤(zhòu)

常见义项

① [形]急,快速,急速。

例:《咏雪》:"俄而雪~。"

② [副]突然。

例:《失街亭》:"倘魏兵~至,四面围定,将何策保之?"

博古通今

▶▶链接成语

暴风骤雨:来势急速而猛烈的风雨,也比喻来势迅猛、声势浩大的运动或行动。暴:猛烈。骤:急速。

▶▶链接古诗词

昨夜雨疏风骤,浓睡不消残酒。

—— [宋]李清照《如梦令·昨夜雨疏风骤》

骤看落笔惊风雨,便拟同舟卧水云。

—— [宋]陆游《次韵郑唐老》

诸(zhū)

常见义项

① 兼词。相当于"之于"。

例1:《愚公移山》:"投~渤海之尾,隐土之北。"

例2:《送东阳马生序》:"不必若余之手录,假~人而后见也。"

② 兼词。相当于"之乎"。

例:《左传·昭公八年》:"子闻~?"

③ [代]众多,各。

例1:《醉翁亭记》:"其西南~峰,林壑尤美。"

例2:《送东阳马生序》:"今~生学于太学,县官日有廪稍之供,父母岁有裘葛之遗。"

例3:《陈涉世家》:"当此时,~郡县苦秦吏者,皆刑其长吏,杀之以应陈涉。"

博古通今

▶▶链接成语

① 诸如此类:与此相似的种种事物。诸:众多,各。

② 付诸一笑:用一笑来对待或回答。比喻不值得理会。

▶▶链接古诗词

尽日行方半,诸山直下看。

—— [唐]刘昭禹《括苍山》

西岳峻嶒竦处尊,诸峰罗立似儿孙。

—— [唐]杜甫《望岳三首》(其二)

千古慈云岭,诸方南北行。

—— [宋]释净端《登慈云岭》

苦雨已解严,诸峰来献状。

—— [宋]黄庭坚《胜业寺悦亭》

移向北堂前,诸孙时绕弄。

—— [宋]朱熹《杂记草木九首》(其七)

逐(zhú)

常见义项

① [动]追赶,追逐。

例:《曹刿论战》:"吾视其辙乱,望其旗靡,故~之。"

② [动]追随,跟随。

例:《史记·匈奴列传》:"~水草移徙。"

③ [动]赶走,放逐。

例:《贾生》:"宣室求贤访~臣。"

④ [动]竞争。

例:《夸父逐日》:"夸父与日~走。"

⑤ [动]依次,一个一个。

例:《魏书·江式传》:"并~字而注。"

⑥ [动]追求。

例:《原君》:"其~利之情,不觉溢之于辞矣。"

博古通今

▶▶链接成语

① 喜逐颜开:遇到高兴事而显现出满面笑容。

② 舍本逐末:原指弃农而事工商。后泛指放弃根本、主要的部分,而追求次要的、枝节的。比喻做事情不抓根本,而在枝节上下功夫。舍:放弃。本:根本的,主要的。逐:追求。末:枝节的,次要的。

③ 随波逐流:随着波浪起伏,顺着流水漂荡。比喻没有原则或主见,只是随大流,跟着别人走。随:追随。逐:追逐。

④ 逐鹿中原:比喻群雄并起,争夺政权。也写作"中原逐鹿"。逐:追逐。鹿:比喻政权。中原:古代指我国中部,与边疆相对而言。

▶▶链接诗句

众音不能逐，袅袅穿云衢。

—— [唐]杜牧《张好好诗》

欲将轻骑逐，大雪满弓刀

—— [唐]卢纶《和张仆射塞下曲》(其三)

愁闻出塞曲，泪满逐臣缨。

—— [唐]李白《观胡人吹笛》

五马惊穷巷，双童逐老身。

—— [唐]王维《郑果州相过》

一饱正自艰，五穷故相逐。

—— [宋]陆游《十月二十八日风雨大作》

专 (zhuān)

常见义项

① [名] 专一，单纯。

例1：《荀子·性恶》："~心一致，思索孰察。"

例2：《送东阳马生序》："则心不若余之~耳。"

② [副] 单独。

例：《史记·孝文本纪》："左丞相平~为丞相。"

③ [动] 独占，专擅。

例：《曹刿论战》："衣食所安，弗敢~也，必以分人。"

博古通今

▶▶链接成语

① 专心致志：形容一心一意，精神高度集中地做事。

② 专横跋扈：形容任意妄为、不讲理。

③ 专欲难成：指只图私欲难以把事情办成。

▶▶链接古诗词

椒专佞以慢慆兮，樧又欲充夫佩帏。

—— [先秦]屈原《离骚》

只得当年备宫掖，何曾专夜奉帏屏。

—— [唐]白居易《昭君怨》

帝子许专征，秉旄控强楚。

—— [唐]李白《经乱离后天恩流夜郎忆旧游书怀赠江夏韦太守良宰》

专征萧鼓向秦川，金牛道上车千乘。

—— [清]吴伟业《圆圆曲》

缀 (zhuì)

常见义项

① [动] 缝，缝合。

例：《礼记·内则》："衣裳绽裂，纫箴请补~。"

② [动] 联结，连缀。

例：《小石潭记》："青树翠蔓，蒙络摇~。"

③ [动] 连接，紧跟，跟随。

例1：《狼》："~行甚远。"

例2：《送东阳马生序》："~公卿之后。"

④ [动] 装饰。

例：《大戴礼记·明堂》："赤~户也，白~牖也。"

博古通今

▶▶链接成语

① 补缀乾坤：缝补天地，比喻治理国家。缀：缝，缝合。

② 缀玉联珠：比喻撰写美好的诗文。缀：装饰。

▶▶链接古诗词

裁红起高焰，缀绿排新萼。

—— [唐]元稹《表夏十首》

秋草瘦如发，贞芳缀疏金。

—— [唐]孟郊《秋怀十五首》(其七)

缀玉联珠六十年，谁教冥路作诗仙。

—— [唐]李忱《吊白居易》

云散月明谁点缀？天容海色本澄清。

—— [宋]苏轼《六月二十日夜渡海》

不恨此花飞尽，恨西园、落红难缀。

—— [宋]苏轼《水龙吟·次韵章质夫杨花词》

雪里已知春信至。寒梅点缀琼枝腻。

—— [宋]李清照《渔家傲·雪里已知春信至》

资 (zī)

常见义项

① [动] 资助，供给。

例：《隆中对》："是殆天所以~将军。"

②[名]钱财,财物。

例:《左传·僖公四年》:"若出于陈郑之间,共其~粮屝屦。"

③[名]凭借的本钱。

例:《封建论》:"归周者八百焉,~以胜殷。"

④[名]资历,资质。

例:《三国志·魏书·荀彧传》:"绍凭世~,从容饰智,以收名誉。"

⑤[动]卖,买。

例:《庄子·逍遥游》:"宋人~章甫而适诸越,越人断发文身,无所用之。"

⑥[形]锋利,利。

例:《周易·旅》:"旅子处,得其~斧。"

博古通今

▶▶链接成语

① 资不抵债:资产还不够抵偿欠下的债务。

② 论资排辈:根据资历深浅、辈分的大小决定级别、待遇的高低。

▶▶链接古诗词

既至秦,持千金之资币物,厚遗秦王宠臣中庶子蒙嘉。

—— [西汉]刘向《荆轲刺秦王》

幼稚盈室,瓶无储粟,生生所资,未见其术。

—— [东晋]陶渊明《归去来兮辞》

字(zì)

常见义项

①[名]文字。

例:《核舟记》:"为~共三十有四。"

②[名]表字,人的别名。

例:《陈涉世家》:"陈胜者,阳城人也,~涉。"

博古通今

▶▶链接成语

① 字字珠玑:文章中遣词用字非常优美。

② 字正腔圆:形容(说或唱)咬字清楚,腔调圆润。

▶▶链接古诗词

心心慕绳检,字字讲声形。

—— [宋]陆游《示元敏》

锦囊三千篇,字字律吕中。

—— [宋]陆游《喜杨廷秀秘监再入馆》

坐(zuò)

常见义项

①[动]古人铺席于地,两膝着席,臀部压在脚后跟上。

例1:《唐雎不辱使命》:"先生~!何至于此!"

例2:《狼》:"一狼径去,其一犬~于前。"

②[名]座位。后作"座"

例:《史记·魏公子列传》:"公子引侯生坐上~。"

③[动]因犯……罪或错误。

例:《汉书·龚遂传》:"群臣~陷王于恶不道,皆诛死者二百余人。"

④[动]入罪,定罪。

例1:《昌言·损益》:"犯法不~。"

例2:"连坐""随坐"。

⑤[介]因为。

例:《山行》:"停车~爱枫林晚。"

⑥[动]诉讼时在法官面前对质。

例:《左传·昭公二十三年》:"晋人使与邾大夫~。"

博古通今

▶▶链接成语

① 正襟危坐:形容严肃或拘谨的样子。

② 一坐皆惊:指满座皆惊服。坐:座位。

▶▶链接古诗词

归来见天子,天子坐明堂。

—— [南北朝]佚名《木兰诗》

独坐幽篁里,弹琴复长啸。

—— [唐]王维《竹里馆》

坐观垂钓者,徒有羡鱼情。

—— [唐]孟浩然《望洞庭湖赠张丞相》

忆昔午桥桥上饮,坐中多是豪英。

—— [宋]陈与义《临江仙·夜登小阁,忆洛中旧游》

年少万兜鍪,坐断东南战未休。

—— [宋]辛弃疾《南乡子·登京口北固亭有怀》

初中文言文虚词

一、而（ér）

1. ［连］，表顺承，相当于"就""便""然后"，也可以不译。

相委~去。	《陈太丘与友期行》	余强饮三大白~别。	《湖心亭看雪》
学~时习之。	《〈论语〉十二章》	安陵君受地于先王~守之。	《唐雎不辱使命》
有闻~传之者。	《穿井得一人》	假诸人~后见也。	《送东阳马生序》
结友~别。	《孙权劝学》	忌不自信，~复问其妾。	《邹忌讽齐王纳谏》
一怒~诸侯惧。	《富贵不能淫》	夺~杀尉。	《陈涉世家》
成礼~去。	《周亚夫军细柳》	委~去之。	《得道多助，失道寡助》
太守归~宾客从也。	《醉翁亭记》	乃记之~去。	《小石潭记》

2. ［连］，表转折，可以翻译为"却""但是"。

人不知~不愠。	《〈论语〉十二章》	然~禽鸟知山林之乐，~不知人之乐。	《醉翁亭记》
学~不思则罔。	《〈论语〉十二章》	为字共三十有四，~计其长曾不盈寸。	《核舟记》
后狼止~前狼又至。	《狼》	由是则生~有不用也。	《鱼我所欲也》
自钱孔入，~钱不湿。	《卖油翁》	~君以五十里之地存者。	《唐雎不辱使命》
予独爱莲之出淤泥~不染。	《爱莲说》	未有问~不告、求~不得者。	《送东阳马生序》
子子孙孙无穷匮也，~山不加增。	《愚公移山》	先帝创业未半~中道崩殂。	《出师表》
既已知吾知之~问我。	《庄子与惠子游于濠梁之上》	藉第令毋斩，~戍死者固十六七。	《陈涉世家》
千里马常有，~伯乐不常有。	《马说》	环而攻之~不胜。	《得道多助，失道寡助》

3. ［连］，表修饰，可以表示方式或者状态，可根据语境翻译为"地"或"着"，也可不译。

吾十有五~志于学。	《〈论语〉十二章》	拔剑~起/长跪~谢之。	《唐雎不辱使命》
康肃笑~遣之。	《卖油翁》	坐大厦之下~诵诗书。	《送东阳马生序》
面山~居。	《愚公移山》	暮寝~思之。	《邹忌讽齐王纳谏》
怒~飞。	《北冥有鱼》	可计日~待也。	《出师表》
执策~临之。	《马说》	佣者笑~应曰。	《陈涉世家》
先天下之忧~忧，后天下之乐~乐。	《岳阳楼记》	环~攻之而不胜。	《得道多助，失道寡助》
杂然~前陈者。	《醉翁亭记》	潭西南~望。	《小石潭记》
蹴尔~与之。	《鱼我所欲也》		

4. ［连］，表并列，可翻译为"和""与"，也可不译。

博学~笃志，切问~近思。	《〈论语〉十二章》	言和~色夷。	《送东阳马生序》
然后知生于忧患~死于安乐也。	《生于忧患，死于安乐》	中峨冠~多髯。	《核舟记》
泉香~酒洌。	《醉翁亭记》	舍生~取义。	《鱼我所欲也》

5. [连]，表因果，可以翻译为"因而""所以"，也可不译。

家无井~出溉汲。	《穿井得一人》	四时之景不同，~乐亦无穷也。	《醉翁亭记》
其远~无所至极邪。	《北冥有鱼》	感极~悲者矣。	《岳阳楼记》

6. [连]，表递进，可译为"并""并且""而且"。

有闻~传之者。	《穿井得一人》	犹幸预君子之列，~承天子之宠光。	
其将固可袭~虏也。	《周亚夫军细柳》		《送东阳马生序》
饮少辄醉，~年又最高。	《醉翁亭记》	邹忌修八尺有余，~形貌昳丽。	《邹忌讽齐王纳谏》

7. [助]，用于时间词之后，起补足音节的作用。

俄~雪骤。	《咏雪》	已~之细柳军。	《周亚夫军细柳》
睨之久~不去。	《卖油翁》	久~乃和。	《送东阳马生序》

二、乎（hū）

1. [助]表示疑问或反诘。相当于"吗"或"呢"。

学而时习之，不亦说~？有朋自远方来，不亦乐~？	览物之情，得无异~？	《岳阳楼记》
人不知而不愠，不亦君子~？ 《〈论语〉十二章》	是亦不可以已~？	《鱼我所欲也》
奈何忧崩坠~？ 《杞人忧天》	公亦尝闻天子之怒~？	《唐雎不辱使命》
汝亦知射~？ 吾射不亦精~？ 《卖油翁》	四海亦谬称其氏名，况才之过于余者~？	
是焉得为大丈夫~？ 子未学礼~？ 《富贵不能淫》		《送东阳马生序》
指通豫南，达于汉阴，可~？ 《愚公移山》		

2. [助]表示感叹语气或呼告。

大兄何见事之晚~！	《孙权劝学》
嗟~！燕雀安知鸿鹄之志哉！王侯将相宁有种~！	
	《陈涉世家》

3. [助]表示推测语气。相当于"吧"或"呢"。

《兑命》曰："'学学半'，其此之谓~！"	《虽有嘉肴》	其必曰"先天下之忧而忧，后天下之乐而乐"~！	
"览物之情，得无异~？"	《岳阳楼记》		《岳阳楼记》

4. [助]用于句中表示停顿、舒缓语气。

牡丹之爱，宜~众矣。	《爱莲说》

5. [助]表示祈使或命令。相当于"吧"。

然足下卜之鬼~！	《陈涉世家》

6. [介]相当于"于""在"，介绍动作、行为发生的时间、处所、地点。

颓然~其间者，太守醉也。	《醉翁亭记》	醉翁之意不在酒，在~山水之间也。	《醉翁亭记》

三、其（qí）

1. [副]

放在句首或句中，表示疑问、猜度、反诘、愿望等语气，常和放在句末的语气词配合，可译为"大概""或许""恐怕""可要""怎么""难道"等，或省去。

~如土石何?	加强反问语气	《愚公移山》	安陵君~许寡人!	表示祈使语气	《唐雎不辱使命》
~真无马邪?	加强诘问语气	《马说》	~必曰"先天下之忧而忧,……"。		
~真不知马也!	表推测	《马说》		大概,表推测	《岳阳楼记》

2. [连]

(1)表示选择

~正色邪?~远而无所至极邪?	《北冥有鱼》

(2)表示假设,如果

~业有不精,德有不成者,非天质之卑,则心不若余之专耳。	《送东阳马生序》

3. [代]

(1)人称代词

独行~道。	代自己	《富贵不能淫》	~将固可袭而虏也。	代他们	《周亚夫军细柳》
空乏~身。	代他	《生于忧患,死于安乐》			

(2)事物代词

飞漱~间。	代山峰	《三峡》	请循~本。	代话题	
~中往来种作。	代桃花源	《桃花源记》			《庄子与惠子游于濠梁之上》
不可知~源。	代溪水	《小石潭记》	公问~故。	代取胜这件事	《曹刿论战》

(3)指示代词,"那""这""其中"

欲穷~林。	那	《桃花源记》	~一犬坐于前。	其中	《狼》
~人舍然大喜。	那	《杞人忧天》			

四、且(qiě)

1. [连]表示并列关系,相当于"又"。

不义而富~贵,于我如浮云。	《〈论语〉十二章》	何妨吟啸~徐行。	《定风波》
盖余之勤~坚若此。	《送东阳马生序》		

2. [连]表示递进,相当于"而且""况且"。

~焉置土石?	《愚公移山》	~壮士不死则已,死则举大名耳。	《陈涉世家》
~秦灭韩亡魏。	《唐雎不辱使命》		

3. [连]表示让步,相当于"尚且"。

~欲与常马等不可得,安求其能千里也。	《马说》

4. [副]将近、将要。

北山愚公者,年~九十。	《愚公移山》	先驱曰:"天子~至!"	《周亚夫军细柳》

5. [副]姑且,暂且。

存者~偷生,死者长已矣。	《石壕吏》

五、然(rán)

1. [形]正确,对的。

吴广以为~。　　　　　　　　　　　《陈涉世家》

2. [代]这样,那样。

岁寒,~后知松柏之后凋也。　　　《论语》　　谓为信~。　　　　　　　　　　《隆中对》

世有伯乐,~后有千里马。　　　　《马说》　　~后施行,必能裨补阙漏。　　　《出师表》

~则北通巫峡,南极潇湘。/~则何时而乐耶?　　人恒过~后能改。　　《生于忧患,死于安乐》

　　　　　　　　　　　《岳阳楼记》　　~后知生于忧患而死于安乐也。　《生于忧患,死于安乐》

虽~,受地于先王,愿终守之,弗敢易。　　　　　　　　　　　　　　　《生于忧患,死于安乐》

　　　　　　　　　《唐雎不辱使命》

3. [助]作词尾,表状态,相当于"……的样子",也可以不译。

公欣~曰:"白雪纷纷何所似?"　《咏雪》　　黄发垂髫,并怡~自乐/闻之,欣~规往。《桃花源记》

其人舍~大喜,晓之者亦舍~大喜。《杞人忧天》　其人视端容寂,若听茶声~。　《核舟记》

康肃忿~曰:"尔安敢轻吾射?"　《卖油翁》　　欣~起行。　　　　　　　《记承天寺夜游》

复行数十步,豁~开朗/屋舍俨~。《桃花源记》　左佩刀,右备容臭,烨~若神人。《送东阳马生序》

佁~不动,俶尔远逝。　　　　　《小石潭记》　停杯投箸不能食,拔剑四顾心茫~。

满目萧~,感极而悲者矣。　　　《岳阳楼记》　　　　　　　　　　　《行路难》(其一)

望之蔚~而深秀者/有亭翼~临于泉上者。　　公~抱茅入竹去,唇焦口燥呼不得。

　　　　　　　　　　　《醉翁亭记》　　　　　　　　　　　《茅屋为秋风所破歌》

杂~而前陈者/颓~乎其间者。　《醉翁亭记》　秦王怫~怒。　　　　　　《唐雎不辱使命》

采菊东篱下,悠~见南山。　《饮酒》(其五)　杂~相许。　　　　　　　　《愚公移山》

六、所

1. [助],放在动词前,同动词结合,组成"所"字结构,形成名词性短语。表示"所……的人""所……的情况""所……的事物"等。

鱼,我~欲也。　　　　　　《鱼我所欲也》　临表涕零,不知~言。　　　　《出师表》

今虽耄老,未有~成。　　《送东阳马生序》　必能裨补缺漏,有~广益。　　《出师表》

凡~宜有之书。　　　　　《送东阳马生序》　置人~罾鱼腹中。　　　　　《陈涉世家》

此~谓战胜于朝廷。　　《邹忌讽齐王纳谏》　又间令吴广之次~旁丛祠中。　《陈涉世家》

2. [助],"为"和"所"呼应,组成"为……所……"的格式,形成被动。

茅屋为秋风~破歌。　　《茅屋为秋风~破歌》

3. [助],"所"和"以"连用,表示原因。

此先汉~以兴隆也。　　　　　《出师表》

4. [助],"所"和"以"连用,表示手段或目的。

此臣~以报先帝而忠陛下之职分也。　《出师表》　~以动心忍性,增益其~不能。《生于忧患,死于安乐》

七、为

为¹ wéi

1. [动]做，作。

明有奇巧人曰王叔远，能以径寸之木，~宫室、器皿、人物。　　　　　　　　　《核舟记》

生亦我所欲，所欲有甚于生者，故不~苟得也。

《鱼我所欲也》

若有作奸犯科及~忠善者。　　　　　《出师表》

2. [动]担任，充当。

温故而知新，可以~师矣。　　《〈论语〉十二章》

孤岂欲卿治经~博士邪！　　　　《孙权劝学》

有司业、博士~之师，未有问而不告，求而不得者也。

《送东阳马生序》

陈胜、吴广皆次当行，~屯长。　　《陈涉世家》

乃以宗正刘礼~将军。　　《周亚夫军细柳》

是以众议举宠~督。　　　　　　《出师表》

3. [动]制作，制造。

板印书籍，唐人尚未盛~之。　　　　《活板》

酿泉~酒，泉香而酒洌。　　　《醉翁亭记》

4. [介]被。

升死，其印~余群从所得，至今宝藏。　《活板》

天子~动，改容式车。　　《周亚夫军细柳》

吴广素爱人，士卒多~用者。　　《陈涉世家》

5. [动]算作，算是。

是焉得~大丈夫乎？　　　　《富贵不能淫》

6. [动]当作，作为。

以顺~正者，妾妇之道也。　　《富贵不能淫》

晋太元中，武陵人捕鱼~业。　　《桃花源记》

全石以~底。　　　　　　　　《小石潭记》

以君~长者，故不错意也。　《唐雎不辱使命》

余朝京师，生以乡人子谒余，撰长书以~贽。

《送东阳马生序》

7. [动]表示判断，相当于现代汉语的"是"。

中轩敞者~舱，箬篷覆之。　　　　《核舟记》

船头坐三人，中峨冠而多髯者~东坡，佛印居右，鲁直居左。　　　　　　　　　　《核舟记》

大道之行也，天下~公。　　《大道之行也》

若~佣耕，何富贵也？　　　　《陈涉世家》

宫中府中，俱~一体，陟罚臧否，不宜异同。

《出师表》

8. [动]变为，变作。

鲲之大，不知其几千里也；化而~鸟，其名为鹏。

《北冥有鱼》

9. [动]叫作，称为。

北冥有鱼，其名~鲲。　　　　《北冥有鱼》

10. [动]修筑，建筑。

~坛而盟，祭以尉首。　　　　《陈涉世家》

为² wèi

1.[介]给,替。

~人谋而不忠乎?	《〈论语〉十二章》	此人一一~具言所闻,皆叹惋。	《桃花源记》

2.[介]为了。

愿~市鞍马,从此替爷征。	《木兰诗》	乡为身死而不受,今~宫室之美为之。	
力恶其不出于身也,不必~己。	《大道之行也》		《鱼我所欲也》

3.[介]跟,同。

不足~外人道也。	《桃花源记》	今诚以吾众诈自称公子扶苏、项燕,~天下唱,宜多应者。	《陈涉世家》

八、焉(yān)

1.[兼]兼有介词"于"加代词"此"的语法功能,相当于"于是""于此"。

三人行,必有我师~。	《〈论语〉十二章》	夫大国,难测也,惧有伏~。	《曹刿论战》
率妻子邑人来此绝境,不复出~。	《桃花源记》	俟其欣悦,则又请~。	《送东阳马生序》

2.[兼]兼有介词"于"加代词"之"的语法功能,于何,在哪里。

且~置土石?	《愚公移山》

3.[代]怎么,哪里。

是~得为大丈夫乎?	《富贵不能淫》	见余大喜曰:"湖中~得更有此人!"	《湖心亭看雪》

4.[语气词],用于句尾,有的表示陈述,有的表示感叹,相当于"呢""啊"。

寒暑易节,始一反~。	《愚公移山》	虽我之死,有子存~。	《愚公移山》
可远观而不可亵玩~。	《爱莲说》	肉食者谋之,又何间~?	《曹刿论战》
万钟则不辩礼义而受之,万钟于我何加~!			
	《鱼我所欲也》		

九、也(yě)

1.[语气词]用在句末,表示判断和肯定。

贤哉,回~!	《〈论语〉十二章》	二者不可得兼,舍鱼而取熊掌者~。	《鱼我所欲也》
予谓菊,花之隐逸者~。	《爱莲说》	望之蔚然而深秀者,琅琊~。	《醉翁亭记》
此三子者,皆布衣之士~。	《唐雎不辱使命》	作亭者谁?山之僧智仙~。	《醉翁亭记》
鲲之大,不知其几千里~。	《北冥有鱼》	名之者谁?太守自谓~。	《醉翁亭记》

2.[语气词]用在句末,表示陈述。

环滁皆山~。	《醉翁亭记》	醉翁之意不在酒,在乎山水之间~。	《醉翁亭记》

3.[语气词]用在句中,表示语气的停顿。

是鸟~,海运则将徙于南冥。	《北冥有鱼》	力恶其不出于身~,不必为己。	《大道之行也》

4.[语气词]用在疑问句尾加强疑问语气。

安求其能千里~?	《马说》	安陵君不听寡人,何~?	《唐雎不辱使命》

5.[语气词]用在因果句尾表示解释。

四时之景不同,而乐亦无穷~。	《醉翁亭记》	所恶有甚于死者,故患有所不辟~。	《鱼我所欲也》

古代汉语常用字词学习手册（初中卷）

十、以（yǐ）

1. [动]，认为。

虽乘奔御风，不~疾也。	《三峡》	皆~美于徐公。	《邹忌讽齐王纳谏》

2. [介]。

(1) 介绍动作行为产生的原因，可译为"因为""由于"等。

~其境过清。	《小石潭记》	~中有足乐者。	《送东阳马生序》
不~物喜，不~己悲。	《岳阳楼记》	扶苏~数谏故。	《陈涉世家》
徒~有先生也。	《唐雎不辱使命》	先帝不~臣卑鄙。	《出师表》

(2) 表示动作行为的方式，可译为"拿""用""把"等。

屠惧，投~骨。	《狼》	生物之~息相吹也。	《北冥有鱼》
蒙辞~军中多务。	《孙权劝学》	醒能述~文者。	《醉翁亭记》
~钱覆其口，徐~杓酌油沥之。	《卖油翁》	寡人欲~五百里之地易安陵。	《唐雎不辱使命》
~顺为正者，妾妇之道也。	《富贵不能淫》	~衾拥覆。	《送东阳马生序》
乃~宗正刘礼为将军。	《周亚夫军细柳》	必~分人。	《曹刿论战》
全石~为底。	《小石潭记》	今诚~吾众诈自称公子扶苏、项燕。	《陈涉世家》
能~径寸之木。	《核舟记》	咨臣~当世之事。	《出师表》

(3) 介绍动作行为所凭借的条件，可译为"凭借""按照""依靠"等。

可~为师矣。	《〈论语〉十二章》	生~乡人子谒余。	《送东阳马生序》
公亦~此自矜。	《卖油翁》	忠之属也，可~一战。	《曹刿论战》
~残年余力。	《愚公移山》	域民不~封疆之界。	《得道多助，失道寡助》
去~六月息者也。	《北冥有鱼》	策之不~其道。	《马说》
而君~五十里之地存者。	《唐雎不辱使命》		

3. [连]。

(1) 后一行动是前一行动的目的，可译为"以便""来"。

意将遂入~攻其后也。	《狼》	无从致书~观。	《送东阳马生序》
静~修身，俭~养德。	《诫子书》	令辱之，~激怒其众。	《陈涉世家》
军细柳，~备胡。	《周亚夫军细柳》	不效则治臣之罪，~告帝之灵。	《出师表》
属予作文~记之。	《岳阳楼记》		

(2) 表修饰，用在状语与中心语之间，相当于"而"。

计日~还。	《送东阳马生序》	卷石底~出。	《小石潭记》

(3) 表结果，可译为"以至于"。

引喻失义，~塞忠谏之路也。	《出师表》	

4. 同"已"，已经。

固~怪之矣。	《陈涉世家》	

十一、矣(yǐ)

1.[语气词]表示陈述,相当于"了"。

温故而知新,可以为师~。	《〈论语〉十二章》	前人之述备~/感极而悲者~。	《岳阳楼记》
骨已尽~/狼亦黠~。	《狼》	无冻馁之患~/无奔走之劳~/是可谓善学者~。	
必有得天时者~。	《得道多助,失道寡助》		《送东阳马生序》
我非子,固不知子~。	《庄子与惠子游于濠梁上》	尔来二十有一年~。	《出师表》

2,[语气词]表示感叹。

甚~,汝之不惠!	《愚公移山》	是可谓善学者~!	《送东阳马生序》
此真将军~!	《周亚夫军细柳》	王之蔽甚~。	《邹忌讽齐王纳谏》

3.[语气词]表示推测。

牡丹之爱,宜乎众~。	《爱莲说》	与臣而将四~。	《唐雎不辱使命》

十二、因

1.[介]凭、靠。

高祖~之以成帝业。	《隆中对》

2.[副]于是、就。

安陵君~使唐雎使于秦。	《唐雎不辱使命》	~往晓之。	《杞人忧天》

3.[连]因此。

余~得遍观群书。	《送东阳马生序》

4.[连]顺着、就着。

罔不~势象形。	《核舟记》

5.[介]趁,乘。

未若柳絮~风起。	《咏雪》

十三、于

1.[介],表示动作的对象,译作"对""向""给"等。

闻之~宋君。	《穿井得一人》	少时用心~学甚劳。	《送东阳马生序》
宋君令人问之~丁氏。	《穿井得一人》	欲报之~陛下也。	《出师表》
万钟~我何加焉。	《鱼我所欲也》	欲有求~我也/四境之内莫不有求~王。	
受地~先王。	《唐雎不辱使命》		《邹忌讽齐王纳谏》
每假借~藏书之家。	《送东阳马生序》		

2.[介],引出地点,译作"在""到""从"等。

相与步~中庭。	《记承天寺夜游》	今诸生学~太学。	《送东阳马生序》
舜发~畎亩之中。	《生于忧患,死于安乐》	战~长勺。	《曹刿论战》
庄子与惠子游~濠梁之上。		皆朝~齐/此所谓战胜~朝廷。	《邹忌讽齐王纳谏》
	《庄子与惠子游于濠梁之上》	苟全性命~乱世。	《出师表》
货恶其弃~地也。	《大道之行也》	达~汉阴。	《愚公移山》
刻唐贤今人诗赋~其上。	《岳阳楼记》	而泻出~两峰之间者。	《醉翁亭记》
安陵君因使唐雎使~秦。	《唐雎不辱使命》		

3. [介]，"由于"。

生~忧患。 《生于忧患，死于安乐》

4. [介]，表示比较，相当于"比"。

所欲有甚~生者/所恶莫甚~死者。 《鱼我所欲也》

况才之过~余者乎？ 《送东阳马生序》

皆以美~徐公。 《邹忌讽齐王纳谏》

十四、与

与¹ yǔ

1. [动] 给。

呼尔而~之，行道之人弗受。/蹴尔而~之。

《鱼我所欲也》

东风不~周郎便，铜雀春深锁二乔。 《赤壁》

我寄愁心~明月，随君直到夜郎西。

《闻王昌龄左迁龙标遥有此寄》

2. [连] 和、同。

天~云~山~水，上下一白。 《湖心亭看雪》

太守~客来饮于此。 《醉翁亭记》

庄子~惠子游于濠梁之上。

《庄子与惠子游于濠梁之上》

吾~汝毕力平险。 《愚公移山》

我孰~城北徐公美。 《邹忌讽齐王纳谏》

3. [介] 对、向、和。

~人期行，相委而去。/君~家君期日中。

《陈太丘与友期行》

~朋友交而不信乎？ 《〈论语〉十二章》

年~时驰，意~日去。 《诫子书》

及鲁肃过寻阳，~蒙论议。 《孙权劝学》

兼~药相粘，不可取。 《活板》

念无~为乐者。 《记承天寺夜游》

得志，~民由之。 《富贵不能淫》

遂~外人间隔。 《桃花源记》

似~游者相乐。 《小石潭记》

神情~苏、黄不属。 《核舟记》

且欲~常马等不可得。 《马说》

微斯人，吾谁~归？ 《岳阳楼记》

太守~客来饮于此。 《醉翁亭记》

~臣而将四矣。 《唐雎不辱使命》

又患无硕师名人~游/~之论辨。 《送东阳马生序》

公~之乘，战于长勺。 《曹刿论战》

客从外来，~坐谈。 《邹忌讽齐王纳谏》

号令召三老、豪杰~皆来会计事。/独守丞~战谯门

中。 《陈涉世家》

先帝在时，每~臣论此事。 《出师表》

4. [介] 为、替。

陈涉少时，尝~人佣耕。 《陈涉世家》

5. [动] 同"举"，推举、选用。

选贤~能，讲信修睦。 《大道之行也》

与² yù

1.[动]参与,欣赏。

未复有能~其奇者。	《答谢中书书》		

与³ yú

1.[语气词] 同"欤",用于句末,表示疑问、感叹或反诘。

而君逆寡人者,轻寡人~?	《唐雎不辱使命》	所识穷乏者得我~?	《鱼我所欲也》

十五、哉(zāi)

1.[语气词]表示疑问或反诘,相当于"呢""吗"。

岂直五百里~?	《唐雎不辱使命》	公孙衍、张仪岂不诚大丈夫~?	《富贵不能淫》
禽兽之变诈几何~?	《狼》	尝求古仁人之心,或异二者之为,何~?	《岳阳楼记》

2.[语气词]表示感叹,相当于"啊"。

非人~!	《陈太丘与友期行》	贤~,回也!	《〈论语〉十二章》

十六、则(zé)

1.[连]。

(1)表顺承,可译为"就""于是""那么"。

险躁~不能治性。	《诫子书》	战~请从。	《曹刿论战》
海运~将徙于南冥。	《北冥有鱼》	俟其欣悦,~又请焉。	《送东阳马生序》
由是~生而有不用也。	《鱼我所欲也》	不效,~治臣之罪。	《出师表》

(2)表假设,可译为"如果"。

入~无法家拂士,出~无敌国外患者。		万钟~不辨礼义而受之。	《鱼我所欲也》
	《生于忧患,死于安乐》		

(3)表转折,可译为"却""可是"。

余~缊袍敝衣处其间。	《送东阳马生序》		

2.表判断,可译为"是,就是"。

此~岳阳楼之大观也。	《岳阳楼记》		

十七、者(zhě)

1.[语气词]放在主语后面,引出判断。

南冥~,天池也。	《北冥有鱼》	陈胜~,阳城人也。	《陈涉世家》

2.[语气词]用在主语之后,引出原因。

吾妻之美我~,私我也。	《邹忌讽齐王纳谏》	而君以五十里之地存~,以君为长者。	《唐雎不辱使命》

3.组成名词性短语,相当于"……的人(事、方面、手段)"等。

所识穷乏~得我与。	《鱼我所欲也》	若有作奸犯科及为忠善~。	《出师表》
可爱~甚蕃。	《爱莲说》		

4.[代]用在数量词之后,表示一定的范围或者种类。

二~不可得兼。	《鱼我所欲也》	或异二~之为。	《岳阳楼记》

古代汉语常用字词学习手册[初中卷]

5. 用在描写词之后,相当于"……的样子",也可不译。

感极而悲~矣。 　　　　　　　　《岳阳楼记》

6. 用在句中或时间词之后,表停顿,无实义。

卿今~才略。 　　　　　　　　《孙权劝学》　　　抟扶摇而上~九万里。 　　　　　　　　《北冥有鱼》

7. 主语位置的标志。

马之千里~。 　　　　　　　　《马说》

十八、之(zhī)

1.[动]去,往;到。

辍耕~垄上。 　　　　　　　　《陈涉世家》　　　往~女家。 　　　　　　　　《富贵不能淫》

已而~细柳军。 　　　　　　　　《周亚夫军细柳》

2.[代]。

(1)指示代词,相当于"此""这"。

有良田、美池、桑竹~属。 　　　　　　《桃花源记》　　　以松脂、蜡和纸灰~类冒之。 　　　　　　《活板》

(2)代人。

长跪而谢~曰。 　　　　　　　　《唐雎不辱使命》　　　公将驰~。 　　　　　　　　《曹刿论战》

(3)代事。

属予作文以记~。 　　　　　　《岳阳楼记》　　　肉食者谋~。 　　　　　　　　《曹刿论战》

弗~怠。 　　　　　　　　《送东阳马生序》

(4)代物。

石青糁~。 　　　　　　　　《核舟记》

3.[助]。

(1)用在主语和谓语之间,取消句子独立性,不译。

大兄何见事~晚乎! 　　　　　《孙权劝学》　　　当余~从师也。 　　　　　　《送东阳马生序》

而两狼~并驱如故。 　　　　　　《狼》　　　丈夫~冠也。 　　　　　　《富贵不能淫》

予独爱莲~出淤泥而不染。 　　《爱莲说》　　　天子~怒/布衣~怒/要离~刺庆忌也。

汝心~固,固不可彻。 　　　　《愚公移山》　　　　　　　　　　　《唐雎不辱使命》

(2)作定语后置的标志。

马~千里者。 　　　　　　　　《马说》

(3)作宾语前置的标志。

何陋~有? 　　　　　　　　《陋室铭》　　　其此~谓乎? 　　　　　　《虽有嘉肴》

(4)补足音节,没有实义。

久~,目似瞑。 　　　　　　　　《狼》　　　鸣~而不能通其意。 　　　　　　《马说》

公将鼓~。 　　　　　　　　《曹刿论战》

(5)结构助词,译为"的"或不译。格式:定语+之+名词/名词性短语。

水陆草木~花。 　　　　　　《爱莲说》　　　实是欲界~仙都。 　　　　　　《答谢中书书》

能以径寸~木。 　　　　　　《核舟记》　　　立天下~正位。 　　　　　　《富贵不能淫》

春冬~时。 　　　　　　　　《三峡》

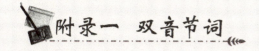

附录一　双音节词

【七上】

1. 文义:文章的义理。

例:与儿女讲论~~。　　　　　　《咏雪》

2. 俄而:不久,一会儿。

例:~~雪骤。　　　　　　　　　《咏雪》

3. 日中:正午时分。

例:陈太丘与友期行,期~~。《陈太丘与友期行》

4. 未若:不如,比不上。

例:~~柳絮因风起。　　　　　　《咏雪》

5. 君子:道德学问高的人。

例:人不知而不愠,不亦~~乎?　《论语》

6. 切问:恳切地提问。

例:博学而笃志,~~而近思。　　《论语》

7. 淡泊:内心恬淡,不慕名利。

例:非~~无以明志。　　　　　　《诫子书》

8. 无以:没有什么可以拿来,没办法。

例:非淡泊~~明志,非宁静~~致远。《诫子书》

9. 明志:明确志向。明,明确、坚定。

例:非淡泊无以~~。　　　　　　《诫子书》

10. 致远:达到远大目标。致,达到。

例:非宁静无以~~。　　　　　　《诫子书》

11. 广才:增长才干。

例:非学无以~~。　　　　　　　《诫子书》

12. 淫慢:放纵懈怠。淫,放纵。慢,懈怠。

例:~~则不能励精。　　　　　　《诫子书》

13. 励精:振奋精神。励,振奋。

例:淫慢则不能~~。　　　　　　《诫子书》

14. 治性:修养性情。治,修养。

例:险躁则不能~~。　　　　　　《诫子书》

15. 枯落:凋落,衰残。比喻人年老志衰,没有用处。

例:遂成~~,多不接世。　　　　《诫子书》

16. 穷庐:穷困潦倒之人住的陋室。

例:悲守~~。　　　　　　　　　《诫子书》

17. 如故:跟原来一样。

例:而两狼之并驱~~。　　　　　《狼》

18. 少时:一会儿。

例:~~,一狼径去。　　　　　　《狼》

19. 假寐:假装睡觉。寐,睡觉。

例:乃悟前狼~~。　　　　　　　《狼》

20. 顷刻:一会儿。

例:而~~两毙。　　　　　　　　《狼》

21. 几何:多少,意思是能有多少。

例:禽兽之变诈~~哉?　　　　　《狼》

22. 国人:居住在国都中的人。

例:~~道之。　　　　　　　《穿井得一人》

23. 行止:行动,活动。

例:终日在天中~~,奈何忧崩坠乎?

　　　　　　　　　　　　　　《杞人忧天》

24. 中伤:伤害。

例:只使坠,亦不能有所~~。　《杞人忧天》

25. 奈何:为何,为什么。

例:~~忧崩坠乎?　　　　　　《杞人忧天》

【七下】

1. 当涂:当道,当权。

例:卿今~~掌事,不可不学!　《孙权劝学》

2. 治经:研究儒家经典。

例:孤岂欲卿~~为博士邪!　　《孙权劝学》

3. 博士:专掌经学传授的学官。

例:孤岂欲卿治经为~~邪!　　《孙权劝学》

4. 涉猎:粗略地阅读。

例:但当~~,见往事耳。　　　《孙权劝学》

5. 今者:如今,现在。

例:卿~~才略,非复吴下阿蒙!　《孙权劝学》

6. 才略:才干和谋略。

　　例:卿今者~~,非复吴下阿蒙! 　　《孙权劝学》

7. 非复:不再是。

　　例:卿今者才略,~~吴下阿蒙! 　　《孙权劝学》

8. 大兄:长兄,对朋友辈的敬称。

　　例:~~何见事之晚乎! 　　《孙权劝学》

9. 见事:知晓事情。

　　例:大兄何~~之晚乎! 　　《孙权劝学》

10. 善射:擅长射箭。

　　例:陈康肃公~~,当世无双。 　　《卖油翁》

11. 自矜:自夸。

　　例:公亦以此~~。 　　《卖油翁》

12. 鸿儒:博学的人。

　　例:谈笑有~~,往来无白丁。 　　《陋室铭》

13. 白丁:平民,指没有功名的人。

　　例:往来无~~。 　　《陋室铭》

14. 丝竹:丝,指弦乐器;竹,指管乐器。

　　例:无~~之乱耳。 　　《陋室铭》

15. 案牍:指官府文书。

　　例:无~~之劳形。 　　《陋室铭》

16. 布衣:平民。古代平民不能穿锦绣,故称"布衣"。

　　例:庆历中,有~~毕昇,又为活板。 　　《活板》

17. 更互:交替,轮流。

　　例:~~用之,瞬息可就。 　　《活板》

18. 奇字:生僻字。

　　例:有~~素无备者,旋刻之。 　　《活板》

19. 木理:木头的纹理。

　　例:不以木为之者,~~有疏密,沾水则高下不平。 　　《活板》

20. 宝藏(cáng):珍藏。

　　例:昇死,其印为余群从所得,至今~~。《活板》

【八上】

1. 略无:完全没有。

　　例:两岸连山,~~阙处。 　　《三峡》

2. 自非:如果不是。

　　例:~~亭午夜分,不见曦月。 　　《三峡》

3. 亭午:正午。

　　例:自非~~夜分,不见曦月。 　　《三峡》

4. 夜分:半夜。

　　例:自非亭午~~,不见曦月。 　　《三峡》

5. 绝𪩘(yǎn):极高的山峰。

　　例:~~多生怪柏。 　　《三峡》

6. 素湍:激起白色浪花的急流。湍,急流。

　　例:春冬之时,则~~绿潭。 　　《三峡》

7. 霜旦:下霜的早晨。

　　例:每至晴初~~。 　　《三峡》

8. 凄异:凄惨悲凉。

　　例:常有高猿长啸,属引~~。 　　《三峡》

9. 属(zhǔ)引:接连不断。属,连接。引,延长。

　　例:常有高猿长啸,~~凄异。 　　《三峡》

10. 哀转:声音悲凉婉转。

　　例:空谷传响,~~久绝。 　　《三峡》

11. 四时:四季。

　　例:青林翠竹,~~俱备。 　　《答谢中书书》

12. 相与:共同,一起。

　　例:怀民亦未寝,~~步于中庭。 　　《记承天寺夜游》

13. 共色:同样的颜色。

　　例:风烟俱净,天山~~。 　　《与朱元思书》

14. 东西:向东或向西。

　　例:从流飘荡,任意~~。 　　《与朱元思书》

15. 缥(piǎo)碧:青白色。

　　例:水皆~~,千丈见底。 　　《与朱元思书》

16. 息心:指平息名利之心。

　　例:鸢飞戾天者,望峰~~。 　　《与朱元思书》

17. 经纶:筹划、治理。

　　例:~~世务者,窥谷忘反。 　　《与朱元思书》

18. 交映:互相掩映。

　　例:在昼犹昏,疏条~~。 　　《与朱元思书》

19. 兵革:泛指武器装备。兵,兵器。革,皮革制成的甲、胄、盾之类。

　　例:~~非不坚利也,米粟非不多也,委而去之,是地利不如人和也。《得道多助,失道寡助》

20. 得道:指能够施行治国的正道,即行仁政。

　　例:~~者多助,失道者寡助。

　　　　　　　　　　　《得道多助,失道寡助》

21. 亲戚:内外亲属,包括父系亲属和母系亲属。

　　例:寡助之至,~~畔之。《得道多助,失道寡助》

22. 大丈夫:指有大志、有作为、有气节的男子。

　　例:公孙衍、张仪岂不诚~~哉? 《富贵不能淫》

23. 敌国:势力、地位相当的国家。敌,匹敌、相当。

　　例:入则无法家拂士,出则无~~外患者,国恒亡。　　　　　　《生于忧患,死于安乐》

24. 杂然:①纷纷地。

　　例:~~相许。　　　　　　　《愚公移山》

　　　　②众多而繁杂。

　　例:山肴野蔌,~~而前陈者,太守宴也。

　　　　　　　　　　　　　　　《醉翁亭记》

25. 献疑:提出疑问。

　　例:其妻~~曰:“以君之力,曾不能损魁父之丘,如太行、王屋何?”　　《愚公移山》

26. 始龀(chèn):刚刚换牙,指七八岁。始,才、刚。龀,换牙。

　　例:邻人京城氏之孀妻有遗男,~~,跳往助之。

　　　　　　　　　　　　　　　《愚公移山》

27. 长息:长叹。

　　例:北山愚公~~曰:“汝心之固,固不可彻,曾不若孀妻弱子。”　　《愚公移山》

28. 不若:不如,比不上。

　　例:北山愚公长息曰:“汝心之固,固不可彻,曾~~孀妻弱子。”　　《愚公移山》

29. 穷匮(kuì):穷尽。

　　例:子子孙孙无~~也,而山不加增,何苦而不平?　　　　　　　《愚公移山》

30. 已而:不久。

　　例:~~之细柳军。　　　《周亚夫军细柳》

31. 先驱:先行引导的人员。

　　例:天子~~至,不得入。《周亚夫军细柳》

32. 无何:不久。

　　例:居~~,上至,又不得入。《周亚夫军细柳》

33. 称谢:向人致意,表示问候。

　　例:使人~~:“皇帝敬劳将军。”《周亚夫军细柳》

【八下】

1. 鲜美:新鲜美好。

　　例:芳草~~,落英缤纷。　　《桃花源记》

2. 落英:落花。一说,初开的花。

　　例:芳草鲜美,~~缤纷。　　《桃花源记》

3. 缤纷:繁多的样子。

　　例:芳草鲜美,落英~~。　　《桃花源记》

4. 仿佛:隐隐约约,形容看不真切。

　　例:山有小口,~~若有光。　《桃花源记》

5. 豁然开朗:形容由狭窄幽暗突然变得开阔敞亮。

　　例:复行数十步,~~~~。　《桃花源记》

6. 俨(yǎn)然:整齐的样子。

　　例:土地平旷,屋舍~~。　　《桃花源记》

7. 阡陌:田间小路。

　　例:~~交通,鸡犬相闻。　　《桃花源记》

8. 交通:交错相通。

　　例:阡陌~~,鸡犬相闻。　　《桃花源记》

9. 相闻:可以互相听到。

　　例:阡陌交通,鸡犬~~。　　《桃花源记》

10. 黄发垂髫(tiáo):指老人和小孩。黄发,旧说是长寿的特征,用来指老人。垂髫,垂下来的头发,用来指小孩。

　　例:~~~~,并怡然自乐。　《桃花源记》

11. 妻子:妻子儿女。

　　例:率~~邑人来此绝境。　　《桃花源记》

12. 绝境：与人世隔绝的地方。

例：率妻子邑人来此~~。 《桃花源记》

13. 间隔：隔绝、不通音讯。

例：不复出焉，遂与外人~~。 《桃花源记》

14. 无论：不要说，更不必说。

例：乃不知有汉，~~魏晋。 《桃花源记》

15. 叹惋：感叹惋惜。

例：此人一一为具言所闻，皆~~。 《桃花源记》

16. 不足：不值得，不必。

例：~~为外人道也。 《桃花源记》

17. 未果：没有实现。

例：~~，寻病终。 《桃花源记》

18. 问津：询问渡口。这里是"访求、探求"的意思。

例：后遂无~~者。 《桃花源记》

19. 怡然：静止不动的样子。

例：~~不动，俶尔远逝。 《小石潭记》

20. 俶（chù）尔：忽然。

例：怡然不动，~~远逝。 《小石潭记》

21. 翕（xī）忽：轻快迅疾的样子。

例：往来~~，似与游者相乐。 《小石潭记》

22. 差互：交错不齐。

例：其岸势犬牙~~，不可知其源。 《小石潭记》

23. 凄神寒骨：让人感到心情悲伤，寒气透骨。

例：~~，悄怆幽邃。 《小石潭记》

24. 悄怆：凄凉。

例：凄神寒骨，~~幽邃。 《小石潭记》

25. 罔不：无不、全都。

例：~~因势象形，各具情态。 《核舟记》

26. 峨冠：高高的帽子。峨，高。

例：中~~而多髯者为东坡。 《核舟记》

27. 历历：分明的样子。

例：珠可~~数也。 《核舟记》

28. 了了：清楚明白。

例：细若蚊足，钩画~~。 《核舟记》

29. 修狭：长而窄。

例：盖简桃核~~者为之。 《核舟记》

30. 至道：最好的道理。

例：虽有~~，弗学，不知其善也。 《虽有嘉肴》

31. 自反：自我反思。

例：知不足，然后能~~也。 《虽有嘉肴》

32. 乱贼：作乱害人。

例：盗窃~~而不作。 《大道之行也》

【九上】

1. 谪守：因罪贬谪流放，出任外官。

例：滕子京~~巴陵郡。 《岳阳楼记》

2. 政通人和：政事顺利，百姓和乐。

例：~~，百废具兴。 《岳阳楼记》

3. 胜状：胜景，美景。

例：予观夫巴陵~~，在洞庭一湖。 《岳阳楼记》

4. 浩浩汤汤：水势浩大的样子。

例：~~，横无际涯，朝晖夕阴。 《岳阳楼记》

5. 际涯：边际。

例：浩浩汤汤，横无~~，朝晖夕阴。 《岳阳楼记》

6. 大观：壮丽景象。

例：此则岳阳楼之~~也。 《岳阳楼记》

7. 得无：表推测 该不会。

例：览物之情，~~异乎？ 《岳阳楼记》

8. 淫雨：连绵不断的雨。

例：若夫~~霏霏，连月不开。 《岳阳楼记》

9. 排空：冲向天空。

例：阴风怒号，浊浪~~，日星隐曜。 《岳阳楼记》

10. 冥冥：昏暗。

例：薄暮~~，虎啸猿啼。 《岳阳楼记》

11. 何极：哪有尽头。

例：渔歌互答，此乐~~！ 《岳阳楼记》

12. 蔚然：茂盛的样子。

例：望之~~而深秀者，琅琊也。 《醉翁亭记》

13. 伛偻：弯腰曲背，这里指老人。

例：~~提携，往来而不绝者，滁人游也。

《醉翁亭记》

14. 提携:牵扶,这里指被牵扶的人,即儿童。

例:佝偻~~,往来而不绝者,滁人游也。

《醉翁亭记》

15. 交错:交互错杂。

例:觥筹~~,起坐而喧哗者,众宾欢也。

《醉翁亭记》

16. 苍颜:苍老的容颜。

例:~~白发,颓然乎其间者,太守醉也。

《醉翁亭记》

17. 颓然:倒下的样子。

例:苍颜白发,~~乎其间者,太守醉也。

《醉翁亭记》

18. 阴翳(yì):形容枝叶茂密成荫。翳,遮盖。

例:树林~~,鸣声上下。 《醉翁亭记》

19. 沆(hàng)砀(dàng):白汽弥漫的样子。

例:雾凇~~,天与云与山与水上下一白。

《湖心亭看雪》

20. 相公:旧时对士人的尊称。

例:莫说~~痴,更有痴似~~者。《湖心亭看雪》

【九下】

1. 苟得:苟且取得。

例:故不为~~也。 《鱼我所欲也》

2. 如使:假如,假使。

例:~~人之所欲莫甚于生。 《鱼我所欲也》

3. 不屑:认为不值得,表示轻视而不肯接受。

例:乞人~~也。 《鱼我所欲也》

4. 万钟:优厚的俸禄。钟,古代的一种量器。

例:~~则不辩礼义而受之。 《鱼我所欲也》

5. 何加:有什么益处。

例:万钟于我~~焉! 《鱼我所欲也》

6. 加惠:施予恩惠。

例:大王~~,以大易小,甚善。 《唐雎不辱使命》

7. 错意:在意。

例:以君为长者,故不~~也。 《唐雎不辱使命》

8. 怫(fú)然:愤怒的样子。

例:秦王~~怒。 《唐雎不辱使命》

9. 布衣:平民。古代没有官职的人穿麻布衣服,所以称布衣。

例:唐雎曰:"大王尝闻~~之怒乎?"《唐雎不辱使命》

10. 缟(gǎo)素:白色丧服。

例:流血五步,天下~~,今日是也。

《唐雎不辱使命》

11. 其许:一定答应。

例:安陵君~~寡人! 《唐雎不辱使命》

12. 虽然:虽然如此。

例:~~,受地于先王,愿终守之。《唐雎不辱使命》

13. 假借:借。

例:每~~于藏书之家。 《送东阳马生序》

14. 逾约:超过约定期限。

例:不敢稍~~。 《送东阳马生序》

15. 以是:因此

例:~~人多以书假余。 《送东阳马生序》

16. 加冠:成年。

例:既~~,益慕圣贤之道。 《送东阳马生序》

17. 硕师:学问渊博的老师。

例:又患无~~名人与游。 《送东阳马生序》

18. 叩问:请教。

例:从乡之先达执经~~。 《送东阳马生序》

19. 德隆望尊:道德声望高。

例:先达~~~~,门人弟子填其室。

《送东阳马生序》

20. 辞色:言辞和脸色。

例:未尝稍降~~。 《送东阳马生序》

21. 叱咄:训斥,呵责。

例:俯身倾耳以请,或遇其~~。《送东阳马生序》

22. 穷冬:深冬,隆冬。

例:~~烈风,大雪深数尺。 《送东阳马生序》

23. 绮绣:绮,有花纹或图案的丝织品;绣,绣花的衣服。

例:同舍生皆被~~。　　　《送东阳马生序》

24. 容臭(xiù):香袋。

例:左佩刀,右备~~。　　　《送东阳马生序》

25. 烨然:光彩照人的样子。

例:~~若神人。　　　《送东阳马生序》

26. 缊(yùn)袍敝衣:破旧的衣服。缊,乱麻。敝,破。

例:余则~~~~处其间。　　　《送东阳马生序》

27. 慕艳:羡慕。

例:略无~~意。　　　《送东阳马生序》

28. 耄(mào)老:年老。

例:今虽~~,未有所成。　　　《送东阳马生序》

29. 太学:我国古代设在京城的最高学府。

例:今诸生学于~~。　　　《送东阳马生序》

30. 县官:朝廷,官府。

例:~~日有廪稍之供。　　　《送东阳马生序》

31. 廪(lǐn)稍:公家按时供给的粮食。

例:县官日有~~之供。　　　《送东阳马生序》

32. 流辈:同辈。

例:~~其称其贤。　　　《送东阳马生序》

33. 牺牲:古代祭祀用的祭品。牺牲,祭祀用的猪、牛、羊等。

例:~~玉帛,弗敢加也。　　　《曹刿论战》

34. 玉帛(bó):古代祭祀用的祭品。玉,玉器。帛,丝织品。

例:牺牲~~,弗敢加也。　　　《曹刿论战》

35. 败绩:大败。

例:齐师~~。　　　《曹刿论战》

36. 可以:可以凭借。

例:~~一战。　　　《曹刿论战》

37. 昳(yì)丽:光艳美丽。

例:形貌~~。　　　《邹忌讽齐王纳谏》

38. 窥镜:照镜子。

例:~~自视。　　　《邹忌讽齐王纳谏》

39. 旦日:第二天。

例:~~,客从外来。　　　《邹忌讽齐王纳谏》

40. 明日:次日,第二天。

例:~~,徐公来。　　　《邹忌讽齐王纳谏》

41. 宫妇:宫里侍妾一类女子。

例:~~左右莫不私王。　　　《邹忌讽齐王纳谏》

42. 左右:君主左右近侍之臣。

例:宫妇~~莫不私王。　　　《邹忌讽齐王纳谏》

43. 面刺:当面指责。

例:群臣吏民能~~寡人之过者,受上赏。

《邹忌讽齐王纳谏》

44. 谤讥:诽谤与谴责。文中指"议论"。

例:能~~于市朝。　　　《邹忌讽齐王纳谏》

45. 市朝:指集市、市场等公共场合。

例:能谤讥于~~。　　　《邹忌讽齐王纳谏》

46. 时时:常常,不时。

例:~~而间进。　　　《邹忌讽齐王纳谏》

47. 期(jī)年:满一年。

例:~~之后,虽欲言,无可进者。

《邹忌讽齐王纳谏》

48. 怅恨:惆怅,极端不满。

例:~~久之。　　　《陈涉世家》

49. 太息:长叹。

例:陈涉~~曰:"嗟乎!"　　　《陈涉世家》

50. 燕雀:泛指小鸟,比喻庸人。

例:~~安知鸿鹄之志哉!　　　《陈涉世家》

51. 鸿鹄:天鹅,比喻志向远大的人。

例:燕雀安知~~之志哉!　　　《陈涉世家》

52. 闾(lǘ)左:指代穷苦人民。

例:发~~适戍渔阳。　　　《陈涉世家》

53. 当行:在征发之列。

例:陈胜、吴广皆次~~。　　　《陈涉世家》

54. 失期:误期。

例:道不通,度已~~。　　　《陈涉世家》

55. 死国：为国事而死。

例：等死，~~可乎？ 　　　　　　《陈涉世家》

56. 指意：意图。指，同"旨"。

例：卜者知其~~。 　　　　　　《陈涉世家》

57. 足下：古代下称上或同辈相称的敬词。

例：~~事皆成，有功。 　　　　《陈涉世家》

58. 往往：到处。

例：卒中~~语，皆指目陈胜。 　《陈涉世家》

59. 豪杰：这里指当地有势力有地位的人。

例：号令召三老、~~与皆来会计事。《陈涉世家》

60. 会计：集会议事。

例：号令召三老、豪杰与皆来~~事。

　　　　　　　　　　　　　　《陈涉世家》

61. 社稷：国家。社，土地神。稷，谷神。

例：复立楚国之~~。 　　　　《陈涉世家》

62. 崩殂（cú）：指帝王之死。

例：先帝创业未半而中道~~。 《出师表》

63. 开张：扩大。

例：诚宜~~圣听。 　　　　　　《出师表》

64. 殊遇：特殊的礼遇。

例：盖追先帝之~~。 　　　　　《出师表》

65. 恢弘：发扬，扩展。

例：~~志士之气。 　　　　　　《出师表》

66. 异同：偏义复词，文中指不同。

例：陟罚臧否，不宜~~。 　　　《出师表》

67. 有司：负责专职的官员。

例：宜付~~论其刑赏。 　　　　《出师表》

68. 良实：忠良诚实的人。

例：此皆~~，志虑忠纯。 　　　《出师表》

69. 简拔：选拔。

例：是以先帝~~以遗陛下。 　　《出师表》

70. 阙漏：缺失疏漏。

例：必能裨补~~，有所广益。 　《出师表》

71. 淑均：善良公正。淑，善。均，公正、公平。

例：将军向宠，性行~~。 　　　《出师表》

72. 行阵：行伍，部队。

例：必能使~~和睦。 　　　　　《出师表》

73. 所以：这里表示原因。

例：此后汉~~倾颓也。 　　　　《出师表》

74. 痛恨：痛心、遗憾。

例：未尝不叹息~~于桓、灵也。 《出师表》

75. 躬耕：亲身耕种。躬，亲自。

例：~~于南阳。 　　　　　　　《出师表》

76. 闻达：有名望，显贵。

例：不求~~于诸侯。 　　　　　《出师表》

77. 卑鄙：社会地位低微，见识短浅。

例：先帝不以臣~~，猥自枉屈。 《出师表》

78. 枉屈：屈尊就卑。

例：先帝不以臣卑鄙，猥自~~。 《出师表》

79. 感激：感奋激发。

例：由是~~，遂许先帝以驱驰。 《出师表》

80. 驱驰：奔走效劳。

例：由是感激，遂许先帝以~~。 《出师表》

81. 倾覆：覆灭，颠覆。这里指兵败。

例：后值~~。 　　　　　　　　《出师表》

82. 夙夜：早晚，日日夜夜。

例：受命以来，~~忧叹。 　　　《出师表》

83. 不毛：不生长草木。这里指贫瘠、未开垦的地方。

例：故五月渡泸，深入~~。 　　《出师表》

84. 驽钝：比喻才能平庸。驽，劣马，跑不快的马。

钝，刀刃不锋利。

例：庶竭~~，攘除奸凶。 　　　《出师表》

85. 攘除：排除，铲除。

例：庶竭驽钝，~~奸凶。 　　　《出师表》

86. 雅言：指正确合理的言论。

例：以咨诹善道，察纳~~。 　　《出师表》

87. 涕零：流泪，落泪。

例：今当远离，临表~~。 　　　《出师表》

附录二 初中文言文常用通假字

【七上】

1. "不"同"否"。

   例：尊君在~？　　　　　　　　《陈太丘与友期行》

2. "舍"同"释"。

   例：其人~然大喜。　　　　　　《杞人忧天》

【七下】

1. "已"同"以"，表示时间、方位等界限。

   例：~后典籍皆为板本。　　　　《活板》

2. "镕"同"熔"，用高温使固态物质转变为液态。

   例：药稍~。　　　　　　　　　《活板》

【八上】

1. "阙"同"缺"，空隙、缺口。

   例：两岸连山，略无~处。　　　《三峡》

2. "转"同"啭"，鸟鸣，这里指蝉鸣。

   例：蝉则千~不穷。　　　　　　《与朱元思书》

3. "反"同"返"，返回。

   例：窥谷忘~。　　　　　　　　《与朱元思书》

4. "女"同"汝"，你。

   例：往之~家。　　　　　　　　《富贵不能淫》

5. "曾"同"增"，增加。

   例：~益其所不能。　　《生于忧患，死于安乐》

6. "衡"同"横"，梗塞，不顺。

   例：困于心，~于虑。　《生于忧患，死于安乐》

7. "拂"同"弼"，辅佐。

   例：入则无法家~士。　《生于忧患，死于安乐》

8. "反"同"返"，往返。

   例：寒暑易节，始一~焉。　　　《愚公移山》

9. "惠"同"慧"，聪慧。

   例：甚矣，汝之不~。　　　　　《愚公移山》

10. "陇"同"垄"，高地。

    例：无~断焉。　　　　　　　　《愚公移山》

11. "被"同"披"，穿着。

    例：军士吏~甲。　　　　　　　《周亚夫军细柳》

12. "式"同"轼"，车前横木，这里指扶轼。

    例：改容~车。　　　　　　　　《周亚夫军细柳》

【八下】

1. "要"同"邀"，邀请。

   例：便~还家，设酒杀鸡作食。　《桃花源记》

2. "诎"同"屈"，弯曲。

   例：卧右膝，~右臂支船。　　　《核舟记》

3. "衡"同"横"，横着的。

   例：左手倚一~木。　　　　　　《核舟记》

4. "冥"同"溟"，海。

   例：北~有鱼，其名为鲲。　　　《北冥有鱼》

5. "学"同"敩（xiào）"，教导。

   例：《兑命》曰"~学半"，其此之谓乎！　《虽有嘉肴》

6. "与"同"举"，推举，进用。

   例：选贤~能，讲信修睦。　　　《大道之行也》

230

7. "矜"同"鳏",老而无妻。

  例:~、寡、孤、独、废疾者皆有所养。 《大道之行也》

8. "祇"同"只",只、仅。

  例:~辱于奴隶人之手。 《马说》

9. "食(sì)"同"饲",喂。

例1:~马者不知其能千里而~也。 《马说》

例2:~之不能尽其材。 《马说》

10. "见"同"现",表现。

  例:才美不外~。 《马说》

【九上】

1. "具"同"俱",全、皆。

  例:越明年,政通人和,百废~兴。 《岳阳楼记》

2. "属"同"嘱",嘱咐。

  例:~予作文以记之。 《岳阳楼记》

3. "羞"同"馐",美味的食物。

  例:玉盘珍~直万钱。 《行路难》(其一)

4. "直"同"值",价值。

  例:玉盘珍羞~万钱。 《行路难》(其一)

【九下】

1. "辟"同"避",躲避。

  例:故患有所不~也。 《鱼我所欲也》

2. "辩"同"辨",辨别。

  例:万钟则不~礼义而受之。 《鱼我所欲也》

3. "得"同"德",感恩,感激。

  例:所识穷乏者~我与。 《鱼我所欲也》

4. "与"同"欤",语气词。

  例:所识穷乏者得我~。 《鱼我所欲也》

5. "乡"同"向",先前、从前。

  例:~为身死而不受。 《鱼我所欲也》

6. "错"同"措"。

  例:故不~意也。 《唐雎不辱使命》

7. "仓"同"苍"。

  例:~鹰击于殿上。 《唐雎不辱使命》

8. "支"同"肢"。

  例:四~僵劲不能动。 《送东阳马生序》

9. "被"同"披"。

例①:同舍生皆~绮绣。 《送东阳马生序》

例②:将军身~坚执锐。 《陈涉世家》

10. "辨"同"辩"。

  例:与之论~。 《送东阳马生序》

11. "孰"同"熟",仔细。

  例:~视之。 《邹忌讽齐王纳谏》

12. "適"同"谪"。

  例:发间左~戍渔阳。 《陈涉世家》

13. "唱"同"倡",倡导、发起。

  例:为天下~。 《陈涉世家》

14. "指"同"旨",意图。

  例:卜者知其~意。 《陈涉世家》

15. "以"同"已"。

  例:固~怪之矣。 《陈涉世家》

16. "饴"同"贻",送给。

  例:不知~阿谁。 《十五从军征》

附录三 初中文言文常用特殊句式

一、倒装句(相对于现代汉语的句序而言,和现代汉语的语序不一样的句子称为倒装句。文言倒装句式分为宾语前置、定语后置、状语后置、主谓倒装等。)

【七上】

1.白雪纷纷何所似:疑问代词作宾语,宾语前置,即"白雪纷纷所似何"。 《咏雪》

2.贤哉,回也:倒装句,主谓倒装,即"回也,贤哉",译为"颜回,贤明啊"。 《〈论语〉十二章》

3.静以修身,俭以养德:宾语前置,即"以静修身,以俭养德"。 《诫子书》

4.投以骨:状语后置,即"以骨投"。 《狼》

5.而两狼之并驱如故:状语后置,即"而两狼之如故并驱"。 《狼》

6.非得一人于井中:状语后置,即"非于井中得一人"。 《穿井得一人》

【七下】

1.蒙辞以军中多务:状语后置,即"蒙以军中多务辞"。 《孙权劝学》

2.问女何所思,问女何所忆:宾语前置,即"问女所思何,问女所忆何"。 《木兰诗》

3.关山度若飞:状语后置,即"若飞度关山"。 《木兰诗》

4.尝射于家圃:状语后置,即"尝于家圃射"。 《卖油翁》

5.乃取一葫芦置于地:状语后置,即"乃取一葫芦于地置"。 《卖油翁》

6.徐以杓酌油沥之:状语后置,即"以杓徐酌油沥之"。 《卖油翁》

7.何陋之有:宾语前置,即"有何陋"。之,宾语前置的标志。 《陋室铭》

【八上】

1.相与步于中庭:状语后置,即"相与于中庭步"。 《记承天寺夜游》

2.鸢飞戾天者:定语后置,即"飞戾天之鸢者"。 《与朱元思书》

【八下】

1.问所从来:宾语前置,即"问从所来"。 《桃花源记》

2.如鸣珮环:谓语前置(主谓倒装),即"如珮环鸣"。 《小石潭记》

3.全石以为底:宾语前置,即"以全石为底"。 《小石潭记》

4.其两膝相比者:定语后置,即"其相比者两膝"。 《核舟记》

5.庄子与惠子游于濠梁之上:状语后置,即"庄子与惠子于濠梁之上游"。 《庄子与惠子游于濠梁之上》

6.其此之谓乎:宾语前置,即"其谓之此乎"。 《虽有嘉肴》

7.力恶其不出于身也:宾语前置,即"恶力其不出于身也"。 《大道之行也》

8.马之千里者:定语后置,即"千里马"。 《马说》

9.祗辱于奴隶人之手:状语后置,即"于奴隶人之手祗辱"。 《马说》

【九上】

1.刻唐贤今人诗赋于其上:介宾短语作"刻"的状语,状语后置,即"于其上刻唐贤今人诗赋"。 《岳阳楼记》

2. 多会于此："于此"介宾短语作"会"的状语,状语后置,即"多于此会"。 　　　　　　《岳阳楼记》

3. 居庙堂之高则忧其民,处江湖之远则忧其君："高"是"庙堂"的定语,"远"是"江湖"的定语,定语后置。 　　　　　　　　　　《岳阳楼记》

4. 至于负者歌于途,行者休于树："歌于途""休于树",介宾短语作"歌""休"的状语,状语后置。 　　　　　　　　　　《醉翁亭记》

5. 醉能述以文者,太守也："述以文",述之以文,以文述之,既是省略句,又是倒装句,状语后置。 　　　　　　　　　　《醉翁亭记》

6. 更有痴似相公者:状语后置,即"更有似相公痴者"。 　　　　　　　《湖心亭看雪》

【九下】

1. 所欲有甚于生者:状语后置,即"所欲有于生甚者"。 　　　　　　　《鱼我所欲也》

2. 所恶有甚于死者:状语后置,即"所恶有于死甚者"。 　　　　　　　《鱼我所欲也》

3. 受地于先王:状语后置,即"于先王受地"。 　　　　　　《唐雎不辱使命》

4. 请广于君:状语后置,即"于君请广"。 　　　　　　《唐雎不辱使命》

5. 手指不可屈伸,弗之怠:宾语前置,"之"是"怠"的

宾语,"弗"表示否定,在否定句中,代词作宾语往往前置。 　　　　　　《送东阳马生序》

6. 每假借于藏书之家:状语后置,即"每于藏书之家假借"。 　　　　　　《送东阳马生序》

7. 何以战:宾语前置,即"以何战"。 　　《曹刿论战》

8. 战于长勺:状语后置,即"于长勺战"。 　　　　　　　　　《曹刿论战》

9. 忌不自信:宾语前置,在否定句中,代词作动词宾语,前置。即"忌不信自"。 　《邹忌讽齐王纳谏》

10. 皆以美于徐公:状语后置,即"皆以于徐公美"。 　　　　　　《邹忌讽齐王纳谏》

11. 能谤讥于市朝:状语后置,即"能于市朝谤讥"。 　　　　　　《邹忌讽齐王纳谏》

12. 皆朝于齐:状语后置,即"皆于齐朝"。 　　　　　　《邹忌讽齐王纳谏》

13. 此所谓战胜于朝廷:状语后置,即"此所谓于朝廷战胜"。 　　　　《邹忌讽齐王纳谏》

14. 祭以尉首:状语后置,即"以尉首祭"。 　　　　　　　　　《陈涉世家》

15. 苟全性命于乱世:状语后置,即"于乱世苟全性命"。 　　　　　　　　《出师表》

16. 临崩寄臣以大事:状语后置,即"临崩以大事寄臣"。 　　　　　　　　《出师表》

二、省略句(文言省略句非常多,主要有主语的省略、谓语的省略、宾语的省略、介词短语的省略。)

【七上】

1. 过中不至:(友)过中不至。省略主语。 　　　　　　《陈太丘与友期行》

2. 去后乃至:(太丘)去后(友)乃至。省略主语。 　　　　　　《陈太丘与友期行》

3. 可以为师矣:"可以(之)为师矣",译为"可以凭(这一点)当老师了"。 　《〈论语〉十二章》

4. 复投之:(屠)复投之。省略主语。 　　《狼》

5. 目似暝:(狼)目似暝。省略主语。 　　《狼》

【七下】

1. 愿为市鞍马,从此替爷征:愿为(此)市鞍马,译为"愿意为了代父从军而买鞍马"。省略宾语。 　　　　　　　　　　《木兰诗》

2. 自钱孔入:省略了主语"油",应为"(油)自钱孔

人"。 《卖油翁》

3. 火烧令坚:省略宾语"字印",应为"火烧(字印)令坚"。 《活板》

4. 则以一铁范置铁板上:省略介词"于",应为"则以一铁范置(于)铁板上"。 《活板》

【八上】

1. 清荣峻茂:(水)清(树)荣(山)峻(草)茂。省略主语。 《三峡》

2. 有时朝发白帝:有时朝发(于)白帝。省略介词"于"。 《三峡》

3. 解衣欲睡:(我)解衣欲睡。省略主语。 《记承天寺夜游》

4. 从流飘荡,任意东西:(小船)从流飘荡,任意东西。省略主语。 《与朱元思书》

5. 急湍甚箭:急湍甚(于)箭。省略介词"于"。 《与朱元思书》

【八下】

1. 见渔人,乃大惊,问所从来。具答之。便要还家,设酒杀鸡作食:(村人)见渔人,乃大惊,问(渔人)所从来。(渔人)具答之。(村人)便要(渔人)还家,设酒杀鸡作食。省略主语和宾语。 《桃花源记》

2. 斗折蛇行:(小溪的岸边)斗折蛇行。省略主语。 《小石潭记》

3. 以其境过清:(余)以其境过清。省略主语。 《小石潭记》

4. 卧右膝,诎右臂支船:(佛印)卧右膝,诎右臂支船。省略主语。 《核舟记》

5. 我知之濠上也:我知之(于)濠上也。省略介词"于"。 《庄子与惠子游于濠梁之上》

【九上】

1. 属予作文以记之:(滕子京)属予作文以记之。省略主语。 《岳阳楼记》

2. 得之心而寓之酒也:得之(于)心而寓之(于)酒也。省略介词"于"。 《醉翁亭记》

3. 问其姓氏,是金陵人,客此:(余)问其姓氏,他们是金陵人,客(于)此。省略主语和介词"于"。 《湖心亭看雪》

【九下】

1. 乡为身死而不受:(我)乡为(礼义)身死而不受(施舍)。省略主语和宾语。 《鱼我所欲也》

2. 挺剑而起:(唐雎)挺剑而起。省略主语。 《唐雎不辱使命》

3. 益慕圣贤之道:(吾)益慕圣贤之道。省略主语。 《送东阳马生序》

4. 必以分人:必以(之)分人。省略宾语。 《曹刿论战》

5. 一鼓作气,再而衰,三而竭:一鼓作气,再(鼓)而衰,三(鼓)而竭。省略谓语。 《曹刿论战》

6. 客从外来,与坐谈,问之客曰:客从外来,(邹忌)与坐谈,(邹忌)问之(于)客曰。省略主语和介词"于"。 《邹忌讽齐王纳谏》

7. 广以为然:广以(之)为然。省略宾语。 《陈涉世家》

8. 上使外将兵:上使(之)外将兵。省略宾语。 《陈涉世家》

9. 诚宜开张圣听,以光先帝遗德:(陛下)诚宜开张圣听,以光先帝遗德。省略主语。 《出师表》

10. 受任于败军之际:(臣)受任于败军之际。省略主语。 《出师表》

三、被动句（被动句的主语是谓语动词所表示的行为被动者、受事者，而不是主动者、施事者。在古汉语中，被动句主要有两大类型：一是有标志的被动句，即借助一些被动词来表示，常用"为、所、于"；二是无标志的被动句，又叫隐形被动句。）

1. 其印为予群从所得：为……所……，表被动。

《活板》

2. 天子为动：为，表被动。　《周亚夫军细柳》

3. 王之蔽甚矣：动词"蔽"直接表被动。

《邹忌讽齐王纳谏》

四、判断句（古汉语判断句是根据谓语的性质给句子分类所得出的一种句型，指用名词作谓语的句子，往往不用判断动词"是"，但翻译时要加上，译为"……，是……"。标志常有"为""乃""即""则""则是""是""非""……，……也""……，……者也""……者""……也""……者""……""……也"。）

1. 即公大兄无奕女，左将军王凝之妻也："……也"表示判断。　　　《咏雪》

2. 莲，花之君子者也："……也"，表判断，整句译为"莲花是花中的君子"。　　《爱莲说》

3. 妾妇之道也："……也"表示判断。《富贵不能淫》

4. 是天时不如地利也："……也"表示判断。

《得道多助，失道寡助》

5. 南阳刘子骥，高尚士也："……也"表示判断。

《桃花源记》

6. 中峨冠而多髯者为东坡：动词"为"译为"是"，表示判断。　　　《核舟记》

7. 此小大之辩也："……也"表示判断。《北冥有鱼》

8. 是鱼之乐也："……也"表示判断。

《庄子与惠子游于濠梁之上》

9. 教学相长也："……也"表示判断。　《虽有嘉肴》

10. 此则岳阳楼之大观也："也"表示判断语气。

《岳阳楼记》

11. 醉能同其乐，醒能述以文者，太守也："……者，……也"，判断句式的标志，"也"表示判断语气。

《醉翁亭记》

12. 是金陵人："是"表示判断。　　《湖心亭看雪》

13. 鱼，我所欲也；熊掌，亦我所欲也："……也"表示判断。　　　　　《鱼我所欲也》

14. 非若是也：用否定副词"非"表示否定判断。

《唐雎不辱使命》

15. 此庸夫之怒也，非士之怒也："……也"表示肯定判断，"非……也"表示否定判断。《唐雎不辱使命》

16. 此三子者，皆布衣之士也："……者，……也"表示判断语气。　　　《唐雎不辱使命》

17. 今日是也："……也"表示判断语气，"是"在这里译为"这样"，不表示判断。　《唐雎不辱使命》

18. 夫战，勇气也："……也"表示判断语气。

《曹刿论战》

19. 城北徐公，齐国之美丽者也："……，……者也"表示判断。　　　《邹忌讽齐王纳谏》

20. 吾妻之美我者，私我也："……者，……也"表示判断。　　　　　《邹忌讽齐王纳谏》

21. 陈胜者，阳城人也："……者，……也"表示判断。

《陈涉世家》

22. 当立者乃公子扶苏："乃"判断动词，是。

《陈涉世家》

附录四 初中文言文常用词类活用

一、名词活用为动词(名词活用为一般动词,活用后的意义仍和这个名词的意义密切相关,只是动作化了。)

【七上】

1. 谢太傅寒雪日内集:雪,下雪。 《咏雪》

2. 饭疏食,饮水:饭,吃。 《〈论语〉十二章》

3. 狼不敢前:前,上前。 《狼》

4. 一狼洞其中:洞,打洞。 《狼》

【七下】

1. 愿为市鞍马:市,买。 《木兰诗》

2. 策勋十二转:策,登记。 《木兰诗》

3. 有仙则名:名,出名。 《陋室铭》

4. 苔痕上阶绿:上,蔓上。 《陋室铭》

5. 不蔓不枝:蔓,长枝蔓;枝,生枝杈。 《爱莲说》

6. 再火令药溶:火,用火烤。 《活板》

【八上】

1. 每至晴初霜旦:霜,下霜。 《三峡》

2. 从流飘荡,任意东西:东西,向东、向西。 《与朱元思书》

3. 负势竞上:上,向上。 《与朱元思书》

4. 人恒过:过,犯错误。 《得道多助,失道寡助》

5. 箕畚运于渤海之尾:箕畚,用箕畚装土石。 《愚公移山》

6. 介胄之士不拜:介胄,指披甲戴盔。 《周亚夫军细柳》

【八下】

1. 处处志之:志,做记号。 《桃花源记》

2. 隶而从者:隶,跟随。 《桃花源记》

3. 石青糁之:糁,用涂料涂上。 《核舟记》

4. 中峨冠而多髯者:峨冠,戴着高高的帽子。多髯,长着浓密的胡须。 《核舟记》

5. 居右者椎髻仰面:椎髻,梳着椎形的发髻。 《核舟记》

6. 食马者不知其能千里而食也:千里,日行千里。 《马说》

【九上】

1. 名之者谁:名,命名。 《醉翁亭记》

2. 故自号曰醉翁也:号,起别号。 《醉翁亭记》

3. 大雪三日:雪,下雪。 《湖心亭看雪》

【九下】

1. 所识穷乏者得我与:同"德",名词作动词,感恩、感激。 《鱼我所欲也》

2. 天下缟素:"缟素"原指白色衣物,名词用作动词,穿白色衣服,穿丧服。 《唐雎不辱使命》

3. 腰白玉之环:腰,在腰间佩戴。 《送东阳马生序》

4. 余则缊袍敝衣处其间:缊袍敝衣,穿着旧棉袄、破衣服。 《送东阳马生序》

5. 置人所罾鱼腹中罾:罾,用网捕。 《陈涉世家》

6. 尉果笞广:笞,用鞭、杖或竹板打。 《陈涉世家》

7. 夜篝火:篝,用竹笼罩着火。 《陈涉世家》

8. 指目陈胜:目,用眼睛示意;指用手指。 《陈涉世家》

9. 恐托付不效:效,名词"效"受否定副词"不"修饰,用作动词,奏效,有效果。 《出师表》

10. 不效则治臣之罪:效,名词"效"受否定副词"不"修饰,用作动词,奏效,有效果。 《出师表》

二、名词活用为状语(表示动作行为的特征或状态;依据、手段或工具;发生的地点、时间;进行的方式。)

【七上】

1.学而时习之:时,副词,即"以时",按时。

《〈论语〉十二章》

2.吾日三省吾身:日,每天。 《〈论语〉十二章》

3.其一犬坐于前:犬,像狗一样。 《狼》

4.意将隧入以攻其后也:隧,从通道。 《狼》

【七下】

1.板印书籍:板,用雕版。 《活板》

2.火烧令坚:火,用火。 《活板》

3.木格贮之:木格,用木格。 《活板》

【八上】

1.横柯上蔽:上,在上面。 《与朱元思书》

【八下】

1.复前行,欲穷其林:前,向前。 《桃花源记》

2.从小丘西行百二十步:西,向西。 《小石潭记》

3.下见小潭:下,向下。 《小石潭记》

4.皆若空游无所依:空,在空中。 《小石潭记》

5.日光下澈:下,向下。 《小石潭记》

6.潭西南而望:西南,向西南方。 《小石潭记》

7.斗折蛇行:斗,像北斗星一样。蛇,像蛇一样。

《小石潭记》

8.其岸势犬牙差互:犬牙,像狗的牙齿。

《小石潭记》

9.箬篷覆之:箬篷,用箬竹叶做竹篷。 《小石潭记》

10.石青糁之:石青,用石青。 《核舟记》

11.其视下也:下,往下、向下。 《北冥有鱼》

12.故外户而不闭:外,从外面。 《大道之行也》

【九上】

1.先天下之忧而忧,后天下之乐而乐:先,在……之前;后,在……之后。 《岳阳楼记》

2.山行六七里:山,沿着山路。 《醉翁亭记》

3.有亭翼然临于泉上者:翼,像鸟张开翅膀。

《醉翁亭记》

4.杂然而前陈者:前,在面前。 《醉翁亭记》

【九下】

1.手自笔录:笔,名词作状语,用笔。

《送东阳马生序》

2.主人日再食:日,名词作状语,每天。

《送东阳马生序》

3.戴朱缨宝饰之帽:朱缨,名词作状语,用红缨;宝,名词作状语,用珠宝。 《送东阳马生序》

4.不必若余之手录:手,名词作状语,用手。

《送东阳马生序》

5.下视其辙:下,名词作状语,向下。 《曹刿论战》

6.能面刺寡人之过者:面,名词作状语,当面。

《邹忌讽齐王纳谏》

7.夜篝火:夜,名词用作状语,在夜间。《陈涉世家》

8.狐鸣呼曰:狐,名词用作状语,像狐狸一样。

《陈涉世家》

9.乃丹书:丹,名词作状语,用朱砂。 《陈涉世家》

10.法皆斩:法,名词作状语,按法律。 《陈涉世家》

11.躬耕于南阳:躬,名词"躬"用作动词"耕"的状语,表示动作行为使用的方法,亲身。 《出师表》

12.北定中原:北,方位名词"北"用作"定"的状语,表示动作行为的方向,向北。 《出师表》

三、名词的使动（名词用作使动词,表示主语"使"宾语产生这个名词活用为动词后所表示的动作。）

【七下】

1. 苔痕上阶绿,草色入帘青:绿,使……变绿;青,使……染上青色。　　　　　《陋室铭》

【八上】

1. 域民不以封疆之界:域,使……定居下来。
《得道多助,失道寡助》

2. 锐兵刃:锐,使……锋利。　《周亚夫军细柳》

四、名词的意动（名词用作意动词,后面带宾语,表示主观上认为宾语所代表的人或事物就是这个名词所表示的人或事物。）

【八下】

1. 人不独亲其亲:亲,以……为亲人。　《大道之行也》

2. 不独子其子:子,以……为孩子。　《大道之行也》

五、动词活用为名词（动词的主要作用是充当谓语,表示动作、行为等,但有时出现在主语或宾语的位置上,表示与这个动作行为有关的人或事,这时动词活用为名词,充当了主语或宾语。）

【七上】

1. 传不习乎:传,传授,这里指老师传授的知识。
《〈论语〉十二章》

2. 猛浪若奔:奔,飞奔的马。　《与朱元思书》

【九下】

1. 恐托付不效:托付,动词"托付"作"恐"的宾语,用作名词,托付的事。　　　　　　　　《出师表》

【七下】

1. 汝亦知射乎:射,射技。　《卖油翁》

2. 诚宜开张圣听:听,动词"听"活用为名词"听闻"。
《出师表》

【八上】

1. 虽乘奔御风:奔,飞奔的马。　　《三峡》

六、动词的使动（动词和宾语不是一般的支配与被支配的关系,而是使宾语产生这个动词所表示的动作行为。一般说来,活用作使动词的动词,多数是不及物动词。不及物动词本来不带宾语,用于使动时,后面就带宾语,翻译时要采用兼语的形式。）

【七上】

1. 闻之于宋君:闻,听闻,这里译为"使……听说"。
《穿井得一人》

【八上】

1. 富贵不能淫:淫,使……惑乱、迷惑。
《富贵不能淫》

2. 贫贱不能移:移,使……改变、动摇。
《富贵不能淫》

3. 威武不能屈:屈,使……屈服。　《富贵不能淫》

4. 所以动心忍性:动,使……受到震撼;忍,使……坚忍起来。　　　　　《生于忧患,死于安乐》

5. 生于忧患而死于安乐:生,使……生存;死,使……死亡。　　　　　　《生于忧患,死于安乐》

【九下】

1. 且秦灭韩亡魏:亡,使……灭亡。
《唐雎不辱使命》

2. 小信未**孚**：孚，使信服。　　　　《曹刿论战》

3. **闻**寡人之耳者：闻，使……听到。

　　　　　　　　　　　　　《邹忌讽齐王纳谏》

七、动词的为动（动词不是直接支配宾语，而是表示为/替宾语施行某一动作。）

【八上】

1. 帝**感**其诚：感，被……所感动。　《愚公移山》

【九下】

1. 等死，**死国**可乎：死国，"死"是为动用法，"死国"意思是"为国事而死"。　　　《陈涉世家》

八、动词活用为状语

1. **入**则无法家拂士，**出**则无敌国外患者：入，在国内；出，在国外。　　　　《生于忧患，死于安乐》

九、形容词活用为名词【形容词代替跟它性质、状态或特征有关的人或事物，在句子中充当主语或宾语，翻译成现代汉语时，应补出中心语（名词），而以这个形容词作定语。】

【七上】

1. 温**故**而知**新**：故，这里指学过的知识；新，新的理解和体会。　　　　《〈论语〉十二章》

2. 非宁静无以致**远**：远，远大的目标。　《诫子书》

【八上】

1. 回**清**倒影：清，清波。　　　　　　《三峡》

2. 素**湍**绿潭：湍，急流。　　　　　　《三峡》

3. 未复有能与其**奇**者：奇，奇丽景色。

　　　　　　　　　　　　　　《答谢中书书》

4. 吾与汝毕力平**险**：险，险峻的大山。　《愚公移山》

【八下】

1. 志**怪**者也：怪，怪异的事物。　《北冥有鱼》

2. 选**贤**与**能**：贤，品德高尚的人。能，才能出众的人。

　　　　　　　　　　　　　　《大道之行也》

3. **老**有所终：老，老年人。　　《大道之行也》

4. **壮**有所用：壮，青壮年人。　《大道之行也》

5. **幼**有所长：幼，儿童、小孩。　《大道之行也》

6. 不知其**善**也：善，好处。　　　《虽有嘉肴》

【九上】

1. 百**废**具兴：废，荒废的事情。　（《岳阳楼记》）

【九下】

1. **忠**之属也：忠，形容词用作名词，尽力做好分内的事。　　　　　　　　　　　《曹刿论战》

2. 将军身被**坚**执**锐**：坚、锐，坚硬的铠甲，锐利的武器。　　　　　　　　　　　　《陈涉世家》

3. 此皆**良实**：良、实，充当判断句主语"此"的宾语，用作名词，善良笃实的人。　《出师表》

4. 攘除**奸凶**：奸、凶作"攘除"的宾语，用作名词，奸臣恶人。　　　　　　　　　《出师表》

5. **优劣**得所：优劣，活用为"才能高的人和才能低的人"。　　　　　　　　　　　《出师表》

十、形容词活用为动词（形容词活用为动词，多数是由于后面带了宾语，形容词本身不能带宾语。）

【七下】

1. 有龙则**灵**：灵，变成灵异的水。　《陋室铭》

2. 香远益清:远,远闻。 《爱莲说》

3. 一食或尽粟一石:尽,吃完。 《马说》

【九下】

1. 王之蔽甚矣:蔽,形容词用作动词,受蒙蔽。

《邹忌讽齐王纳谏》

【八上】

1. 互相轩邈:轩,高,往高处伸展;邈,远,往远处伸展。

《与朱元思书》

2. 不宜妄自菲薄:菲薄,带前置宾语"自",用作动词,轻视,看不起。 《出师表》

【八下】

1. 似与游者相乐:乐,作乐、取乐。 《小石潭记》

2. 怒而飞:怒,振奋,此处指用力地鼓动翅膀。

《北冥有鱼》

3. 庶竭驽钝:竭,带宾语"驽钝",用作动词,用尽。

《出师表》

十一、形容词的意动(形容词后带宾语,表示主观上"认为"宾语所代表的人或事物具有这个形容词所表示的性质或状态。)

【七上】

1. 好之者不如乐之者:乐,以……为快乐。

《〈论语〉十二章》

1. 而不知太守之乐其乐也:乐,以……为快乐。

《醉翁亭记》

【九下】

1. 吾妻之美我者,私我也:美,形容词意动用法,认为……美。 《邹忌讽齐王纳谏》

【八下】

1. 渔人甚异之:异,对……感到诧异。 《桃花源记》

2. 心乐之:乐,以……为快乐。 《小石潭记》

2. 固以怪之矣:怪,形容词意动用法,对……感到奇怪。 《陈涉世家》

【九上】

十二、形容词的使动(形容词带上宾语以后,如果使得宾语具有这个形容词的性质或状态,那么这个形容词则活用为使动词。)

【七下】

1. 无丝竹之乱耳,无案牍之劳形:乱,使……扰乱;劳,使……劳累。

4. 空乏其身:空乏,资产缺乏,使……贫困。

《生于忧患,死于安乐》

【八上】

1. 必先苦其心志:苦,使……痛苦。

《生于忧患,死于安乐》

【八下】

1. 凄神寒骨:凄,使……凄凉。寒,使……寒冷。

《小石潭记》

2. 劳其筋骨:劳,使……劳累。

《生于忧患,死于安乐》

【九下】

3. 饿其体肤:饿,使……经受饥饿之苦。

《生于忧患,死于安乐》

1. 忿恚尉:忿恚,形容词的使动用法,使……恼怒。

《陈涉世家》